Ludwig Tobler

Kleine Schriften zur Volks- und Sprachkunde

Ludwig Tobler

Kleine Schriften zur Volks- und Sprachkunde

ISBN/EAN: 9783742895561

Hergestellt in Europa, USA, Kanada, Australien, Japan

Cover: Foto ©Thomas Meinert / pixelio.de

Manufactured and distributed by brebook publishing software
(www.brebook.com)

Ludwig Tobler

Kleine Schriften zur Volks- und Sprachkunde

Inhalts-Übersicht.

Nach dem Hinschied Ludwig Toblers erschien es seinen nächsten Fachgenossen selbstverständliche Pflicht, dem Verstorbenen ein seinem innersten Wesen angemessenes schlichtes Denkmal in Form einer Sammlung von kleinen Schriften zu setzen. Dabei giengen die Herausgeber von dem Grundsatz aus, dem Buche nur Aufsätze nicht ausschließlich gelehrten Inhaltes einzuverleiben, solche, die auch für einen weitern gebildeten, zumal vaterländischen Leserkreis von Interesse sein dürften. Die einzige Ausnahme bildet die letzte Abhandlung, deren Wiederabdruck aus einer selbst für den Fachmann nicht ganz leicht zu erreichenden Zeitschrift der schwerwiegende Inhalt hinlänglich rechtfertigt. Alles übrige streng Wissenschaftliche von Toblers vielfach zerstreuten kleinen Schriften ist an Hand der am Schlusse gebotenen Bibliographie dem Forscher unschwer zugänglich. Unsere Auswahl hatte sich zudem aus äußern Rücksichten auf eine knappere, als eben erwünscht war, zu beschränken.

Ludwig Tobler stammt aus einem Zürcher Geschlechte, das bis auf seinen Vater, den Dichter, der engern Heimat in ununterbrochener Reihe sechs Generationen hindurch würdige Geistliche geschenkt hat. Das anspruchslose, nach autobiographischen Mitteilungen von Sohneshand ausgeführte Lebensbild des Vaters, das an der Spitze der folgenden Blätter steht, zeigt, wie litterarische, ja dichterische Neigungen zur Tradition des Toblerschen Hauses gehören: aus dem vorigen Jahrhundert sind namentlich die beiden Übersetzer aus dem Griechischen, Johannes und Georg Christoph, dieser ein Bekannter Goethes, hervorzuheben. Die Brüder Ludwigs sind der Romanist Adolf Tobler in Berlin und der Historiker Wilhelm in Zürich.

Geboren wurde Ludwig Tobler am 1. Juni 1827 in dem freundlichen zürcherischen Bergdorfe Hirzel. Das kränkliche Kind erstarkte langsam zu einem auffallend schönen Knaben, der den ersten Unterricht durch die Eltern und in der Schule des Dorfes erhielt. Mit dem Vater, einem rüstigen Fußgänger, unternahm er oft kleine Reisen durch die Schweiz, auf welchen die Liebe für Natur und Volksleben in der Seele des stillen sinnigen Kindes geweckt wurde. 1839 verließ Ludwig das väterliche Haus und kam in die Vaterstadt Zürich auf das Gymnasium in der bestimmten Absicht, später das Studium der Theologie zu ergreifen. Sein Lehrer im Deutschen war hier der wenig anregende Ettmüller, der verdiente Germanist, ein Mann mit hundert wunderlichen Schrullen, der sich mit Vorliebe im Gewande des nordischen Sängers an der Harfe sehen und hören ließ. 1845—49 besuchte Ludwig Tobler an der Zürcher Hochschule vornehmlich die theologischen Vorlesungen Hitzigs und Alexander Schweizers; daneben betrieb er alte Sprachen und Geschichte. Im Frühjahr 1849 wurde er ordiniert. Da seine ersten Predigtversuche bei mangelnder Rednergabe nicht besonders glücklich ausfielen, faßte er den Entschluß, den Lehrerberuf zu wählen. Nach einem kurzen Aufenthalt in Lausanne bezog er im Herbst 1849 die Universität Berlin, wo ihn während zwei Semestern namentlich philosophische Studien fesselten, nicht minder die reichen Kunstsammlungen, Musik und Theater. Ein kurzer sommerlicher Ausflug führte ihn bis Hamburg und Kiel. Die Zeit vom Herbst 1850 bis Ostern 1852 verbrachte er in Leipzig und zwar in der Stellung eines Hauslehrers bei einem Bruder seines Vetters Salomon Hirzel. Er fand noch genügend Zeit, seinen philosophischen Studien durch Erwerbung des Doktorgrades mit einer Dissertation über Spinoza äußerlich einen Abschluß zu geben. Dann kehrte er über Dresden, Prag, Nürnberg und München — hier trat ihm am Bahnhof der geliebte Vater mit dem einfachen Reisebündel unter dem Arm entgegen — nach der Schweiz zurück, die er, eine spätere kurze Reise nach Mailand und Genua ausgenommen, nie mehr verließ.

Am liebsten hätte sich Ludwig Tobler als Privatdozent an

einer schweizerischen Hochschule niedergelassen. Dazu fehlten aber die pekuniären Mittel. So mußte er denn den pädagogischen Dienst auf der untern Stufe anfangen und die schwerste Schule an sich selbst durchmachen. Ein Freund des Vaters, der bekannte Fabel= dichter A. E. Fröhlich, Rektor der Bezirksschule in Aarau, vermittelte ihm eine Lehrstelle an dieser Anstalt in den Fächern des Fran= zösischen, der alten Sprachen und der Geschichte. Unter diesem harte Joch beugte sich Ludwig Tobler sieben lange Jahre, von 1852 bis Frühling 1859, ohne je definitiv angestellt zu werden, „weil man" — wie er in seiner ehrlichen Weise selbst gesteht — „mit meinem Schulhalten, besonders mit der Disziplin, nie ganz zu= frieden war." Dafür bot ihm die reichhaltige Kantonsbibliothek die Mittel, sich in seinen sprachphilosophischen, speziell auch in den altdeutschen Studien weiter auszubilden. Als er nicht wieder ge= wählt wurde, gieng er für kurze Zeit als Stellvertreter eines erkrankten Lehrers nach Biel an das dortige Progymnasium (Winter 1859—60). Hier lernte er die treue Gefährtin seines spätern Lebens, eine Tochter Heinrich Hattemers, des hochverdienten Heraus= gebers der St. Galler Sprachdenkmale, kennen. Aber noch länger als ein Jahrzehnt sollte es dauern, bis sich die beiden nach schweren Geduldübungen und leidvollen Prüfungen einen bescheidenen Haus= stand gründen konnten.

Im Herbst 1860 war Tobler als Lehrer des Lateinischen und Deutschen an das Gymnasium nach Bern gekommen; 1864 habi= litierte er sich für allgemeine Sprachwissenschaft an der dortigen Hochschule. Daneben redigierte er einige Zeit lang die belletristische Zeitschrift „die Schweiz." Mit Hülfe von Professor Lazarus gelang es 1866, ihm eine außerordentliche Professur für das genannte Fach und für germanische Philologie zu schaffen. Im Winter 1871 betraf ihn auf einer Fahrt nach Zürich das Unglück, infolge der Pocken, die er sich in einem von französischen Kriegs= gefangenen infizierten Eisenbahnwagen geholt, ein Auge und die Stimme einzubüßen. In dieser Not reichte Fräulein Hattemer dem Unglücklichen die rettende Hand und faßte mit tapferem Herzen den Plan, in Zürich eine Privatschule, an der auch er lehren sollte, zu gründen. Nachdem Ludwig Tobler im Mai 1873 zum Extra-ordinarius an der Universität in Zürich gewählt worden war, siedelten die geprüften Eheleute nach der Vaterstadt über. Mit seinem Jugendfreunde Friedrich Staub trat er zur Herausgabe des Schweizerischen Idiotikons zusammen. Erst 1893 wurde ihm die ordentliche Professur zu Teil. Im Herbst 1894 zeigten sich die ersten Spuren eines Gehirnleidens, dem der treffliche Mann rasch zum Opfer fallen sollte. Ein sanfter Tod erlöste den Dulder am 19. August 1895.

Toblers Leben war stille, entsagungsreiche Arbeit, Verzicht auf alles, was man äußern Erfolg nennt, fortwährende Prüfung in der sauren Tugend der Geduld. Die Schwere des Daseins mischte seinem ernsten Wesen etwas scheu in sich Gekehrtes, ja Herbes und Schroffes bei, das verletzen konnte, wenn man die seltene Natur des schwer zugänglichen Mannes nicht kannte. Aber von Ver-bitterung, zu der er allen Grund gehabt hätte, lag nichts in seiner Art. Wie frei sich sein Geist über alle Widerwärtigkeiten des Lebens zu erheben vermochte, zeigen die schönen Worte, die sich in gelegentlichen Aufzeichnungen finden: „Freude und Leid halten sich im Leben, alles in allem gerechnet, so ziemlich das Gleich-gewicht; da aber die Empfindung dieses Gleichgewichts selber etwas Erfreuliches ist, so überwiegt im Ganzen die Freude am Leben." Oder: „Nur hochgebildete Geister vermögen an dem Leben mitten in den Stürmen und Leiden desselben und gerade an dem bunten Spiel als solchem Genuß zu finden und sich über den Wellen zu erhalten. Die meisten finden gar keinen Genuß, oder sie gehen darin unter. Zeitweise Erholung von den Mühen des Lebens ist nicht bloß jedem zu gönnen, sondern nötig zur Wiederaufnahme der Arbeit selbst. Aber das Leben genießen, kann doch nur heißen: an der unvermeidlichen Arbeit und Qual desselben Teil nehmen, sich durchschlagen, so gut es eben gehen will, und zum bösen Spiel möglichst gute Miene machen." Endlich: „Auch der höchste Schmerz kann zur Steigerung unseres Lebensgefühls dienen,

daher die Seligkeit von Märtyrern in Todesqualen. Auch das Tra=
gische im Leben gewährt eine höhere Art von Lebensgenuß, weil es das
menschliche Wesen von immer neuen Seiten zeigt." Sein ganzes
Glück sah er schließlich in den Kreis seiner Familie eingeschlossen.

Tobler war eine durch und durch philosophisch angelegte Natur.
Das zeigte sich auch in seiner wissenschaftlichen Arbeit. Was er
im Vorwort zu der Schrift über die Wortzusammensetzung (1868)
als das Programm seiner sprachwissenschaftlichen Forschung hin=
stellte, „empirische Detailforschung mit philosophischer Ergründung
zu verbinden" und damit beizutragen „zu einer immer lebendigern
Wechselwirkung zwischen Philosophie und Einzelwissenschaften", ist
kennzeichnend für seine ganze gelehrte Thätigkeit. „Daß ich bei
meinen Versuchen", sagt er an anderer Stelle des erwähnten Vor=
wortes, „etwa der Philosophie einen allzu großen Anteil und Raum
oder gar eigenmächtiges Vorgehen von apriorischem Standpunkt
aus zugestanden habe, wird man nicht finden, indem die philosoph=
ischen Gesichtspunkte immer ungesucht aus dem Gegenstande selber
hervortreten." Gewissenhaft und gründlich trägt er für jede Frage,
mit der er sich beschäftigt, den ihm erreichbaren empirischen Stoff
zusammen. Aber das Sammeln ist ihm niemals Selbstzweck; stets
trachtet er in der Fülle der Thatsachen das Gemeinsame, Prinzipielle
zu erkennen und dadurch Einsicht in die Werkstatt des schaffenden
Menschengeistes zu gewinnen. Leider ist Tobler nicht dazu ge=
kommen, ein großes, umfassendes Problem nach seiner Methode zu
behandeln; seine Forschung erschöpft sich in einer allerdings statt=
lichen Reihe von Monographien, die sich ziemlich gleichmäßig über
die vier letzten Jahrzehnte seines Lebens verteilen und an den ver=
schiedensten Orten, zumeist in Zeitschriften, gedruckt sind. Alle diese
Arbeiten sind nach Inhalt und Form gleich tüchtige Leistungen,
wenn auch ungleich an Wert und Reichtum ihrer Ergebnisse; sie
legen zudem Zeugnis ab für die Vielseitigkeit ihres Verfassers.
Freilich erschwerte die Art ihrer Veröffentlichung den Überblick und
machte es manchem fast unmöglich, der wissenschaftlichen Bedeutung
Toblers gerecht zu werden. In der gleichen Richtung wirkte ein

anderer Umstand. Toblers eigentliches Arbeits= und Forschungs=
gebiet war die Sprachphilosophie, wozu er nach seinem eigenen
Geständnis insbesondere durch die Schriften H. Steinthals An=
regung und Anleitung empfangen hatte. Dies mußte in einer
Zeit, da die physiologische Seite des Sprachlebens, lautgeschichtliche
Probleme die linguistische Diskussion beherrschten, notwendig dazu
führen, daß Tobler unter den Sprachforschern eine etwas isolierte
Stellung einnahm. Für ihn allerdings kein Grund, seinen wissen=
schaftlichen Neigungen Gewalt anzuthun. Mit Vorliebe behandelte
er neben Prinzipienfragen Gegenstände der Wortbildungs= und
Satzlehre, teils in selbständigen Aufsätzen, teils in ausführlichen
Besprechungen neuer einschlägiger Erscheinungen. Damit bereicherte
er nicht nur die Wissenschaft um manches wertvolle Ergebnis,
sondern erwarb sich auch das Verdienst, das Interesse für diese so
lange stiefmütterlich behandelten Gebiete wach erhalten zu haben,
indem er ihre Wichtigkeit immer aufs neue ins Licht setzte. Tobler
war auch einer der ersten, der den Bedeutungswandel der Wörter
in den Bereich wissenschaftlicher Untersuchung zog. Sein Aufsatz
im ersten Bande der Zeitschrift für Völkerpsychologie ist ein höchst
bedeutsamer und noch heute beachtenswerter Versuch, für die Ent=
wicklung der Wortbedeutungen systematische Grundzüge aufzustellen.
Von seinen übrigen Leistungen auf diesem Gebiete möge nur noch
die Abhandlung „Ästhetisches und Ethisches im Sprachgebrauch"
(im sechsten Bande derselben Zeitschrift) erwähnt werden. — Die
Fortschritte der lautgeschichtlichen Forschung verfolgte Tobler wach=
samen Auges, ob er sich gleich nicht aktiv daran beteiligte. Nur
einmal griff er auch hier in die Diskussion ein, als es galt, in
dem Streit um die sogenannten Lautgesetze Stellung zu nehmen.
Das Ergebnis seiner (am Schluß des vorliegenden Bandes wieder=
abgedruckten) Ausführungen war zwar ein wesentlich negatives,
indem er zeigte, welchen Sinn man dem Wort „Lautgesetz" nicht
unterlegen dürfe, aber doch dazu angethan, der Begriffsverwirrung,
aus der der Streit zu einem guten Teil seine Nahrung zog, ein
Ende zu machen und die Situation zu klären.

Die empirische Grundlage für seine sprachwissenschaftlichen Untersuchungen lieferten Tobler von Anfang an vornehmlich und je länger desto mehr die germanischen Sprachen, voran das Deutsche. Für den Schweizer verstand es sich von selbst, daß er dabei in ausgiebigem Maße auch die heimische Mundart heranzog. Toblers Beschäftigung mit ihr reicht denn auch in sehr frühe Zeit zurück. Schon 1859 erschien von ihm ein dialektologischer Beitrag in Frommanns Zeitschrift für deutsche Mundarten, und als bald darauf sein Jugendfreund Friedrich Staub die Bewegung für eine umfassende Sammlung des schweizerdeutschen Wortschatzes neuerdings in Fluß brachte, zählte er zu den eifrigsten Förderern des Planes. Er war unter den Männern, die 1862 in Zürich den „Verein für das schweizerdeutsche Wörterbuch" gründeten; er leitete die Sammelarbeit im Kanton Bern, sichtete und verarbeitete die einlaufenden Beiträge und legte selbst umfangreiche Sammlungen an. Durch Rede und Schrift, wo immer sich Gelegenheit bot, war er für die gute Sache thätig. Mit warmen, ja begeisterten Worten anerkannte Staub im ersten Rechenschaftsbericht des Idiotikons (1868) seine wertvollen und erfolgreichen Bemühungen und ließ schon damals den Wunsch durchblicken, den Freund für die Redaktion zu gewinnen. Der Wunsch wurde erfüllt, als Tobler 1873 nach Zürich übersiedelte. Fortan widmete er einen großen Teil seiner Zeit und Kraft dem Wörterbuch. Gemeinsam trugen die Freunde die Last der Vorarbeiten für die Herausgabe, gemeinsam bearbeiteten sie die ersten Hefte. Bis in die letzten Monate seines Lebens nahm Tobler den fruchtbarsten Anteil an der Redaktion. Als bereits die Schatten des Todes sich über ihn senkten, versuchte er noch den Artikel „mögen" zu entwerfen: er vermochte es nicht mehr! „Die zarteste und zugleich die tiefste Saite unseres Akkordes ist zersprungen", schrieb Staub nach seinem Tod an einen Freund. „Niemand wird Tobler ersetzen. Erst nach seinem Weggang wird seine hohe Bedeutung für das Idiotikon richtiger gewürdigt werden." Staub selbst hatte sie längst richtig gewürdigt. Toblers feiner Geist, seine philosophische und linguistische Schulung, sein tiefes

und ausgebreitetes Wissen — alles dies hatte dem Idiotikon un
schätzbaren Gewinn gebracht. Am meisten sagten ihm Wörter mit
bedeutsamem kulturhistorischem Hintergrund oder mit reicher Be
deutungsgeschichte zu; mit besonderer Vorliebe behandelte er jene
scheinbar nebensächlichen Bestandteile unserer Rede, wie Partikeln
und dergleichen, die infolge ihrer vielfach wechselnden, oft kaum
definierbaren Bedeutung der lexikalischen Bearbeitung die größten
Schwierigkeiten entgegenstellen. Tobler verstand es, die verwickeltsten
Bedeutungsverhältnisse zu entwirren, die verbindenden Fäden bloß-
zulegen und den ganzen Reichtum in musterhaft klarer, übersicht-
licher Anordnung vor uns auszubreiten. Sein Werk sind in allem
Wesentlichen z. B. die Artikel un-, ent-, er-, ver-, ge-; ab, auf,
um, an, in, aus, vor, für, gar (Band II, 322); und; er, es:
geben, haben (heben), geheißen, kommen, können; Ettiken, Vieh, Voll,
Frieden, Gott, Gotte, Götti, Kuh, Keib, Kopf, Katze, Kreuz u. s. w.,
lauter Kunstwerke in ihrer Art und wahre Zierden des Idiotikons.

Bei alledem fand Tobler noch Muße zu andern schriftsteller-
ischen Arbeiten. Allerdings hangen diese zum Teil eng mit dem
Idiotikon zusammen. So unter seinen sprachwissenschaftlichen Publikationen die interessanten Untersuchungen über die lexikalischen
Unterschiede der schweizerdeutschen Dialekte; daß die Schlüsse, zu
denen sie den Verfasser führten, nicht unanfechtbar sind, thut ihrem
Werte nur geringen Abbruch.

Schon in frühern Jahren hatte Tobler den volkstümlichen
Überlieferungen der Schweiz seine Aufmerksamkeit zugewendet und
in verschiedenen Veröffentlichungen sein seines Verständnis für das
vielgestaltige Leben und Schaffen des Volksgeistes dargethan. Auch
diese Studien empfingen durch die Arbeit am Idiotikon neue Nahrung.
Das beweisen die in vorliegendem Band abgedruckten Aufsätze zur
Kultur- und Sagengeschichte, ferner die zweibändige Sammlung
der schweizerischen Volkslieder. Ist auch deren Anlage so, wie das
Werk nach dem Erscheinen des zweiten nicht vorausgesehenen Bandes
jetzt vorliegt, ohne die Schuld des Herausgebers keine besonders
glückliche zu nennen, so entschädigen dafür die äußerst gehaltvollen

Einleitungen. Eine schweizerische Volkskunde gehört zu Teblers unausgeführten Plänen.

Auch in religionsgeschichtlichen Fragen hat Tobler mehrfach das Wort ergriffen. Wie sehr er darin zu Hause war, verriet sein Aufsatz über „Mythologie und Religion", in dem er scharfsinnig das Verhältnis der beiden Begriffe erörterte und gegen deren Vermengung zu Felde zog.

Den vollgültigsten Beweis für die umfassende Gelehrsamkeit Toblers leisten seine Bücherbesprechungen, die unter seinen Schriften einen ungewöhnlich breiten Raum einnehmen. Manche davon kommen an Wert selbständigen Untersuchungen gleich; alle bekunden seine strenge Gewissenhaftigkeit und seine allem Kleinlichen und Gehässigen abgeneigte, wahrhaft vornehme Gesinnung.

Toblers akademische Lehrthätigkeit trat gegen die wissenschaftliche Forschung zurück. Seine chronische Heiserkeit hinderte ihn am lauten Sprechen, und die Schüler hatten Mühe, sich an den mühsam anzuhörenden Vortrag zu gewöhnen. Dabei war er streng in seinen Anforderungen und besaß kein Talent, sich jungen Leuten angenehm zu machen. Erst die Gereiftern wußten den Wert des feinsinnigen, in manchem innern Zuge an die Art Rudolf Hildebrands erinnernden Gelehrten zu ermessen. Der Umfang seiner Vorlesungen dehnte sich auf das ganze Gebiet der germanischen Sprachen, Alt- und Mittelenglisch inbegriffen, aus: mit Vorliebe interpretierte er das Nibelungenlied, Parzival und Walther, auch etwa Reinefe Vos, Schillers und Goethes philosophische Gedichte: sodann las er über Volkspoesie, schweizerische Volkssage, Faustsage mit besonderer Rücksicht auf Goethe, über deutsche Mythologie, Anleitung zur germanischen Philologie, mittelhochdeutsche Metrik u. s. w. Tobler war einer der ersten, der die neuhochdeutsche Grammatik als besondern Lehrgegenstand in den Universitätsunterricht einführte.

Seine Lieblingsschriftsteller unter den deutschen Klassikern bildeten Herder, Lessing und Goethe. Musik war seiner harmonischen Natur ein unentbehrliches Labsal. Die dichterische Ader hatte sich vom Vater auf ihn vererbt: außer vielen kleinen zum Teil ungedruckten

Gedichten schrieb er seinem Freunde, dem Berner Komponisten Karl Munzinger, zwei ansprechende und wirksame Texte zu größern Chorwerken: „Helgi und Sara" (1863) und die Rütli=Cantate (1864). Für die öffentlichen Angelegenheiten der Heimat hatte der zurückgezogen lebende Mann ein offenes Auge und warme Teil= nahme, wie seine im „neuen Reich" und anderwo erschienenen politischen Aufsätze und Berichte zeigen. Erholung pflegte er zur Sommerszeit etwa auf einer stillen Jurahöhe, am liebsten mit den Seinen oder mit einem gleichgestimmten Freunde, wie dem trefflichen Karl Hebler, zu suchen. Wie bescheiden Ludwig Tobler über sich dachte, ergibt sich aus den resignierten Worten, die er kurz vor seinem Tode niederschrieb: „Es ist gut, daß jeder sich bewußt bleibe, wie gering der Wert eines einzelnen, ganz gewöhnlichen Menschenlebens im Vergleich mit allgemeinen Interessen ist. Wenn ich irgend ein Verdienst oder eine Tugend habe, so bestehen sie darin, daß ich diese Einsicht bei Zeiten erworben und festgehalten habe."

Zürich, im März 1897.

Die Herausgeber.

Salomon Tobler.

Das Leben eines Mannes zu beschreiben, der keine hervor=
ragende Stellung eingenommen, auch keine besondern Schicksale
erfahren hat, und dessen Name als Dichter ziemlich auf das Vater=
land eingeschränkt geblieben ist, scheint eine wenig dankbare und
ist jedenfalls keine leichte Aufgabe. Doch sind Publikationen, wie
dies neu erstehende Taschenbuch*), unter anderm geradezu bestimmt,
das Andenken an solche Persönlichkeiten aufrecht zu halten, welche
bei aller Bescheidenheit ihres Wesens und Wirkens zur Ehre ihrer
Vaterstadt und der weitern Heimat etwas beigetragen haben. Das
Interesse wird sich dann einerseits auf die Geschichte der Bildung
eines solchen Mannes richten, der vielleicht ein ihm selbst an=
fänglich verborgenes Talent unter ungünstigen äußern Lebens=
verhältnissen zur Geltung brachte; anderseits kann eben diese
Bildungsgeschichte neben ihrem individuell psychologischen Werte
einen Beitrag zur allgemeinen Kulturgeschichte der Zeit und des
Ortes liefern, innerhalb deren das Leben des Mannes sich be=
wegte. Da aber dieses doppelte Interesse im vorliegenden Falle
immerhin bescheiden genug bleiben wird, so wäre es schwerlich
angemessen, das Lebensbild des Mannes etwa mit einer weit
ausholenden Geschichte der betreffenden Familie einzuleiten; auch
würde der Stoff dazu nicht ausgiebig genug sein. Zwar führt
jede tiefere Betrachtung eines einzelnen Menschenlebens fast un=
willkürlich und unwiderstehlich auf einen Zusammenhang zwischen
Vorfahren und Nachkommen, auf jenes geheimnisvolle Gebiet, wo
die Anlagen und Schicksale der einzelnen Menschen in denen ihrer
Familie irgend vorbereitet sein zu müssen scheinen, und es ist
kaum zu bezweifeln, daß die Geschichte eines Volkes und die all=

*) Zürcher Taschenbuch auf das Jahr 1878. Neue Folge. I. Jahrgang.

gemeine Kulturgeschichte aus der Geschichte einzelner Familien noch
mehr Gewinn zu ziehen vermöchten, als bisher geschehen ist. Aber
wenn irgend welche Gesetze der Vererbung innerhalb der Mensch=
heit walten, so werden sie jedenfalls hier noch mehr als in der
Natur durch unberechenbare Zufälligkeiten gekreuzt, und frühere
Zeitalter mit ihrer größern Stabilität der Sitten überhaupt
sind wahrscheinlich auch jener Erblichkeit mehr unterworfen ge=
wesen als die Neuzeit, welche es dem Individuum näher legt und
leichter macht, aus dem Zusammenhang der Überlieferung sich
loszureißen und einem eigenen Genius zu folgen. Die Geburt
des Mannes, von dem hier geredet werden soll, fällt in die Zeit,
deren Charakter Goethe mit den Worten bezeichnet hat:

> — — — Alles bewegt sich
> Jetzt auf Erden einmal, es scheint sich alles zu trennen;
> Grundgesetze lösen sich auf der festesten Staaten,
> Und es löst der Besitz sich los vom alten Besitzer.

Damit soll nun keineswegs angedeutet werden, daß Salomon
Tobler seinem Geiste nach ganz besonders ein Kind jener Zeit
oder gar, daß er dem französischen Geiste verwandt gewesen
sei — der ihm zeitlebens eher zuwider war —; aber daß einige
seiner nächsten Verwandten vom Geiste jener Zeit berührt waren,
braucht nicht verschwiegen zu bleiben, und es ist vielleicht auch
kein bloßer Zufall, daß der geistliche Stand, dem die Vorfahren
angehörten, mit ihm in der Familie ausgestorben ist, während
allerdings der dichterische Beruf, der in einigen Gliedern der
Familie mit dem geistlichen verbunden war, in ihm sich erneuert -
und gesteigert hat.

Sein Großvater, Johannes Tobler (gestorben 1808 als
Archidiakon und Chorherr am Großmünster in Zürich), hatte schon
früh Talent für Sprachen und Dichtkunst gezeigt. Sein Versuch,
die Ilias zu übersetzen, brachte ihn in nähere Berührung mit
Bodmer und Breitinger, deren Schriften er fleißig studiert hatte,
und dann auch mit Klopstock bei dessen Aufenthalt in Zürich.
Er kannte auch die neuern Sprachen und übersetzte aus dem Eng=
lischen. Viele Bücher seiner reichen Bibliothek trugen auf dem
ersten Blatt von ihm geschriebene Stellen aus allen ihm bekannten
Litteraturen. Er verdankte übrigens seinen nicht unbedeutenden

Namen auch den zahlreichen von ihm verfaßten Erbauungsschriften, welche hier weniger in Betracht kommen. Sein Sinn für Poesie vererbte sich zunächst auf seinen Sohn Georg Christoph, gewesenen helvetischen Senator, gestorben als Pfarrer in Wald, der den Sophokles und die Argonautika des Orpheus übersetzte und mit Goethe befreundet war. Das poetische Talent Salomon Toblers wird wohl nach einer vielfach bestätigten Erfahrung auf das seines väterlichen Großvaters zurückzuführen sein, während sein Sinn für bildende Kunst, besonders Zeichnen und Malerei, vielleicht von dem mütterlichen Großvater, Heinrich Hirzel, gewesenem Landschreiber in Weiningen, ererbt war; übrigens haben sich ja mehrere Glieder der Familie Hirzel auch durch litterarische Leistungen hervorgethan. Bei dem genannten Hirzel war der Vater unseres Salomon Tobler, Joh. Kaspar Tobler, Hauslehrer gewesen und hatte in dieser Stellung seine spätere Gattin (Ursula Hirzel) kennen gelernt. Er wurde dann Lehrer an den Stadtschulen und versah zugleich die Pfarrei Wytikon. Im Jahr 1804 wurde er Pfarrer in Maschwanden, 1812 in Stäfa. Neben seinen Amtsgeschäften betrieb er eifrig die Lektüre der lateinischen Klassiker; auch war er ein großer Freund des Gesanges. Seine bereits genannte Gattin spielte gut Klavier und kannte die Werke von Shakespeare, Klopstock, Wieland, Goethe, Schiller und Jean Paul. Ein oft und gern gesehener Gast im Pfarrhause von Stäfa war Franz Xaver Bronner, der sein Leben so anziehend beschrieben, Fischer-Idyllen und das Epos „der erste Krieg" gedichtet und später als Bibliothekar in Aarau die Statistik dieses Kantons verfaßt hat.

Salomon Tobler wurde am 10. Dezember 1794 in Zürich geboren und hatte noch sechs Geschwister. Von seinen ersten Jugenderinnerungen haben nur diejenigen ein allgemeineres Interesse, welche sich auf die kriegerischen Ereignisse des Jahres 1799 beziehen. Auch von diesen hat der Knabe natürlich nur wenig gesehen und verstanden, und wichtige Beiträge zur Geschichte jener Tage wird hier niemand erwarten; doch hat der Vater seinen Kindern einige Züge erzählt, welche auch unsern Lesern erwünscht sein mögen; auch haben jene Bilder kriegerischen Lebens der Phantasie des Dichters später ohne Zweifel zu mannigfacher Anregung und Unterstützung gedient.

Als die russische Armee unter Korsakow auf dem Sihlfeld
lagerte, gingen die Eltern einmal mit ihren zwei Knaben in das
russische Lager, begleitet von einer Verwandten, welche als Er=
zieherin in Rußland gelebt hatte und der Sprache mächtig war.
Die russischen Wachen waren erstaunt und erfreut, in ihrer
Sprache angeredet zu werden, und der Besuch fand bei einem
höhern Offizier so freundliche Aufnahme, daß er die Musik seines
Korps aufmarschieren ließ. Der Kapellmeister trat in die Mitte
und hob Solo so laut zu singen an, daß seine Stimme alle
Cymbeln, Pauken und Trompeten übertönte. — Beim Gang
durch die langen Reihen der Zelte und Baracken, der in den
Boden gesteckten Spieße und der angebundenen Pferde kam die
Führerin ins Gespräch mit einem alten, langbärtigen Kosaken,
der freundlichen Bescheid gab und zum Schlusse dem kleinen
Salomon, den er auf seinen Arm hob, einen kräftigen Kuß auf
die Wangen drückte. — Nachdem der Knabe von den Russen einen
so günstigen Eindruck bekommen hatte, mußte ihn wohl ebenso
lebhaftes Mitleiden ergreifen, als er bald nachher, am Tage der
zweiten Schlacht bei Zürich, einige auf der Flucht versprengte
Russen durch die Gasse in der Neustadt, wo die Eltern damals
wohnten, herauf kommen sah. Als sie an das mit einer ziem=
lich hohen Mauer verschlossene Ende der Gasse gelangten, klet=
terten einige in ihrer Todesangst hinüber, andere erbrachen mit
Kolbenschlägen die in der Mauer angebrachte verriegelte Thüre, die
nach der Winkelwiese führte, und suchten dort hinaus zu entkommen.

Mit den Franzosen kam der Knabe erst einige Jahre später
in Berührung, als er einem Übungsmanöver derselben im „Kräuel"
beiwohnte und von einer Schwadron ihrer hinter ihm her sprengen=
den Chasseurs beinahe überritten wurde *).

*) Aus der Zeit des ersten Aufenthaltes der Franzosen bei Zürich
hörte er später von seinem Großonkel, der Pfarrer in Stallikon war,
einige Anekdoten erzählen, welche hier gelegentlich noch eine Stelle finden
mögen. Im Pfarrhause Stallikon war um jene Zeit der General Mortier
mit einer Schar Offiziere einquartiert, und auch der Obergeneral Massena
erschien bisweilen. Einst machte dieser sich den Spaß, von der Laube des
Pfarrhauses herab die unten stehenden und in lebhaftem Gespräch be=
griffenen Offiziere mit einer Bütte Wasser zu begießen. — Die Herren
trieben allerlei Kurzweil. Wenn sie von den Fliegen zu arg belästigt

Die Beschießung der Stadt Zürich durch den helvetischen General Andermatt erschien den Kindern nur als ein Feuerwerk, indem sie freudig aufschrien, wenn wieder eine Granate geflogen kam, indes der Vater mit Flinte und Patrontasche die Bürger= wache bezog.

Nach diesen kriegerischen Vorspielen treten wir nun in das Stillleben des Knaben ein und begleiten ihn zur Schule. Den ersten Unterricht im Lesen erteilte ihm die Mutter, im Schreiben der Vater, und zwar nach der eigentümlichen Methode, daß er mit Bleistift die Buchstaben vorschrieb, die dann der Knabe mit der Feder „überfahren" mußte. Nachher kam er in die Stadt= schule am Wolfbach, wo der Präceptor Wolf unter vielen Schlägen, die ihn doch nicht unbeliebt machten, den Kindern die Lieder und Sprüche des Waserbüchleins, die Elemente der deutschen Gram= matik und das Einmaleins einprägte.

Als der Vater im Jahr 1804 die Pfarrei Maschwanden an= trat, begann für den Knaben mit dem Landaufenthalt, der seinen Sinn für Natur erst recht weckte, ein neues Leben, dessen Herrlich= keiten er mit offenbarem Behagen noch in den letzten Jahren be= schrieben hat, so daß wir nicht umhin können, einiges daraus mit= zuteilen, zumal da solche Pfarrhaus=Idyllen heute nur noch in der Erinnerung und Poesie leben, und durch seine eigenen Dichtungen neben dem kriegerisch=heroischen ein tiefer idyllischer Zug weht.

Der Aufenthalt auf dem Lande gefiel dem Knaben gleich von Anfang an ausnehmend wohl. Schon die mannigfaltige Tier= welt, in deren Besitz und Herrschaft die Kinder eintraten, war ihnen höchst willkommen. Im Stalle standen zwei Kühe, im Hofe spazierte ein prächtiger Hahn mit einem halben Dutzend Hennen, unter dem Dache flog ein Schwarm bunter Tauben ein und aus; in Nebenställen wurden Schweine und Schafe gehalten,

wurden, so streuten sie Pulver auf den Tisch und versengten damit eine Menge derselben. — Einmal erlaubten sie sich Zudringlichkeiten gegen die halberwachsene Tochter des Pfarrers; diese erwehrte sich aber ihrer, indem sie den Tisch, hinter dem sie von zwei Offizieren bedrängt wurde, samt dem darauf stehenden Geschirr umstürzte und davon eilte. — Übrigens behielt General Mortier die Pfarrfamilie in so freundlichem Andenken, daß er sie später, kurz vor seinem Tode, noch einmal aufsuchte.

und Kaninchen von mehreren Farben bevölkerten die Zwischen=
räume. – Vom Pfarrhaus zum Dorfbach hinab zog sich ein
sonniger Garten mit zwei Lauben, am Hause selbst rankten ver=
schiedene Sorten von Reben. In einem nahen Baumgarten gab
es Äpfel, Birnen, Zwetschgen und Haselnüsse zu pflücken, und in
der Heuernte konnte man auf hochbeladenem Wagen einfahren.
Ein besonderes Fest war noch die Weinlese in einem ebenfalls
zum Pfarrgut gehörenden Rebberg. Den Pfarrhauskindern standen
aber auch die Scheunen und Güter der reichen Bauern des Dorfes
offen, und oft fuhren sie mit den stattlichen Gespannen derselben
zu Felde. Die Knaben spielten mit einander Soldaten und
schnitzten im Holzschopf eigenhändig ihre Waffen. An den Sonntag=
abenden sammelte sich die ganze Jugend des Dorfes, die er=
wachsenen Burschen und Mädchen zum Ballspiel, die Kinder zum
Ringschlagen und ähnlichen Spielen. Im Winter fuhr man auf
abschüssiger Schneebahn von den Ruinen des Schlosses her=
nieder; im Sommer badete man in der Lorze. Am Dorfbach
knetete der Knabe Leim und erbaute daraus Türme, die mit
„Speerreutern" besetzt wurden. Der größte Genuß war aber,
auf einem Brett mit einer Stange den Bach auf und ab zu fahren
und etwa einen Fisch oder Krebs aufzustechen.

Neben der Beschäftigung im Freien wurde freilich auch Lektüre
betrieben, doch war die Auswahl darin nicht groß. Campes Ro=
binson, Columbus, Cortez und Pizarro, „der arme Mann aus
dem Toggenburg", eine Naturgeschichte und ein Orbis pictus waren
beliebte Bücher. Daneben regte sich in dem Knaben die Lust zum
Zeichnen; aber es fehlten im Anfang geeignete Vorlagen und An=
leitung, die später nicht mehr nachgeholt werden konnte. Anregung
gewährten auch kleine Reisen, welche der Vater mit einem Teil
seiner Familie unternahm. Auf einer solchen Reise sah der Knabe
im Jahre 1805 zum ersten Male den Vierwaldstättersee und Nid=
walden, welches damals noch die deutlichen Spuren der Verwüstung
zeigte, welche sieben Jahre vorher über das Ländchen ergangen
war. Noch konnte der Knabe keine Ahnung davon haben, wie
eindringlich und nachhaltig dieses Bild ihn später beschäftigen
sollte; und doch muß eben dazu jener erste Eindruck unbewußt
einen Antrieb hinterlassen haben.

Auch die Lebensfrage, welchen Beruf er überhaupt ergreifen solle, war ihm natürlich damals noch unklar, während sein Vater dieselbe ziemlich entschieden glaubte. Bereits hatte er angefangen, dem Knaben Unterricht in der lateinischen Sprache zu erteilen, womit wenigstens gelehrte Studien, nach damaliger Sitte aber zugleich das Studium der Theologie in Aussicht genommen war. Dabei waltete nicht bloß die nahe liegende Voraussetzung, daß der Sohn den Beruf des Vaters und der Vorfahren ergreifen werde, sondern er selbst hatte schon vor einigen Jahren unwillkürlich durch eine besondere Leistung jene Voraussetzung bestätigt. Er hatte nämlich bei der goldenen Hochzeit seines Großvaters, die mit einigem Aufwand von Festlichkeit begangen wurde, eine von dem Vater verfaßte, aus Ernst und Scherz, Hochdeutsch und Schweizerdeutsch gemischte Rede mit solcher Sicherheit und Wirkung auswendig vorgetragen, daß mehrere der anwesenden Familienglieder darin eine ausgesprochene Anlage zum Predigerberuf erkannten, während er selbst später sehr richtig meinte, nach der bekannten Stelle aus Goethes Faust hätte man darum ebenso gut einen künftigen Schauspieler in ihm sehen können. Dazu war er nun aus andern Gründen nicht geschaffen; aber auch für den geistlichen Stand fühlte er durchaus keine Neigung, sondern wenn ihm ein Beruf bestimmter vorschwebte, so war es der eines Malers. Als er aber einst den Eltern ein Wort davon verriet, wurde er zwar nicht barsch abgefertigt, aber auf die Kosten hingewiesen, welche die Bildung eines Künstlers erheische, während der Bildungsgang eines Geistlichen leichter sei und ein Pfarrer in seinen Mußestunden immer noch Zeit finde, einer Neigung jener Art nachzuhängen. So wurde er beschwichtigt; er ergab sich auch williger in die Fortsetzung der Sprachstudien, seit die Lektüre zu den lateinischen Dichtern vorgeschritten war und seit er von dem Philologen Bremi in Zürich, bei dem er eine vorläufige Prüfung bestanden hatte, zu diesen Studien ermuntert worden war.

Im April des Jahres 1810 verließ er das Vaterhaus, um in das Collegium humanitatis einzutreten, wo eben Bremi Hauptlehrer war, und zugleich in den sogenannten „Hof", wo eine Anzahl von angehenden Theologen Kost und Aufsicht fanden, damals

unter dem Inspektor Horner. Im Unterricht dieses Mannes
interessierte unsern Studenten besonders die Ästhetik, welche freilich
erst im letzten Jahr und nur mit einer Stunde wöchentlich an
die Reihe kam, nachdem in einem frühern Kurse das Nibelungen=
lied (doch nicht im Original) behandelt worden war; aber diese
Art von epischer Dichtung, damals kaum erst wieder ans Licht
gezogen, lag noch etwas fern und konnte nicht gerade als Vorbild
wirksam werden. Der Herr Inspektor interessierte sich auch für
die fortgesetzten Übungen seines Zöglings im Zeichnen und erteilte
ihm manchen lehrreichen Wink. Unter den Kameraden war ein
talentvoller junger Mann, Konrad Heß, mit welchem Tobler in=
nige Freundschaft schloß und oft auf einsamen Spaziergängen dem
Genuß der Natur und der Übung der Kunst sich hingab.

Der Unterricht in den Kollegien war, nach dem Zeugnis
der meisten, die ihn empfangen haben, im ganzen mangelhaft;
nur in den alten Sprachen, und auch hier vorherrschend im Latei=
nischen, wurde etwas Erkleckliches geleistet; die Studierenden
wurden wenigstens dazu angeleitet, in der Lektüre der Klassiker
einige Gewandtheit und Kenntnis der Hauptwerke zu gewinnen,
so daß diese auch später weniger bei Seite gelegt wurden, als von
jüngern Generationen geschehen ist, welche bessern grammatischen
Unterricht erhielten, aber durch eine Menge anderer Fächer und
Anregungen zerstreut wurden. Zwar wurde auch damals neben
den Sprachen Mathematik und Physik gelehrt; aber wer dafür
nicht besondere Neigung und Vorkenntnisse mitbrachte oder Privat=
fleiß aufwandte, konnte nicht viel lernen, ein Übelstand, der sich
ja wohl noch fortgepflanzt hat! Was unter dem Namen Philo=
sophie behandelt wurde, war noch mangelhafter, und am wenigsten
fruchtbaren Unterricht erhielten die jungen Theologen in ihren
eigentlichen Hauptfächern, vielleicht schon darum, weil einige der=
selben nach älterm Brauch noch in lateinischer Sprache gegeben
wurden. Das am ehesten allgemein bildende Fach, die Geschichte,
wurde ebenfalls nicht in angemessener Weise betrieben, so daß,
wer eine Übersicht des Gebietes und positive Kenntnis der Haupt=
sachen erlangen wollte, sich an Privatstudien halten mußte. Auf
solche verfiel denn auch Tobler, und gleichzeitig hatte er Gelegen=
heit gefunden, die italienische Sprache und Litteratur kennen zu

lernen. Daß diese beiden Fächer, die Geschichte in materieller, die italienische Litteratur in formeller Beziehung, ihm für seine spätere dichterische Thätigkeit reiche Nahrung boten, braucht nicht weiter ausgeführt zu werden. So hatte er mancherlei gelernt, nur nicht gerade das für den nächsten Beruf Nötigste, als er im Jahre 1816 das theologische Examen bestand und die Ordination empfing. An ihm sollte sich, wie an so vielen andern, die Er= fahrung bewähren, daß ein Prediger und Seelsorger nicht durch akademischen Unterricht, sondern nur durch den praktischen Kirchen= dienst und Lebenserfahrung gebildet werden, und daß eine ange= borene oder anerzogene Anlage zu einem andern Beruf daneben ihre Rechte geltend machen kann.

Im Frühling des zuletzt genannten Jahres kam Tobler als Pfarrvikar nach Mönchaltorf, im nächsten Jahr nach Wülflingen. Der Anfang im Predigen machte dem jungen Geistlichen Mühe, weil er den Mangel gehöriger Vorbereitung und eigenen innern Triebes fühlte; auch wurde er, zum Teil infolge geistiger An= strengung, von einem Übel befallen, das ihn lange Jahre geplagt hat, einem häufigen und heftigen Kopfweh, das auf seine Gemüts= stimmung drückte und ihm seine Lage doppelt trostlos erscheinen ließ. Es war ein Glück für ihn, daß er im Jahr 1818 Muße gewann, mit einigen Freunden eine Reise nach Mailand zu machen. Man kann sich denken, wie wohlthuend schon für die Gesundheit diese Erholung wirken mußte, ebenso aber, welchen Genuß die großartige Gebirgswelt, welche Anregung die Kunstdenkmäler von Mailand dem jungen Manne bieten mochten. Diese Reise, welche damals natürlich mehr heißen wollte, als heutzutage der Fall ist, mußte auch darum erwähnt werden, weil sie (mit Ausnahme eines Aufenthaltes in München, der erst in die spätern Jahre fällt), die einzige Quelle war, aus welcher Tobler die Anschauung von Natur und Kunst des Auslandes schöpfen konnte, während ihm die Natur der schweizerischen Heimat durch öftere Reisen, z. B. nach den Heilquellen von Graubünden, allerdings ziemlich vollständig bekannt wurde und er auch keine Gelegenheit versäumte, der bescheidenen Kunstgenüsse, welche die Heimat zu bieten ver= mag, teilhaft zu werden... Hier ist auch noch einzuschalten, daß er bald nachher in einer abermaligen Pause seiner Vikarthätigkeit

einen Aufenthalt von einigen Monaten in Lausanne machte, der
aber zur Erreichung des eigentlichen Zweckes, der Erlernung der
französischen Sprache, natürlich zu kurz war und fast mehr mit
neuer Übung im Zeichnen, daneben auch mit Guitarrespiel und
Gesang ausgefüllt wurde. Von Lausanne aus, dessen Umgebung
bereits mit mannigfaltigen Naturschönheiten ausgestattet ist, wurde
auch eine Erkursion nach Genf und von dort ins Thal nach
Chamouny unternommen.

Alles dies konnte nicht gerade dazu dienen, Lust und Fähigkeit zum geistlichen Amte zu befördern; dennoch war die Rückkehr
in dasselbe nicht allzu schwer, und sie war von gutem Erfolg
begleitet. Gleich bei seinem ersten Auftreten als Vikar in
Wädensweil hatte Tobler das Glück, als Kanzelredner zu gefallen, teils weil er allerdings die Gabe eines natürlichen, an-
genehmen Vortrages besaß, teils weil die Zuhörer den Eindruck
empfangen mußten, daß die Predigt aus warmem Herzen und
aufrichtiger Überzeugung floß. Der Aufenthalt in dieser Gemeinde
war für Tobler auch darum wichtig und gesegnet, weil er ihn
im Hause des wackern Präsidenten Diezinger zur Bekanntschaft
mit einer der Töchter dieses Mannes, Margarethe, und bald
nachher zur Verlobung, wenn auch noch nicht sofort zur Verheiratung mit derselben führte. Doch öffnete sich nun die Aussicht, auch diesen Wunsch zu befriedigen. Gegen Ende des Jahres
1819 wurde die Pfarrei Sternenberg frei, welche wegen ihrer
Abgelegenheit und wegen der vorherrschenden Armut ihrer Bewohner nicht gerade begehrenswert schien. Aber für Tobler
war die Lage des Ortes in einer gebirgigen und etwas unwirt-
lichen Gegend eher reizend als abschreckend; er meldete sich und
wurde gewählt. Sein Haushalt wurde vorläufig von einer
Schwester besorgt, bis er im Herbst des Jahres 1820 seine Braut
heimführen konnte. Das Leben mit ihr gestaltete sich nun in der
Abgeschiedenheit, die doch nicht selten durch Besuche von Verwandten
und Freunden unterbrochen wurde, so glücklich, wie die Liebe es
zu schaffen vermag, und es erneuerte sich die Idylle von Maschwanden, nur daß bald eigene Kinder dieselbe noch vervollständigten.
Der Verkehr mit Haustieren war so traulich, daß einst einem
ziemlich vornehmen Besuche aus der Stadt die Lieblingskuh,

ein besonders schönes und zahmes Tier, in der Wohnstube vor=
geführt wurde.

Zur Winterszeit, welche in jener Gegend streng einkehrt und
lange anhält, beschäftigte sich der nunmehrige Pfarrer mit ver=
schiedenen Studien, teils zur Ausfüllung der Lücken seiner
theologischen Bildung, teils zur Ergänzung seiner Kenntnisse in
der Geschichte und schönen Litteratur. Zum letztern Zwecke und
zugleich zur Einführung in die pfarramtliche Thätigkeit diente
unter anderm die Lektüre von Pestalozzis „Lienhard und Gertrud.“
Um jene Zeit geschah es auch, daß zum erstenmal den Geistlichen
in seinem Stillleben der Trieb zu eigener poetischer Produktion
ergriff, deren Entstehung und Verlauf wir nachher im Zusammen=
hange betrachten werden. Hier soll nur noch in kurzen Zügen
die Geschichte des äußern Lebens, welches an Toblers Beruf als
Pfarrer gebunden blieb, zu Ende gebracht werden.

Es waren Rücksichten äußerer Art, besonders die größere
Nähe der meisten Verwandten, welche Tobler bestimmten, im
Jahr 1826 die Pfarrei Sternenberg, in welcher er glücklich und
von der Gemeinde geschätzt, gelebt hatte, mit Hirzel zu vertauschen,
welcher Ort, noch schöner und zugleich doch zugänglicher gelegen,
ihm im übrigen eine wenig veränderte Fortsetzung des bisherigen
Lebens versprach. Diese fand denn auch statt, und die einzige,
übrigens sehr angenehme Veränderung bestand eben darin, daß
der Verkehr mit Verwandten und Bekannten sich lebhafter und
anregender gestalten konnte. In den ersten zehn Jahren, die
Tobler in Hirzel zubrachte, arbeitete er das dichterische Hauptwerk
aus, dessen Plan er noch in Sternenberg entworfen hatte. Er=
wünschte Anregung zu dieser Thätigkeit bot· eine kleine dichterische
Gesellschaft, welche während einiger Jahre mehrere Glieder der
Familie nebst einigen befreundeten Personen verband. Von den
Mitgliedern dieses Dichtervereins sind als solche, welche die Poesie
mit wirklichem Beruf und Erfolg betrieben, nur noch zwei zu nennen,
deren Namen auch sonst in die Öffentlichkeit gedrungen sind. Das
eine war der als Verfasser von Kinderschriften bekannt gewordene
Sekundarlehrer Bär, damals in Kappel, später in Männedorf
wohnhaft, von dem auch ein Band Gedichte erschienen ist. Viel
bedeutender war das Talent und wurde später der Ruf von

Meta Heußer, der Gattin des Arztes in Hirzel, deren tief sinnige, besonders der religiösen Sphäre zugewandte Anlage von allen Mitgliedern der Gesellschaft hoch geschätzt wurde. Es fanden von Zeit zu Zeit, abwechselnd in Hirzel und in Kappel, Zusammen= künfte statt, bei welchen jedes Mitglied irgend ein Produkt seiner Muse vortragen und dem Urteil der Genossen unterwerfen mußte; die Produkte wurden dann in besondere Bücher, welche das Archiv des Vereins bildeten, eingetragen. Ernst und Scherz wechselten dabei in bunter Reihe, und der Scherz fand um so eher seinen Anteil, da die begabtern Mitglieder der Gesellschaft die weniger begabten zu necken, dagegen ihre eigenen Leistungen ins hellste Licht zu stellen liebten. Gelegentlich wurden auch, etwa zum Nach tisch, Reimspiele vorgenommen, indem die Aufgabe gestellt wurde, mit gegebenen Reimen oder vorgeschriebenem Versmaß irgend ein kleineres Gedicht um die Wette improvisierend zustande zu bringen. Die männlichen Mitglieder trugen Übernamen, welche von ihrer wirklichen oder vermeinten Auszeichnung in einer einzelnen Haupt= gattung der Poesie entnommen waren; die nicht produktiven Familienglieder, also z. B. die Hausfrauen, denen die Bewirtung der Gesellschaft zukam, wurden von den „selbstlautenden" als bloße „Mitlauter" unterschieden; sie bildeten eine Art dienender Laien= brüder oder =schwestern, konnten aber infolge gelungener Versuche in den Orden der „Selbstlauter" aufgenommen werden.

Diese harmlose und anspruchslose, aber innerlich hoch ver gnügte Gesellschaft war wohl eine private Äußerung derselben geisti gen Regsamkeit, die in den dreißiger Jahren das öffentliche Leben des Kantons durchdrang und eine Reihe fruchtbarer Schöpfungen, besonders auf dem Gebiete des Schulwesens, hervorgerufen hat. Daß aber die Regierung in ihrem Schöpfungsdrange weiter oder rascher vorwärts ging, als das Volk zu folgen vermochte, hatte den Rückschlag des Jahres 1839 zur Folge, den auch Pfarrer Tobler schmerzlich zu fühlen bekam. Er selbst war im Politischen wie im Religiösen einer freisinnigen Richtung zugethan, ohne jedoch irgendwie öffentlich damit hervorzutreten. Als aber am 6. Septem ber die Regierung gestürzt worden war und auch eine Schar aus der Gemeinde Hirzel an dem Zuge des Landvolks nach Zürich teilgenommen hatte, glaubte er am Sonntag den 8. September

ausſprechen zu müſſen, daß er ein ſolches Vorgehen mißbillige.
Der Mut, mit dem er in jenen Tagen der Aufregung ſeine Über=
zeugung zu vertreten wagte, verdient gewiß hohe Anerkennung,
hatte aber die Folge, daß er den größern Teil der Gemeinde ſich
entfremdete und ſeine Stellung in derſelben unhaltbar geworden
ſah. Er ergriff daher die nächſte Gelegenheit, den ihm ſonſt lieb
geweſenen Ort zu verlaſſen, und ſchon im Mai 1840 wurde er
in die Pfarrei Embrach eingeführt, in welcher er ungeſtört bis
ans Ende ſeines Kirchendienſtes verblieb. Die dichteriſche Pro=
duktionskraft Toblers ſtand damals nicht mehr auf dem Höhe=
punkte; doch ſchuf er in den vierziger Jahren dort ſein zweites
Werk, welches, unter etwas ungünſtigen Bedingungen entſtanden,
auch nicht den Erfolg des erſten erreichte. Um ſo eifriger wandte
er ſich nun, da er ſeinen Beruf nach dieſer Seite erfüllt glaubte,
dem geiſtlichen Amte zu. Eigentlich wiſſenſchaftliches Studium
der Theologie blieb ihm auch jetzt fern; ſein Geiſt war überhaupt
nicht auf Abſtraktion, Syſtem und Methode gerichtet, ſondern auf
lebendige Anſchauung des Konkreten. So ſtudierte er denn die
Muſter geiſtlicher Beredſamkeit, und auch auf dieſem Wege kam
er nicht ganz von der Poeſie ab. Denn wenn Religion und Kunſt
überhaupt eine gemeinſame Wurzel haben, wenn die Bibel ſelbſt
in ihren Kernſtellen eine poetiſch gehobene oder angehauchte Sprache
ſpricht, die Propheten Lehrer, Redner und Dichter in Einer Perſon
waren, ſo war auch in Salomon Tobler der religiöſe Menſch und
der Prediger vom Dichter durch keine Kluft getrennt. Eigene
Poeſie konnte er zwar nicht auf die Kanzel bringen, weil ſeine
Ader nicht eine lyriſch=religiöſe war, aber es ſtanden ihm ja nicht
bloß die eigentlichen Kirchenlieder, ſondern auch die religiöſen
Gedichte von Knapp, Spitta, Fröhlich und andern zu Gebote, und
er machte von denſelben reichlichen Gebrauch, indem er einzelne
Strophen oder kleinere ganze Lieder an geeigneter Stelle in die
Predigt einwob, vielleicht mitunter im Widerſpruch mit ſtrengen
Regeln der rhetoriſchen Symmetrie und Harmonie des Stils,
aber meiſtens mit unfehlbarer Wirkung, ſo daß einzelne Zuhörer
Jahre lang Erinnerung davon behielten. Auch im Religions=
unterricht und am Krankenbett ſchlug er nicht ſelten dieſe Saiten
an; diejenigen Verrichtungen des geiſtlichen Amtes, welche rein

prosaischer und sogar mechanischer Art waren, übte er zwar un
gern, aber mit um so größerer Gewissenhaftigkeit. Als Erholung
von solchen Geschäften diente immer wieder am liebsten die Poesie,
und da die eigene Produktionskraft wirklich versiegt zu sein schien,
öffnete sich eine neue Quelle receptiven Genusses, indem Tobler
noch in seinen spätern Jahren, zunächst veranlaßt durch die Studien
eines seiner Söhne, die spanische und portugiesische Sprache kennen
lernte, um einige Hauptwerke der betreffenden Litteraturen im
Original zu lesen. Daneben erfreute er sich an der Hausmusik,
welche die herangewachsenen Kinder, besonders wenn sie während
der Ferien im Elternhause sich zusammen fanden, zu veranstalten
pflegten. Aber er war nicht einzig darauf angewiesen, sondern
wenn seine schwachen Augen vom Lesen ermüdet waren, griff er
noch immer zur Guitarre und sang seine alten Lieder, deutsche
und italienische, mit eigentümlich ausdrucksvollem Vortrag, der
den Dichter verriet und jeden Zuhörer ergriff.

Aber es nahte das unentrinnbare Alter. Seit Tobler im
Jahre 1853 seine Gattin verloren hatte, die ihm als Mutter
der eigenen Kinder und als Erzieherin ihr anvertrauter Mädchen,
als treffliche Haushälterin in oft schweren Zeiten und auch als
Pfarrfrau in Arbeitsschulen und Armensorge mit Aufopferung
ihrer letzten Kraft zur Seite gestanden hatte, war seine Häuslich=
keit nur notdürftig versorgt, und nachdem er während einer Reihe
von Jahren zur Unterstützung seiner nicht mehr ganz ausreichenden
Kräfte Vikare angenommen hatte, wollte er der Gemeinde eine
längere Fortdauer dieses mit häufigem Personalwechsel verbundenen
Notbehelfes nicht zumuten. Er nahm daher im Herbst des Jahres
1864 seine Entlassung und trat in den Ruhestand, den er in der
Vaterstadt, bei einem Sohne wohl aufgehoben, noch zehn Jahre
lang genoß, bis zunehmende Engbrüstigkeit ihm zur Beschwerde
wurde und am 19. November 1875 der Tod den 81jährigen
Greis so sanft hinwegnahm, wie er selbst es in der letzten Zeit
oft gewünscht hatte.

Am Schlusse dieser Übersicht des äußern Lebensganges bleibt uns noch die Aufgabe, die dichterische Laufbahn Toblers, und damit gewissermaßen die innere Geschichte desselben, als ein Ganzes für sich oder wenigstens als denjenigen Teil seines Wesens zu betrachten, welcher ihm ein bleibendes Andenken in weitern Kreisen sichern wird.

Bei der Betrachtung von Tobler als Dichter sind drei Punkte hauptsächlich ins Auge zu fassen: das verhältnismäßig späte Hervortreten dichterischer Produktivität, die fast ausschließliche Richtung, in der sie sich bewegte, und die Gewalt, mit der sie in dieser Richtung hervorbrach und während der besten Jahre andauerte.

Von bestimmten Naturanlagen kann nur selten mit einiger Sicherheit gesprochen werden; frühzeitige Anregungen in bestimmter Richtung lassen sich meistens nachweisen, setzen aber nur eine allgemeinere Empfänglichkeit voraus, bei künstlerischen Naturen also Lebhaftigkeit der Sinnesauffassung und Phantasie, verbunden mit gemütlicher Tiefe. Anregungen, die zu solcher allgemeiner Disposition hinzukommen müssen, haben allerdings auch bei Tobler schon frühzeitig stattgefunden; aber wir haben gesehen, daß er sich anfänglich eher zum Zeichnen als zum Dichten neigte und daß die Liebe zum erstern ihn auch später nicht verließ. Was dem Dichten den Vorrang verschaffte, war jedenfalls zum Teil die Lektüre der alten Dichter, welche die gelehrte Schulbildung mit sich brachte, vielleicht aber auch der nur negative Umstand, daß Gelegenheit und Mittel zu künstlerischer Ausbildung zufällig fehlten. Tobler selbst sagte wohl später gelegentlich, es hätte ihm auch an der zur Erlernung malerischer Technik nötigen Geduld und Ausdauer gefehlt, woran ebenfalls etwas Wahres sein mag; unrichtig wäre nur die Ansicht, die leider sich nicht selten gerade bei jungen Dichtern findet, der Dichter bedürfe so viel als gar keine technische Vorbildung und Durchbildung, als ob das Material der Sprache, das freilich von Natur feiner und fügsamer ist als Stein und Farbstoff, dem Drange zum Dichten schon gleichsam ganz fertig und durchaus willig entgegenkäme. Thatsache ist, daß Tobler in seiner Jugend von solchem Drange wenig spürte; die ersten Gedichte, die er machte, waren lyrische Gelegenheitsprodukte von der Art, wie sie wohl jeder einigermaßen gebildete Jüngling

zu verfassen pflegt, ohne darum sich zum Dichter berufen zu
fühlen. Leider sind jene Erstlinge von Toblers Muse einer
frühen Zerstörung geweiht worden, woraus wir zwar schließen
dürfen, daß er selbst sie solchen Schicksals würdig fand, aber
nicht, daß sie uns keinerlei Anhalt für die Geschichte seiner dich=
terischen Entwicklung geboten hätten. Wir haben uns dieselben
wahrscheinlich nach Art von im Nachlaß vorhandenen Gedichten
zu denken, welche Tobler noch später, als sein eigentlicher Beruf
ihm bereits klar geworden war, im Kreis der Familie und des
Dichtervereins verfaßte, meistens bestimmten Anlässen entsprungen
und von scherzhaft heiterm Charakter, ganz entsprechend der Ge=
legenheit, aber nicht für die Öffentlichkeit bestimmt, so daß sie
höchstens als formelle Vorübungen oder als Erholungen von der
Arbeit an dem ersten größern Werke betrachtet werden dürfen;
doch atmen einige darunter eine höhere Stimmung, Begeisterung
für Natur und Freundschaft; unvollendet geblieben und von un=
sicherm Datum ist ein episches Gedicht, dessen Gegenstand eine
romantische Liebesgeschichte ist. Entschiedenen Drang zu einer
größern epischen Dichtung scheint Tobler erst empfunden zu haben,
als er bereits Pfarrer in Sternenberg und Familienvater war.
Nachdem er im Jahr 1825, angeregt durch die Lektüre von
Bürger und Hölty, mehrere kleinere und ein größeres Gedicht
geschrieben hatte, die von Inspektor Horner günstig beurteilt
wurden, erschien ihm im Februar 1826, als er eines Abends in
seiner Studierstube rauchend auf und ab wandelte, das Bild des
Kampfes und Unterganges von Nidwalden, und zwar mit solcher
fast zur Vision gesteigerter Lebhaftigkeit, daß er nicht bloß den
Verlauf des Ereignisses im Ganzen, sondern eine Reihe einzelner
Szenen deutlich vor sich sah und nun volle zehn Jahre von
diesem Gegenstand eingenommen blieb. Zur Erklärung der Wahl
desselben dient uns zunächst bloß die Erinnerung an jene Reise,
welche Tobler als Knabe mit seinem Vater nach Unterwalden
gemacht hatte. Aber so nachhaltig die Anschauung dieses Schau=
platzes gewirkt haben mochte, so war sie doch seither durch keine
genauere Erforschung der Geschichte selbst ergänzt worden. Das
Buch des Kupferstechers Meier, dessen Bilder und Text vorzüg=
lich geeignet waren, dem Dichter eine Menge von Einzelheiten

an die Hand zu geben, hatte er nur einmal auf der Stadt=
bibliothek durchgesehen und aus einer Art von Schüchternheit
nicht zu weiterm Gebrauch zu erbitten gewagt. So mußte er
auf andern Wegen sich allmählich und mühsam in den Besitz des
Stoffes setzen. Daß er mehrere Male selbst nach Nidwalden
reiste und dort aus dem Munde von Augenzeugen Nachrichten
schöpfte, war jedenfalls ein Umweg, der in mancher Hinsicht noch
besser zur Sache diente als ein Buch; denn er setzte ihn in un=
mittelbare Berührung mit Land und Leuten und ließ die lebendige
Anschauung nie erkalten. So wurden „die Enkel Winkelrieds",
in Sternenberg geistig empfangen, erst in Hirzel durchgedacht und
zu Papier gebracht, dann noch einem befreundeten Kritiker zur
Durchsicht mitgeteilt, so daß die Horazische Frist mehr als erfüllt
war, als das Werk im Jahr 1836 gedruckt erschien. Die Auf=
nahme, die es fand, war durchweg günstig; es wurden dem
Dichter öffentlich und privat Urteile zur Kenntnis gebracht, welche
geeignet waren, seine Bescheidenheit auf eine harte Probe zu
stellen; aber erst später hatte er vielfach Gelegenheit, die noch
erfreulichere Wahrnehmung zu machen, daß das Werk, das er
dem gesamten Schweizervolke zugedacht hatte, auch wirklich in
den Schoß desselben gedrungen war, und zwar weiter und tiefer,
als man erwarten durfte.

Es ist begreiflich, daß er, durch den Erfolg des ersten Werkes
ermutigt, sofort an ein zweites dachte, besonders da Männer wie
der Dichter und Kritiker Ludwig Follen ihn in dem Vorsatze
bestärkten. Aber wenn schon die Wahl des ersten Stoffes nicht
unbedingt glücklich gewesen, so mußte er nun vollends die
Schwierigkeiten erfahren, die dem heroischen Kunstepos der Neuzeit
überhaupt entgegenstehen, ihm selbst aber unbewußt geblieben
waren, weil ihm theoretische Betrachtung überhaupt fremd
war. Diesmal schwebte ihm nicht ein ganzes Volk als Held
vor, sondern ein einzelner Mann, der Reformator Zwingli, und
da er bei den „Enkeln Winkelrieds" mit der patriotischen Be=
geisterung zugleich die religiös katholische, wenn auch in sehr
idealisierter Gestalt, verherrlicht hatte, erschien es ihm nun doppelt
angemessen, daß er, als reformierter Geistlicher und als Zürcher,
den Reformator Zürichs besingen sollte. Dieser Gesichtspunkt

war wohl, wenn auch nur untergeordnet, nicht gerade glücklich, weil er geeignet war, die politische Seite von Zwinglis Leben und Thätigkeit, welche ebenso bedeutend ist wie die kirchliche, aber auch noch weniger poetisch als diese, in den Hintergrund zu rücken und die eben daher rührenden Schwierigkeiten poetischer Behandlung dieses Gegenstandes zu verdecken. Tobler machte eifrig und gewissenhaft die nötigen historischen Studien, und eine Reihe von Bildern aus Zwinglis Leben begann sich vor seinem Geiste zu entfalten und zu beleben; aber eine so echt poetische Vision des Ganzen wie bei den „Enkeln Winkelriebs“ stellte sich nicht ein; der Stoff wollte nie recht aufquellen. Nun fügte es das Unglück — vielleicht aber das Glück — daß der Dichter A. E. Fröhlich, der bereits Ulrich Hutten besungen hatte, mit der Behandlung Zwinglis dem Freunde zuvorkam, der in seiner Bescheidenheit dann sofort von seinem Vorhaben zurücktreten zu müssen glaubte. Fröhlich war vielleicht zur Behandlung Zwinglis, soweit sie überhaupt möglich ist, geeigneter; aber auch er mußte die Ungunst des Stoffes stellenweise erfahren. Daß Tobler denselben in anderer Weise angegriffen hatte und wohl auch durchgeführt hätte, beweist der vollendete erste Gesang seines Gedichtes, der als Fragment in den von jüngern Dichtern herausgegebenen „Liedern des Kampfes“ 1848 erschienen ist.

An die Stelle der Beschäftigung mit Zwingli traten später eine Zeit lang Studien über Gustav Adolf. Schon als Knabe hatte Tobler in der Bibliothek des Großvaters die „Geschichte des dreißigjährigen Krieges“ von Schiller, welche in einem Almanach mit Kupfern von Chodowiecky erschienen war, entdeckt und mit großem Interesse gelesen. Der Gegenstand entsprach seiner Lust an kriegerischen Ereignissen, welche merkwürdigerweise neben seinem Hang zum Idyllischen bestand; zugleich konnte er dem an Zwingli unerfüllt gebliebenen Drange genügen, die Idee der Reformation zu feiern. Aber sei es nun, daß er zu dieser Aufgabe nicht mehr die nötige Kraft in sich fühlte oder daß die unternommenen historischen Studien ihn zu der Ansicht führten, daß auch bei Gustav Adolf neben dem religiösen Ideale sehr reale politische Interessen mitspielten, die nicht in Poesie aufzulösen waren — kurz: auch dieser Plan blieb unausgeführt. Und doch mußte dem Geiste der Neuzeit irgend eine Huldigung dargebracht werden. Wenn es nun als unmöglich erschienen war, die neue geistige Welt der Reformation episch zu gestalten, so war dies leichter mit der Entdeckung der neuen Welt jenseits des Ozeans, welche ja ein bedeutsames Vorspiel der Reformation gewesen war. Und auch hier konnte der Dichter auf seine Jugend zurückgreifen, wo ihn die Geschichte des Kolumbus in der Darstellung von Campe mächtig angezogen hatte. Aber diesmal waren nicht bloß historische, sondern auch naturhistorische Vorstudien nötig; es handelte sich ja um Darstellung des Weltmeeres und des tropischen Klimas, die der Dichter nie mit Augen gesehen hatte, und jedenfalls mußte hier die Phantasie dem Studium zu Hilfe kommen. Das Maß, in welchem dies ohne Verletzung der Naturtreue geschehen ist, wird immer ein Beweis für hohe poetische Begabung Toblers bleiben; es ist erstaunlich, wie er sich in diese fremde, große Naturwelt, sowie auch in die Umgebung eines königlichen Hofes zu versetzen und darin zu bewegen wußte, fast so sicher wie in Nidwalden, das er so oft besucht hatte. Die Erzählung und Schilderung im „Kolumbus" zeigt allerdings nicht durchgängig die Höhe und Kraft wie in den „Enkeln Winkelrieds"; der Dichter war ja auch fast zwanzig Jahre älter geworden und durch häusliche Sorgen und Amtsgeschäfte mehr als früher in Anspruch genommen; aber er arbeitete mit offenbarer Liebe, und einzelne Partien gelangen ihm vortrefflich; auch steht das Ganze in Absicht auf Sprache und Versbau wohl noch über dem ersten Werk. „Kolumbus" wurde in der kurzen Zeit von zwei Jahren vollendet und erschien im Jahr 1846. Da der Gegenstand dem Vaterlande fern lag, fand auch die Dichtung bei weitem nicht die Verbreitung und Anerkennung in der Schweiz wie die „Enkel Winkelrieds". Ein deutscher Kritiker hat sich sehr günstig über dieses Werk ausgesprochen.

Der Drang zur Dichtung hatte nun nachgelassen, aber erschöpft war er noch nicht. An ein größeres Werk dachte Tobler nicht mehr, aber zu einem kleinern fühlte er noch Lust und Kraft. Eine Art Heimweh nach Unterwalden und nach idyllischem Frieden (der übrigens auch im „Kolumbus" bei der Schilderung der Indianer seine Stelle gefunden hatte) führte ihn auf Niklaus von

Flüe. Das frühere Leben dieses Mannes und dann sein (damals
noch) unbezweifeltes) Auftreten an der Tagsatzung in Stans bot
Gelegenheit zu kriegerischen und patriotischen Szenen, mit welchen
das Leben des Einsiedlers in um so wirksamern Kontrast gesetzt
werden konnte. Aber das Asketisch-Mystische, das Mirakulöse
und spezifisch Katholische, welches auf der letztern Seite lag und
nicht ganz zu umgehen war, konnte Toblers Sinn für Natürlichkeit,
Klarheit und gesund protestantische Religiosität nicht auf die
Dauer anziehen. Seine Begabung war und blieb auf das große
heroische Epos ausschließlich gerichtet, und dafür war ihm nun
die Kraft allerdings entschwunden. Er empfand das oft mit
Wehmut, aber auch mit klarem Bewußtsein der Unabänderlichkeit
und darum zuletzt mit Ergebung. Als er sich in den Ruhestand
zurückgezogen und die Schwelle des Greisenalters überschritten
hatte, erlebte er im Jahre 1868 noch einen kurzen Nachsommer
poetischer Thätigkeit; aber er selbst war fern davon, diese Regung
zu überschätzen, und es wäre irrig zu glauben, eine bisher in
ihm verborgene lyrische Ader sei erst jetzt noch aufgebrochen.
Wir haben gesehen, daß er auch vor seiner epischen Periode und
noch während derselben einzelne lyrische Gedichte verfaßte, und
mehrere derselben dürften wohl aus seinem Nachlaß noch mitgeteilt
werden. Daß er nun am Schluß seiner dichterischen Laufbahn
zu dieser Gattung zurückkehrte, ist also nicht auffallend, besonders
da es nur für kurze Zeit geschah und der noch einmal erwachte
Trieb sich, abgesehen von einigen scherzhaften Produkten bei
Familienanlässen, auf eine der engsten Formen beschränkte, in
denen lyrische Poesie sich bewegen kann, das Sonett. Die aus
dieser Zeit stammenden Sonette enthalten, wie es diese keineswegs
leichte Form verlangt, nur je ein Bild oder einen Hauptgedanken;
die Stimmung ist ruhig und klar, etwas elegisch gefärbt oder
didaktisch gewendet, wie es dem Greisenalter natürlich ist. Ein
Grundgedanke, der durch die meisten dieser Sonette hindurchgeht,
ist eben der, daß dem Alter nichts mehr beschieden sei als die
Erinnerung, die sich dann freilich noch sinnig und rührend genug
aussprechen kann.

Endlich muß noch erwähnt werden, daß Tobler, als er die
produktive Kraft abnehmen fühlte, oder auch schon früher, wenn

dieselbe zeitweise ruhte, zur Erholung oder zur Unterhaltung
und Übung einzelne Stücke fremder Dichter übersetzte; so eine
Reihe von Sonetten Tassos und eine Auswahl von lyrisch=didak=
tischen Gedichten des Spaniers Luis de Leon u. a. Gute Über=
setzungen setzen immer ein gewisses Maß von eigener Produktions=
kraft voraus, aber nicht notwendig gerade in der Gattung des
Originals, und so beweisen die vorliegenden Proben eben auch
nur, was sich von selbst versteht, daß die allgemeine poetische
Anlage Toblers ihn befähigte, die Schönheit lyrischer Gedichte zu
empfinden und nachzubilden, während seine eigene Produktion fast
ausschließlich auf die Epik beschränkt blieb und auch hier nur auf
größere Werke gerichtet war, dagegen kürzere Erzählungen,
Balladen u. dgl. nicht umfaßte. Da die Übersetzungen zunächst
nur Lesefrüchte waren, so mögen hier zum Schlusse noch einige
Notizen über die Lektüre folgen, welche jedenfalls als eine
Nahrungsquelle für die eigene Poesie Toblers zu betrachten,
übrigens gelegentlich schon früher erwähnt worden ist. Sehr
reichhaltig und mannigfaltig war sie nicht, da schon der Aufenthalt
auf dem Lande die Herbeischaffung vieler Bücher erschwerte; aber
was Tobler besonders schätzte und liebte, las er immer wieder.
So kam es, daß er aus römischen und italienischen Dichtern,
besonders Virgil und Tasso, große Partien auswendig wußte
und oft halb oder ganz laut vor sich her sagte, was ihm zu
verschiedenen Zeiten und Zwecken wohl zu statten kam.

Von Homer hatte er nur die Ilias im Original gelesen
und begnügte sich später mit der Voßischen Übersetzung. Viel
geläufiger war ihm das Lateinische, und zwar neben Virgil noch
Ovid, Horaz und besonders auch Tibull; von italienischen Prosaikern
las er hauptsächlich Guicciardini; unter den Dichtern verehrte er
neben Ariosto und Tasso doch auch Petrarca; von Dantes
„Göttlicher Komödie“ war ihm, wie wohl den meisten, die „Hölle“
vertrauter als das „Fegfeuer“ und „Paradies“, weil dort größere
Anschaulichkeit und Verständlichkeit herrscht. Die spanische Sprache
und Litteratur lernte er erst später kennen und las dann mit
Vorliebe die Cid=Romanzen, von Cervantes die „Numancia“ und
„Don Quirote“, daneben vermischte Gedichte aus der „Floresta“
von Böhl de Faber. „Die Lusiaden“ des Camoëns hatte er

aus der Übersetzung von Donner kennen gelernt, bevor er dazu
kam, sie auch noch im Originale zu lesen. Mit Vergnügen
las er später auch Firdusi in der Übersetzung von Schack. Neben
diesen vorherrschend epischen Dichtungswerken blieben die lyrischen
und dramatischen, und neben den ausländischen die einheimischen
nicht vernachlässigt; doch fand Tobler am Drama, ausgenom=
men die Stücke von Goethe und Schiller, wenig Geschmack; von
neuern deutschen Lyrikern liebte er Hölderlin, Rückert, Lenau
und Geibel.

Ebenso viel Anregung wie aus der Lektüre schöpfte Tobler
aus dem innigen Verkehr mit der freien Natur, den er von Jugend
an bis in sein höheres Alter pflegte, besonders aber gerade in
den Jahren, wo er am meisten mit dichterischer Produktion be=
schäftigt war. Zu dieser Thätigkeit, sowie zur Konzeption von
Predigten war ihm Bewegung in der Natur fast Bedürfnis und
Bedingung. Als er in Hirzel die „Enkel Winkelrieds" aus=
arbeitete, unternahm er häufige Ausflüge in den Sihlwald und
in das benachbarte Hügelland von Zug. Er machte sich am
Nachmittag auf den Weg und marschierte etwa eine Stunde; dann
ließ er sich in einem ländlichen Wirtshaus einen Kaffee geben,
der seine Lebensgeister erhöhte, und auf dem Heimweg kamen ihm
dann bei raschem Gang oft längere Reihen von Stanzen zu Sinn,
die er, oft schweißtriefend zu Hause angelangt, sogleich zu Papier
bringen mußte, um sich des Überdranges zu entledigen. Von
Embrach aus, dessen nähere Umgebung wenig Naturschönheiten
darbot, besuchte er das Bülacher Hard, welches damals noch
viele schöne Eichen enthielt, oder den dortigen Lindenhof oder
die Gegend, wo die Töß sich mit dem Rheine vereinigt. In
seinen letzten Jahren, wo ihm weitere Gänge bereits Mühe ver=
ursachten, waren der Zürichberg, das Sihlhölzli, die hohe Pro=
menade, der Platz, der botanische Garten und eine Stelle in der
Enge, dicht am Ufer des Sees, die Orte, die er abwechselnd
regelmäßig besuchte und die ihm die letzten poetischen Gedanken
einflößten.

Größere Gesellschaft suchte er nicht auf, während er in
engern Kreisen leicht angeregt und anregend war. Dagegen
besuchte er gern die schweizerischen Volksfeste, besonders die

Schützenfeste, und damit hängt zusammen, daß er militärischen Übungen beizuwohnen oder sogar nachzureisen nicht versäumte; schon den Knaben hatten ja kriegerische Schauspiele umgeben, und lebendige Anschauungen aus diesem Gebiete waren ihm für seine episch-heroische Dichtung unentbehrlich. Diese Neigung stand mit seiner persönlichen, vorwiegend sanften und stillen Natur in keinem unlösbaren Widerspruch, und er huldigte auch den Künsten des Friedens, indem er Gemäldeausstellungen und musikalische Aufführungen besuchte, so oft ihm Gelegenheit dazu gegeben war.

Freundschaft verband ihn, nachdem er seinen Jugendfreund verloren hatte, mit Männern, welche gleich ihm zum geistlichen Stand dichterischen Beruf hinzubrachten, vor allen mit A. E. Fröhlich, dann mit Bornhauser und mit den jüngern zürcherischen Dichtern R. Weber, A. Hafner, J. Kübler, C. Meyer, überdies mit dem zu früh verstorbenen Maler Steiner von Winterthur, der den Plan gehegt hatte, Illustrationen zu den „Enkeln Winkelrieds" zu entwerfen, und mit dem Historienmaler Vogel, der dazu wohl noch befähigter gewesen wäre, wenn seine Vorliebe nicht der ältern Zeit gegolten hätte.

Über allen diesen anregenden und fördernden Einflüssen darf aber nicht vergessen werden, daß die innerste und reinste Quelle der Poesie im Gemüte des Dichters selbst fließt, bei dem einen ungestüm sprudelnd und stürmisch aufwallend, bei andern sanft und klar, aber unaufhaltsam hervorquellend. Tobler gehörte zu den Naturen der letztern Art; sein Gemüt war kindlich rein und harmlos, harmonisch gestimmt, darum auch mehr zur Darstellung des einfach Großen und Schönen in Natur und Geschichte als zur Charakteristik tiefer liegender Eigentümlichkeiten geeignet. Aber der Gegensatz zwischen Klassisch und Romantisch reicht im vorliegenden Fall so wenig wie in ähnlichen aus, die Naturanlage eines Dichters mit einem Schlagworte zu bezeichnen. Dieselbe war bei Tobler ohne Zweifel mehr dem klassischen Charakter zugeneigt; aber die romanischen Muster, denen er nachstrebte, und die Gegenstände neuerer Geschichte, denen er seine Muse weihte, lassen auch einen romantischen Zug in ihm nicht verkennen. Die Mischung beider Elemente beruht auf jenem Unaussprechlichen und Unnahbaren, das eben den Zauber der

lebendigen Persönlichkeit ausmacht und in keiner analytischen Be=
trachtung ohne Rest aufgeht.

So kann denn auch, was Tobler als Mensch seinen Nächsten
und in allgemeinern Beziehungen war, hier nicht wohl dargestellt
werden; natürlicher Edelsinn, lautere Wahrhaftigkeit, Herzensgüte
und Bescheidenheit waren Grundzüge seines Wesens.

Wie warm er für das Vaterland fühlte, zeigte jede Strophe
seines Hauptwerkes; aber auch der Vaterstadt bewahrte er eine
unauslöschliche Anhänglichkeit und begleitete mit ungeschwächter
Teilnahme, während er selbst alterte, die fortschreitende Ver=
jüngung derselben. So möge denn sein Andenken in ihr nicht
veralten!

Über schweizerische Nationalität.

Indem unsere Zeitschrift *) „vaterländische Litteratur und
Kunst“ als ihren Gegenstand bezeichnet und den Namen des
Vaterlandes selbst zu dem ihrigen macht, hat sie diese Form der
Ankündigung gegenüber dem Vaterlande selbst wie gegenüber dem
Auslande zu rechtfertigen. Die wahre Rechtfertigung kann erst im
Wert und Erfolg ihrer Leistungen bestehen, eine vorläufige sind
wir schon jetzt dem Publikum schuldig. Auch diese dürfte unter=
bleiben, wenn der Sinn unseres Titels bloß der wäre, daß wir
für die Pflege der allgemeinen Litteratur und Kunst auf dem
geographischen Boden der Schweiz arbeiten wollen in derselben
Weise, wie eine Menge von Zeitschriften des In= und Auslandes
es bereits thun; in diesem Falle hätten wir bloß anzugeben,
warum wir den vorhandenen Überfluß noch vermehren wollen.
Es handelt sich aber um Kunst und Litteratur mit der nähern
Bestimmung, daß Gegenstand und Behandlung von vaterländischem
Geiste beseelt sein sollen. Diejenigen nun, denen das Dasein
eines solchen Geistes auf jenem Gebiete zweifelhaft oder unklar
ist, mögen aus dem Folgenden ersehen, daß wir selbst, in aller
Bescheidenheit, darüber ins Klare zu kommen erst versucht haben.
Wenn wir „Gegenstand und Behandlung“ unterscheiden, so ge=
schieht dies mit Anschluß an den gewöhnlichen Sprachgebrauch;
in der echten Kunstübung selbst bedeutet der „Gegenstand“ nicht
bloß den sogenannten „Stoff“, sondern zugleich die eigentümliche
Anschauungsweise, den Gesichtspunkt, den der Künstler an der
Sache findet und in der ganzen Form seiner Darstellung ausprägt.
Der „nackte“ Gegenstand nach seiner äußerlichen, geographisch=
geschichtlichen Zugehörigkeit macht das wahrhaft Vaterländische so
wenig aus, daß es zweifelhaft bleibt, ob wir z. B. Schiller, auch
wenn er ein geborner Schweizer wäre, einen im engern Sinn

*) „Die Schweiz“ 1861.

„vaterländischen" Dichter nennen würden, weil er den Tell und
zwar in der vorliegenden Weise behandelt hat. Schiller ist auch
von der Schweiz, zunächst der deutschen, stets und neulich ganz
besonders mit Hinweisung auf seinen Tell gefeiert worden. Er hat
es verdient; aber es ist dennoch die Frage, ob diese Verehrung
nicht dem Dichtergenie galt, das von weltbürgerlichem Stand=
punkte den Freiheitshelden irgend einer Nation in aller Form=
vollendung, mit bewunderungswürdiger Wärme und Naturtreue
sich anzueignen vermochte, so daß wir mit Leichtigkeit in diesen
schönen Körper unsere nationale Seele hineinlegen und nur noch
den Dichter erwarten, der uns auch diese Zuthat noch abnimmt.
Kein Unbefangener wird in dieser vorübergehenden Bemerkung
einen Angriff auf die rein dichterische Größe Schillers sehen;
denn wir behaupten ebenso sehr, daß ein geborner Schweizer trotz
hoher poetischer Begabung und trotz seiner Behandlung aus=
schließlich „vaterländischer Stoffe" noch nicht ohne weiteres ein
„schweizerischer Nationaldichter" heißen dürfe, so wie umgekehrt,
daß diese Bezeichnung einem Eingebornen oder Fremden zukommen
könne, der ausländische Gegenstände von wesentlich inländischem
Standpunkte aus wiederspiegelt. Es handelt sich also hier zu=
nächst nicht um künstlerische Würdigung bestimmter Personen oder
Werke, sondern um die freilich hochwichtige und schwierige Vor=
frage, ob es in der Kunst überhaupt ein Schaffen, Genießen und
Urteilen gebe, dem nicht, mehr oder weniger bewußt, nationale
Elemente beigemischt wären; es fragt sich, in welchem Verhältnis
sie der Kunst beigemischt sein dürfen oder müssen, um sie nicht
zu schädigen, sondern wohl gar zu heben; besonders aber darum, ob
und in welchem Grade sie in die Kunstform selbst ein= und aufgehen
oder sie nur als geistige Atmosphäre ausfüllen und umschweben.

Diese Frage hinwieder kann nicht erörtert, geschweige ent=
schieden werden, bevor ausgemacht ist, was unter „national" zu
verstehen sei. Die Geschichte selbst arbeitet an der Feststellung
dieses Begriffes unaufhörlich und in unsern Tagen ganz beson=
ders; was sie aber bisanhin davon ins Reine gebracht hat,
scheint ungefähr Folgendes.

Seinem Ursprung nach bezeichnet das Wort „Nation" eine
durch die „Geburt" zusammengehörige Gesellschaft; Gemeinschaft

des Blutes und der Sprache ist damit als wesentlich gesetzt. Aber schon in der Geschichte des Altertums finden wir gewaltige Versuche, diese ursprünglichste Form menschlicher Vereinigung und Gesittung zu überschreiten, eine Mehrheit von Nationen zusammenzufassen und bis auf einen gewissen Grad zu verschmelzen in die Einheit eines „Volkes", „Staates", „Weltreiches", in welcher die angeborne Stammgenossenschaft zurückgedrängt, ersetzt wird durch mehr oder weniger gewaltsame künstliche Bande. Das römische Reich war der letzte und großartigste Versuch dieser Art, der längere Zeit bestand. Die Ursachen seines endlichen Umsturzes waren mancherlei; für unsern Zweck muß nur erinnert werden, daß die auf den Trümmern desselben von den eingedrungenen Germanen errichteten kleinern Reiche im südwestlichen Europa gleich von Anfang an eine Ver= mischung von Blut und Sprache der siegenden mit der besiegten „Nation" zur Grundlage nahmen, eine größere ohne Zweifel, als die schon bei der römischen Eroberung und Militärherrschaft statt= gefunden hatte. Auf dem Boden jener Reiche wiederholte sich unter mancherlei Wechselfällen der äußern Regierungsgewalt die innere Mischung der Volksbestandteile; am Ende erwuchsen auf solcher Grundlage im Zusammenwirken unwillkürlicher Einflüsse mit ab= sichtlichen „Völker" mit Einheit in Sprache und Charakter. Man mag sie immerhin auch „Nationen" heißen und ihr geistiges Eigen= tum „national" (das deutsche Wort „volkstümlich" hat eine andere Bedeutung); denn ihre Einheit ist durch die Geschichte eine nicht minder feste als die von der „Natur" den ältern „Nationen" eingepflanzte; ja sie ist ihnen durch die Kultur, deren höchster Zweck allenthalben solche Wiedergeburt ist, selbst zur „zweiten Natur" geworden; nur sollte man zur Verhütung von Mißver= ständnis die zwei Arten von „Nationen" im Sprachgebrauch durch vorausgehende Begriffsbestimmung oder jedesmaligen Zusatz der Attribute „natürlich" und „geschichtlich" unterscheiden. Bemerkens= wert bleibt immerhin, daß die aus Mischung hervorgegangenen romanischen Staaten nebst England nach unserm heutigen Gefühl und Sprachgebrauch „Nationalität" viel entschiedener besitzen und darstellen als Deutschland, wäre es auch bloß, weil sie die ihrige lebhafter zur Schau tragen und geltend machen. Deutschland nämlich, d. h. die Hauptmasse der in ihren geschichtlich nachweis=

baren Wohnsitzen verbliebenen, nur in die Slaven im Norden und Osten mit siegender Kultur eingedrungenen Germanen, ist auch auf der ersten Stufe der Nationalität verblieben; die vielen „Völkerschaften", als welche die Germanen schon in ältester Zeit auftreten, haben zwar immer einige Hauptstämme, nie aber, auch nicht in den glänzendsten Zeiten des deutschen Kaiserreiches, „ein Volk" gebildet. Es ist gleich unpassend, die Deutschen darüber verspotten oder trösten zu wollen. Was Trauriges oder Schmäh= liches darin liegt, haben ihre edelsten Geister jederzeit hinlänglich selbst empfunden und ausgesprochen; aber sie haben sich auch auf= gerichtet an dem Bewußtsein der eigentümlichen Vorteile, die ihre politische Zersplitterung und Ohnmacht zwar nicht erzeugt, aber ebenso wenig aufzuheben vermag. Mit dem Blut und der Sprache hat sich bei den Deutschen auch die ganze ursprüngliche Gemüts= anlage, die bei fortgeschrittener Kultur doppelt kostbare Erinnerung des Volkes an seine eigene Jugendzeit vollständiger, durchsichtiger, lebendiger erhalten, und es fließt ihnen daraus das Vermögen, auch die Eigenart und Entwicklung anderer Völker unbefangener aufzufassen, gründlicher zu durchschauen und treuer wieder dar= zustellen. Diese letztern Eigenschaften einer überhaupt mehr nach innen gerichteten Sinnesweise kommen nun zwar vornehmlich den „Gebildeten" zu; aber „deutsche Bildung" ist ja eben auch das einzige Deutsch=Nationale; von einem die Volksmassen durch= dringenden politischen Einheitsbewußtsein oder auch nur =instinkt kann unter den obwaltenden Verhältnissen nicht die Rede sein.*)

Diese vorbereitenden Bemerkungen waren unentbehrlich, wenn die Nationalität der Schweiz, unser eigentlicher Fragepunkt, richtig gefaßt werden soll. Dieselbe wird vom Ausland gewöhnlich sehr äußerlich als ein bloßes Gemisch von Bestandteilen dreier Natio= nen verstanden. Dieses Wort wird dabei natürlich in seinem ältern Sinn genommen, wobei nur noch zu bemerken, daß fran= zösisch, italienisch und romanisch in Blut und Sprache füglich dem Deutschen gegenüber als Eine Nation gerechnet werden dürften, während sie an sich selbst doch schon (wenigstens die beiden erstern) Bruchstücke von Nationen zweiten Grades sind.

---

*) Man vergegenwärtige sich, daß diese Worte 1861 geschrieben wurden.

Eine „Mischung" aber hat hier nicht stattgefunden, und das Rätsel unseres dennoch bestehenden politischen Einheitsbewußtseins ist nicht anders zu lösen, als indem der Nationalitätsbegriff abermals, wäre es auch den besondern Verhältnissen der Schweiz allein zu= liebe, umgebildet wird. Ja, es gibt eine Nationalität „dritten Grades"; sie vereinigt die Vorzüge der beiden erstern, ist ein Mittleres, aber Neues, Höheres zwischen ihnen, und ihr einziger Nachteil ist, daß sie sich, bis jetzt wenigstens, nur auf beschränk= tem Raume, unter ausnahmsweisen Verhältnissen hat bilden und behaupten können; denn auf die „große Schwesterrepublik" der „vereinigten" Staaten sich zu berufen, ist zur Stunde mißlich und auch sonst nicht ganz richtig, da sie vielmehr eine jüngste, vierte Stufe von Nationalität darzustellen bestimmt scheint. Schon der Zeit nach erscheint die Schweiz in dritter Linie; im vierzehnten Jahrhundert, wo die Grundlage des Bundes gelegt wurde, waren die romanischen Nationalitäten bereits festgestellt, der deutsche Reichsverband bereits gelockert. Bruchstücke des letztern also, welcher daneben fortbestand, waren es, die sich allmählich ab= lösten und zum Kern einer engern Verbindung krystallinisch zu= sammenschlossen; Bruchstücke romanischer Staatenbildung waren es abermals, die im Süden und Westen durch schwankende Zu= stände von Selbständigkeit und Abhängigkeit hindurch zum end= lichen Anschluß an die ältere Eidgenossenschaft reisten und ihr endlich förmlich hinzugefügt werden mußten, weil eine Macht, größer als alle Großmächte, die Natur des Landes, es verlangte und auch die Geschichte den burgundischen Teil der Schweiz immer in ebenso naher Verbindung mit Deutschland und der deutschen Schweiz als mit Frankreich erhalten hatte, besonders durch die Reformation. Darum brauchte weder eine Mischung der Spra= chen zu einer neuen, noch eine Verdrängung der einen durch die andere einzutreten; die Sprachgrenze ist in friedlichem Verkehr stets eine flüssige geblieben, die unmittelbaren Nachbarn verstehen sich vollkommen, die entferntern werden es im Wachsen der Bil= dung und freien Niederlassung immer mehr lernen, und wenn man glaubt, um „ein Volk" zu bilden, müssen alle Einzelnen die gleiche Zunge reden, so ist diese Bedingung auch bei Staaten, welche Anspruch auf jenen Titel machen, bei weitem nicht voll=

ständig erfüllt. Wahr bleibt, daß in dieser Richtung unsere Nationalität noch zu wünschen übrig läßt; aber ihr förmlicher Bestand ist ja auch noch jungen Datums und wird mit den jetzt vorhandenen Mitteln dem Ziel der Ausgleichung immer schneller sich nähern. Diese Erwartung gilt auch von den übrigens der Zahl nach weniger bedeutenden romanischen Bestandteilen unseres Südostens. Der Kanton Tessin freilich liegt jenseits unserer Naturgrenze und ist der Anziehung an das neue Königreich Italien ausgesetzt; dennoch hat er bis jetzt ihr widerstanden und wird sich auch ferner als Glied unseres Bundes ebenso wohl befinden, wenn er nur für seine offiziell anerkannte Sprache nicht die allgemeinere Geltung der französischen verlangt. Die romanischen Bündner sind innerhalb der Naturgrenze mit den Deutschen so eng zusammengeschlossen, daß an ihrer Zugehörig= keit gar kein Zweifel sein kann, um so weniger, da ihre Sprache nicht zugleich die einer auswärtigen Macht ist und bei bereit= williger Anerkennung, die ihr im engern und weitern Vaterlande zukommt, schon als merkwürdigem Denkmal hohen Altertums, doch meistens sich mit Kenntnis und Gebrauch der anstoßenden Schriftsprachen verbindet. Im ganzen darf behauptet werden, daß die Verschiedenheit der Sprachen für die Fortbildung schwei= zerischer Nationalität, nachdem diese einmal trotz ihr zu stande gekommen, keine hemmende, eher eine fördernde Macht übt, indem sie durch den Kontrast das Gefühl der Einheit nur bereichert. Daß aber die Vereinigung im ganzen eine friedliche, freiwillige war, nur getragen von der Notwehr für gemeinsame Interessen der Selbsterhaltung gegen gemeinsame Feinde und von derjenigen Notwendigkeit, die allem geschichtlich Gewordenen innewohnt, immer= hin von einer andern, als die bei der Gestaltung anderer Staaten durch gewaltsame Unterwerfung und unwürdigen Länderhandel stattfand, — das ist und bleibt die Krone unserer Nationalität.

Was indes bisher für dieselbe angeführt worden ist, war vorherrschend nur negativ, Abwehr von Zweifeln gegen ihren Begriff und ihre Möglichkeit im allgemeinen. Indem wir nun= mehr dazu übergehen, ihren eigentlichen positiven Inhalt dar= zustellen, unterscheiden wir auf der angegebenen Grundlage von Natur und Geschichte eine im engern Sinn politische, eine mora-

lische und eine litterarisch-künstlerische Nationalität, von welchen
drei die letztere jedenfalls von den ersteren abhängig und der
schließliche Hauptgegenstand unsere Frage ist. Die Betrachtung
der politischen schließen wir füglich an das Vorige mit der Bemerkung, daß jene Freiwilligkeit des Anschlusses der einzelnen
Glieder an den Bund bedingt und wesentlich unterstützt wurde
durch die politische Freiheit, welche im Innern derselben herrschte
und ihnen auch beim Eintritt in die Eidgenossenschaft gewähr-
leistet wurde. Diese Freiheit war freilich an Art und Grad
verschieden und hat von altgermanischer Volksfreiheit durch ari-
stokratische Formen hindurch bis zur modernen Demokratie eine
lange Stufenleiter durchgemacht; aber nie und nirgends ist sie
ganz erloschen, und es bleibt wahr: ohne diese innere Freiheit,
die allgemein republikanische Staatsform der Kantone, wäre die
Selbständigkeit gegen außen weder errungen noch behauptet
worden. Wenn die alte Eidgenossenschaft unter dem Andrang
der französischen Revolution zusammenbrechen mußte, so war es
eben, weil jene Freiheit zum Teil verdorben war, und ohne die
Kämpfe um Herstellung und Vollendung derselben seit den Dreißi-
gerjahren wäre nimmermehr der alte ungefüge Staatenbund in
den Bundesstaat von 1848 umgewandelt worden, dessen kräftigere
Regierung unsere einzige Zuversicht gegen neue Gefahren von
außen ist. Dennoch ist das Bewußtsein gleichartig freier Kan-
tonalverfassungen und geschlossener Einheit gegen außen noch lange
nicht der volle Gehalt unserer politischen Nationalität. Wir haben
die Erfahrung gemacht, daß die Überspannung der freien Einigkeit zu gewaltsamer Einförmigkeit, die unvermittelte rückhaltlose
Auflösung der Kantonalsouveränität in Zentralität uns nicht
heilsam war, und Wiederholung ähnlicher Bestrebungen stößt noch
immer beim größten Teile der Bundesglieder auf Widerstand.
Also nicht die nackte Einheitsform ist es, die uns zusammenhält,
sondern die darin materiell fortbestehende Vielheit, die reiche
Mannigfaltigkeit nicht bloß der kantonalen, sondern noch anderer,
größerer und kleinerer Verschiedenheiten. Ein lebenskräftiger
Organismus — das lehrt uns die Natur — muß bestehen durch
ein Gleichgewicht in ihm enthaltener Gegensätze lebendiger Elemente. Und in der That, sind wir nicht voll Gegensätze, und

beruht nicht unser Leben recht eigentlich auf dem friedlichen Neben=
einandersein und Ineinandergreifen derselben? Da haben wir
zuerst, außer der schon besprochenen Mehrzahl der Sprachen,
besonders den Unterschied zwischen deutscher und französischer
Schweiz, den Gegensatz der gebirgigen und flachen Landesteile
mit den daran hangenden Verschiedenheiten der Beschäftigung und
Sitte der Einwohner, doch so, daß Viehzucht, Ackerbau und In=
dustrie fast nirgends absolut getrennt sind. Wir haben ferner
auf geistigem Gebiete politisch die Gegensätze der innern und
äußern, alten und neuen, rein demokratischen und repräsentativen,
der stabileren und beweglicheren Kantone. Zum Teil dieser
Scheidung entsprechend, aber auch gemischte Kantone bildend, zieht
sich durch das ganze Gebiet der Gegensatz der Konfessionen. Alle
diese Gegensätze kreuzen und winden sich bunt, in mannigfachen
Übergangsformen, durcheinander, und so ist fast jeder Kanton,
auch die „halben", eine ganze Schweiz, eine Welt im Kleinen,
hat seine besondere Geschichte, Reste älterer Bezirke mit ihren
Hauptorten und deren Rivalitäten. Innere Verschiedenheiten
haben nun zwar auch größere, monarchische Staaten; aber so weit
ins Kleine hinunter reichen sie eben darum nicht, und was dort
von alten Provinzen, Marken, Gauen mit ihren Erinnerungen
fortlebt, wird von oben höchstens geduldet, meistens zurückgedrängt
und verwischt durch neuere Maßregeln. Bei uns sind jene kleinern
Körperschaften entweder auch in den neuen Verfassungen aus=
drücklich berücksichtigt, bestätigt und zu Grunde gelegt, oder sie
erhalten sich auch ohne dies frischer, indem das demokratische Leben
im allgemeinen solche individuelle Stützpunkte bedarf und sich von
selbst an vorhandene anschließt. So werden diese neu belebt
hineingezogen ins Treiben der Gegenwart, dem sie Gestalt und
Farbe geben, wie lustig rankender Epheu ernstem Gemäuer, und
der unschätzbare Gewinn für das Ganze ist, daß das politische
Bewußtsein der einzelnen Staatsbürger durch eine Stufenreihe
sich erweiternder Kreise von unten auf geweckt, genährt und groß=
gezogen wird zu wahrhaft konkreter Umfassung des allgemeinen.
Zwischen dem Gemeinde= und dem Volksbewußtsein gähnt also
nicht eine unüberfliegbare Kluft, sondern sie ist ausgefüllt, über=
brückt für die Vorstellung und das Streben auch des gemeinen

Mannes. Unser Ganzes ist klein, seine Vielteiligkeit macht die Teile noch kleiner; dafür sind sie um so regsamer und gefügiger, in ihrem gedrungenen Zusammenwirken ein lebendiges Ganzes zu erzeugen. Von den Höhen unserer Berge kann man einen großen Teil des Gesamtvaterlandes auf einmal übersehen, und diese seine geographische Kleinheit gewährt nicht bloß einen großartigen Naturgenuß, sondern ein Bild der in ihrer Art ganz einzigen geschichtlich=politischen Größe der Schweiz; sie gibt dem Gefühl unserer Nationalität eine Schwungkraft, Innigkeit, Allgegenwart der Anschauung, welche ihresgleichen wohl nirgends finden. Im Hinblick auf diese Eigentümlichkeit und die ebenso rätselhafte Verknüpfung der Einigkeit mit der Vielartigkeit „rühmen wir uns", wie der Apostel, „unserer Schwachheit"; „denn wo ich schwach bin, bin ich stark!" Ein noch größerer, aber ebenso lebensvoller Widerspruch im tiefsten Wesen unserer Nationalität eröffnet sich, wenn wir noch für einen Augenblick uns erlauben, Vergangenheit und Gegenwart mit der Zukunft zusammenzufassen. Wenn unser Dasein im Herzen Europas irgend einen providentiellen Beruf hat, wenn unsere Nationalität wesentlich in einem solchen besteht und insofern eine ideale heißen mag, so kann unsere Bestimmung nicht sein, einen „Revolutionsherd" zu bilden, wie man uns etwa vorgeworfen hat, nein, nur ein Asyl für andere, wie unser Land es von jeher, zunächst für uns selbst, gewesen ist, sonst aber durch unser bloßes Dasein und die offene Darstellung unseres Lebens eine unwillkürliche friedliche Propaganda zu machen für die echt christliche, im modernen Kulturleben immer mächtiger sich regende Idee der Völkerverbrüderung auf Grundlage der Gleichberechtigung und Austauschung verschiedenster Individualität. Es ist ein Widerspruch, daß wir solche kosmopolitische Bestimmung darstellen als unsere ausschließliche Nationalität; was nur unter ganz besondern Bedingungen sich verwirklichen konnte, kann in strengem Sinne nicht zugleich als allgemein gültige Norm aufgestellt werden; der Widerspruch muß sich also lösen, wäre es auch mit unserer einstigen Selbstauflösung, aber gewiß nur so allmählich, wie er selbst entstanden ist, und mit erfülltem Beruf darf man ja am Ende ruhig zu Grabe gehen.

Ohne politiſche Nationalität in irgend einem Grade iſt litterariſch=künſtleriſche nicht möglich, obwohl auch umgekehrt jene durch dieſe erſt recht geſchaffen, gehoben und ausgeſprochen wird, indem zwiſchen beiden innigſte Wechſelwirkung ſtattfindet, ein Kreislauf wie vom Samen zur Blüte und Frucht. Dennoch ge= langen wir nicht unmittelbar von der politiſchen zur litterariſchen: jene muß, um in dieſer wiedergeboren und verklärt zu werden, ſich erſt einſenken in das fruchtbare Erdreich, den allgemein menſch= lichen Boden der moraliſchen Perſönlichkeit, muß übergehen in Fleiſch und Blut, in die Charakterbildung der einzelnen, die der Volksſeele erſt ihr leibhaftiges Daſein geben und am Ende doch auch für die Kunſt Bildner und Bild zugleich ſind.

Und nun wäre es in der That ſeltſam, wenn eine ſo reich und ſcharf ausgeprägte politiſch=nationale Anlage, wie die ſchweizeriſche, ſich nicht abdrückte in der ganzen Sinnesweiſe, Lebensart und Weltanſchauung der perſönlichen Individuen, in die am Ende alle Formen der Geſellſchaft ſich ausſpitzen. Es müßte alſo eigentlich hier eine pſychologiſche Schilderung des ſchweizeriſchen Lebens in Familie und Geſelligkeit, aus denen die Einzelcharaktere hervor= wachſen, es müßte ein mittlerer Durchſchnitt der Lebensführung und des Bildungsſtandes der verſchiedenen Volksſchichten, endlich wohl gar das Bild eines idealen Normalſchweizers gegeben werden. Dies zu leiſten iſt aber vielmehr Aufgabe der ſchönen Litteratur und Kunſt, welche in eine Reihe von Gemälden auseinanderlegen müſſen, was hier, noch mehr als bei der politiſchen Nationalität, nur in blaſſen Umriſſen angedeutet werden kann; denn auch die moraliſche iſt ebenſoſehr Geſchöpf als Schöpferin der beiden andern und behält für wiſſenſchaftliche Begriffsbeſtimmung etwas Unausſprechliches.

Die Zeiten, wo wir als ein ebenſo harmloſes als wildes Hirtenvolk von gleich unverwüſtlicher Sitteneinfalt und Tapfer= keit galten, ſind dahin; die befangenſten Touriſten haben endlich entdecken müſſen, daß die Schweiz nicht ein großes Gletſchermeer iſt, daß wir zwiſchen den Bergen auch Ebenen und darin auf= blühende Großſtädte beſitzen und daß unſere neuere Entwicklung aus den Thälern der Urkantone heraus vorzüglich in dieſe Gebiete gerückt iſt, nach unwiderſtehlichen volkswirtſchaftlichen Geſetzen und vor allem nach dem echt republikanischen Grundsatz von der Herrschaft der Mehrheit. Auch in den Städten sind allenthalben altbürgerliche Verfassung und Sitte, mit ihren Vorteilen und Nachteilen, vom eindringenden Geiste der Ausgleichung durchbrochen, und wir gehen ohne Zweifel einer wachsenden Strömung desselben entgegen, welche manches von jener Mannigfaltigkeit unserer Zustände auslöschen, den alten Volkscharakter mehr und mehr umgestalten wird. Diesem Schicksal alles Irdischen können wir nicht entfliehen, noch widerstehen; aber wir können und sollen ihm fest entgegengehen, und was wir von altschweizerischer Art noch an uns fühlen und schätzen, behaupten, so lange es unserm übrigen Bewußtsein nicht unversöhnlich widerstreitet. Wir haben uns bei einer solchen Selbstschau noch immer weder vor unsern Vätern, noch vor der Mitwelt zu schämen; manche Perle aus dem Schatz der alten Zeit ist gerettet; einzelne ehrwürdige Erbstücke haben wir im Drang der Zeit auswechseln und in feinere Scheidemünze umprägen müssen; aber auch diese hat noch guten Klang und kann neuen Erwerb einbringen.

Eine fertige Anlage ist ein innerer Widerspruch und findet sich bei Völkern so wenig als bei einzelnen; aber die Außenwelt wirkt vom ersten Augenblick ihres Zusammentreffens mit der menschlichen Natur auf deren Keime ein und im Kampfe werden beide umgebildet, im Menschen und Volk insbesondere einzelnes erweicht, anderes erhärtet. Die kampfrüstige Thatkraft, welche unsere Vorfahren bei ihrer Einwanderung in dieses Land mitbrachten, durfte von ihnen, als sie Herren desselben waren, nicht abgelegt, sie mußte aber gegen die Natur selbst gekehrt werden; denn diese war unfruchtbar und verwahrlost und gab nur um heiße Arbeit den nötigen Unterhalt. Wenn sie nun im Lauf der Jahrhunderte teilweise zu einem Garten umgewandelt worden ist, und wenn da, wo dies nicht möglich war, die Industrie sich festgesetzt und der Handel seine Arme ausgestreckt hat, so war alles dies nur möglich durch Regsamkeit, Rüstigkeit, Zähigkeit zum Arbeiten, Selbstthätigkeit, Unternehmungslust. Diese allgemein germanischen Eigenschaften mußten bei uns um so mehr ausgebildet werden, als die unter hiefür günstigen Naturverhältnissen behauptete oder wiedererkämpfte Volksfreiheit dem Bürger Eigen-

besitz und Selbstgenuß des Erworbenen in höherm Maße als
anderswo sicherten. Hinwieder waren die Ergebnisse der Arbeit
bei allem Fleiße nie so reich, daß Schwelgerei und Üppigkeit aufkommen konnten; von der alten Einfachheit hat sich eine gewisse
Solidität auch unter gesegneten Verhältnissen bis in unsere Zeit
erhalten und ist unzertrennlich und nicht zu unserer Schande mit
dem Namen der Schweizer im Ausland verbunden. Unsere
Städte wurden bei allem Emporkommen nie so groß, daß sie
einen allbeherrschenden Einfluß hätten gewinnen können; ihr Verhältnis zum Land wirkte wohlthätig zu gegenseitiger Erfrischung.
Eroberungen im Ausland mit ihren Folgen haben wir nicht gehabt, nicht weil wir zu schwach oder weil wir Republikaner
waren (Waffenruhm und günstige Gelegenheit legten uns mehrmals die Versuchung nahe genug), sondern weil die innere Bildung und Abrundung der Eidgenossenschaft selbst neben der Ver-
teidigung zugleich eine Art von Eroberung war, welche die besten
Kräfte in Anspruch nahm, schlimmere Reize ableitete. Die einzige,
nicht makellose, Eroberung der alten Schweiz, die gemeinen Herrschaften, war eine solche innere, wurde es aber in schönerm Sinne
durch ihre Befreiung.

Bei der vorwiegenden Richtung der Schweizer auf Privat-
erwerb war doch durch das politische Leben die Geselligkeit mehr
auf die Öffentlichkeit als auf das Haus hingewiesen. Die Achtung
des weiblichen Geschlechts in seiner Sphäre ist dadurch eher gestiegen als gesunken, dagegen haben die Umgangsformen, eben
in der Kultur des Vereinswesens, etwas männlich Hartes, gegen
außen Verschlossenes, Selbstgenügsames angenommen, wobei im
Innern für die einmal Eingeweihten viel Gemütlichkeit und Lebhaftigkeit der Mitteilung und bei teilweiser Herbe des Tones um
so mehr Aufrichtigkeit stattfinden kann. Wie endlich gegen Fremde,
welche sich im Lande niederlassen, kaum mehr Abschließung herrscht
als gegen Einheimische, und beidemal nicht aus mißtrauischer Art,
sondern aus dem angebornen Trieb nach ungestörter Selbstver-
waltung und Erhaltung der angestammten Eigentümlichkeit, so
treibt den Schweizer bekanntlich sein Unternehmungsgeist über
Länder und Meere; aber es begleitet ihn in alle Ferne eine Anhänglichkeit ans Vaterland, die er durch mancherlei fortgesetzte

Teilnahme, am liebsten aber durch schließliche Rückkehr beweist, obwohl das vielbesungene Schweizerheimweh eine sentimentale Übertreibung ist, wenn man den Grad schmerzlichen Gefühls für höher hält als bei andern Nationen. Werkthätiger Gemeingeist, Versöhnlichkeit, Bundestreue sind unter uns, trotz periodischer Stürme, nie erloschen und bedürfen nur großartiger Anlässe, um sich immer neu zu bewähren.

Gibt es nun, auf Grund der politischen und moralischen Schweizernationalität und in unauflöslichem Zusammenhang mit ihr, eine litterarisch-künstlerische? Indem wir nach langen Vorbereitungen endlich dazu kommen, diese Hauptfrage aufzustellen, fürchten wir, auch in der bescheidenen Gestalt, die wir unserm Gedanken bewahren, werde er von manchen verworfen werden, indem sie die Frage entweder für längst gelöst oder für überhaupt unlösbar und darum auch nicht aufstellbar halten. „Längst gelöst" könnte nur in dem Sinne gemeint sein, daß die allfälligen Ansprüche der Schweizer auf nationale Eigenheit in Litteratur und Kunst längst abgewiesen seien; sie sind aber allerdings nicht nur nie anerkannt, sondern nie förmlich erhoben worden. Es kann sich hier nur um unser Verhältnis zu Deutschland handeln, denn daß wir gegen Frankreich Front machen, folgt zwar nicht schon aus dem Überwiegen der deutschen Sprache, aber aus dem der deutschen Bildung und Sitte, auch in der welschen Schweiz. Um so mehr wird man uns tadeln, daß wir auf der Seite der deutschen Gemeinschaft, die wir bekennen, doch wieder die Spaltung vermehren wollen. Man wird sich darauf berufen, daß schweizerische Litteratur und Kunst, wo sie wirkliche Leistungen aufzuweisen hatte, von der deutschen Geschichtsschreibung stets nach Verdienen gewürdigt, daß sie aber dabei stets als ein Teil des großdeutschen Litteratur- und Kunstgebietes betrachtet worden und niemand, auch kein Schweizer, auf den Einfall geraten sei, sie von jenem Verbande loszureißen. Eine „Losreißung" begehren wir aber auch jetzt nicht auch nur als möglich hinzustellen; es müßte dabei die Zerreißbarkeit allzu ehrwürdiger Bande angenommen, es müßten Verpflichtungen aufrichtiger Dankbarkeit geleugnet und an ihre Stelle Versprechungen gesetzt werden, zu deren Erfüllung unsere Kräfte sich als schlechterdings unzureichend

erweisen dürften. Nein, die Frage kann nur den Sinn haben,
ob nicht innerhalb der deutschen Kulturgemeinschaft die Schweiz
in Litteratur und Kunst eine gewisse Selbständigkeit beanspruchen
müsse, eine nur relative, aber eine größere, als etwa der schwä-
bische oder sächsische Stamm oder jeder andere größere Bruchteil
des deutschen Bundes, trotz politischer Zerstückelung, in seiner
Volkseigentümlichkeit bewahrt und auch in Kunstleistungen seiner
Angehörigen durchblicken läßt, eine Selbständigkeit etwa so groß
wie die von Holland, nur hoffentlich von reichern Früchten begleitet, weil gestützt auf reichere Naturbegabung und auf gemeinsam mit größern Ganzen fortgebildete Schriftsprachen. Eben
unsern Gebrauch der neuhochdeutschen Schriftsprache als Grund
gegen eine auch nur teilweise Trennung unserer Litteratur von
der gemein-deutschen geltend zu machen, geht nicht an, teils weil
damit überhaupt die Bedeutung der Sprache für Nationalität
überschätzt wird (s. oben), teils weil faktisch die französische
Schriftsprache (übrigens mit anerkannt provinzialer und germanischer Färbung) bei uns der deutschen ebenbürtig ist, welche ihrerseits in ihren besten Kundgebungen den reichen Boden der Mundart
nicht verleugnet. Mit Dänemark wollen wir uns nicht vergleichen:
denn die beiden Nationalitäten, zwischen denen es auch in Sprache
und Kunst schwankt, die nordische und die südliche, sind doch
beide rein germanisch und das Nationalitätsmachen, wie es von
ihm zwangsweise betrieben wird, nur um so gehässiger. Das
einzige einigermaßen richtige Beispiel der Schweiz ist Belgien,
das aus wallonischem und flämischem Blute, bei ebenfalls doppelter
Schriftsprache, doch eine unstreitig kräftige Nationalität entfaltet
hat, deren Grundlagen vielleicht nicht so jung sind als die rechtliche Anerkennung des Staates. (Das Flämische ist freilich vom
Hochdeutschen verschieden und wird als Schriftsprache erst durch
neuere Bestrebungen aus seiner glänzenden Vergangenheit hervor-
gezogen.) Doch wozu die Vergleichungen, von denen der Natur
der Sache nach, noch mehr als in andern Dingen, keine ganz
passen kann: Thatsache ist unsere gänzliche politische Freiheit und
Verschiedenheit von Deutschland, Thatsache ist auch, daß Deutsche
wie Franzosen in uns bei näherer noch mehr als bei oberfläch-
licher Bekanntschaft ein zwar befreundetes, aber an Charakter und

Lebensweise wesentlich verschiedenes Volk finden. Diese unbestreitbare Eigenheit muß in der Litteratur und Kunst sich irgendwie
kundgeben; man müßte sonst alles, was wir auf diesem Gebiet
geleistet haben, als durchaus nichtig, seelenlos, bloß angelernt
und nachgeäfft zum voraus verurteilen. Umgekehrt aber ist ja
gar nicht gesagt und gemeint, unsere nationale Eigentümlichkeit
sei eine so hohe, daß sie neue Kunstformen, eine ästhetische Epoche
erzeugt habe oder erzeugen werde. Das meinen wir im Grunde
auch nicht, wenn wir von französischer, italienischer, englischer
und andern modernen Nationallitteraturen reden. Es kann wohl
vorkommen, daß diese oder jene Kunstform, Stilart bei einem
Volke zuerst aufgetreten und vorzugsweise ausgebildet worden ist; sie
wird dann immerhin nach irgend einer Seite für das betreffende
Volk charakteristisch sein, doch auch zu den andern ihren Weg und
bei ihnen Anbau gefunden haben; der geistige Atem aber, der
aus ihr spricht, der Duft, der sie umhüllt, kann und wird bei
verschiedenen Völkern immer noch sehr verschieden sein. Wenn
also Nationalität in ästhetischen Dingen weder auf einzelnen
Stoffen (wovon gleich zu Anfang die Rede war), noch auf
einzelnen Kunstformen beruht, so kann sie nur liegen in dem
Verhältnis von Stoff und Form selbst, ob eines das andere
deckt oder überragt, in welchen Maßverhältnissen Witz und Humor,
Anmut und Würde, Komik und Tragik und andere Elemente
des künstlerischen Geistes mit den Formen und Stoffen ihr Spiel
treiben; oder aber, das Nationale kann zwar ein dem Ästhetischen
untrennbar anhangendes, aber es in seinem Bestand nicht modi-
fizierendes Element sein, ein deutlicher Beigeschmack von pikanter,
aber nur praktisch bedeutsamer Art, etwas Pathologisches (wir
finden kein leichter verständliches deutsches Wort dafür), was
darum noch nicht „ungesund" heißen soll. Ein solches subjektives
Pathos, ein in die Kunstform nicht ganz aufgehender Rest von
Natürlichkeit im bessern und schlimmern Sinne, mag sich gegenüber dem reinern Kultus des Genius, wie ihn die neudeutschen
Klassiker darstellen, als Eigentümlichkeit wenigstens unserer bisherigen Litteratur herausspüren lassen und sollte zu reinerer
Gestalt erhoben werden können, ohne die Nationalität preis-
zugeben. Wie nun aber diese selbst, zunächst die politische, als

geschichtlich gewordene, nur auf geschichtlichem Wege nachgewiesen
werden kann, so gilt dies in noch höherm Grade von der
litterarischen, deren Weben und Wachsen im Reich des Geistigen
nur aus einer successiven Anhäufung der feinsten Züge sich zu
einem merklichen Totaleffekt sammelt. Wenn ein solcher vielleicht
erst in der neuern Zeit sich ergibt, teils weil überhaupt die
künstlerische Betrachtung und Behandlung immer als das Spätere
ein tüchtiges Stück fertiger Realität voraussetzt, teils weil erst
durch die drei neuern Revolutionen die demokratische Grundlage
unseres Gemeinwesens vollendet worden ist, so müssen doch die
ersten Spuren und Ansätze entsprechender Litteraturrichtung bis
in die Zeit zurückversetzt werden, wo mit der allmählichen Ablösung der spätern Schweiz von Deutschland, Burgund, Savoyen
die erste Möglichkeit und Veranlassung zu eigentümlicher Litteratur
gegeben war. Zu einer Geschichte der schweizerischen Litteratur
nach diesem Maßstabe fehlt es nun weder an Stoff noch an
Vorarbeiten; aber geschrieben ist sie leider noch nicht; wenn also
dennoch auch unsere litterarische Nationalität hier noch mit einigen
Strichen gezeichnet werden soll, so kann dabei nur ein rascher
Überblick und ungefährer Anschlag des Gesamtresultates der Geschichte zu Grunde gelegt werden.

Es wird der deutschen Litteratur zum Ruhme gerechnet, daß
sie sich in ihrer letzten Epoche zur „Weltlitteratur" erweitert
habe. So weit dies Grund hat, fließt es aus der oben der
deutschen Nationalität zugeschriebenen Weitsinnigkeit und hängt
mit einem ihr innewohnenden Widerspruch ähnlicher Art zusammen wie der, in den wir die schweizerische auslaufen ließen. Nach
der Erklärung namhafter Vertreter der deutschen Nationalität besteht nämlich diese darin, selbst gar keine bestimmte, sondern eben
nur jene Offenheit für alle andern zu sein. Das klingt wie ver-
zweifelte Ironie und ist auch oft nur im Unmut über die politischen Verhältnisse Deutschlands geäußert worden; im Grunde aber
ist der Widerspruch nicht so hart und leer, wie er scheint; er
enthält nur ungefähr dasselbe für das theoretische Verhalten der
Nation, was von der Schweiz im praktischen Sinne gilt. Dieselbe Vielseitigkeit, welche in Deutschland durch die Ungunst des
Terrains auf Wissenschaft und Poesie angewiesen wurde, hat sich

auf dem Boden der Schweiz (und Nordamerikas) staatenbildend
bewährt. Beidemal ist sie durch die Einseitigkeit ihrer Betreibung
zugleich eine positive Eigentümlichkeit geworden; aber so wenig
die bisherige politische Ohnmacht Deutschlands eine künftige Er=
hebung ausschließt, so wenig ist die Schweiz für Wissenschaft und
Kunst unfähig, und wie sich schon bisher die deutsche Nation
durch ihre Kulturverbreitung und Lehrthätigkeit auch praktisch
geäußert hat, so hat die Schweiz auch der Beschaulichkeit gepflegt.
Nur beschränkte sich diese auf den engern Kreis des Vaterlandes
und verband sich möglichst mit praktischen Zwecken; jene Viel=
farbigkeit einer Weltlitteratur, die leicht genug in die Farblosig=
keit der Abstraktion sich umsetzt, ist uns fremd geblieben und muß
auch ferngehalten werden, wenn von einer Eigentümlichkeit unserer
Litteratur gegenüber der deutschen die Rede sein soll. Behalten
wir also von den Deutschen die Gründlichkeit des Denkens, die
Tüchtigkeit der Gesinnung, den sittlichen Ernst; von den Fran=
zosen aber den durchgängigen engern Anschluß der künstlerischen
Produktion an das öffentliche Leben. Die Deutschen haben sich
von dem ihrigen abgewandt, weil es ein unfruchtbares, trauriges
war, das bloß zur Satire und Klage begeistern konnte; das
unsrige ist reich und frisch genug, um positiv anzuregen und zu
nähren. Das hat nun in ästhetischer Beziehung seine eigentüm=
lichen Vorteile und Nachteile. Zu den erstern rechnen wir ein
Quantum gesunder Nüchternheit des Geistes, der, immerfort der
Wirklichkeit zugewandt, vor romantischen Träumereien und Über=
schwenglichkeiten bewahrt bleibt; eine Richtung auf Naturwahrheit
der Darstellung, Unmittelbarkeit der Inspiration, eine spürbare
Wärme, womit des Verfassers ganze Persönlichkeit an der Sache
teilnimmt, — alles dies Züge, welche schon im vorigen Jahr=
hundert von den Schweizern theoretisch und praktisch geltend ge=
macht wurden. Sie grenzen aber haarscharf an eine Reihe innig
verwandter Nachteile. Die Richtung der Litteratur auf das
engere Vaterland führt nur allzu leicht mit sich ein moralisieren=
des, rhetorisches, tendenziöses Hangen an der baren Wirklichkeit
bei kräftigen, herbern Naturen, bei weichern, von nicht minder
edlem Eifer getriebenen ein idyllisch=sentimentales Hangen an
anschauungslosen Phrasen von alter Heldenzeit, welche für unsere

Generation neu belebt werden muß, wenn sie fortleben soll. Auf beiden Seiten gesellt sich zu jener Nüchternheit gern eine gewisse mittlere Schwebe des Standpunktes, gleich weit entfernt von wahrem Aufschwung ins Ideale wie von Vertiefung in die Realität, eine gewisse Enge und Gebundenheit des Verstandes bei aller Weite des Willens. Endlich verbindet sich mit allen hier genannten Elementen nicht selten eine Vernachlässigung des Tech= nischen in der Dichtungsform, indem man mit der patriotisch= wohlmeinenden Intention die Hauptsache schon erreicht zu haben, durch die Wucht des Stoffes und Gefühls die Mängel der Dar= stellung zu decken vermeint. Es fehlte von jeher vielen unserer Dichter an der strengern Schule, wie sie nicht durch Regeln, aber durch lebendige Aneignung von Mustern erworben wird. Ein nicht geläuterter, unreifer oder verwilderter Geschmack äußert sich in Anwendung von Formen und Mitteln der Kunst, die zu ein= ander oder zum Gegenstand nicht passen und nur schlecht den tiefern Riß verbergen, das Unvermögen des Dichters, innerlich mit sich selbst ins Reine zu kommen. Warum neben tüchtigen Leistungen in Epik und Lyrik das Drama bei uns noch weniger gedeihen wollte als in Deutschland, verlangt nähere Untersuchung; an volkstümlichen Anlässen und Anfängen zu öffentlicher Dar= stellung fehlte es nicht, eher an der Anlage und Achtung für den Schauspielerberuf; die vaterländische Geschichte eignet sich mehr zu epischer Behandlung; auch dem bürgerlichen Leben mangeln zu dramatischen Motiven schroffere Unterschiede der Stände. Warum wir endlich bis auf die neueste Zeit keinen so zu nennenden Litteratenstand hatten, führt uns nochmals auf den Grundzug unserer Litteratur überhaupt zurück und war von Vorteilen und Nachteilen begleitet, die bereits angeführt sind; die Zeit muß lehren, ob wir jene ohne diese festzuhalten vermögen.

Neben der Geschichte der Litteratur dürfen zur vollständigen Erkenntnis unseres nationalen Geistes die bildende Kunst und die Musik, es dürfen auch die Bestrebungen der vaterländisch= wissenschaftlichen Vereine und der periodischen Presse nicht außer Acht gelassen werden. Von einer nationalen Malerei kann zwar, abgesehen von den Gegenständen der Landschaft, Historie und des Genres, kann die Rede sein, und viele unserer Künstler, darunter

die seltenern Bildhauer nicht zu vergessen, haben im Ausland
und für dasselbe gelebt; aber als Kinder unseres Landes, angeregt
durch heimische Einflüsse, gehören sie doch mit zur Bezeugung
von Maß und Richtung unserer künstlerischen Begabung im all=
gemeinen. Die Vokalmusik, nationalen Ausdrucks in höherm
Grade fähig, hat zwar bei uns keinen Meister ersten Ranges
gefunden; aber das Volkslied ist nie verstummt, und der vier=
stimmige Männer= und gemischte Chor ist eines der wichtigsten
Mittel zur Veredlung des Volkslebens geworden. Endlich wäre
eine so dankbare als dankenswerte Hilfsarbeit für die Darstellung
der schweizerischen Nationalität eine Schilderung der Volkscharaktere
von Gauen, Kantonen und Städten nach ihren Besonderheiten
in Sprache, Sitte, Begabung für gewisse Gewerbe und Künste
und eine Geschichte der Volksfeste, lokaler, kantonaler und nationaler,
mit oder ohne geschichtlichen Anlaß, soweit sie zur Belebung des
politischen Geistes beitragen. Nur aus solcher speziellen Statistik
kann ein richtiges Totalbild und Selbstbewußtsein des Volkes
erblühen; zu diesem Zweck muß aber vor allem die ausübende
nationale Kunst selbst mit der wissenschaftlichen Forschung sich
verbünden.

..

Altſchweizeriſche Gemeindefeſte.

Die ältern Eidgenoſſen haben ſchwerlich weniger Feſte ge=
feiert als die heutigen, denen man die Zahl der ihrigen ſo oft
als Zeichen übermäßiger Genußſucht zum Vorwurf macht. Der
Unterſchied zwiſchen Einſt und Jetzt beſteht wohl mehr in der
Art und Geſtalt als in der Häufigkeit der Feſte, beſonders zu=
nächſt darin, daß die ältere Zeit weniger Feſte von allgemein
eidgenöſſiſchem Charakter feierte; einzig die Schützenfeſte waren
einigermaßen von dieſer Art und haben darum dieſen Charakter
und einen gewiſſen Vorzug bis auf heute bewahrt, während den
heutigen eidgenöſſiſchen Turn= und Sängerfeſten die ältere Zeit
nichts an die Seite zu ſtellen hat; die dem Turnen nur teilweiſe entſprechenden alteinheimiſchen Wettkämpfe wurden gelegentlich
mit den Schützenfeſten verbunden. Die alte Eidgenoſſenſchaft
war freilich auch kleiner als die heutige, und damit, ſowie mit

Anmerkung. Die folgende Arbeit iſt die etwas gekürzte, ſonſt wenig
veränderte Faſſung zweier Vorträge, die in der Antiquariſchen Geſellſchaft
von Zürich in den Wintern 1892 und 1893 gehalten wurden. Sie trägt
daher keinen exkluſiv gelehrten Charakter; ſie beruht auf Quellen von
verſchiedener Art, zum Teil nur auf mittelbaren, wie es der Natur des
Gegenſtandes entſpricht; Ergebniſſe von Urkundenforſchung wird hier
niemand erwarten. So weit die Quellen zugänglich ſind und in Kürze
angegeben werden können, ſind ſie an den betreffenden Stellen genannt;
ſo weit ſie, größern Teils, in den Sammlungen des Schweizeriſchen
Idiotikons ſchriftlich enthalten ſind, wird man ſie im Fortgang der Herausgabe jenes Werkes dort angegeben finden, zum Teil der Reihe nach
unter Wörtern wie Feſt, Mahl, Tag, bezw. deren Zuſammenſetzungen,
zum Teil vereinzelt. Hier handelte es ſich darum, das, was dort immerhin nur zerſtreut und kürzer gefaßt zur Darſtellung kommen kann, mit
ausführlicherer Schilderung einzelner Feſte zu einem Geſamtbilde ſchweizeriſchen Volkslebens älterer Zeit zu vereinigen.

der allerdings dagewesenen größern Einfachheit der Sitten über=
haupt und mit der geringern Leichtigkeit der Verkehrswege wird
die größere Einfachheit der alten Feste zusammenhängen, die auch
noch nicht mit periodischer Regelmäßigkeit stattfanden. Ander=
seits müßte man zu gunsten der Neuzeit zugeben, daß die eigent=
lichen Leistungen, gerade in den Künsten des Schießens und der
gymnastischen Übungen, gestiegen sind, indem höhere, mannigfaltigere
und bestimmtere Anforderungen gestellt und strengere Maßstäbe
der Beurteilung angewandt werden; ein großer Fortschritt sind
auch die an den Schützen= und Turnfesten neben den Leistungen
einzelner eingeführten gemeinsamen Übungen oder Wettkämpfe
ganzer Sektionen, beides in Zusammenhang mit der fortschreitenden
Verbesserung des Wehrwesens.

Der gleich im Anfang angedeutete Hauptunterschied zwischen
den ältern und den neuern Festen besteht darin, daß jene, ab=
gesehen von den Schützenfesten, einen mehr lokalen Charakter
trugen, womit eine der Einschränkung der Teilnahme entsprechende
größere Innigkeit und Traulichkeit, eine wärmere Gesamtstimmung
sich verband, besonders da an solchen Festen auch Frauen und Kinder
teilnehmen konnten, was bei größern Festen weniger möglich ist.

Alle gesunde republikanische Gestaltung und Entwicklung
beruht auf der freien Ortsgemeinde, welche ihrerseits die nächste
Erweiterung des Familienkreises, der natürlichen Grundlage
alles Menschendaseins, ist und bleiben muß. Zwischenstufen
zwischen Gemeinde und Eidgenossenschaft waren und sind heute
noch Bezirke und Kantone; aber diese sind zum Teil künstliche
politische Schöpfungen späterer Zeit und dem Volksgefühl fremder
geblieben; ein natürlicheres Mittelglied wären die alten Gaue,
Landesgegenden und Thalschaften, soweit sie im Bewußtsein der
Angehörigen noch haften, weil sie auf angestammten geographischen
und ethnographischen Unterschieden beruhen. Was wir heute von
Bezirks= und Kantonalfesten einzelner Vereine haben, ist darum
auch nur künstliche Organisation und ein in der That entbehr=
liches Übermaß; alles kräftige und gesunde, auch gemütlich warme
Volksleben, soweit es sich in den Festen darstellt, pulsiert in
Gemeinde= und Nationalfesten. Da nun die Nationalfeste der
Neuzeit hinlänglich bekannt sind, weniger die meistens aus älterer

Zeit stammenden Gemeindefeste, so soll eine geschichtliche Dar=
stellung der letztern, soweit sie überhaupt möglich ist, und zunächst
mit Beschränkung auf diejenigen, welche durch ihren Zusammen=
hang mit dem bürgerlichen und politischen Leben einer Republik
am meisten Eigentümlichkeiten der Schweiz gegenüber andern
Staaten offenbaren, Gegenstand der Behandlung sein.

Eine genaue, durchgehende und zutreffende Einteilung der
Volksfeste überhaupt ist nicht möglich, aber auch nicht nötig; es
gehört zum Wesen derselben, daß die verschiedenen einzelnen Merk=
male, nach denen man sie sonst einteilen könnte, sich vielfach
kreuzen und verflechten. So läßt sich z. B. der Gegensatz zwischen
kirchlichen und weltlichen Festen innerhalb der katholischen Be=
völkerung nicht festhalten; die Feste der Kirche haben sich zum
Teil an Naturfeste des Heidentums angelehnt oder mit solchen
vermischt. Nicht minder merkwürdige Übergänge finden sich
zwischen dem sonst so tiefgreifenden Gegensatz von Natur und
Geschichte; Jahreszeitfeste treffen nicht nur mit Kirchenfesten,
sondern auch mit Gedenktagen historischer Ereignisse, z. B. der
sogen. Mordnächte *), und mit periodischen Vorgängen des bürger=
lichen Lebens zusammen.

Am deutlichsten unterscheiden sich zunächst von allen andern
Festen diejenigen, welche rein der Erinnerung an bestimmte
geschichtliche Ereignisse gelten. Unter ihnen stellen wir die voran,
welche regelmäßig alljährlich am Gedenktage und am Orte des
Ereignisses gefeiert werden. Am bekanntesten sind die Feiern
der Schlachten bei Sempach, Näfels, am Stoß, bei St. Jakob
an der Birs und bei Dornach, also von Ereignissen, welche als
Höhepunkte der vaterländischen Geschichte des XIV. und XV. Jahr=
hunderts gelten können. Für die Bestimmung des Alters dieser
Feste fehlen uns vollständige und zuverlässige Angaben. Doch
wissen wir, daß die Gedächtnisfeier („Jahrzeit") der Schlacht bei
Sempach noch im selben Jahr eingeführt wurde, die der Schlacht
bei Näfels am 1. April 1389. Weniger sicher ist das Alter
der Feier der Schlacht am Stoß; doch scheint es nach der Dar=
stellung im Archiv f. Schweizer=G. XIX 22 bis ins XV. Jahr=

---

*) s. den Aufsatz über die Schweiz. Mordnächte.

hundert hinaufzureichen. Die Feier der Schlacht bei St. Jakob
an der Birs soll erst vor 50 Jahren aufgekommen sein; sie
trägt ja auch einen andern, mehr politischen als religiösen Charakter
und ist mehr Sache einzelner Vereine als des Volkes, wie die
Feier der Schlacht bei Laupen nur von der Sektion Bern des
Zofingervereins veranstaltet wird. Betreffend die Schlacht bei
Dornach verordnete die Regierung von Solothurn im Jahr 1506
eine jährliche Gedächtnisfeier der dort Gefallenen in der St. Ursus-
kirche. Auch in Dornach wurde wenige Jahre nach der Schlacht
eine solche Feier eingeführt, die noch alljährlich gehalten wird,
während die in Solothurn abgekommen ist.

Für eine Reihe von bürgerlichen Festen, welche mit Erinnerungen an geschichtliche Ereignisse in einen nur unsichern
Zusammenhang gebracht worden sind, verweise ich auf die oben
zitierte Abhandlung. Wenig bekannt und dort nicht angeführt ist
die sogen. „Mannen = Mittwoche" (Mittwoch vor Weihnacht) in
Wallis, zur Erinnerung an die Schlacht bei Visp 1388 (s. Walliser
Sagen von M. Tscheinen, S. 115 ff.). In vorhistorisch sagenhafte Zeit hinauf führt die im Anzeiger f. schweiz. Altert. 1890,
S. 362 und 1891, S. 569 besprochene, bis in das vorige Jahrhundert gehaltene «Fête des Sauvages» im Eringer Tal desselben Kantons, ein Jugend= und Volksfest, angeblich zum Andenken eines Sieges, den die Vorfahren der Walliser über wilde
Urbewohner des Landes erfochten. Von angeblichem Ursprung
eines an mehrern Orten des Kantons Bern unter dem Namen
„Hühnersuppe" üblich gewesenen Festbrauches aus der Zeit des
Gugler=Krieges wird später die Rede sein; ebenso von einer
Festerinnerung an die Schlacht bei Dornach. Auch einige Feste
von nur lokaler Bedeutung werden oder wurden alljährlich gefeiert; so in Wyl (St. Gallen) am Donnerstag der Pfingst-
woche das Gedächtnis der glücklich überstandenen Belagerung im
alten Zürichkriege 1445 (s. Sonntagsblatt des „Bund" 1892,
Nr. 39). In der zürcherischen Gemeinde Wülflingen wurde bis
auf neuere Zeit am ersten Maisonntag von der „Knabenschaft"
der sog. Freiheitsbaum aufgerichtet, angeblich zur Erinnerung
an den Loskauf der Gemeinde von der dortigen „Herrschaft", der
aber vielmehr ein Ankauf war.

Zu den in noch größern Zeiträumen, hundert Jahren oder mehrern Jahrhunderten, als Jubiläen und bisher nur ein Mal gefeierten Festen gehören die, welche dem Andenken des Eintrittes einzelner Kantone in den Bund oder eines denkwürdigen Ereignisses in der Geschichte einer einzelnen Ortschaft gelten, auch die mit der Einweihung von Denkmälern verbundenen. Diese Feste sollen hier chronologisch nach den letzten 40 Jahren, in denen sie stattgefunden haben, aufgezählt werden, und zwar zuerst die, welche sich auf Ereignisse von allgemein eidgenössischer Bedeutung beziehen, dann einige von bloß lokaler. Nähere Angaben über die Art der Festfeiern werden unterlassen, weil sie leicht aus den Zeitungen des betreffenden Jahres und aus besondern Festschriften, die damals erschienen, geschöpft werden können.

Es sind dies nun freilich nicht „altschweizerische" Feste, sondern neuzeitliche zur Erinnerung an ältere Ereignisse; aber sie sollen auch bloß zum Schluß der einleitenden Betrachtungen dienen und dürfen in der Gesamtübersicht nicht fehlen.

I. Feste zur Erinnerung an Ereignisse von allgemein eidgenössischer Bedeutung.

1851 Eintritt von Zürich in den Bund, gefeiert mit historischem Umzug in der Hauptstadt und mit einem Jugendfest im ganzen Kanton.

1853 Eintritt von Bern in den Bund (hist. Umzug).

1864 Eintritt von Genf vor 50 Jahren (der aber auch alljährlich am 31. Dezember gefeiert wird). In die sechziger Jahre fiel auch die Einweihung des Winkelried-Denkmals in Stans und des Denkmals in Neuenegg.

1876 Schlacht bei Murten (großartiger historischer Umzug mit Teilnahme aus allen damaligen Kantonen).

1881 Tagsatzung in Stans mit Auftreten des Niklaus von Flüe und Eintritt von Freiburg und Solothurn in den Bund.

1886 Einweihung des Denkmals bei Sempach (mit Festspiel).

1891 Bund der Urkantone (gefeiert in Schwyz und auf dem Rütli, mit Festspiel).

Gründung der Stadt Bern (großartiger Umzug mit Festspiel).

II. Feste von lokaler Bedeutung.

1864 (22. Juli) feierte Winterthur mit historischem Umzug das Andenken an die Verleihung seines Stadtrechtes durch Rudolf von Habsburg.

Schaffhausen feierte das Andenken an die Gründung des Unot (1564).

1884 (29. Sept.) feierte Stein am Rhein seinen Eintritt in die Eidgenossenschaft vor 400 Jahren (mit Umzug).

1889 (3. Juni) feierte Schleitheim (Kt. Schaffhausen) die Abschaffung eines Restes fremder Jurisdiktion.

1890 (5. Okt.) beging Gersau das Andenken seiner vor 500 Jahren erkauften Freiheit (mit einem Volksschauspiel); im selben Herbst Rapperswil (St. Gallen) das Gedächtnis der siegreich bestandenen Belagerung im Jahr 1388.

1892 Vereinigung von Groß- und Klein-Basel (mit Festspiel).

Die seit den dreißiger Jahren üblich gewordene Aufführung von Volksschauspielen aus der Schweizergeschichte an der Fastnacht gehört nicht hieher, bildet aber mit den vorhin aufgezählten eigentlichen Festspielen einen wichtigen Beitrag zu der Neugestaltung eines schweizerischen Volkstheaters nach Art des XVI. Jahrhunderts.

Wir treten nun unserm Hauptgegenstande näher, den städtischen oder ländlichen Gemeindefesten, die meistens alljährlich, wenn auch nicht immer mit gleichem Schwung und Aufwand, gefeiert werden oder wurden, nicht mit Beziehung auf ein geschichtliches Ereignis, sondern im Zusammenhange mit regelmäßigen Erscheinungen des natürlichen und bürgerlichen Lebens.

Als ein Beispiel der Geschichte eines einzelnen Festes dieser Art mag die Kirchweih dienen. Was das Wort ursprünglich bedeutet, sagt die Zusammensetzung deutlich genug; ebenso bekannt ist aber auch, was Kilbi im Laufe der Zeit geworden ist. Zwischen den beiden Wortformen und Bedeutungen liegt ein großes Stück Kulturgeschichte, und der Abstand ist noch größer als zwischen „Messe" als Benennung des katholischen Kultusaktes und „Messe" im Sinne von Jahrmarkt. Die Kirchweih der Stadt Zürich war ursprünglich das Fest der bekannten drei Heiligen, deren Andenken die Hauptkirche geweiht wurde.

Daß diese Bedeutung der Feier sich fast gänzlich verloren hat, ist aber nicht erst Folge der Reformation; denn schon bei den konfessionell noch ungetrennten, aber zu geselligen Freuden stets geneigten Eidgenossen des XV. Jahrhunderts waren die Kilben(=en) sehr weltliche Feste geworden, zugleich aber erwünschte Anlässe, eidgenössische Freundschaft zu bezeugen und zu pflegen. Bekannt sind die Einladungen der Angehörigen anderer Kantone oder eines Teiles desselben Kantons zu gemeinschaftlicher Feier einer Kilbe oder Fastnacht. Einem Besuche der Zürcher in Uri im Jahre 1487 folgte eine Reihe von andern seit dem Anfang des XVI. Jahrhunderts. Im Jahr 1509 lud das luzernische Amt Rotenburg die benachbarten zu einer Kilbe, die keine weitere Veranlassung hatte. 1100 Männer mit ihren Frauen und Kindern saßen bei reich besetzten Tischen, und die Kosten beliefen sich auf 300 Münzgulden. Der Aufwand mit Essen und Trinken war übrigens nicht immer so groß; Konrad Cysat hörte im Jahr 1596 von einem 107 Jahre alten Bauer, zu seiner Zeit habe man an der Kilbe noch keinen Wein, sondern Milch und „Susi" (Molken) getrunken.

Im Jahr 1517 luden die 4 Waldstätte die Basler zu einer Kilbe nach Altorf. 60 Basler zogen hin und blieben acht Tage. Zum Abschied verehrte man ihnen vier ausgesuchte Ochsen und jedem Stadtknecht und Söldner ein Kleid. Die Ochsen wurden auf die Zünfte verteilt; der Rat gab Wildbret und Wein zu einer gemeinsamen Mahlzeit, bei der auch die Armen gespeist wurden. Anno 1524 kamen 100 Schwyzer an die Kilbe nach Glarus, während im selben Jahr 200 Glarner am St. Jakobstag die Urner Kilbe besuchten. Im Jahr 1540 zogen die Zünfte der Stadt Basel nach Liestal, viele zu Pferd in bunten Gewändern und mit Fahnen, auch Geistliche dabei. Sie wurden in Liestal von einem wohlgerüsteten Gegenzug empfangen, zusammen 1300 Mann, auch aus den benachbarten Ämtern. Für den folgenden Tag luden die Städter die von der Landschaft zu sich und er widerten die Bewirtung. Die Gäste wurden auf die Zünfte verteilt. Nach Tische wurden Kampfspiele veranstaltet, wozu die Herren Preise stifteten. Auf dem Heimwege begleitete man die Gäste bis nach St. Jakob.

Die Reformation eiferte allerdings aus religiösen und sittlichen Gründen gegen die Kilben; aber die Anhänglichkeit an die
alte Sitte konnte einen einzelnen Ort sogar zum Entscheide für
Beibehaltung des alten Glaubens bestimmen. In dem Dorf
Wiesen am Hauenstein handelte es sich damals um die Frage,
ob man ferner zur katholischen Kirche in Trimbach gehören oder
dem bereits reformierten Läufelfingen einverleibt werden wollte.
Nachdem der Prädikant des letztern Ortes mit seiner Beredsamkeit bereits Anklang gefunden hatte, stellte der katholisch gesinnte Ammann der Gemeinde vor, es handle sich einfach darum,
ob man noch ferner Kilbe haben wolle oder nicht; wer die Kilbe
wolle, möge ihm nach Trimbach folgen, und zwar solle es dort
eine zweitägige geben! Ein Geiger und ein Pfeifer standen
bereit, und als er sich unter ihrer Musik in Bewegung setzte,
folgte ihm die ganze Gemeinde nach.

Auf die Kilbe des Jahres 1526 lud die Regierung von
Zürich Vertreter des gesamten Landvolkes ein und bewirtete sie
(Egli, Reform.-Akten Nr. 1038). Leute vom See kamen in großen
Schiffen samt ihren Pfarrern und Untervögten auch sonst an
der Kirchweih in die Stadt. Sie wurden von zwei Ratsherren
bewillkommt, fuhren dreimal um den Wellenberg, landeten beim
Fraumünster, zogen durch die Stadt und wurden gastiert. Als
jedoch im Jahr 1566 bei einem solchen Zug ein Teil der obern
Brücke unter der Volksmasse einbrach, wurde den Seeleuten der
Kilbe-Besuch verboten, 1628 alles Kilbe-Leben überhaupt, auch
der Besuch auswärtiger Kilben; an die Stelle der alten Lustbarkeit trat der Bettag!

Das Kilbe-Leben im Thurgau schildert um dieselbe Zeit
ein Prediger mit den Worten: „Krämer, Kegelspiel, Spieltische,
Musikanten locken viel Volk herbei. Nach dem Essen und
Trinken kommt es zu Schlägereien und anderm wüsten Treiben.
Trunkene brüllen wie das Vieh, schreien und jauchzen, springen
und tanzen. Einige singen Psalmen, andere Hurenlieder, die
Dritten treiben Unzucht." Im XVIII. Jahrhundert wurden
daher, besonders um das schädliche Besuchen fremder Kilben
abzustellen, die verschiedenen Ortskilben (darunter auch solche,
die bloß einer Kapelle oder gar nur dem Bildstöcklein eines

Weilers galten) auf einen Tag, die Landeskilbe, verlegt, auch
in ganz katholischen Kantonen, wie Luzern.

Soweit nun die so reduzierte oder konzentrierte Lustbarkeit
hauptsächlich nur im Essen (doch meistens von bestimmten, für
diesen Tag stehenden Lieblingsspeisen) und Trinken, Tanz und
Spiel allenthalben ziemlich gleich begangen wird, bietet sie kein
weiteres Interesse. Es haben sich aber da und dort Besonderheiten
erhalten oder festgesetzt, die bemerkt und zusammengestellt zu
werden verdienen, da sie einen guten Kern enthalten, auch weiterer
Ausbildung fähig und würdig wären.

In Sursee wurden an der Kirchweih Schultheiß und Räte
neu bestellt; sie war daher auch unter dem Namen Surseer
Änderung bekannt. Auf diesen Tag kehrten zur Ausübung
ihres Stimmrechtes alle Bürger von nah und fern in ihre Heimat
(ähnlich wie die Tessiner bis auf die letzte Zeit, aber friedlicher!),
und diese Heimkehr ist bis auf die Neuzeit geblieben, wenn sie
auch jetzt nur noch Teilnahme an dem Festmahle, nicht mehr an
den Wahlen, zum Zweck hat.

Im Dorfe Zollikon bei Zürich bestand bis gegen Ende des
XVIII. Jahrhunderts die Sitte, daß an der Kilbe Knaben und
Mädchen einen auf der Allmend stehenden, frühes Obst tragenden
Baum in Beschlag nahmen und ihren Gespielen Anteil an der
Beute herunterwarfen. Diese Übung bildete den Mittelpunkt all=
gemeiner Festlust für Jung und Alt, welche den ganzen Nach=
mittag erfüllte, nachdem am Vormittag (wie noch heute geschieht)
der Ertrag der ca. 700 andern Obstbäume der Allmend in
mehrern Umgängen versteigert worden war. Etwas ähnliches
ist der in Niederweningen vorkommende Laubertag, der durch
den Weibel in den Wohnungen der nutzungsberechtigten Bürger
angesagt wird. Dann ziehen aus jedem Hause je zwei Leute in
den Wald, wo man den ganzen Tag bleibt, um sich mit Laub für
die Betten oder Streue zu versehen. Neben dieser Arbeit wird
allerlei Scherz getrieben, und der Wald ertönt vom Jauchzen.

Ähnliche alte Rechtsbräuche hangen anderswo mit der Kilbe
zusammen. Die Leute von Hombrechtikon (Zürich) mußten jähr=
lich an die Kilbe auf die Ufenau kommen, zum Zeichen, daß sie
als Untertanen dorthin gehörten. Maien= und Herbstkilbe waren

z. B. in Wetzikon auch Termine für Jahresgerichte. Die Kilben in Graubünden sind auch Zahltage; es gibt dort eine Langsi= (Lenz) und eine Herbstkilbe, beide zweitägig; in Glarus eine Sommer= und eine Winterkilbe, die letztere das Fest des Kirchenpatrons.

Weitere Besonderheiten knüpfen sich an die zusammen= gesetzten Namen der Kilben einzelner Orte, wobei das Grund= wort dann zum Teil eine engere Bedeutung annimmt, indem es nicht mehr ein allgemeines Volksfest, sondern zuweilen nur einen örtlich und zeitlich bestimmten Brauch eines engern Kreises bezeichnet. Die sogenannte „Vorstädtler=Kilbe" wird von den Hausbesitzern von Klein=Solothurn am Margretentage gefeiert und mit der Erinnerung an die Schlacht bei Dornach verknüpft, wornach die waffenfähige Mannschaft eben von der Kirchweih zum Entsatz nach Dornach abberufen worden sei und nach der Rückkehr die Lustbarkeit fortgesetzt habe. Nach dem Gottesdienste versammeln sich Männer und Frauen im Gasthof zum Festmahle, zu welchem auch Gäste sich einkaufen können. Dort wird der Kilbe=Tanz ver= steigert. Der Meistbieter erhält das Recht und die Pflicht, den= selben zu eröffnen, mit seiner Tänzerin allein, mitten auf der Aarebrücke. Berußte Knaben kreisen um die Gruppe, um ihr im Gedränge Luft zu machen. Vom Festmahl werden Nüsse und Backwerk für die Jugend massenhaft auf die Gasse geworfen. Ähnlich wurde bis auf neueste Zeit die Kalte Kilbe (so genannt, weil sie im Januar stattfindet), das Fest der drei Gesellschaften von Klein=Basel, mit Festmahl, Umzug und Tanz auf der Rhein= brücke gefeiert.

Einem engern Kreise der Einwohnerschaft eines Ortes, einem Stande, gehören auch die Älplerkilben an, welche im Herbst nach der Abfahrt von den Alpen gehalten und mit der Abrechnung über den Ertrag der Sennerei während des Sommers verbunden werden. Besonders bekannt und oft be= schrieben ist die Älplerkilbe in Stans, der die Maskenfiguren der sogenannten Wildleute besondern Reiz geben. Gleichzeitig haben auch die Schützen ihre Kilbe und die Knaben ein Wettschießen mit Armbrusten. Bei der Kilbe der Sennenbruderschaft im Wägithal des Kantons Schwyz am 10. September gibt es Stein= stoßen, Wettlaufen, Sackgumpen, Klettern, Alphornblasen und

Jodeln. Die „Schafkilbe" in Graubünden ist nur eine Ver=
sammlung der Bauersame zur Prüfung ihrer Schafweide, in Aroja
verbunden mit einem Schafmarkt; dagegen ist die „Zigerkilbe"
mit Schmaus, Tanz und Vorführung einer verkleideten Figur
verbunden, welcher letztere Akt „die Schwiegermutter begraben"
genannt wird. An einigen Orten der alten Landschaft St. Gallen
fand an der Kilbe unter Trommelschall ein Aufzug der jungen
Mannschaft mit Seitengewehr statt, angeführt von einem Burschen
mit einem Federhut, den ihm Burschen aus andern Gemeinden
zu entwenden suchten, worüber oft blutige Schlägereien entstanden.
Das war die „Federnkilbe". Etwas ähnliches wird von einem
Jugendfest berichtet, welches, nach altem Brauche, im Jahr 1648
in Lenzburg gehalten wurde und zu welchem viele Landleute sich
einfanden. Junge Bursche mit weißen Federn auf den Hüten
forderten einander heraus. Schon am Morgen kam es darüber
zu Händeln und gegen Abend schlug man sich an 30 Orten, in
Wirtshäusern und auf der Gasse, so daß die Bürger unter die
Waffen treten und die Streithähne aus den Thoren schaffen
mußten.

Daß das fahrende Volk der „Fecker" seine Kilbe in Gersau
hatte, ist bekannt und vor einigen Jahren wieder dargestellt
worden. Aber auch der geistliche Stand wurde in solche Lust=
barkeiten hineingerissen. Bei der Kilbe des Frauenklosters in
Schwyz mußte die Frau Mutter den Vortanz führen. Die am
21. August im sogenannten Bruderhösli, einem Siechenhaus, in
Schaffhausen gehaltene Kilbe wurde ziemlich ausgelassen mit
Spiel, Trunk und Tanz begangen.

Nachdem an dem Beispiel der Kirchweih gezeigt worden
ist, wie ein Volksfest von ursprünglich allgemeinem Charakter
im Laufe der Zeit an einzelnen Orten besondere Gestalt und
Bedeutung annehmen konnte, sollen nun umgekehrt diejenigen
zahlreichen Feste angeführt werden, welche, von einem besondern
Anlaß, und zwar des bürgerlichen Lebens, ausgehend, mehr und
weniger allgemeine Volksfeste werden konnten.

Den natürlichsten und zugleich wichtigsten Anlaß zu bürger=
lichen Festen bot die jährlich oder nach einer Periode von
mehrern Jahren wiederkehrende Neubesetzung der Gemeinde= oder

Staatsämter. Die Bürgerschaft früherer Zeiten war nicht so
überhäuft mit Rechten und Pflichten zu Wahlen und Abstimmungen
aller Art, wie die heute mit den Segnungen einer ausgebildeten
Demokratie beladene; das Gefühl für den Wert einer einfachen
republikanischen Verfassung war noch nicht abgestumpft durch
Übermaß und Mißbrauch. Die Wahltage waren Ehrentage für
die Gewählten und Freudentage für die Wähler, und wenn auch
die Wahl schon damals nicht immer auf „die wägsten und besten"
fiel, wie sie nach der üblichen Formel sollte, so war sie doch
wohl seltener als heute irregeleitet durch falsche Rücksichten und
künstliche Umtriebe. Auf die Wahl folgte oft der Eidschwur der
Beamteten und der Untergebenen, ihre Pflichten zu erfüllen. Die
Festlichkeiten, die bei diesem Anlaß stattfanden, konnten verschiedene
Gestalt annehmen. Meistens waren es Aufzüge oder Umzüge
und Mahlzeiten; aber es gab auch noch Besonderheiten, die sich
nicht einteilen oder einfach benennen lassen. In einigen Kantonen,
besonders Wallis und Graubünden, bestehen oder bestanden solche
„Besatzungsfeste" bis auf neuere Zeit; in andern sind sie teilweise
oder ganz abgekommen und nur aus älterer Zeit bezeugt.

Im Wallis hatte jede Gemeinde ihr Banner; daneben gab
es und gibt es noch Fahnen der Zehnten. Der Träger einer
solchen wurde unter großer Feierlichkeit auf Lebenszeit gewählt
und eingesetzt; er bezog auch eine bedeutende Besoldung, aus der
er aber nach der Einsetzung die ganze Bevölkerung seines Bezirkes
drei Tage lang bewirten mußte, nachdem schon die Wahl einiges
Geld gekostet hatte. Über den Bezirksfahnen stand dann noch
die Landesfahne, deren Träger nach dem Landeshauptmann der
höchste Beamte war. Feierlich war aber auch schon die Einsetzung
eines einfachen Dorf= oder Thalfähnrichs, z. B. in Lötschen im
Jahr 1857. Die dazu eingeladenen Ehrengäste wurden am
Vorabend auf Pferden an den Festort geführt, nachdem die Wahl
schon einige Tage vorher geschehen war. Am Morgen früh gaben
Trommeln und Pfeifen Tagwacht, nachdem schon Böllerschüsse
den Festtag angekündet hatten. Die ganze Bevölkerung der drei
Thalgemeinden erschien festlich geschmückt. Um 9 Uhr war Gottes=
dienst in der Pfarrkirche, wobei die junge Mannschaft weiße
Hosen und rote Röcke trug, auf den Tschakos Federbüsche. Ein

provisorischer Fähnrich trug das Panner. Nachmittags 1 Uhr
ging der Zug auf den Festplatz. Dort wurde ein großes Viereck
gebildet. Die Redner traten vor, das Militär hielt Ordnung.
Der abtretende Fähnrich stellte sich mit dem Panner an die Seite
seines Redners, des Pfarrers, dessen Rede von den Verdiensten
des erstern und von der Würde der Fahne handelte. Dann
folgte die Übergabe der letztern an ihren neuen Träger, der vom
Volke mit einem Hoch begrüßt wurde. Beim Abmarsch ging
das weibliche Geschlecht voran, um den Zug nochmals passieren
zu sehen; in Gomb besteht aber die eigentümliche Sitte, daß das
Frauenvolk die Straße verbarrikadiert und sich dem Zug ent=
gegenstemmt, bis es überwältigt wird. Der neue Fenner ladet
dann das Volk ein, sich im Gemeindehaus auf seine Kosten gütlich
zu thun, wobei er es am spätern Abend, begleitet von Fackeln,
besucht und abermaliges Lebehoch empfängt. Das Fähnlein=Fest
in Ulrichen bestand in einem militärischen Aufzug mit Übungen,
der alljährlich an Pfingsten stattfand. Die Ämter des Fähnrichs
und Hauptmanns wurden mit den zwei ältesten Männern neu
besetzt, welche diese Würden noch nie bekleidet hatten. Am Abend
mußten der Hauptmann mit einem Alpkäse, der Fähnrich mit
Getränk die Mannschaft nach den Strapazen des Tages erquicken
und ihnen damit die durch die Wahl erwiesene Ehre vergelten.

Die Besatzung ist in Graubünden noch immer das schönste
Volksfest, an dem sich, besonders im Zehngerichtenbund, die ganze
Bevölkerung des Kreises beteiligt. Im Engadin besteht die Fest=
lichkeit in der Beeidigung und feierlichen Einsetzung der neu=
gewählten obersten Gerichts= und Verwaltungsbehörde mit nach=
folgender Mahlzeit und Tanzbelustigung.

Im Rheinwaldthale wurde im vorigen Jahrhundert die
Besatzung folgendermaßen gefeiert: Schon am Ostermontag
hatten die jungen Leute sich versammelt und jedem Burschen war
ein Mädchen als Begleiterin zur Landsgemeinde durch das Los
bestimmt. Am Morgen des folgenden Sonntags begann der Zug
aller fünf Gemeinden des Thales nach der Ebene, wo einst die
Vorfahren ihre Treue geschworen hatten. Paarweise, unter flie=
genden Fahnen, Trommelschall und Begleitung aller Männer,
ritten die Ratsherren nebst dem Pfarrer heran, und es wurde

der Eid geleistet. Jeder Knabe hatte sein Mädchen zu sich aufs Pferd genommen und ebenfalls zur Landsgemeinde geführt; dann folgte Tanz und Schmaus und dauerte bis zum vierten oder fünften Tage. Die Knaben allein trugen die Kosten, jeder wenigstens einen Louisdor. Das Mädchen schenkte seinem Begleiter ein Hemd oder anderes Kleidungsstück.

In Nidwalden hatte der neugewählte Landammann seinen Wählern ein Mahl zu geben, bei dem es ziemlich bunt hergegangen zu sein scheint, da der Landrat anno 1614 eine Verordnung dagegen zu erlassen nötig fand, laut welcher statt des Mahles jedem über 14 Jahre alten Landmann 5 Kreuzer gegeben werden sollten. Aber die Landsgemeinde beschloß Fortdauer des Mahles, welches denn auch, etwas eingeschränkt, bis in dieses Jahrhundert üblich geblieben ist.

In Schwyz gab es ein Festessen bei der Wahl des Pannerherrn. Das Panner wurde in festlichem Zuge, Trommler und Pfeifer und eine Schar Harnischmänner an der Spitze, in die Wohnung des neuen Pannerherrn getragen, wofür dieser die Träger im Wirtshause mit einem reichlichen Mahl regalierte, während das Volk im Rathause mit Brot und Wein versehen wurde. Dem letzten Pannerherrn (dem aus dem Sonderbundskrieg bekannten Oberst Ab Yberg) soll dieser Ehrentag 60 Dublonen gekostet haben.

An den beiden Johannistagen (dem des Täufers 24. Juni, dem des Apostels am 27. Dezember) hielt der Rat von Luzern seit dem XV. Jahrhundert nach der Ämterbesetzung Mahlzeiten, zu welchen alle Beamten, Staatsangestellten und die in der Stadt wohnenden fremden Gesandten mit ihrem Gefolge, auch die Vorsteher der Stifter und Klöster eingeladen waren. Bei diesen Mahlzeiten wurde für jede Person $2^{1}/_{2}$ Maß Wein gerechnet; die Bürger brachten noch eigenen süßen Wein mit und der Nuntius schenkte einige Legel „Italiäner" aus, aber erst wenn auf die Gesundheit des Papstes angestoßen wurde. Infolge der gestiegenen Heiterkeit wurde die Reihenfolge der Toaste nicht immer genau beobachtet und die fremden Diplomaten dadurch zuweilen beleidigt. Es wurde auch einmal beantragt, diese Mahlzeiten wegen Feuersgefahr nicht mehr im Rathaus zu halten (!).

Der Aufwand wurde im XVII. Jahrhundert eingeschränkt, weil
der ursprüngliche Zweck gewesen sei, freundliche Unterhaltung der
Bürger, nicht Üppigkeit zu pflegen; aber das Menu umfaßte im
Jahre 1695 immer noch einige 30 Gerichte, Fleisch mit Zu-
trachten. Im XVIII. Jahrhundert wurden die Mahlzeiten ab-
geschafft, dafür an die Räte je ein Dukaten bezahlt (v. Liebenau,
Das alte Luzern, S. 203 f.). Die neugewählten Beamten wurden
sogleich nach der Wahl zur Beeidigung in feierlichem Zug durch die
Stadt in die Peterskapelle geleitet. Dagegen fand der sogenannte
Zug mit dem Ammann erst am Stephanstage (26. Dezember)
statt und war eine besondere Lustbarkeit. Laut Bericht von Josias
Simmler vom Jahre 1576 wählten die jungen Bürger zum
Ammann einen, der etwas Spottwürdiges begangen hatte. Er
erhielt von der Stadt einen Rock und von jedem Bürger, der
sich verheiratete, ein Paar Hosen. Dagegen mußte er zur Feier
des Wahltages auch einige Kosten auf sich nehmen, so daß im
Jahre 1667 ein wenig Begüterter sich die Wahl verbat, damit
er nicht „zum Spotte noch den Schaden habe.“ Später wurden
die Kosten für den Ammann den vier jüngsten Ratsherren auf-
erlegt. Bei der Wahl wurde ein Bericht über die Vorkommnisse
des letzten Jahres verlesen, eine Art Fastnachtzeitung, welche nicht
immer in den Schranken des Anstandes gehalten gewesen zu sein
scheint, da Ermahnungen zur Ehrbarkeit nötig wurden. Dagegen honorierte der Rat einen gelungenen Bericht im Jahre
1695 mit 7 Gulden. Nach dem Zuge (der anno 1602 durch
Werfen von Rüben und Eisklötzen beschädigt wurde) fand ein
fröhliches Mahl auf dem Rathause statt. Im Jahre 1712
wurde dies abgeschafft, dagegen vom Rathause herab durch einen
Weibel nach Verlesung der Stadtordnung und Erzählung toller
Streiche Brot unter das Volk geworfen (Liebenau, S. 208
bis 209).

Das schönste Fest der Entlebucher war die sogenannte
Huldigung oder der Schwörtag, meistens alle zwei Jahre in
Schüpfen abgehalten. Früh morgens rüstete und sammelte sich
die wehrhafte Jugend; jedes der drei Ämter stellte 400 Mann.
Landespfeifer, Landestambour, Landeshorner und Landesbote
trugen alle Entlebuchertracht: Weste und Hosen aus einem Stück,

rot und grün; Landespannermeister, Landeshauptmann und
Landesfähnrich trugen schwarze Kleidung, Hosen und Strümpfe
gefältelt. Auf dem Platze vor dem Landhaus in Schüpfen wurde
dem Erstgenannten das Panner, dem Landeshauptmann ein Spieß
oder Sponton übergeben; andern ehrwürdigen Männern wurden
die Panner aus den Römerzügen, das von Murten und die
Schützenfahne zugeteilt. Unter Trommelschall und Musik erschienen dann die Herren Landvögte, begleitet von einem Schreiber
und von einem Gerichtsdiener in der Farbe der Stadt Luzern,
und der Zug ging auf ein Feld, wo für die hohen Herren und
die Geistlichkeit eine Bühne errichtet war. Zunächst vor dieselbe
stellten sich die genannten Vorsteher des Landes, dann die drei
Bataillone und hinter sie das gesamte Volk, auch das weibliche
Geschlecht. Der abtretende Landvogt begrüßte die Landleute und
dankte für ihre bewiesene Anhänglichkeit an die Regierung; der
neugewählte ermahnte zur Fortsetzung dieses Verhaltens und versprach Erhaltung der alten Freiheiten. Dann trat der Landespannermeister vor, begrüßte die Landesväter, dankte für ihre
Obsorge, empfahl die Aufrechthaltung der alten Rechte und bot
dem neuen Herrn Landvogt ein Geschenk in Gestalt von 50 Maß
Wein, dem alten ein Wildbret oder einen Käse. Dann folgte
der Schwur nach alter Formel, der Stadt Gehorsam und Schutz
zu leisten. Bei der folgenden Neubesetzung der Landesämter
hatten alle einheimischen freien Männer Stimmrecht, die Ansässigen
nicht; dagegen konnten bei diesem Anlaß Ansässige zu Landleuten
erhoben werden.

Ein eigentümliches Nachspiel bestand darin, daß die anwesenden Mädchen unter Trommelschlag einen Wettlauf hielten,
bei dem die besten Läuferinnen Preise in Gestalt von Kleidungsstücken erhielten. Die Vorsteher gingen dann zu einem Nachessen;
das Volk zerstreute sich in die Wirtshäuser, wo Gesang und
Tanz bis zur Morgendämmerung dauerten (Stalder, Fragmente
über Entlebuch II, 115 ff.).

In Glarus wurde früher der Pannertag gefeiert, wenn
nach Erwählung eines neuen Pannerherrn die Panner ihm übergeben wurden. Sie wurden unter dem Geläut aller Glocken
aus dem Hause des alten Pannerherrn abgeholt und dem neuen

zugestellt, dabei allem Volke gezeigt, und bei jedem einzelnen Panner wurden von dem dasselbe Emporhaltenden die Ereignisse erzählt, bei welchen es gebraucht worden war. Das letzte Panner= fest wurde im Oktober 1828 gefeiert.

Der Schwör=Sonntag im alten Zürich war der Sonntag nach dem sogenannten Meistertag, an welchem letztern die Vor= steher der Zünfte neu gewählt wurden. Am Samstag vor dem Schwörsonntag wurde der eine Bürgermeister neu gewählt, ebenso die Unterbeamten des Rates. Am Sonntag schwuren dann der neugewählte Bürgermeister, die Räte und Zunftmeister und die ganze Bürgerschaft im Großmünster ihren Amts= und Bürgereid mit feierlichem und weitläufigem Ceremoniell, welches v. Moos beschreibt. Am Samstag war der Ratschreiber in der Stadt herumgeritten und hatte an neun Plätzen die Ein= ladung auf den Sonntag ausgerufen, begleitet von einer Menge von Knaben, denen er bei der Rückkehr aufs Rathaus Pfennige verteilte.

Auch in Winterthur war bis Ende des vorigen Jahrhunderts der größte politische Festtag der Schwörtag, eine kirchliche Feier mit nachfolgendem Schmause der Bürgerschaft, an dessen Stelle seit 1712 eine bloße Verteilung von Wein und Brot trat. Im Jahr 1557 war der zu Ehren des neugewählten Schultheißen veranstaltete Festtrunk der Bürgerschaft auf einer breiten Linde gehalten worden, die zu diesem Zwecke mit sechs Tischen hergerichtet wurde (Meyer, Winterth. Chronik. Geilfuß, Lose Blätter aus der Gesch. der Stadt Winterthur I, 5).

Wir schließen diese Angaben mit einigen Notizen über bürger= liche Feste in Kantonen, welche früher noch nicht freie Glieder der Eidgenossenschaft waren.

In Lenzburg wurde nach geschehener Ämterbesetzung am Maientage die ganze Bürgerschaft auf dem Rathause bewirtet. Die Mahlzeit wurde vom Großweibel nach bestimmter Tare besorgt; der Rat lieferte Wein und Brot. Die Edelleute der Umgegend waren als Gäste eingeladen. So im Anfang des XVIII. Jahrhunderts. Seit 1735 wurde die Mahlzeit in einen Geldbetrag an die Bürger umgewandelt. Später fiel auch dieser weg. Früher hatte man schon am Vorabend, dann am Morgen des Haupttages und wieder am Nachtag getafelt (Müller, Lenzburg).

Mahlzeiten waren auch mit den sogenannten „Aufritten", d. h. Einzügen von neuen Geistlichen und Landvögten, verbunden. Ein bernisches Mandat von 1628 beschränkt die Zahl der zu einem „Afritt=Mal" Einzuladenden auf die an dem Aufritte selbst Beteiligten.

Den Aufritt eines Landvogtes im Thurgau finden wir be= schrieben in Kellers Chronik von Weinfelden. Im Jahr 1664 kam Franz Erler von Schwyz als Landvogt auch nach Wein= felden. Schüsse verkündigten seine Ankunft. Eine Kompagnie mit Musketen bewaffneter und eingeübter junger Mannschaft zog ihm entgegen. Er erschien mit stattlichem Begleite von Herren zu Pferd und führte auch Frau und Tochter mit. Eine drei= malige Salve vom Schloß herab erschreckte das Pferd der Tochter, so daß es stürzte. Sie fiel aber zum Glück einem jungen Schützen, der wegen Nasenblutens aus dem Gliede getreten war, in die Arme und wurde dann von einem geistlichen Herrn zu Fuß in den Flecken geleitet, während der Zug mit Trommeln und Musik einzog. Der neue Landvogt wurde auf dem Rat= hause mit Anrede begrüßt, und nachdem er seinen Unterthanen den Eid der Treue abgenommen, begaben sich die sämtlichen Herren in den Gasthof zum Mittagessen, während dessen Mörserschüsse abgefeuert wurden. Das Volk hatte wenig Freude und dachte: Die zwei letzten Jahre haben wir einen Urner reich gemacht, die zwei nächsten werden wir einem Schwyzer dasselbe thun.

Etwas freundlicher lauten die Berichte von einem zürche= rischen Obervogte, dem die Weinfelder im Jahre 1614 das Schauspiel eines Umzuges darboten, das er in Zürich am Ascher= mittwoch zu sehen gewohnt war. Er schenkte den Teilnehmern einen Eimer Wein, so daß der Tag mit fröhlichem Schmaus endigte.

Im Jahr 1726 war ein Ulrich Keller von Weinfelden nach langem Aufenthalt in der Fremde zurückgekehrt und gab dem Bürgerfest eine neue Gestalt. Er ließ sich als König ausrufen, umgab sich mit einem Parlamente von ungefähr 40 Männern, ledigen und verehlichten, und machte mit diesen den

Umzug und Beſuch auf dem Schloſſe des Obervogts. In den vierziger Jahren wurden aber die Ehemänner von den Junggeſellen aus der feſtgebenden Geſellſchaft ausgeſtoßen. Der Brauch hieß auch „Narrenfeſt", weil nach dem Umzuge vom Wirtshaus herab eine Aufzählung aller lächerlichen Vorfälle des Jahres verleſen wurde. Wer ſeine eigenen Thorheiten nicht vorleſen laſſen wollte, konnte ſich durch Geſchenke loskaufen (Schweiz. Idiot. I, 1116 f.).

Übrigens wurden die den Landvögten gebührenden Ehrenbezeugungen und Ehrenausgaben im Laufe des XVII. Jahrhunderts da und dort eingeſchränkt. Den Landvögten zu Baden wurde im Jahr 1654 geboten, ohne Begleit, ausgenommen ihre nächſten Verwandten, die Geſandten des regierenden Kantons und noch zwei Herren, aufzureiten; auch ſoll das Entgegen reiten aufhören. Der neue Landvogt ſoll auch niemand zu Gaſt laden. Auch den Zurzacher Markt ſoll er ohne großes Komitat beſuchen, für das dabei herkömmliche Sperber = Mahl nicht mehr als 25 ū verrechnen und für fremde Spielleute nicht mehr als 15 ū (Tagſ.=Abſch.).

Die Landvögte und auch die Vögte kleinerer Gerichtsbezirke hatten alſo neben den ihnen zukommenden Ehrenbezeugungen und Abgaben auch entſprechende Leiſtungen ihrerſeits zu erfüllen, und auch dieſe nahmen häufig die Geſtalt von Mahl zeiten an. Dasſelbe gilt von den geiſtlichen Herrſchaften, denen Zehnten zukamen.

Der Vogt von Klingnau (Aargau) mußte jährlich mit großen Koſten ein Groppenmahl halten, wie es ſcheint, wenn die Fiſcher ihm ihre Abgaben brachten. Ebenſo hieß die Mahl zeit, welche der Vogt von Wangen (Solothurn) nach dem jähr lichen Hofgerichte zu Subigen hielt. In Illnau (Kt. Zürich) wurde jährlich auf St. Johannis, wenn der Zehnten für das Kloſter Allerheiligen in Schaffhauſen von den Amtleuten be zogen wurde, den Leuten der Gemeinde ein Eſſen gegeben, ge nannt Krautmahl. Daher hieß denn auch der Gemeindefond „Krautfond", weil er aus Ablauf jener Verpflichtung entſtanden war, infolge von Raufereien, welche bei jenem Anlaß ſtatt gefunden hatten. Im Jahr 1585 beſchloß die Tagſatzung infolge einer Beschwerde des Inhabers eines Zehntens im Waadtlande, daß er bei dem jährlichen Ausruf desselben den bei der Steigerung Anwesenden ein Gastmahl oder 20 Gulden geben müsse, er solle von dieser Verpflichtung befreit sein (Absch.).

Hierher gehören endlich auch noch die sogenannten Hühnermähler, welche, wie zum Teil schon die vorhin angeführten Mahlzeiten, zugleich als Beispiel dafür dienen können, daß eine strenge Scheidung wirklicher Gemeindefeste von bloßen Festbräuchen einzelner Stände oder Zünfte nicht möglich ist.

Von Luzern sagt Liebenau: Da der Staat als Gerichtsherr an sehr vielen Orten von jedem Hausbesitzer ein Herbsthuhn zu beziehen hatte, so wurden seit dem XV. Jahrhundert von der Regierung teils auf dem Rathaus, teils auf den Zünften Hühnermähler veranstaltet, aber um die Mitte des XVII. Jahrhunderts abgeschafft, weil die Zuthaten zu den Hühnern zu viel kosteten, z. B. im Jahre 1641 300 Gulden. — Troll berichtet in der Geschichte von Winterthur: Die Mitglieder der Herrenstube hielten jährlich eine Generalversammlung, welche mit dem Hühnermahl schloß, so genannt, weil die Landvögte von Kyburg etliche Hühner dazu liefern mußten. Sie hatten dafür das Recht, den Tag zu bestimmen. Schultheiß und Rat erschienen als Gäste. Im Jahre 1660 wurde bestimmt, daß man abends nicht länger als bis 9 Uhr beisammen bleiben solle.

Wichtiger ist aber der an mehrern Orten des Kantons Bern unter dem Namen „Hühnersuppe" begangene Festbrauch, weil er auf ein geschichtliches Ereignis zurückgeführt wird und speziell den Frauen galt. Die Veranlassung desselben wird von der Tradition in die Zeit des Einfalls der Gugler, also ins Jahr 1375 versetzt. Ein Haufe jenes fremden Kriegsvolkes lagerte in dem Kloster Hettiswil, zwischen Hindelbank und Krauchthal. Als das Volk der Umgegend sich gegen die Eindringlinge erhob, drängten die Weiber von Hettiswil, mit Sensen und Gabeln bewaffnet, ihre Männer zum Kampf. Die Feinde wurden im Schlaf überfallen und viele erschlagen. Zum Dank für die Tapferkeit der Frauen gab der Prior des Klosters ihnen das Recht, jedes Jahr am Tage jenes Überfalls (um Weihnacht) mit der Axt in den Klosterwald zu gehen und Holz für ihre Weihnachtssuppe zu hauen. Als dadurch der Bestand des Waldes in Gefahr geriet, wurde das Holzrecht in den Besitz einer Matte umgewandelt, deren jährlicher Ertrag zu einer Mahlzeit der Frauen verwendet wurde, die noch im Jahr 1826 die Hühnersuppe hieß. Aus demselben Grunde erhalten die Frauen von Wiler im Amt Fraubrunnen, wo ebenfalls die Gugler geschlagen wurden, alljährlich auf Gemeindekosten eine Hühnersuppe und haben beim Kirchengang die Ehre des Vortritts, den auch die Frauen von Lugnetz in Graubünden zum Dank für ihre Mithülfe im Kampf gegen die Grafen von Montfort, aber die Frauen an vielen andern Orten auch ohne nachweisliche Veranlassung besitzen. Ein jährliches Festessen haben auch die Frauen von Kriegstetten, Kanton Solothurn, und die von Burgdorf. Am letztern Orte findet aber der Name Hühnersuppe die Erklärung, daß die dortige Schloßherrschaft alljährlich 60 Hühner zu der Mahlzeit liefern mußte. Auch wird in Burgdorf statt der Gugler der in der Umgebung seßhaft gewesene Adel als der Feind genannt, an dessen im Jahr 1388 mit Hülfe der Frauen gelungene Überwindung das Festessen erinnern soll.

Der Grund des Namens „Hühnersuppe" muß wohl an allen Orten, wo er vorkommt, derselbe gewesen sein, und zwar der Brauch, daß der Grundherr die von seinen leibeigenen Unterthanen in Gestalt von Fastnacht- und Herbsthühnern geleisteten Abgaben durch eine Gegenleistung in Gestalt eines den Überbringerinnen gegebenen Mahles erwidern mußte. Die Erklärung dieses letztern als Belohnung für Teilnahme der Frauen an Kriegsthaten ist wohl eine ebensolche spätere Unterschiebung, wie die Zurückführung gewisser Festbräuche der Männer auf glücklich überstandene sogenannte „Mordnächte", zum Teil an Orten, wo solche nächtliche Überfälle geschichtlich noch weniger nachweisbar oder wahrscheinlich sind als die Mitwirkung der Frauen bei der Vernichtung der Gugler. Entsprechendes muß dann auch von der Begründung des Vortrittes der Frauen in der Kirche gelten, der eben auch auf altem Recht, aber nicht auf einem einzelnen geschichtlichen Vorfall beruhen wird. (S. Grimm, Rechtsaltertümer I, 409 und für die Hühnermähler: Rochholz, Glaube und Brauch II, 316 ff., auch von Dierauer im Archiv für

Schweizer-G. XIX, 34 ff. betreffend die Mitwirkung der Frauen in der Schlacht am Stoß benützt).

Es bedurfte überhaupt weder solcher Vorfälle noch auch besonderer Rechtsbräuche, um unsern Vorfahren Anlaß zu Festlichkeiten und besonders Mahlzeiten zu geben, und am harmlosesten war die Festfreude im Schoß von Gemeinden oder Genossenschaften vielleicht gerade dann, wenn sie weder mit Ausübung eines Rechtes, noch mit Erfüllung einer Pflicht verbunden war, sondern wenn das Leben der Natur im Kreislauf der Jahreszeiten und damit verbundene wirtschaftliche Verrichtungen den Anlaß von selbst herbeiführten.

In Greifensee wurde an einem bestimmten Tag eine Jagd auf die wilden Enten („Tüchel") veranstaltet und aus der Beute eine Mahlzeit, das Tüchelmahl, hergerichtet (vgl. Anzeiger f. schweiz. Altert. 1888, S. 26).

Die baslerischen und die markgräflich-badischen Behörden, denen die Aufsicht über die Wasser- und Uferbauten an der Wiese zustand, pflegten bis auf neuere Zeit jene Bauten gemeinsam zu besichtigen, und das Geschäft schloß mit einem Wuermahl in Klein-Hüningen, wozu die Fischer einen Lachs geben mußten.

Von Gemeindelustbarkeiten, besonders Trünken, im XVI. und XVII. Jahrhundert berichtet Hagenbach in seiner Chronik von Sigriswil. In Lenzburg gab es Gemeinwerksmahlzeiten bis zum Jahr 1745. Bis 1614 hatten die Räte Donnerstagsmähler aus der Bußenkasse. Mahlzeiten der Bürger fanden ebendaselbst am Neujahr auf dem Rathause statt.

Bei der jährlichen „Offnung" des Dorfrechtes in Weiningen wurde ein Wisungs-Mahl gehalten.

In Wiedikon wurde im Jahr 1533 die Satzung erneuert, am Berchtoldstag aus dem Gemeinde-Seckel einen Mütt Fogezenbrot und einen Ziger zu verzehren.

Bemerkenswert ist endlich noch der bürgerliche Teil der Feier des Berchtoldstages in Frauenfeld. Am Vormittag wird Bürgergemeinde gehalten und die Verwaltung des Konstafelfonds genehmigt, aus dem der jährliche Gesellschaftstrunk bestritten wird, der den Bürgersinn wecken und nähren soll. Er findet am Abend

auf dem Rathause statt und ist ein Hauptstolz der Bürger; nur
wenige Anjäffen („Schammauchen") werden dazu eingeladen; die
übrigen feiern den Tag nach ihrem Sinn in einem Gasthof (wie
am Zürcher Sechseläuten neben den Stadtzünften eine Land-
zunft bestand). Bei der Bürgermahlzeit erhält jeder Teilnehmer
1½ Liter Wein und eine besonders feine und große Wurst, welche
nur auf diesen Tag zubereitet wird. Frauen und Jungfrauen haben
ein Gastmahl mit Tanz, zu welchem am späten Abend die Männer
kommen. (Nach Pupikofer, Gesch. v. Frauenfeld, und nach Mitteilungen von Dr. Bachmann, Zentralblatt des Zof. Vereins 1882).

In Tegerfelden (Aargau) traten die vermöglichern jungen
Leute zur Feier des Berchtoldstages in einen Verein zusammen,
die Bechtelisgesellschaft. Als Winzer gekleidet zogen sie vor die
Häuser der wohlhabenden Einwohner, um Glückwünsche dar-
zubringen und Weinspenden für die Armen zu sammeln. Zuletzt
machten sie dem Gemeinderat ihre Aufwartung und brachten ihm
einen gewaltigen Eierring, für den sie einen halben Saum
Gemeindewein erhielten, der abends in Gesellschaft ausgewählter
Tänzerinnen verzecht wurde (Rochholz, Aarg. Sagen I. 236).

Wir kommen nun zu Festen, welche den Besitzstand einer
Gemeinde an Grund und Boden betreffen, die Festistellung und
zum Teil religiöse Weihung der Grenzen, des sogenannten Bannes,
und die vorzugsweise mit Umzügen, zum Teil zu Pferde, begangen werden, eine schöne altertümliche Sitte, die sich an mehrern
Orten erhalten hat.

Ob diese Grenzumzüge ein aus heidnischer Zeit stammender,
von der katholischen Kirche nur, wie so viele andere Überreste
aus jener Zeit, übernommener und in ihrem Sinn umgebildeter
oder ein erst von ihr eingeführter Brauch seien, ist schwer zu
entscheiden, aber für die Sache selbst auch nicht entscheidend. Sicher
ist, daß der Katholizismus hier eine seiner großartigsten und
liebenswürdigsten Seiten entfaltet, nämlich das Bestreben, das
ganze weltliche Leben in den Bereich kirchlicher Weihe zu
ziehen, mit religiösem Geiste zu durchdringen und zu verklären,
und zwar eben nicht nur innerlich, was allgemein christlich
und auch protestantisch ist, sondern auch äußerlich, förmlich, in
Gestalt heiterer, glänzender Festlichkeit, welche ihren Eindruck

auf das Volk nie verfehlen kann, nur daß bisweilen die schöne
Hülle den Kerngehalt überwuchern mag. Wenn der Festbrauch
des Bannumzuges heute auch noch in protestantischen Gegenden
(Schaffhausen und zum Teil Baselland) stattfindet, so spricht dies
nicht gegen ursprüngliche Stiftung oder Mitwirkung von Seite
der katholischen Kirche; dieses Moment mußte natürlich infolge
der Reformation wegfallen, und dann tritt neben dem rein
bürgerlichen Charakter des Festbrauches der eines Naturfestes
zur Feier der Jahreszeit um so deutlicher hervor. Dieses Gepräge
fehlt aber auch dem spezifisch katholischen Feste nicht, und wir
finden nur die allgemeine Bemerkung bestätigt, daß die schönsten
Volksfeste allenthalben auf der Vereinigung weltlicher und geist=
licher Elemente beruhen.

Die zwei glänzendsten Feste dieser Art gehören dem Kanton
Luzern an, der zu allen Zeiten als Hochburg des schweizerischen
Katholizismus und zugleich der alten Eidgenossenschaft gegolten
hat. Das eine ist die sogenannte Romfahrt oder der Müsegg=
umgang in der Stadt Luzern, das andere der Grenzumritt
in Beromünster. Beide Feste sind schon mehrfach beschrieben
worden; wir verzichten daher auf vollständige Darstellung der
festlichen Vorgänge und beschränken uns auf einige besonders
merkwürdige Züge, welche dazu dienen können, das Alter und die
ursprüngliche Bedeutung der Feste zu beleuchten.

Das hohe Fest der Stadt Luzern beginnt am Vorabend
von Mariä Verkündigung (also gegen Ende des Monats März)
und besteht wesentlich in einer großartig feierlichen Prozession,
welche die Stadt umwandelt und auf dem höchsten Punkte der
alten Befestigung, der sogenannten Müsegg, anhält, wo die im
Jahr 1479 den Teilnehmern erteilte päpstliche Ablaßbulle verlesen
und von einem namhaften Geistlichen eine Predigt gehalten wird.
Im Jahr 1522 soll der Festprediger der Komtur Schmid von
Küsnacht gewesen sein, der aber gegen den Ablaß eiferte; 1530
der Chronist Werner Steiner von Zug (Liebenau).

Schon durch Ratsbeschluß von 1252 war bestimmt worden,
daß an der Prozession die ganze Geistlichkeit der Stadt und, bei
Buße, aus jedem Hause wenigstens eine Person teilnehmen sollte.
Um die Mitte des XV. Jahrhunderts waren oft 300—500 Priester

anwesend; neben ihnen erschienen zahlreich die Waldbrüder aus
der Umgegend, auch aus den Urkantonen, unter ihnen um jene
Zeit Niklaus von Flüe. Viele Teilnehmer aus den benach=
barten Kantonen mußten auf den drei alten gedeckten Brücken
untergebracht werden. Die Geistlichen und die Armen wurden
von Staatswegen mit Fisch und Wein bewirtet; sogar das
Frauenhaus erhielt eine Spende. Der Wein war früher der an
den Halden der Müsegg selbst von der Zunft der Rebleute ge=
pflanzte; der Verbrauch betrug im Jahr 1400 ebensoviele Maß.
Die Ratsdiener, von welchen die Heiligenbilder und Reliquien
getragen wurden, erhielten dafür eine besondere Gratifikation aus
den Bußen. Gegen Ende des XVI. Jahrhunderts wurde den
Trompetern eingeschärft, während der Prozession auf den Türmen
nur geistliche Stücke zu blasen. Besonders merkwürdig war der
bis auf neuere Zeit festgehaltene Brauch, daß die Geistlichkeit
von der Mutterkirche „im Hof" aus zu Schiff an das andere
Ufer hinübergeführt, und daß am untern Ende der Stadt zum
selben Zweck eine besondere Brücke geschlagen wurde. Das er=
innert auffallend an die entsprechende Sitte im alten Rom, von
der die «pontifices» ihren Namen hatten, ist aber wohl aus rein
lokalen Ursachen zu erklären.

Der Name „Romfahrt" wird darauf zurückgeführt, daß die
Prozession mit päpstlicher Erlaubnis an die Stelle einer Wall=
fahrt nach Rom getreten sei, welche die Bürger nach einer Feuers=
brunst um die Mitte des XIII. Jahrhunderts gelobt hatten, um
für die Zukunft ähnliche Gefahren abzuwenden. Diese Erklärung
ist an sich nicht unglaublich; aber sie erinnert an viele Fälle, wo
nachweislich der Ursprung eines alten Brauches in einem be=
stimmten Vorfall gesucht und gefunden wurde —: so wurden
kirchliche Bräuche auch als Folge einer verheerenden Krankheit,
bürgerliche als Andenken an Ereignisse der politischen Geschichte
aufgefaßt, wie z. B. an Mordnächte. Da der fragliche Umzug
in den Beginn des Frühlings fällt, so bleibt es möglich, ihn mit
ähnlichen zusammenzustellen, welche um dieselbe Zeit anderswo
stattfinden und den mehr weltlichen Charakter eines Natur= und
Bürgerfestes tragen, ohne Beziehung auf ein geschichtliches Er=
eignis. Doch kann das luzernische Stadtfest nicht leicht unmittelbar

an die Seite des Bannrittes in dem benachbarten Beromünster gestellt werden; denn wenn auch der Umgang die Grenzen des Stadtgebietes trifft, so tritt doch das Merkmal einer ausdrück= lichen Feststellung und Weihung derselben nirgends hervor, da die Grenzen durch die Mauern hinlänglich festgestellt waren und auch an Segnung des innerhalb derselben liegenden Gebietes zum Zwecke von Fruchtbarkeit nicht gedacht werden konnte.

Um so deutlicher treten diese Eigenschaften an dem Feste in Beromünster hervor, wo weltliche und geistliche Elemente in schönstem Gleichgewicht erscheinen. Es muß ein herrlicher Anblick sein, an einem schönen Frühlingstage das zahlreiche Volk, oft mehrere Tausend, darunter einige Hundert zu Pferde, in bunten Farben, Geistliche, Soldaten und stattliche Bauern, durch die in Blütenschmuck prangenden Fluren hinziehen zu sehen in mancherlei Windungen des Weges und da und dort an Ruhepunkten sich in malerischen Gruppen zur Erquickung lagern. Da das Fest schon oft beschrieben worden ist, so können hier nur einzelne Er= scheinungen hervorgehoben werden.

Bemerkenswert ist vor allem, daß die Geistlichkeit, welche auch hier stark im Vordergrunde des Festes steht, größernteils zu Pferde erscheint, so daß nicht nur das Allerheiligste vom Leutpriester zu Pferde, unter einem von vier Berittenen gehaltenen Baldachin, getragen, sondern auch die Festpredigt vom Pferde herunter gehalten und ebenso der Segen erteilt wird. Es fragt sich nun, ob die Geistlichen vielleicht nur darum reiten, weil die weltlichen Hauptteilnehmer am Zuge dasselbe thun, so daß die Geistlichen neben ihnen nicht in niedrigerer Gestalt erscheinen durften. Das Umgekehrte läßt sich nicht wohl denken, obwohl das Reiten von Geistlichen in älterer Zeit nicht selten vorkam; aber auf die Weltlichen hätte dann die Sitte darum doch nicht übergehen müssen. Es kann aber für beide ein gemeinsamer Grund bestanden haben, der in der Natur der Sache lag. Jakob Grimm meint (Schriften II, 61), die auch anderswo bestehende Sitte sei aufgekommen, wo die Grenzen einen größern Umfang hatten, so daß die Begehung derselben zu ermüdend gewesen wäre, wobei allerdings zunächst wohl an die geistlichen Herren gedacht worden wäre. Jedenfalls gewann durch diese Art des

Umzuges derſelbe auch ein ſtattlicheres Anſehen. Zweifelhaft iſt, daß der Umzug zu Pferde ſtattfinde, damit dieſe Tiere des Segens, der mit demſelben verbunden iſt, an Geſundheit und Kraft teilhaft werden. Denn trotz der Bedeutung der Pferde= zucht für die Landwirtſchaft kommt ſie doch bei uns weniger in Betracht als die Rindviehzucht, und es findet bei unſern Umzügen nichts ſtatt, was ſich etwa dem bairiſchen Brauch am St. Leonhards= oder Stephanstage vergleichen ließe, wo die Pferde als Haupt= gegenſtand erſcheinen, indem ſie dreimal um eine Kapelle ihres Schutzpatrons herumgeritten werden, was allerdings zu ihrem Gedeihen beitragen ſoll, ſowie dem römiſchen Mars zu Ehren, der ſowohl Natur= als Kriegsgott war, an ſeinem Frühlingsfeſte ein Wettrennen gehalten wurde.

Die Schlußfrage, ob das ganze Feſt mehr weltlichen oder religiöſen Charakter trage, kann nicht wohl erhoben und entſchieden werden. Die Feſtſtellung der Grenzen — welche übrigens in Münſter nicht ſtreng beobachtet werden, indem der Umzug teils über dieſelben hinausgeht, teils hinter denſelben zurückbleibt — wäre zunächſt etwas rein Weltliches; aber ſeit alter Zeit waren Recht und Religion, Rechtsbrauch und Gottesdienſt verbunden; die Grenzen waren heilig, religiöſer Weihe und Beſtätigung be= dürftig und teilhaft. Ferner handelt es ſich im vorliegenden Falle offenbar nicht nur um die Grenzen als ſolche, ſondern um das Gedeihen der innerhalb derſelben liegenden Fluren, und für dieſe ſoll der göttliche Segen erfleht und erteilt werden, zumal zu der Zeit dieſes Feſtes, der Blütezeit des Frühlings, wo die ganze Hoffnung des Landmannes auf dem Ertrage der Gefilde ruht.

Ein bloßes Frühlingsfeſt, wie die vielen andern, die in deutſchen Landen üblich ſind, mit allerlei beſondern, zum Teil dramatiſchen Szenen iſt das Feſt von Münſter aber auch nicht; das religiöſe Element tritt ſtärker hervor, und trotz allem übrigen Unterſchied erinnert es an jenen älteſten, von Tacitus (Ger= mania 40) bei germaniſchen Stämmen an der Oſtſee gefundenen Brauch, daß ein Bild der mütterlichen Erdgöttin Nerthus auf einem verſchleierten Wagen unter feſtlichem Zulauf des Volkes durch die Fluren geführt wurde.

Während das Fest also wahrscheinlich seit alter Zeit aus dem Naturleben hervorgegangen war, werden von der spätern Tradition besondere geschichtliche Veranlassungen desselben angegeben. Nach einer Angabe wäre es erst nach der Reformation aufgekommen, um dieser und der mit ihr gleichzeitigen Sekte der Wiedertäufer entgegenzuwirken, was kaum glaublich ist; höchstens könnte die katholische Kirche um jene Zeit die alte Sitte glänzender ausgestattet haben, um die Gemüter des Volkes durch ein solches Schauspiel und den dabei erteilten Segen stärker anzuziehen und festzuhalten, wie zum selben Zwecke und um dieselbe Zeit die geistlichen Schauspiele in Luzern ihre höchste Ausbildung fanden. Nach einer andern Angabe soll, zwar nicht der Umzug in Münster, aber der in den benachbarten Gemeinden (der doch kaum einen andern Ursprung gehabt haben wird) zur Abwehr von Viehseuchen, besonders auch einer Pferdekrankheit, gestiftet worden sein. Auch diese Erklärung ist einseitig und ungenügend; höchstens mögen Seuchen jener Art zeitweise mitgewirkt haben, um den alten Brauch neu zu beleben. So wie das Fest in neuerer Zeit gefeiert wird, dient es laut Angabe eines ehrwürdigen und glaubwürdigen katholischen Geistlichen jener Gegend dem Zwecke, die Gesundheit und das Gedeihen von Menschen, Tieren und Pflanzen durch Bitten um göttlichen Segen zu erhöhen und den schädlichen Einfluß von Naturdämonen abzuwehren, wofür man sich auf eine Stelle des Neuen Testamentes beruft (Ephes. II, 2. VI, 12). Seiner religiösen Wirksamkeit nach wird das Fest einer Wallfahrt gleichgestellt, die man auf Gelübde hin oder zur Sühne eines schweren Vergehens unternimmt; es soll früher vorgekommen sein, daß einzelne besonders eifrige Teilnehmer die Fahrt auf allen Vieren machten!

Kleinere Umritte finden am Auffahrtstage in andern Ortschaften des Kantons Luzern statt, und ein Flurumgang ähnlicher Art, bei welchem an verschiedenen Stellen unter Vorantragen des Allerheiligsten Bibeltexte gelesen und der sogenannte Wettersegen gebetet wird, in der Gegend von Fischingen, Kanton Thurgau. — Aus der Stadt Freiburg ritten früher am Beatustage (9. Mai) Ratsherren, Geistliche, Bürger und Schüler nach der zwei Stunden entfernten Cistercienser-Abtei Haute-Rive am linken Ufer der

Saane. Es steht zu vermuten, daß dieser Ritt in unsern Zu
sammenhang gehörte. In den katholischen Gemeinden von Schwaben
ist die sogenannte Esch=Prozession oder der Flurgang, bei welchem
man die ganze Markung mit einem Kruzifix durchzieht, an vier
Stellen Halt macht, um ein Stück aus allen vier Evangelien zu
lesen und den Wettersegen zu sprechen, und Häuser, Menschen
und Tiere mit heiligem Wasser besprengt, vom Himmelfahrtstag
auf den Pfingstmontag verlegt worden. Aber in Weingarten findet
noch alle Jahre am Tage nach der Himmelfahrt, dem sogenannten
Wetter = Freitag, der berühmte Blutritt statt, bei welchem die
Reliquien des heiligen Blutes in feierlicher Prozession durch die
Felder getragen und das Korn gesegnet wird, damit kein Wetter
ihm schade. Die Teilnehmer erschienen meist auf Pferden, an=
geblich weil der Segen auch diesen zu teil werde. Einer läutet
während desselben die sogenannte Blutglocke. Der Geistliche, der
das h. Blut trägt, reitet auf einem Schimmel. *)

Zu den jetzt noch anzuführenden Bräuchen tritt allerdings
wieder die Festsetzung der Grenzen fast ausschließlich hervor:
aber soweit sie auf protestantischem Gebiete vorkommen, können
sie zunächst immerhin als Überrest oder teilweise Umwandlung
des ältern Kirchenbrauches angesehen werden. Der älteste Bericht
aus Basel, aus der Zeit vor der Kirchentrennung, zeigt die
Festsetzung der Grenzen zwar als Hauptsache, aber unter Ver
anstaltung, Obhut und Mitwirkung der Kirche.

Im alten Basel bestand eine eigene Gerichtsbehörde, das
Gescheide, welches mit Schnur und Stange die Äcker zu ver
messen, die Marksteine zu setzen und zu überwachen und am
Auffahrtstage an der Spitze des Bannrittes die Marken zu be=
sichtigen hatte. Diesen Ritt veranstaltete der Dompropst.

---

*) Ein junger Rechtshistoriker, Herr Dr. Stutz, hat mir die Ver=
mutung mitgeteilt, daß das Umreiten der Grenzen sich ursprünglich auf
die erste Besitznahme herrenlosen oder eroberten Landes oder des Gebietes
einer Mark bezogen und daher seinen feierlichen Charakter bewahrt habe, der
dann auch auf kleinere Bezirke übertragen werden konnte. Das jährliche
oder periodische Umgehen (oder bei weiterm Umfang Umreiten) eines
solchen Gebietes sei also nur als eine Erneuerung oder Fortpflanzung
jenes ersten Aktes betrachtet und ausgeübt worden.

Am Tage vor Auffahrt geboten die Bannwarte allen Klöstern, den Gotteshäusern, dem Spital, allen Acker= und Bauleuten, daß sie am nächsten Morgen gleich nach der Frühmesse vor der St. Ulrichs=Kirche zu Pferd erscheinen sollten. Bevor der Zug sich in Bewegung setzte, bestieg der Leutpriester von St. Ulrich mit dem h. Sakramente das Pferd, das ihm der Spitalmeister vor die Kirche hatte führen lassen. Vor ihm her ritt einer mit einer brennenden Laterne auf einer Stange, und hinter beiden ritten der Meier, die Scheidleute und die ganze Gemeinde um Zwing und Bann, so weit als Alte und Junge das Gebiet kannten. Was man strafbar fand, wurde gebüßt; einen Teil der Bußen erhielt der Leutpriester, den andern verwandte man zu der Zehrung, welche nach vollendetem Ritte gehalten wurde. Der Dompropst hatte Suppe, Fleisch und Wein für alle Teil= nehmer zu liefern. Zu Ehren des Festtages war der Brunnen auf dem Kornmarkt mit einem Maibaum, einer Tanne oder Linde geschmückt. Die ganze Feier geschah „Gott zu Ehren, der Frucht zu Schirm und der Gemeinde zu Trost bei Ungewitter." Der Umzug war unzweifelhaft uralt, geheiligt von der Kirche, die den Grund und Boden beherrschte (Basel im XIV. Jahrhundert, S. 25 26).

Auf der Landschaft von Basel hat das Fest, wie es heut= zutage begangen wird, einen durchaus weltlichen Charakter an= genommen. Die alljährliche Untersuchung, ob die Marken des Gebietes von Liestal in Ordnung seien, keine Übergriffe erlitten haben, geschieht am Montag vor dem Auffahrtsfest, und dieser sogenannte Banntag ist ein allgemeines Frühlings=, Freuden=, Jugend= und Bürgerfest. Die ganze männliche Bevölkerung vom 16. bis zum 50. Jahre ist zur Teilnahme am Umzug verpflichtet. Am Vorabend wird von einem Dutzend Tambouren bei ein= brechender Nacht Zapfenstreich geschlagen, wozu die übrigen Knaben den bekannten Text sprechen:

Drei lederig Strümpf, und zwee derme gend fünf ꝛc.

Schlag 4 Uhr morgens wird Tagwache geschlagen, und die Gassen ertönen von Pistolenschüssen. Um 6 Uhr verkünden Schüsse von allen Seiten den Aufbruch des Zuges. Dieser geht

von vier Punkten der Stadt aus in vier Rotten nach allen
vier Seiten des Bannumfangs. Jede Rotte hat einen ihr zu-
geteilten Viertel desselben, einen sogenannten „Bannweg" zu
begehen, der mehrere Fuß breit von Gestrüpp befreit und zum
Behuf der Begehung offen gehalten ist. Jeder Rotte sind Beamte
beigegeben, erfahrene und angesehene Männer, die in einem Büch-
lein jeden Marktstein mit seiner Nummer, allfälligen weitern
Zeichen oder besondern Namen und mit Angabe der Entfernung
vom nächsten notieren und kontrollieren. Der Zug geht unter
fortwährendem Trommeln und Pistolenschießen je nach der Beschaffenheit des Ortes bald im Schritt, bald im Sturmmarsch.
Bei jedem Stein wird ein kleiner Halt gemacht, an gewissen
Stellen ein längerer, der zur Ruhe und Erquickung aus mitgebrachten Vorräten benutzt wird. Daß dabei im Trinken nicht
gespart wird, scheint daraus hervorzugehen, daß am Abend, laut
einem geflügelten Wort, kein nüchterner Bürger mehr zu finden
ist, außer den drei Eidgenossen am obern Thor.

Früher zogen die Bürger in voller Bewaffnung aus, und
noch im Anfang dieses Jahrhunderts trugen sie wenigstens ein
Seitengewehr, während von Reiten hier nichts vorkommt.

Dagegen findet sich dieses bei dem Grenzumgang zwischen
Muttenz und Mönchenstein, wo die Bauern zu Pferd erscheinen, der reichste einen Maibaum tragend, alle mit Blumen-
sträußen. Zwischen den genannten zwei Gemeinden soll seit alter
Zeit Spannung bestanden haben, weil die Herren von Mönchenstein die Leute von Muttenz bedrückten. Im Jahr 1479 ver-
kaufte der Herr von Mönchenstein seine Herrschaft an Basel,
entlehnte aber zugleich Geld von Solothurn. Die Solothurner
fielen in die Herrschaft ein und verbrannten Muttenz; aber die
Basler trieben sie zurück und zogen Muttenz an sich. Das Mißtrauen gegen Mönchenstein blieb aber, und darum bewachten die
Muttenzer ihre Grenzen und umritten sie jährlich, um zu sehen,
ob die Marksteine noch am richtigen Orte stehen (Alpenrosen 1866,
S. 343). Daß diese historische Motivierung unnötig ist, sieht
man daraus, daß an den andern Orten der alte Brauch ohne
solchen Grund besteht; aber jene besondern Umstände können darum
doch richtig sein und den Brauch unterstützt haben.

Ähnlich wie in Liestal wird der Bann an der Auffahrt in Frenkendorf begangen, nur daß das Schießen dort erst losgeht, wenn die ausgezogenen zwei Abteilungen im Angesicht des Gemeindewaldes sich begegnen. Jeder Teilnehmer, auch von den Einsassen, erhält 50 Rappen.

Auch im Kanton Schaffhausen finden die Bannumzüge von Zeit zu Zeit in verschiedenen Gemeinden statt. Die ganze Dorfbevölkerung zieht, festlich geputzt, den Grenzen entlang von einem Markstein zum andern, unter Schießen und Musik und mit Halten an einzelnen Stellen, wo geschmaust und getrunken wird, unter Teilnahme von Gästen aus der Nachbarschaft. Wenn der Bann ausgedehnt ist, so dauert der Umzug oft mehrere Tage, da von Reiten auch hier keine Rede ist, vielleicht nur aus Mangel an Pferden.

Auch die zürcherische Gemeinde Stadel hatte früher einen Bannzug, wobei Jung und Alt mit Musik die Grenzen beging; nachher kamen die Bürger im Wirtshaus zusammen.

Da bei diesen Umzügen mehrfach neben dem religiösen und bürgerlichen Element auch ein militärisches hervortritt, was bei einem Volke, das seit alter Zeit die allgemeine Wehrpflicht mehr oder weniger streng handhabt, natürlich ist, so gehen wir zu Volksfesten über, in denen Waffenschau und Waffenübung die Hauptsache ist. Seit dem XV. bis zum Anfang des XVIII. Jahrhunderts wurde in Luzern der Landsknechtenumzug, auch „Umzug im Harnisch“ genannt, abgehalten, eine kriegerische Musterung mit nachfolgender Gefechtsübung. Die seit dem XV. und bis in den Anfang des XVI. Jahrhunderts üblich gewesenen, nachher aus begreiflichen Gründen zurückgetretenen und erst seit den dreißiger Jahren unseres Jahrhunderts wieder in Aufschwung gekommenen Schützenfeste, wenigstens die großen eidgenössischen Freischießen, welche sonst vorangestellt werden müßten, werden hier übergangen, weil ihre Geschichte und Bedeutung hinlänglich bekannt ist. Weniger gilt dies von einigen mehr lokalen Festen, z. B. dem Landschaftschießet im Berner Oberland, den wir beschreiben, wie er im Jahr 1884 in Frutigen gehalten wurde. Das Fest wird auf die geschichtliche Thatsache zurückgeführt, daß in der Schlacht bei Murten die Frutiger

sechs Reismusketen erbeuteten, an welchem Gewinn die ganze
Bevölkerung lebhaften Anteil nahm, zunächst in der Gestalt, daß
sie sich Proben der Anwendung jener Schußwaffen vorführen ließ.
Seither wurde von Zeit zu Zeit im Herbst, wenn die Sennen
zu Thal gezogen waren, ein Fest veranstaltet, zu dem die Be=
wohner der andern Thäler des Oberlandes eingeladen und ein=
quartiert wurden, auf einen Mittwoch Abend. Am nächsten
Morgen zog man mit den Gästen im Dorf und um dasselbe
herum. Von der Laube des Landhauses herab begrüßte der Land=
ammann von Frutigen die anwesenden Gäste, und diese erwiderten.
Man besprach dann gemeinsame Angelegenheiten des Oberlandes
und erneuerte die Erinnerung an die alte Stammverwandtschaft,
welche auch bei der folgenden Mahlzeit gefeiert wurde. Nachher
wurde ein „Schwinget" veranstaltet und am Freitag ein „Schießet"
mit den Reismusketen, an dem alles Volk teilnahm. Am Samstag
folgte Preisverteilung, Bankett und Tanz. Wenn ein Schütze
„Pech" hatte, erhielt er von einer der anwesenden Jungfrauen
einen sogenannten „guten Willen", d. h. wohl eine Bezeugung von
Trost und Huld, die er oft höher schätzte als einen Preis. Am
Sonntag besuchte man noch gemeinsam die Kirche, dann zog man
mit Musik durchs Dorf zum Abschiedsmahl, und die Gäste wurden
bis an die Landesmark begleitet. Die Reismusketengesellschaft
bekam Legate, aus deren Zinsen alle zwei Jahre Preise angeschafft
wurden. Jedes andere Jahr ging man zu den Nachbarn zu
Gaste. Der erste Preis war meistens ein Stück seines Woll=
tuch, der letzte eine Kinderwiege oder irgend ein anderer Scherz,
z. B. eine Krinoline. Es konnten eben auch Frauenspersonen,
die am Schießen teilnahmen, Preise bekommen, die eigentlich für
Männer bestimmt waren. Der beste Schütze trug das nächste
Mal die Landesfahne.

Ernster und großartiger, im Zusammenhang mit den bürger=
lichen Festen der Ämterbesetzung, waren militärische Aufzüge in
Bern bis gegen Ende des XVIII. Jahrhunderts, meistens auf
dem Kirchenfeld, angeordnet von der jungen Bürgerschaft, dem
sogenannten „äußern Stand" (im Unterschied von dem „innern
Stand" [s. noch Siebenbrüggen, Rechtsalt. I. 15], d. h. der wirk=
lichen Landesregierung), welche aber meistens zur Teilnahme oder

Vertretung eingeladen wurde. Jene Umzüge wurden mit der Zeit in förmliche Waffenübungen zu praktisch militärischen Zwecken mit Scheingefechten umgewandelt. Zu den Mitgliedern des äußern Standes, der Zünfte und der Reismusketengesellschaft kamen auch Studenten und Schulknaben. Im Jahr 1695 wurden vom Kriegsrat 1770 Mann aller Waffengattungen, mit 18 Kanonen, aufgeboten; im Jahr 1711 waren es 2400 Mann. Besonders glänzend war der letzte Aufzug von dieser Art im Jahr 1752, kurz nach der Henzi=Verschwörung, welche man vielleicht durch diese Veranstaltung in Vergessenheit bringen wollte. Es hatte sich eine Masse auswärtiger Gäste, besonders aus der Landschaft Bern und aus dem Waadtland, eingefunden, ca. 10,000 Personen. Eine Wiederholung des Zuges wurde mit Feuerwerk und Ball geschlossen.

Eine kleinere kriegerische Festlichkeit, von Zeit zu Zeit abgehalten, war der Zug auf die Schützenmatte, auch „Schüsseli=krieg" genannt, weil die kleinern von den mit der Armbrust mitmachenden Knaben auf Stecken Schüsseln trugen, die zu dem nachherigen Mittagsmahl dienten. Im Jahr 1758 wurden zu diesem Zug alle Bürger über 18 und unter 45 Jahren aufgeboten (Berner Taschenbuch 1862, S. 39 ff., vgl. 261).

Ein Umzug des äußern Standes allein und der von ihm eingeladenen Gäste, ohne militärisches Aufgebot von seiten der Regierung und auch „Aufritt" genannt, fand oft am Ostermontag statt.

Daß diese Zeit in Bern überhaupt zu Volksfesten in Gestalt von Umzügen und Schauspielen diente, und daß die verschiedenen Arten oder Bestandteile von Volksfesten gelegentlich eben auf e i n e n Anlaß und Tag zusammentrafen, mag zum Schluß dieser Reihe die Beschreibung eines Zuges und Spieles zeigen, mit dem um das Jahr 1820 am Donnerstag nach Ostern die Jünglinge des Dorfes Bolligen die Stadt Bern besuchten und beehrten. Die Bestandteile jener Aufführung waren etwas bunt und die Anordnung nicht ganz kunstgerecht; sonst aber mochte das Schauspiel an Mannigfaltigkeit und Lebensfülle auf der Höhe desjenigen stehen, das bei der Gründungsfeier der Stadt Bern im Jahr 1891 dargeboten wurde.

Voran gingen zwei Läufer mit Bändern und Stab. Es folgte eine türkische Musik, ein Bär, zwei Geharnischte, Wilhelm

Tell mit dem Knaben, die drei Eidgenossen und die alten Kantone in ihren Farben. Es folgte dann eine bunte Menge von Gestalten zu Fuß und zu Pferd, z. B. der Landvogt Geßler mit berittenem Gefolge, der sogenannte „Urispiegel" (Eulenspiegel, Hanswurst) und ein Weib, das seinen Mann in einer „Hutte" trug. Das Eigentümlichste und Schönste waren aber zwanzig Paare Tänzer, mit Blumen geschmückte Reife tragend, ähnlich wie bei dem Umzug der Küfer, der ehemals bei der sogenannten Regiments- oder Burger-Besatzung nach dem Ostermontag stattfand und den Neugewählten seine Aufwartung machte. Den Schluß machten vierzig Paare von Jünglingen, einen Wagen mit einem Fasse ziehend, auf welchem, abermals wie bei dem Umzug der Küfer, Bacchus saß. Der Zug ging die Stadt aufwärts vor „die Stift" (den Platz vor dem Münster), wo er dem Schult heißen seine Aufwartung machte, dann auf den Platz vor der Hauptwache, wo das Schauspiel von Wilhelm Tell aufgeführt wurde, bei dem auch der Hanswurst beteiligt war, der aber ebenfalls einen alten Schweizer vorstellte. Beim Schuß auf den Apfel bildeten die Tänzer mit ihren Guirlanden Spalier, ebenso beim Schuß auf den Vogt. Nachher wurden auf demselben Platz Tänze aufgeführt und zum Schluß ein Kreis gebildet. Auf eine in der Mitte desselben errichtete Säule schwang sich ein Tänzer, der einen Reif mit gefüllten Gläsern in der Hand hielt und blitzschnell um seinen Kopf schwang, so daß kein Tropfen verschüttet wurde. Zuletzt brachte er die Gesundheit der hohen Herrschaften aus (vgl. Schweiz. Idiotikon I, 582 oben).

Die Mordnächte und ihre Gedenktage.

In der schweizerischen Geschichte des XIV. und XV. Jahrhunderts und in Volkssagen, welche sich auf denselben Zeitraum beziehen, begegnet uns auffallend häufig (wohl zwölfmal) der Name Mordnacht. Derselbe scheint zwar erst im XVI. Jahrhundert aufgekommen zu sein und gilt zum größern Teile von Ereignissen, welche nur durch Sagen von ungleicher Glaubwürdigkeit bezeugt sind; aber bei dem allgemeinen Charakter jener Zeit, welche an Kriegen und innern Bewegungen in der Eidgenossenschaft so reich war, ist es von vornherein nicht unwahrscheinlich, daß öfters Ereignisse vorkamen, welche mit jenem Namen bezeichnet werden konnten, zumal da solche auch in der gleichzeitigen und manche andere Parallelen darbietenden Geschichte des benachbarten deutschen Reiches nicht fehlen. Zunächst fragt es sich nun, ob der Name wirklich etwas so Außerordentliches und Schreckliches bezeichne, wie nach dem Sprachgebrauch unserer heutigen mildern Zeit zu vermuten wäre. Wir denken dabei an einen Massenmord, ein nächtliches Blutbad von der Art, wie außerhalb unseres Landes etwa die sogen. sizilianische Vesper (30. April 1282) war, deren Andenken an Ort und Stelle neulich nicht ohne Bezug auf die Gegenwart gefeiert wurde, oder in neuerer Zeit die Bartholomäusnacht, auch Pariser Bluthochzeit genannt (24. August 1572), deren Nachhall auch in die Schweiz drang. In kleinerm Maße, aber in größerer Nähe und nicht viel später, entspräche etwa die Eskalade in Genf (22. Dezember 1602) und der sogen. Veltlinermord (16. Juli 1620). Auf diese vier Ereignisse, welche auf romanischem Boden stattfanden, konnte der Ausdruck „Mordnacht" schon darum ursprünglich nicht angewandt werden. Aber auch auf dem engern Gebiete, wo der Name üblich geworden und geblieben ist, hat er nicht so schrecklichen Sinn, wie der Wortlaut

zu verkünden scheint. Er bezieht sich nicht auf Unternehmungen,
bei denen Massenmord ausdrücklich beabsichtigt war, sondern nur
auf nächtliche Überfälle, welche allerdings nicht ohne Blutvergießen
verlaufen konnten, und es kommt dabei in Betracht, daß Mord
in der ältern Sprache nicht nur absichtliche Tötung, sondern auch
Hinterlist und Verrat bezeichnete, was sich leicht auf Verschwörungen anwenden ließ, aber nicht notwendig gewaltsamen und
blutigen Hergang mitbedeutete. Es ist natürlich, daß man für
Überfälle besonders die Nacht benutzte; aber auch dieser Teil des
Wortes darf nicht zu streng genommen werden, zumal da „Nacht",
wie „Abend", auch den Vorabend eines Festtages bezeichnete *).
Ferner muß zum voraus bemerkt werden, daß von den in der
Schweiz sogenannten Mordnächten nur wenige einen wirklich aus-
geführten und gelungenen nächtlichen Überfall betreffen, die meisten
bloß einen geplanten, rechtzeitig noch entdeckten und dann von den
Unternehmern aufgegebenen oder von den Überfallenen glücklich
abgewehrten Angriff. Endlich kommt der Hauptunterschied zwischen
positiv bezeugter Geschichtlichkeit und bloß sagenhafter Glaubwürdigkeit in Betracht. Nun ist zwar sagenhaft nicht ohne weiters
so viel als unhistorisch, denn auch die Sage ist eine Thatsache
der Geschichte; sie kann geschichtliche Elemente enthalten, und sie
ist, auch wenn ihre Elemente alle, einzeln genommen, als unhistorisch erwiesen sind, in ihrer Existenz und Gesamtheit immer
irgend ein Reflex der Zeit, in welche das sagenhafte Ereignis
fallen soll, oder einer spätern, in welcher die Sage entstanden ist.
Es ist aber bekannt, daß viele Sagen sich durch bloße Verschiebung
und Übertragung geschichtlicher Ereignisse auf andere Orte, Zeiten
und Personen gebildet haben, welche nur irgendwie ähnlich zu
sein, oft nur einen zufälligen, schwachen Anknüpfungspunkt dar-
zubieten brauchten. Im vorliegenden Falle konnten also einige
wenige positiv bezeugte Mordnächte hinreichen, Sagen von einer
größern Anzahl an andern Orten zu erzeugen, sobald jene Bedingungen erfüllt waren oder schienen. Es folgt daraus zunächst
nur, daß zur Zeit der Sagenbildung das Vorkommen solcher

---

*) Vgl. Schweiz. Idiotikon I, 35 und franz. veille, aus lat. vigilia,
Nachtwache.

Ereignisse immer noch nicht ganz unwahrscheinlich war, während die wirklichen Motive der Erzählung nur subjektive, allgemeine menschliche Neigungen oder bestimmte praktisch=politische Tendenzen sein mochten. Übrigens kann man die Masse der Überlieferung nicht einfach in die extremen Gegensätze, rein geschichtlich und rein sagenhaft, auseinander legen, sondern es gibt bekanntlich ein großes mittleres Gebiet, in welchem Geschichtliches und Sagenhaftes, zu gleichen Teilen oder unter Vorwiegen des einen, gemischt vorkommen; es konnten wirkliche Thatsachen sagenhaft ausgeschmückt, oder es konnten weit verbreitete, gleichsam frei schwebende Sagenstoffe auf bestimmte Orte und Zeiten bezogen und ihre Erzählung mit Bruchstücken historischer Überlieferung von dem betreffenden oder einem andern Ort ausstaffiert werden.

Nach diesen einleitenden Bemerkungen wird es angemessen sein, eine kurze Übersicht der Überlieferung, historischer und sagenhafter, von unsern Mordnächten zu geben. An die schon aus dem Geschichtsunterricht der Volksschule bekannten und gar nicht oder nur wenig mit sagenhaften Elementen versetzten Mordnächte braucht nur kurz erinnert zu werden, während von weniger bekannten, ganz oder größtenteils sagenhaften wenigstens die Hauptzüge angegeben werden müssen.

Der chronologischen Ordnung nach kommt zuerst die Mordnacht von Luzern, früher in das Jahr 1332 gesetzt, wo sie aber nach den neuern Forschungen, wenigstens in der traditionellen Gestalt, keine sichere Stelle findet, weil, abgesehen von der sagenhaften Ofenbeichte, anti=österreichische Haltung gerade der Metzger von Luzern in jener Zeit unwahrscheinlich ist, dagegen mehrere infolge eines Aufruhrs im Jahr 1343 verbannte Bürger von den Herzogen von Österreich verliehene Fleischbänke besaßen. (Dr. Th. v. Liebenau, Das alte Luzern, S. 229).

Sehr bekannt und historisch feststehend, trotz einiger Züge, welche sagenhaft sein können*), ist die Mordnacht von Zürich im

---

*) So die Anekdote von dem Fischer Bachs, der drei vornehme Verschworne in einem Schiffe umwarf und dann die „goldenen Schuppen dieser Fische" als Lohn erhielt. Denselben Zug erzählt das große Lied von der Schlacht bei Sempach (Strophe 45—50) von einem Hans Rot, dessen Name mit dem des Retters von Solothurn ebenso auffallend zusammen=

Jahr 1350, die einzige, auf welche der Wortbegriff Anwendung
in größerm Maßstabe findet.

Ein innerer Aufruhr drohte im Jahr 1368 in Bern. Die
Berner waren durch ein Schiedsgericht verurteilt worden, für
Verwüstungen, die sie im Gebiete des Bischofs von Basel an=
gerichtet hatten, 30000 Gulden Schadenersatz zu bezahlen. Nach=
dem 3000 Pfund bezahlt waren, wollte die Bürgerschaft nichts
mehr geben und murrte gegen den Rat, der sich ohne Wache nicht
mehr sicher fühlte. Einige Bürger sollen einen Auflauf verabredet
haben, dergestalt daß der Wächter an die Glocke schlagen sollte,
wenn sie das Losungswort „Geltenhals" schreien würden. Der
Wächter, durch Foltern zum Geständnis gebracht, wurde hin=
gerichtet, eine Anzahl Bürger verbannt. (Justingers Chronik,
herausgegeben von Studer, S. 136.137). Der Sinn des Losungs=
wortes, verkürzt aus „Gelte den Hals!" war wohl gewesen: den
schuldigen Mitgliedern des Rates soll es ans Leben gehen! oder
auch: die Verschwornen wollen mit eigener Lebensgefahr ihr
Vorhaben durchführen. — Es folgt der von dem Grafen Rudolf
von Kyburg im Einverständnis mit städtischen Anhängern geplante,
von dem Bauer Hans Roth von Rumisberg zufällig entdeckte und
von den Bürgern rechtzeitig abgewehrte Angriff auf Solothurn
im Jahr 1382, in der Hauptsache ebenfalls historisch. Dasselbe
gilt von der Mordnacht in Wesen 1388, der die eidgenössische
Besatzung des Städtchens zum Opfer fiel, und von dem nächt=
lichen Überfall von Brugg durch den Freiherrn Thomas von
Falkenstein im Jahr 1444, ausführlich erzählt von unserm
Chronisten Bullinger, dessen Bericht bei Rochholz, Aarg. Sagen II,
356—360, abgedruckt ist. Weniger bekannt ist der im Jahr 1464
von einem Müller in Rheinfelden gemachte Versuch, mit Hülfe
bernischer Kriegsleute die österreichische Stadt an Bern zu bringen.
Die eingedrungenen Feinde wurden wieder hinausgeworfen, der
verräterische Müller gefoltert und hingerichtet. (Rochholz a. a. O.
S. 365). Die Ortssage (a. a. O. I, 204) erzählt von einem
Müller Namens Gast, der im Jahr 1633 Rheinfelden an die

_____

trifft. — Über die Mordnacht von Solothurn hat Staatsschreiber Amiet in
der Einleitung zu [Xaver Amiets] Schauspiel „Hans Rot" gehandelt; derselbe
über die von Brugg im Sonntagsblatt des „Bund" Nov. und Dez. 1869.

Schweden verraten wollte. Beide Berichte sind sagenhaft aus= gebildet und zum Teil ineinander geflossen; das spätere Ereignis ist wohl nur eine Auffrischung des ältern. Der Name Gast eignete sich gemäß seiner appellativen Bedeutung, welche einen Fremden, ursprünglich sogar einen Feind bedeutet und in der Volkssprache auch noch als Schimpfwort gebraucht wird, zur Be= zeichnung eines Verräters.

In den Burgunderkrieg (1476) fällt die Mordnacht von Yverdon, wo der Graf von Romont mit Hülfe burgundischer Scharen und im Einverständnis mit der Bürgerschaft die luzernische Besatzung überfiel. In dieselbe Zeit ist vielleicht der Vorfall zu setzen, zu dessen Andenken, wie einige glauben, in Neuenburg la fête des armourins gefeiert wird. Bei der Belagerung von Grandson sei auch das mit den Eidgenossen verbündete Neuenburg gefährdet und ein Zug bewaffneter Bürger in das Schloß nötig gewesen. Oder: ein Graf von Neuenburg habe im Einverständnis mit den Burgundern die Stadt um ihre alten Freiheiten bringen wollen u. s. w. (Alpenrosen 1820, S. 252).

Noch sagenhafter sind folgende Mordnächte, wieder nach der angeblichen Zeit geordnet, welche aber zum Teil nur ungefähr angegeben wird.

Im Jahr 1238 (oder etwas später) suchte der um Zofingen wohnende, von dem gebannten Kaiser Friedrich II. abgefallene Adel im Bunde mit den Dominikanern der Stadt sich dieser zu bemächtigen u. s. w. (Rochholz, Aarg. Sagen II, 368). Im Taschen= buch der historischen Gesellschaft des Kantons Aargau für das Jahr 1881, S. 30 ff., weist Rochholz nach, daß zwischen den Dominikanern und den Chorherren in Zofingen langwierige Eifersucht und Reibung bestand, daß die Chorherren den Domini= kanern aus Neid wegen des Neubaues ihrer Kirche Schuld an einem verräterischen Überfall beilegten, und daß die spätern Chronisten diese Anklage aufgriffen, um auch der Stadt Zofingen die Ehre eines siegreichen Kampfes gegen den verhaßten Orden zuzuschreiben.

Eine Chronik der Landschaft Saanen, verfaßt von Christian Mösching im XVII. Jahrhundert, erzählt: Im Jahr 1407 wollten die Grafen von Greyerz die Landleute von Saanen und

Ösch mit Hülfe einiger reichen Leute des letztern Ortes leibeigen machen. Dies erfuhr ein ehrlicher Mann, Wilhelm Mösching (ohne Zweifel ein Vorfahr des Chronisten!). Er kam nachts zu seinem Bruder, der in Saanen Landammann war, und sagte: „Bruder, ich habe etwas mit deinem Ofen zu reden!" Diesem verriet er das Vorhaben der Feinde. Der Landammann sandte 150 zuverlässige, heimlich bewaffnete Leute nach Ösch, wo der Venner von Greyerz mit seinem Anhang gefangen genommen wurde. (Alpenrosen 1829, S. 278). — An historischer Grundlage dieser auch von Joh. v. Müller (Schweiz. Gesch. II, 625), doch ohne den Ofen, aufgenommenen Erzählung ist nicht zu zweifeln; aber von einer Mordnacht kann hier kaum die Rede sein, und der Vorfall wird hier nur angeführt wegen der Ofenbeichte, die in den Mordnachtsagen von Luzern und Freiburg i. Br. vorkommt.

Auch Aarau will seine (freilich sehr bescheidene) Mordnacht gehabt haben. Oesterreichisch gesinnte Edelleute beneideten den Wohlstand der aufblühenden, mit den Nachbarn von Brugg, Lenzburg und Zofingen verbündeten Stadt. Während Hans von Falkenstein, der Bruder des Urhebers der Mordnacht in Brugg, vom Schlosse Gösgen aus die Umgegend unsicher machte, schlichen sich die übrigen Edelleute von einer andern Seite in die Stadt, wichen aber zurück, als sie im Wirtshause zum Löwen noch Licht bemerkten. (Rochholz, Aarg. Sagen II. 373).

Stein am Rhein sollte im Jahr 1478 durch den Hegauischen Adel, der beim Benediktinerkloster eindringen wollte, besetzt werden. Der mit den Feinden verschworne Bürgermeister sollte den Söldnern, die eines Abends spät, in Salzfässer versteckt, den Rhein herabgefahren kamen, nach Mitternacht das Thor öffnen und ein verabredetes Zeichen geben, versäumte aber den Termin. Ein Bäcker, der in der Frühe am Rhein auf und ab ging, hörte aus einem der Fässer die Frage: „Ist's noch nicht Zeit?" und antwortete rasch besonnen: „No e Wili (Weilchen)!" Er machte sofort Anzeige, und die Schiffsladung wurde von der Bürgerwehr in den Rhein geworfen. Seit diesem Ereignis mußte der Stadtwächter jeden Morgen rufen: „No e Wili!" (Illustrierte Schweiz 1874, S. 27). Diese Sage scheint der von Rheinfelden und Zofingen nachgebildet.

Eine aargauische Sage (bei Rochholz a. a. C. II, 23) erzählt: Die Reformation hatte auch im Surbthale zahlreiche Anhänger gefunden. Ein Befehlshaber reformierter Truppen in Dettingen wollte alle dort gebliebenen Katholiken ausrotten und befahl den Neugläubigen, in einer bestimmten Nacht ihre Fensterläden offen zu halten und in der Stube brennende Kerzen aufzustellen. Aber das Vorhaben wurde verraten; auch die Katholiken brannten Lichter und konnten also nicht erkannt werden. — Der unselige Geist jenes Obersten muß seither in Hundesgestalt umgehen.

Nach der Rapperswyler Chronik von Rikenmann (Mitteilungen der Antiquarischen Gesellschaft in Zürich) VI, 235; vgl. Rikenmann, Gesch. von Rapperswyl, 2. Aufl., S. 81—83) verabredeten die Zürcher mit Hermann Geßler, Vogt zu Grüningen und Rapperswyl, daß er ihnen den letztern Ort auf St. Thomas Abend vor Weihnacht 1388 (nach Tschudi und Müller 1385) übergeben sollte. Sie hatten zwei „Röhrli" (Fäßchen) mit Harnischen und Mordärten in die Stadt geschafft, und gerüstete Schiffe hielten in der Nähe verborgen, um auf gegebenes Zeichen zu landen. Zufällig ritten am selben Abend die Herren von Landenberg mit Gefolge in Rapperswyl ein, weil sie mit dem Rate eine andere, dringende Angelegenheit zu verhandeln hatten. Als zu diesem Zwecke die Ratsglocke geläutet wurde, glaubten die Verschwornen ihren Anschlag entdeckt und machten sich davon, ohne von jemand bemerkt worden zu sein; nur Kinder hatten durch die Spundlöcher der Fässer die Waffen erblickt. Der Rat mit der Priesterschaft beschloß, zum Dank für die Rettung der Stadt künftig alle Jahre auf St. Thomas-Tag sechs Viertel Kernen zu spenden und eine Prozession durch die Stadt und nach Jonen zu halten. Der Vogt Geßler machte später einen zweiten Versuch, die Stadt den Zürchern zu überliefern; aber seine Frau verriet den Anschlag den Ratsherren.

Nach dieser vorläufigen Übersicht wollen wir die Mordnächte im einzelnen genauer darauf ansehen, ob die Erzählungen von denselben irgendwelche gemeinsame Züge enthalten, welche sagenhaften Charakter verraten. Wir gehen dabei von der Grundansicht aus, daß das Sagenhafte nicht gerade in wunderbaren, an sich schon unwahrscheinlichen Vorfällen bestehe. Denn in der

That zeigt die Geschichte einzelne Fälle dieser Art, welche kaum bezweifelt werden können; das Unwahrscheinliche ist oft genug wahr geworden und das Wahrscheinliche ausgeblieben. Der Zweifel beginnt erst und gerade da, wo mehrere in Einzelheiten über= einstimmende Vorfälle ungefähr zur selben Zeit und unter ähn= lichen Verhältnissen geschehen sein sollen; gerade die Mehrzahl solcher Fälle, welche einander zu unterstützen scheinen, erschüttert ihre Glaubwürdigkeit, weil sie die Wahrscheinlichkeit bloßen Zu= falls verringert oder geradezu ausschließt. Ein Meisterschuß wie der des Tell und die dabei vorkommenden Reden wären an sich nicht unglaublich; aber daß die Geschichte an verschiedenen Orten wesentlich gleich sich zugetragen haben soll, gerade das macht jeden einzelnen dieser Fälle unglaubwürdig.

Etwas auffallend ist nun bei den Mordnächten schon der Umstand, daß mehrere derselben ungefähr auf dieselbe Jahreszeit und sogar auf dieselben Tage fallen. Daß die Mordnacht von Wesen auf den 22.—23. Februar, die von Zürich auf den 23.‑24. Februar fällt, mag Zufall sein, zumal da beide sonst unähnlich und jede für sich im übrigen hinlänglich bezeugt ist. Aber einige andere Mordnächte, die zum Teil auch sonst durch sagenhafte Züge Bedenken gegen ihre Geschichtlichkeit erwecken, fallen in den Spätherbst und Winter: die von Zofingen auf St. Otmars Abend (16. 17. November), die von Solothurn auf Martins Abend (10. 11. November), der Berner Aufruhr auf den 10., die Mordnacht in Rheinfelden nach Rochholz a. a. O. II, 362 kurz vor Allerheiligen (Anfang November, wie la fête des armourins in Neuenburg), nach S. 371 auf den 15. Dezember, die von Rapperswyl auf St. Thomas Abend (21. Dezember), auf den auch die Genfer Eskalade trifft. Wenn nun im allgemeinen zu Überfällen meistens Nächte gewählt wurden, so versteht sich, daß die Jahreszeit der länger werdenden und längsten Nächte be= sonders günstig sein mußte; die langen Abende des Winters waren aber auch dem Beisammensein der Bürger auf den Zunftstuben günstig, welches je nach Umständen zu friedlicher Beratung der öffentlichen Angelegenheiten dienen oder zu Streit über dieselben führen konnte. In dieselbe Zeit fallen auch eine Reihe kirchlicher Festtage, welche seit alter Zeit zugleich Termine des bürgerlichen

Lebens waren. Wie weit hier bloßer Zufall walte oder aber sachliche Gründe, kann erst aus den folgenden Vergleichungen des Materiellen der Mordnachtsagen klarer werden.

Natürlich wurden, um Mordnächte oder ähnliche Überfälle ins Werk zu setzen, auch besondere Kriegslisten angewandt. Die zum Einbruch bestimmten Kriegsleute mußten heimlich an den Ort oder in die Nähe desselben geschafft und versteckt oder verkleidet gehalten werden, bis das Zeichen zum Losschlagen gegeben war. Besonders beliebt scheint nun das Verfahren gewesen zu sein, die Kriegsleute in Fässer zu verstecken, als ob eine friedliche Warenladung, zu Schiff oder Wagen, eingeführt würde. Die Söldner des gegen Zofingen verschwornen Adels wurden in Salzfässer geborgen; ebensolche erscheinen in Stein und Neuenburg; Fässer dienten auch in Wesen den Feinden zum Versteck. In Rapperswyl wurden nicht Bewaffnete, aber Waffen in Fässern eingeschmuggelt. Ähnlich, nur nicht gerade zu einem nächtlichen Überfall, ließ Rudolf von Habsburg zürcherische Krieger in Kisten und Fässern auf Schiffe laden, um das Städtchen Glanzenberg einzunehmen. Hans von Rechberg, der Verbündete des Thomas von Falkenstein beim Überfall von Brugg, überfiel später Rheinfelden, indem er auf Schiffen, hinter deren Holzladung Soldaten versteckt waren, von Laufenburg herabgefahren kam. Er selbst und die ihn begleitenden Herren trugen Pilgerkutten über ihren Harnischen. Als Pilger verkleidet hatten auch verschworne Rapperswyler sich in Zürich eingeschlichen. — Solche Mittel wurden gewiß in jener Zeit häufig angewandt; ob dies gerade in allen oben angeführten Fällen (diese als historisch vorausgesetzt) wirklich geschah, bleibt eine offene Frage; wir haben zunächst nur die stehenden Züge der Erzählungen als solcher zu verzeichnen. Vereinzelt steht der Zug, daß der Müller von Rheinfelden die Gassen der Stadt tief mit Spreu bestreute, damit die Pferde der einreitenden Feinde nicht gehört werden sollten. Ähnlich erscheint anderswo das Umwickeln der Pferdehufe mit Filz, Lumpen oder Stroh.

Trotz solchen Vorkehren wären wohl nächtliche Überfälle nicht so häufig gewagt worden, wenn nicht günstige Umstände an den betreffenden Orten selbst dem Unternehmen zu Hülfe gekommen wären. Dahin gehört natürlich vor allem Anknüpfung und

Einverständnis mit einem Teil der Bürgerschaft selbst oder wenigstens mit einzelnen Personen in der Stadt. In jenen Zeiten, wo die Städte meistens unter innern Kämpfen sich entwickelten, konnte es nicht schwer sein, eine Partei für Mitwirkung zu einem Handstreich zu gewinnen. So fanden sich (immer zunächst ab= gesehen von dem Unterschied zwischen Geschichte und Sage) öster= reichisch Gesinnte in Wesen, Luzern und Aarau, gräflich Gesinnte in Zürich, burgundisch Gesinnte in Yverdon; der verräterische Müller in Rheinfelden, der dort zugleich Bürgermeister gewesen sein soll, ist schon erwähnt worden. Besonders auffallend ist aber, daß an mehrern Orten geistliche Personen, Mönche und Chor= herren es sind, denen die Rolle der Verräter und Helfer zugeteilt ist: Dominikaner in Zofingen, ein Chorherr in Solothurn und in Zürich. Die Mordnacht zu Yverdon gelang durch Mithülfe der an der Stadtmauer wohnenden Franziskaner; in Stein drangen die Adeligen bei einem Thörchen des Benediktinerklosters ein. Ähnliches finden wir in deutschen Städten: die Kölner Mord= nacht (1267) war von Domherren angezettelt, welche denn auch aufgeknüpft wurden; der Verräter in Freiburg i. Br. öffnete den Feinden das beim Mönchshof gelegene Thor. Einmal freilich er= scheint ein Kleriker auch als Retter (zugleich der Ehre seines Standes!): der Nürnberger Zunftaufruhr von 1349 gegen das Patriziat wurde von einem Bettelmönch entdeckt. (Rochholz, Taschen= buch, S. 41 42).

Ob diese Angaben teilweise oder insgesamt aus der Zeit stammen, wo der Stand der Mönche überhaupt verhaßt oder verächtlich geworden war und einzig nach diesem allgemeinen Vor= urteil an vielerlei Schaden schuld sein sollte, wie etwa früher zeitweise die Juden, oder ob in einzelnen Fällen bestimmter und wirklicher Anlaß zu Verdacht gegen Geistliche vorlag, weil deren Interesse irgendwie mit dem der Feinde verflochten war, wird wohl nicht mehr zu entscheiden sein.

Als zufällig begünstigende oder absichtlich gewählte Umstände erscheinen einige Male Märkte, an denen ohne Aufsehen viel Volk zusammenfloß, welches entweder zur Teilnahme an der Aktion be= nutzt werden konnte oder, zumal da seine Aufmerksamkeit un= willkürlich eben auf das Marktgeschäft gerichtet war, die Anstalten der Verschwornen verdecken half. An einem Jahrmarkt sollte der Anschlag auf Osch ausgeführt werden, ebenso der auf Rapperswyl; der Umzug der armourins in Neuenburg, der ja auch historischen Anlaß haben soll, wurde früher immer an einem Hauptmarkte gehalten. Am Otmarstage (16. November), Datum der Zofinger Mordnacht und ihrer Gedenkfeier, fand der sogenannte Kalte Jahrmarkt statt.

Zu Verschwörungen gehören Losungsworte, durch deren Kenntnis die Verschwornen sich von der Gegenpartei unterscheiden; daran schließen sich Stichworte, auf welche der Ausbruch erfolgen sollte. In der Mordnacht von Zürich galt das Losungswort „Petermann." Was Rochholz (Aarg. Sagen II, 372) zur Erklärung dieses Wortes beibringt, beruht nicht auf schweizerischem Sprachgebrauch und will auch sonst nicht passen. Wahrscheinlich ist =mann an Peter, wie an andere Personennamen, ohne besondere Bedeutung angehängt, und es mochte dem einfachen Peter, wie andern männlichen und weiblichen Personennamen, eine sprichwörtliche oder bildliche appellative Bedeutung beiwohnen, die nicht mehr sicher zu erraten ist. Nach W. Wackernagel (Kleine Schriften III, 153) konnte Peter irgend eine männliche Person bedeuten, die man nicht näher zu bezeichnen wußte oder wünschte, also als bloßes Flick= oder Ersatzwort für einen Unbekannten oder unbekannt sein Wollenden dienen. Meister Peter war, wie „Meister Hämmerlin", ein Name des Scharfrichters (der nach Ereignissen, wie die fraglichen, und gerade damals in Zürich reichliche Arbeit bekam!). Petermännchen heißt, abermals wie Meister Hämmerlin, auch ein Hausgeist und der Teufel selbst *). Irgend eine von den hier angedeuteten Beziehungen wird wohl damals gewaltet haben; übrig geblieben ist bei uns nichts als die der Sammlung des Jdiotikons aus Einsiedeln mitgeteilte **) Redensart: „J wett dr nüd de Peterma singe!" als Ausdruck der Geringschätzung. Es muß also ein altes Lied gegeben haben, welches so benannt wurde und

---

*) Sprühteufel aus Pulver, welche ebenfalls Petermännchen heißen, waren wohl damals noch nicht üblich; sonst könnte das Wort bildlich und im Kleinen den Ausbruch einer Verschwörung bezeichnen.

**) Mit der vielleicht nur auf Vermutung beruhenden Beifügung, daß sie sich auf die Zürcher Mordnacht beziehen solle.

so gemein geworden war, wie etwa das „Bohnenlied", das später in ähnlicher Redensart eine ebenso abstrakte Bedeutung annahm.*)

Das in der Berner Verschwörung von 1368 gebrauchte Losungswort „Geltenhals" wird von Rochholz in einer Weise gedeutet, welche schon aus rein sprachlichen Gründen nicht richtig sein kann, und ich sehe keinen Grund, von der oben schon gegebenen Erklärung abzugehen, welche, auf „Todesstraße" zielend, sich mit „Meister Peter" im Sinne von Scharfrichter berührt.

Das Losungswort der Feinde von Zofingen soll gelautet haben: „Do har göt er (von dort her kommt er)!" Einer der in Fässern versteckten Söldner, der betrunken war, soll das Stichwort zu früh gerufen und dadurch den ganzen Anschlag verraten haben. Anschaulicher erzählt die Sage: Knaben hätten an jenem Abend auf dem Platze, wo die Fässer abgeladen waren, Ball gespielt. Ein Ball sei dabei hinter die Fässer gefallen und dort von dem Knaben, der ihn verworfen hatte, gesucht worden. Indem er seinen Kameraden denselben wieder zuwarf, habe er, um die Richtung des Wurfes anzugeben, gerufen: „Dohar göt er!" Alsbald sei das Wort von einer Stimme aus dem nächsten Fasse wiederholt worden. Der Knabe habe die andern herbeigewinkt und den Ruf wiederholt, mit demselben Erfolg. Das hätten die Knaben nun natürlich ihren Vätern angezeigt, welche die Fässer erbrachen und den Ausbruch der drohenden Gefahr erstickten. (Rochholz a. a. O. II, 368). — An Anschaulichkeit läßt dieser Bericht gewiß nichts zu wünschen übrig, wohl aber an Wahrscheinlichkeit, und er ist auch durchsichtig genug, den ursprünglichen Sinn zu verraten. Wenn nämlich die Zofinger Chronik beifügt, seit jenem Abend seien die Nachtwächter verpflichtet worden, jedes Jahr um jene Zeit das Losungswort der Verschwornen, verbunden mit der üblichen Warnung betreffend Feuer und Licht, an allen Hauptplätzen und Straßenecken auszurufen, so ist klar, daß der Nachtwächterruf das Ursprüngliche war und erst rückwärts auf jenen zufälligen Ausruf des Knaben und die mit ihm so wunderbar zusammentreffende Losung der Feinde gedeutet wurde, nachdem aus andern Gründen die Sage von einer Mordnacht

*) S. Schweiz. Volkslieder, herausgeg. von L. Tobler, Bd. I, S. CXLI.

sich gebildet hatte. Der Sinn des Nachtwächterrufes selbst soll später enthüllt werden.

Ganz ähnlich erklärt sich der Nachtwächterruf in Stein: „No o Wili!" Auch dies wird ein Bruchstück eines alten Nacht=wächterspruches gewesen sein, der den schlafenden oder halbwachen Bürgern am frühen Morgen die tröstliche Zusicherung gab, daß sie noch ein Stündchen der Ruhe pflegen dürfen. Die Ortssage stellt den Sachverhalt natürlich ernsthaft und umgekehrt dar, wie schon oben berichtet worden ist.

Rochholz bringt (im Taschenbuch S. 45) die Notiz bei, daß die Nachtwächter in Bregenz noch bis 1859 von Martini bis Lichtmeß die neunte Abendstunde mit dem Ruf: Ehr Gutta! an=zukünden hatten, der sich auf eine Niederlage der Appenzeller bei ihrer Belagerung der Stadt (1408) beziehen soll, wobei vielleicht eine weibliche Person, Namens Gutta, sich Ehre erworben hatte.

Ein Hauptmerkmal der Mordnächte ist das schon im An=fang hervorgehobene, daß in den meisten Fällen, gerade wo nur die Sage als Quelle erscheint, der geplante Überfall nicht ge=lungen, sondern durch rechtzeitige Entdeckung noch vereitelt worden sein soll. Wenn günstige Umstände einen glücklichen Erfolg des Unternehmens zu versprechen schienen, so verlangt die göttliche (oder auch nur die poetische!) Gerechtigkeit, daß ebensolche Um=stände auch der Gegenpartei zu statten kommen mußten. — Ein sagenhafter Zug ist hier zunächst, daß da, wo menschliche Vorsicht fehlte oder nicht ausreichte, die Vorsehung sich spielender Kinder als Werkzeug bedient haben soll. Dies ist wohl noch schöner und wahrscheinlicher, als daß eine göttliche Persönlichkeit un=mittelbar eingriff, wie in Rheinfelden, wo die Jungfrau Maria eigenhändig die Stadtuhr so weit vorschob (von Mitternacht auf 4 Uhr morgens), daß die Bürger erwachen mußten, bevor der Verräter seine Vorarbeiten beendigt hatte*). Auch zu dieser

*) Laut W. Coxe, Briefe über die Schweiz 1781, S. 317 (bei Rochholz, Aarg. Sagen I, 207) soll der Lällenkönig in Basel an einen Bürgermeister erinnern, der diese Stadt von einer Verschwörung dadurch rettete, daß er sämtliche Uhren um eine Stunde vorrückte. Das ist wohl nur mißverständ=liche Übertragung von Rheinfelden auf Basel; denn nach Seite 206 heißt der als Geist dort umgehende und die Zunge herausstreckende Bürgermeister Gast auch Lälli.

Sage gibt Rochholz Parallelen (aus Köln, Konstanz und andern Orten), welche den historischen Wert besitzen, den wir allen solchen Daten zum voraus zuerkannt haben und der natürlich auch für die Kinder gelten muß. Die Ball werfenden Knaben in Zofingen wurden vor kurzem erwähnt; von Rapperswyl ist der Zug, daß nur Kinder die in Fässern versteckten Waffen zu sehen bekommen hatten, ebenfalls schon angeführt worden. Da bei dem Umzug der armourins in Neuenburg die Knaben einen wesentlichen Anteil nehmen, so müssen sie auch seinerzeit bei der Entdeckung der Feinde mitgespielt haben. Eine der dortigen Sagen berichtet: Als in einer Verschwörung gegen den Fürsten von Neuenburg das Schloß angezündet werden sollte, habe ein Knabe, der sich, mit andern spielend, in einem hohlen Baume zunächst beim Schloß versteckt hatte, das Flüstern einiger Männer betreffend das Vorhaben der Brandstiftung vernommen und angezeigt. Bei angestellter Untersuchung fand man im Schloß bereits eingelegte Brände. Die Bürger erbaten sich nun die Erlaubnis, das Schloß eine Zeit lang zu bewachen. Die den Festzug mit Fackeln begleitenden Knaben stellen diejenigen vor, die einst die Gefahr entdeckt hatten. — Wo das Spiel von Knaben nicht auszureichen schien, mußten halberwachsene Burschen, junge Handwerksgesellen eintreten. In Rheinfelden erwachte zuerst ein Schmiedlehrling und machte die dringende Entdeckung. In Zürich war es der Bäckerjunge Eckenwiser, der die letzte Beratung der Verschwornen im Wirtshaus zum Strauß belauscht hatte und den Allarm veranlaßte. In Luzern hatte der Zufall einen Bettelknaben, der ein Nachtlager suchte, unter den Schwibbogen geführt, wo die Verschwornen versammelt waren. — Zuletzt können natürlich auch erwachsene Personen verschiedenen Standes denselben Dienst thun; so der Bauer Hans Roth vor Solothurn, die Frau des Vogtes in Rapperswyl. Damit das Gleichgewicht der natürlichen Wahrscheinlichkeit hergestellt werde, mußte freilich auch einmal ein Opfer fallen: der Landmann Hans Griesberg, der die Stadt Brugg vor den heranziehenden Feinden warnen wollte, wurde von denselben ereilt und erschlagen. — Der Grund der Sagen von rechtzeitiger Entdeckung ist die allgemeine Erfahrung, die im Mittelalter, wie in der Neuzeit, gemacht werden mußte,

daß die meisten Verschwörungen durch irgend einen äußern Zu=
fall oder menschliche Schwachheit eines Verschwornen vor ihrem
Ausbruche verraten werden, so wie noch in neuester Zeit von
zwölf Attentaten auf fürstliche Personen kaum eines gelungen ist.

In Luzern und Saanen, sowie in der Mordnacht von
Freiburg i. Br. spielt bei der Entdeckung noch das doppelt sagen=
hafte oder geradezu mythische Motiv des Ofens, d. h. uralter
Verehrung des Feuerelementes und der Feuerstätte als eines
bevorzugten Ortes göttlicher Allgegenwart, also auch All=
wissenheit, und als Zuflucht für Bedrängte, wie Tempel und
Altäre schon den Heiden es waren.   In der Zürcher Mordnacht
wird der Ofen nicht als höheres Wesen angeredet, da Eckenwiser
nur hinter demselben halb schlafend Zeuge der Beratung wird,
was ja ein ganz natürlicher Zufall sein konnte; um so ein=
dringlicher ist die förmliche und feierliche Ankündigung des W.
Mösching in Saanen an seinen Bruder: „Ich habe etwas mit
deinem Ofen zu reden!“

Daß endlich bei den Mordnächten einzelne Zünfte mit ihren
Lehrlingen und Meistern besonders beteiligt erscheinen, ist zunächst
wieder nichts Auffallendes, wenn man die Wichtigkeit jener In=
stitution in der betreffenden Zeit bedenkt.   Achtet man aber
darauf, welche Zünfte gerade aus der Gesamtheit hervorgehoben
werden, so wird auch hier hinter dem bloßen Zufall ein tieferer
Grund und Sinn zum Vorschein kommen.   Wo es sich um
schlagfertige Abwehr eines kriegerischen Angriffs oder um einen
Straßenkampf handelt, werden solche Handwerke voranstehen,
welche auch in ihrem friedlichen Betrieb schon waffenähnliche
Werkzeuge handhaben, also Metzger und Schmiede.   Die erstern
erscheinen in Luzern und Zürich*); ein Schmiedlehrling erwachte
in Rheinfelden zuerst, und ein Meister dieses Handwerks griff
dort, als er der eingedrungenen Feinde ansichtig geworden war,
zum großen Hammer mit den Worten: „Die Pickelhauben sind
nicht recht geschmiedet, sie haben die Hämmer noch nötig!“ (Noch=

*) Hier mit der Nähe des Schlachthauses beim Rathaus mangelhaft
motiviert, da doch die Metzger in der Nacht nicht mehr dort gewesen sein
würden und auch ihre Zunftstube nicht in der Nähe lag.

holz, Aarg. Sagen I, 204). Daß Eckenwiser in Zürich ein Bäckerjunge
gewesen sein soll und auch in Stein ein Bäckermeister den Inhalt der
Salzfässer entdeckte, erklärt sich natürlich zunächst daraus, daß die
Bäcker, durch ihren Beruf zum Frühaufstehen genötigt, nächtliches
Unheil am ehesten zu entdecken im Falle sind. Vielleicht aber
haben wir, mit Übergehung der Schmiede, die Bäcker mit den
Metzgern zusammenzurücken und dann auch den letztern einen
friedlichen Charakter zu erteilen. Brot und Fleisch sind die
Hauptbestandteile der Nahrung und waren eben darum auch
Gegenstände alter Opfer. Wenn also Bäcker und Metzger nicht
geradezu die Stelle von Priestern an heidnischen Opferfesten eingenommen haben, so konnten sie doch nicht entbehrt werden,
wenn es galt, für spätere städtische Feste, dergleichen mehrere
mit Erinnerung an Mordnächte verbunden sind, den Bedarf an
Speise herbeizuschaffen; nur müßten ihnen eigentlich noch die
Küfer beigesellt werden, um die Fässer mit Wein statt mit
Waffen zu füllen. Es wäre dann eine Umkehrung anzunehmen,
wie bei den Nachtwächterrufen, welche einst Mordiorufe gewesen
sein sollen!

Indem wir uns der Aufgabe zuwenden, in den Überlieferungen von Mordnächten das Sagenhafte vom Historischen
noch bestimmter zu scheiden, als schon bisher gelegentlich geschehen
ist, stoßen wir auf die Thatsache, daß das Andenken an eine
Mordnacht an einigen Orten angeblich durch ein jährliches Fest
erneuert wird oder daß Stiftung und Bestand eines solchen Festes
auf eine Mordnacht zurückgeführt wird. Zunächst liegt nun auf
der Hand, daß das Bestehen eines Jahresfestes mit angeblicher
Beziehung auf ein Ereignis, wenn nicht positive Zeugnisse für
solchen Zusammenhang vorliegen, in diesem Fall ebensowenig
die Geschichtlichkeit des betreffenden Ereignisses beweisen oder
auch nur die Glaubwürdigkeit desselben verstärken kann, wie
etwa die Existenz von Tellskapellen und Prozessionen zu denselben die Wahrheit der überlieferten Tellsgeschichte verbürgen
helfen. Auch begreift man, wie nahe es lag, zur Erklärung
eines bis in die Neuzeit hereinragenden alten Festes eine historische Veranlassung zu suchen und zu finden. Im einen Fall
suchte man ein Ereignis, das nicht hinlänglich feststand, durch

das nachträgliche Zeugnis eines angeblichen Erinnerungsfestes zu
stützen; im andern wollte man ein Fest, dessen Bedeutung und
Berechtigung fraglich schien, durch ein untergeschobenes Ereignis
rechtfertigen. Beide Tendenzen konnten auch zugleich bestehen
und einander entgegenkommen. Wir haben aber auch hier den
Sachverhalt im einzelnen zu untersuchen.

Mordnächte, welche gelangen, wie die von Wesen und Brugg,
konnten natürlich an den betreffenden Orten kein festliches An=
denken erzeugen. Anderseits mußte ebensowenig jede gelungene
Abwehr einer Mordnacht zu einem Feste führen. In Stein,
dessen Mordnacht nur sagenhaft ist, dient zur Erinnerung auch
nur der Nachtwächterruf. Dagegen hat man für Luzern und
Zofingen, deren Mordnächte keine sichere Stelle in der Geschichte
finden, Anknüpfung an ein Fest gesucht; ebenso für die fester
stehenden Mordnächte von Rheinfelden und Rapperswyl und die
ganz sichere von Zürich; über den Ursprung der fête des armourins
in Neuenburg bestehen verschiedene Ansichten. — Aus dieser
Übersicht ergibt sich zum voraus nur, daß das Verhältnis zwischen
Fest und Ereignis nicht überall dasselbe ist, also auch nicht
überall derselbe Schluß von einem auf das andere stattfinden
kann. Am einen Orte hat man, von dem feststehenden Ereignis
ausgehend, die Festtradition in Frage zu stellen, an den meisten
andern Orten hat man umgekehrt zu verfahren; wichtig ist nur,
daß auch an Orten, für welche das Ereignis feststeht, eine sagen=
hafte Festtradition in Bezug auf dasselbe aufkommen und, wo
kein Ereignis nachzuweisen ist, eines erdichtet werden konnte, um
ein bestehendes Fest zu erklären.

Als Andenken an die Luzerner Mordnacht betrachtet man
den Landsknechtenumzug, auch „Umzug im Harnisch" genannt,
der seit dem XV. Jahrhundert bezeugt ist und wesentlich in einer
kriegerischen Musterung mit nachfolgender Gefechtsübung der
Bürger bestand, wobei später eine Partei die Österreicher, die
andere die Eidgenossen vorstellte. (Vgl. Liebenau, Das alte
Luzern, S. 240—242; Basler Neujahrsstück XLVII, S. 13).
Der Zug wurde, da er ausgeartet war, im Jahr 1713 ab=
geschafft und ging in den noch heute an der Fastnacht üblichen
Fritschi=Umzug über, dessen Ursprung aus Stiftung eines histo=

rischen „Bruder Fritschi" durch neuere Forschung als Irrtum
erkannt worden ist. Die Beziehung des Landsknechtenumzugs auf
die Mordnacht mochte neben dem kriegerischen Charakter desselben
den besondern Grund haben, daß die Metzgerzunft als Bestand=
teil der Schützengesellschaft an jenem Tag eine Hauptrolle spielte.
Aber bei der historischen Unsicherheit der Mordnacht selbst fällt
natürlich auch jene Beziehung dahin; auch würden die Tage nicht
stimmen.

Jn Zürich hat man dem Frühlingsfest des Sechseläutens,
welches als Jahresfest der Zünfte erst in diesem Jahrhundert
recht aufgekommen und wahrscheinlich teilweise an die Stelle
früherer Fastnachtbräuche getreten ist, auch etwa die Erinnerung
an die Mordnacht untergeschoben, weil diese mit Einführung der
Zunftverfassung zusammenhängt. Aber schon daß das Sechse=
läuten auf keinen ganz bestimmten Tag und gewöhnlich etwa
einen Monat später fällt, als die Mordnacht fiel, zeigt, daß jene
Beziehung auf keinen Fall eine ursprüngliche sein könnte. Dasselbe
gilt aber auch von der sonst etwas besser begründeten und früher
bezeugten Beziehung auf den am Aschermittwoch üblich gewesenen
Metzgerumzug, auch genannt „Metzgerbraut", indem (wahrscheinlich
erst durch Bullinger) die Ansicht aufgebracht worden war, die
Metzger haben zur Anerkennung für ihre in der Mordnacht
bewiesene Tapferkeit das Recht erhalten, einen Löwen als Denk=
zeichen zu führen und denselben nebst einer die Stadtfarben zeigenden
Fahne alljährlich am Matthiastag in einem Umzuge durch die
Stadt zu tragen, später wenigstens noch am Fenster ihres Zunft=
hauses auszustellen. Da der Löwe (oder vielmehr dessen Kopf,
genannt „Jsengrind") als Sinnbild siegreicher Tapferkeit gedeutet
wurde, so mußte ein Bär, der an einer Kette mitgeführt wurde,
auf die überwundenen Feinde bezogen werden. Wahrscheinlich
war aber der Bär, wie im Tierepos, der Vorgänger des Löwen
selbst und, wie an Frühlingsfesten anderer Orte, Sinnbild des
überwundenen Winters gewesen. Abgesehen von der Bedeutung
der Tiermasken ergibt sich aus Bullingers Bericht selbst (Chronik I,
8, 2), daß das Fest ursprünglich keinen historischen Charakter
trug, indem jene Tiergestalten von einer Menge maskierter Narren
mit Schellen, Kuhschwänzen u. s. w. begleitet waren, worunter

eine „Braut" und ein „Bräutigam", welche zuletzt in einen Brunnen geworfen wurden. Solche Brunnentauche findet sich bei vielen andern Frühlingsfesten zu Stadt und Land und bezieht sich ursprünglich wohl auf wirkliche Menschenopfer, die dem Element des Wassers im Frühling dargebracht wurden; aus dem furchtbaren Ernst des ursprünglichen Brauches war natürlich im XVI. Jahrhundert längst ein derber Scherz als Schlußakt des Umzuges geworden. Braut und Bräutigam waren ursprünglich nicht die Opfer, sondern die durch Opfer und Umzüge verehrten Gottheiten der Natur; die Braut, von welcher der Umzug der Metzger den Namen hatte, entspricht ohne Zweifel der im Lands= knechtenumzuge der Luzerner mitgeführten und mit einem derbern Namen bezeichneten weiblichen Figur, die auch wieder im Fritschi= Umzug als „Fritschine" erscheint. Was endlich die hervorragende Beteiligung der Metzger an solchen Bräuchen betrifft, so findet sie sich auch in Baiern, wo der unter dem Namen „Schönbart= laufen" bekannte Umzug der Metzger in Nürnberg zur Fastnacht ebenfalls darauf zurückgeführt wird, daß diese Zunft bei dem Aufstand von 1349 besonders treu zum Rate hielt. Auch der sogenannte „Metzgersprung" an der Fastnacht in München, wo die Metzgerknaben während des Tanzes der Gesellen das Volk mit Wasser begießen, muß ein alter Kultusbrauch gewesen sein, und daß die Metzger in all diesen Bräuchen die Stelle von alten Opferpriestern vertreten, ist kaum zu bezweifeln (vgl. Simrock, Deutsche Mythologie, 5. Auflage, S. 371. 544). Überrest eines alten Wasseropfers war auch der an der Fastnacht in Baden (Aargau) übliche Brauch, einen (dafür bezahlten) Mann, nachdem man ihn als Kind „eingefäschet" durch die Stadt geführt, auf dem Platze vor der Waag in eine Bütte mit Wasser zu werfen und zu umtanzen. Auch das alte Basel liefert noch einen Beitrag in diesen Zusammenhang. Am 20. Tag nach Weihnacht führte in Klein=Basel ein in alte Tracht gekleideter Mann, Namens Ueli, einen Löwen an einer Kette durch die Stadt. Der Mann tanzte vor den Häusern der Löwenzünfter und wurde, beim Brunnen vor dem Rathaus angekommen, vom Löwen hineingeworfen. Der Brauch und Tag hieß „die kalte Kilbi" (vgl. den „Kalten Jahr= markt" in Zofingen). Ähnliche Umzüge anderer baslerischer Zünfte

sollen zum Andenken an die Befreiung Klein=Basels von öster=
reichischer Herrschaft gestiftet sein*).

Weniger weit ab und rückwärts führen uns die an Mord=
nächte geknüpften Festtage und Bräuche anderer Orte. Für die
Rettung von Rheinfelden wurde ein einfaches kirchliches Dankfest
eingesetzt, das man bis 1802 jährlich am 15. Dezember beging
(Rochholz, Aarg. Sagen II. 366). In Solothurn wurden am
Martinstag Wecken gespendet, angeblich aus dem den Chorherren
zur Strafe für ihre Mitschuld an der Mordnacht entzogenen Zehent=
korn (Staub, Das Brot, S. 63). Zum Andenken an die glücklich
vereitelte Mordnacht von Zofingen wurden, abgesehen von dem
Nachtwächterruf, am sogenannten Kalten Jahrmarkt den Kindern
der Stadt alljährlich Nüsse und Wecken vom Kirchturm herab=
geworfen und ein Maskenumzug gehalten. Vom Jahr 1496 an
wurde der Erinnerungsruf des Nachtwächters auf die Zeit zwischen
Otmarstag und Lichtmeß (16. November bis 2. Februar) ein=
geschränkt und der erstere Tag mit einem Umzug der Ratsherren
eröffnet, wobei die Kinder vom Schaffner des Stiftes Weizen=
brote ("Mutschenen") ausgeteilt erhielten und der Magistrat
einen Abendtrunk hielt. Dieser Brauch dauerte bis 1798.
In der Restaurationszeit wurde das Fest in der Gestalt erneuert,
daß die Kinder sich am Otmarsabend auf dem Hauptplatz ver=
sammelten, jedes mit einer ausgehöhlten Rübe, in der ein Licht
steckte, und mit dem Glockenschlag Sieben ein Umzug begann.
Auch die Verteilung der Brötchen wurde seit 1825 durch frei=
willige Beiträge der Bürger wieder einige Male ermöglicht und
der Lichterumzug der Schulknaben von Magistratspersonen be=
gleitet, wobei der alte Wächterruf dem Weibel übertragen war.
Die Knaben aber riefen aus Leibeskräften: "Salat! Salat!"
Rochholz fügt diesen in den Aarg. Sagen II, 369—90, Taschen=
buch S. 40 - 41 gegebenen Berichten am letztern Orte (S. 42 ff.)
einige weitere Erklärungen bei, von welchen wir nur die den
Ruf "Salat!" betreffende hieher ziehen. Er bezieht sich nach
Rochholz (S. 44) auf das um jene Zeit frisch eingeschnittene

---

*) Das Vorhergehende größtenteils nach Runge, Der Quellenkultus
in der Schweiz, S. 25 ff.

Sauerkraut, und das Wort bedeutet in den aargauischen Städten auch die den Schützenzünften auf Staatskosten gegebene Jahres= mahlzeit; auch die Hochzeitessen, zu welchen wohl aus der Schützen= kasse ein Beitrag geliefert wurde und welche mit dem Ausschießen im Spätherbst verbunden wurden, waren unter jenem Begriff befaßt. Als Parallele dienen fränkische „Salatkirchweihen" im Spätherbst*). In diese Zeit fällt auch die Ernte der Rüben (schweiz. „Räben") und das von den Kindern daran geknüpfte Lichterspiel. Um dieselbe Zeit beginnt (und dauert bis Lichtmeß wie der bezügliche Nachtwächterruf in Zofingen und Bregenz) die Arbeit bei Licht und der dafür den Gesellen gewährte Schmaus des Licht= oder Kiltbratens. — Die Verpflichtung des Stiftes zu Zofingen, am Otmarstage Brötchen auszuteilen, bezieht sich ursprünglich auf ein im Mittelalter oft durch Brotzinse dar= gestelltes Dienstverhältnis desselben zu den Grafen von Froburg, deren Rechtsnachfolgerin später die Stadt selbst wurde. Ihr entspricht die ähnliche Verpflichtung des Stiftes in Solothurn und desjenigen in Zürich, welches bis zum Jahr 1600 jährlich am Tage seines Stifters Karl (des Großen) sämtliche Ratsherren, Adelige, Amtsleute, Richter und Pfarrer, die beim Fest erschienen, mit einem Simmelring beschenken mußte. Nur spielt hier die Mordnacht nicht mit und natürlich noch weniger in Brugg, welche Stadt nachweislich seit 1532 allen Kindern, die den amt= lichen Umzug zur Markenbeschau der Stadtwaldungen mitgemacht hatten, Mutschbrötchen verabreichen mußte, woraus später das Jugendfest des „Rutenzuges" entstand, dem wieder der „Reck= holdernzug" in Winterthur entspricht. Auch in Bremgarten und Zug hat die Brotverteilung an Kinder keine Mordnachterinnerungen zum Hintergrund, dagegen in Rapperswyl das Andenken an die durch die Zürcher unmittelbar nach ihrer Mordnacht 1350 an der Stadt genommene Rache, wobei besonders auch Kinder Hunger und Kälte litten. (Vgl. Rikenmann, Geschichte von Rapperswyl, 2. Aufl., S. 47, Anm. 2).

In dem Ruf der Zofinger Nachtwächter: „Dohar göt er!" bezieht Rochholz (Taschenbuch) S. 49—50) das Pronomen Er auf

*) Auch die auf den Martinstag fallenden Festessen und =Feuer gelten dem glücklich eingebrachten Herbstsegen.

den Frühling oder Sommer, den man sich in persönlicher Gestalt,
wie einen hohen Herrn, herannahend und einherschreitend dachte.
Aber die von Rochholz angeführten Spruchformeln der ältern
Zeit beziehen sich fast ausschließlich und ebenso zutreffend auf
den anbrechenden Tag, der als Lichtwesen ebenso wie der Frühling
vorgestellt wurde, und es ist einfacher und wahrscheinlicher, bei
dieser Deutung stehen zu bleiben.   Im Munde des Nachtwächters
hat der Satz, der natürlich nur Bruchstück eines längern und
ursprünglich gegen Morgen gerufenen Spruches war, seinen
klaren Sinn, während eine schon von Mitte Novembers an be-
gonnene Ankündigung des Frühlings verfrüht wäre, da unsere
Vorfahren erst in der Wintersonnenwende den Anbruch der bessern
Jahreszeit begrüßten.

Es bleibt noch die Erklärung der fête des armourins in
Neuenburg, deren Beziehung auf eine Mordnacht von vornherein
zweifelhaft ist.   Nach den in den „Alpenrosen" 1820, S. 242 ff.
enthaltenen Angaben war das Fest wesentlich ein Umzug altertümlich bewaffneter Männer in Begleitung von fackeltragenden
Knaben (je zwei auf einen Mann).   Er soll früher bei jedem
in der Stadt gehaltenen Hauptmarkte stattgefunden haben, später
nur noch bei dem großen Herbstmarkt, und die Truppe hatte am
Markttag und in der folgenden Nacht Wache zu halten.   Der Zug
ging abends zwischen 6—7 Uhr vom Rathaus durch die Haupt-
straßen nach dem Schlosse, wo der Gouverneur mit dem versammelten Staatsrat ihn erwartete.   Der Führer (ein Mitglied
des Kleinen Rates) brachte im Namen der Bürgerschaft dem
König von Preußen seine Huldigung dar, welche vom Gouverneur
erwiedert wurde.   Es folgte ein Trunk mit wechselseitig aus-
gebrachten Gesundheiten auf die Behörden und die Armourins.
Dann ging der Zug auf das Rathaus zurück, wo vor allem die
Knaben in einem besondern Saale bewirtet wurden; in einem
anstoßenden wurde getanzt, nachdem auch die Mädchen geputzt
sich dort eingefunden hatten; in einem dritten wurden die Armourins mit dem gesamten Großen Rate gespeist. -- Betreffend
den Ursprung des Zuges besteht neben der oben angebrachten
Zurückführung desselben auf ein Ereignis des Burgunderkrieges
die wesentlich verschiedene Erklärung: Zur Zeit, wo noch keine

regelmäßige Stadtwache bestand, hätten die Bürger den Dienst selbst gethan, besonders zur Zeit jenes großen Marktes, und auch später hätten sie darum einen Anteil an dem Aufzug behauptet. Bei dieser Erklärung, wonach der Umzug nur eine etwas erweiterte Gestalt des Aufmarsches der alten Stadtwache wäre, bleibt nur die wesentliche Mitwirkung der Knaben etwas rätselhaft; doch ist es ja möglich, daß die Bürger zur Beleuchtung ihres Zuges ohne besondern Grund ihre Knaben beizogen. Auf ein Jugendfest kommt es schließlich hier heraus, wie bei den Brotspenden anderswo, und der große Markt bot Gelegenheit, die Wünsche der Jugend auch noch in anderer Richtung zu befriedigen. Der Markt selbst aber und die auf den Umzug folgenden Mahlzeiten deuten wieder auf ein altes und allgemeines Bürgerfest, das mit der Jahreszeit und einem Haupttermin des häuslichen Lebens zusammenhing.

An Neuenburg würde sich geographisch zuletzt noch Genf anschließen, dessen Eskalade alljährlich gefeiert wird. Aber das Verhältnis zwischen Ereignis und Gedächtnisfeier ist hier fast das umgekehrte von Neuenburg, da das erstere, auch schon in neuere Zeit fallend, ganz feststeht und die Feier sich unseres Wissens ausdrücklich und ausschließlich auf dasselbe bezieht, ohne Beimischung von Bräuchen, welche auf andern Ursprung deuten würden.

Die Gedächtnisfeier des Ereignisses begann gleich am ersten Jahrestag, 1603, mit einem Bankett, an welchem zunächst nur die bei dem Kampfe besonders thätig gewesenen Bürger, bald aber die ganze Bürgerschaft sich beteiligte, sowohl in den Familien als in Versammlungen. Wesentlich war eine mit Dankgebet eröffnete, mit Absingen von Liedern verbundene Mahlzeit, bei der bestimmte Gerichte (Reissuppe, Kapaun oder Truthahn mit Salat und ein Pfannkuchen) üblich wurden. Auf den Gassen trieben sich verkleidete Knaben herum, aber auch Erwachsene, zum Teil freilich nur mit übergeworfenen Nachthemden und Nachtmützen, zum Andenken an die stürmische Überraschung jener Nacht. Unter den stehenden Figuren erscheint besonders auch eine weibliche, la dame Royaume, darstellend eine Genferin, die im Kampfe einem Savoyarden ihren Topf über den Kopf warf

(daher ein Topf, marmite, auch als Festgericht und =Geschenk).
Gelegentlich wurden auch historische Umzüge mit größerm Auf=
wand veranstaltet. Einigemale (so 1754, 1782) wurde die
öffentliche Feier suspendiert, aus Rücksicht auf die savonischen
Nachbarn, mit denen man längst wieder in freundlichen Verkehr
getreten war. Aber gerade der Umstand, daß die Savoyarden
den Genfern das Geflügel auf ihren Markt und Tisch lieferten,
und die Doppelbedeutung des Wortes dindon (Truthahn und
Dummkopf) gab immer wieder Stoff zu spöttischen Anspielungen.
In der Restaurationszeit war das Fest etwas in Abnahme ge=
kommen; seither ist es eher wieder gestiegen, nur hat es seinen
strengen historischen Charakter abgestreift; doch wird noch immer
der versammelten Jugend die Geschichte vorgetragen. Unter den
zahlreichen ältern und neuern Liedern, welche auf diesen Anlaß
gedichtet wurden, teils Dank=, teils Spottlieder, einige in Patois,
ist das bekannteste und beliebteste das mit dem Anfang Cé qu'è
lainò (celui qui est là haut), dessen 68 Strophen früher bei
dem Festmahl regelmäßig abgesungen wurden.

Wenn wir schließlich eine Erklärung der gesamten Bräuche
versuchen sollen, die sich mit mehr oder weniger Wahrscheinlich=
keit auf das Andenken an Mordnächte stützen, so werden wir
allerdings die an mehrern Orten vorkommende Hindeutung auf
Natur und bürgerliches Leben, statt auf Geschichte, aufzugreifen
und zu benutzen, aber dabei voreilige Verallgemeinerung der
Schlüsse zu vermeiden haben, weil ein solches Verfahren zu ge=
waltsamer Deutung einzelner Züge führen müßte. Von diesem
Fehler hat sich Rochholz bei seinen Gesamterklärungen und Schlüssen
(Aarg. Sagen II, 366—372) nicht ganz frei erhalten, während er
in der Grundanschauung ohne Zweifel das Richtige getroffen hat.
Seine frühern Deutungen einzelner Züge wird er wohl auch nicht
mehr alle aufrecht halten wollen, und wir können uns darum die
Mühe ersparen, sie erst noch ausdrücklich zu bekämpfen; alle Einzel=
heiten zu erklären, wird überhaupt weder möglich noch notwendig
sein; über einige können verschiedene Ansichten bestehen bleiben.

Die mehrfach vorkommenden Fässer erklärt Rochholz (a. a. O.
II, 371 2) als Wein= und Salzfässer in dem Sinne, daß bei
den Schmausereien und Trinkgelagen der alten städtischen Feste,

welche später auf Mordnächte bezogen wurden, Salz und Wein nicht
fehlen durften. Aber ganze Fässer voll Salz sind doch auch für
große Festmahlzeiten nicht nötig; eher könnte noch an das Ein=
salzen von Kraut und Fleisch für den Wintervorrat gedacht werden
(vgl. oben über den Ruf: Salat!). Wir haben jedoch schon oben
bemerkt, daß die Herbeiführung versteckter Krieger unter jener
Hülle nichts Unwahrscheinliches hat; also verlangen die Fässer
keine andere Erklärung*). Betreffend die Weinfässer in Zofingen
erinnert Rochholz (Taschenbuch S. 42) daran, daß das Gemälde
des Otmar=Altars in der St. Galler Stiftskirche den Heiligen
mit einem Weinfäßchen zu seinen Füßen darstelle, indem die Legende
erzähle: als die Schiffer den Leichnam des im Exil Verstorbenen
über den Bodensee führten und dabei drei Tage und Nächte im
Nebel verirrt waren, sei das Fäßchen, das er mit sich geführt
hatte, nicht leer geworden; daher sei Otmar im Kalender unter
die Weinheiligen aufgenommen worden (also etwa wie der
hl. Ulrich**), Bartel, der den Most holt, u. a.). Fischart schreibt
in „Aller Praktik Großmutter", aber unter dem Herbstmonat:
„Bacchus wird auf der Kirmeß St. Otmars Fläschlein kaufen
und darmit taufen", und im St. Galler=Lande heißt „otmärlen":
am Otmarstag den Most anzapfen. Da aber Otmar nicht an
allen Orten spielt, so erinnert Rochholz noch, daß um die Zeit des
Spätherbstes die Fässer auch amtlich geeicht werden mußten, um
dann mit dem neuen Most und Wein gefüllt zu werden, und wir
können ja überhaupt zugeben, daß, auch wenn die Fässer ursprüng=
lich die ganz reale und nüchterne Bedeutung einer Kriegslist hatten,
ihnen später Beziehung auf Herbstsegen beigelegt werden mochte;
nur fallen eben nicht alle die fraglichen Feste (resp. Ereignisse)
auf jene Jahreszeit. Anders als mit den Fässern verhält es sich
mit den Lichtern, schon weil diese fast nur bei den Festen, nicht
bei den Mordnächten selbst vorkommen und auch dort weniger
häufig. Es mochte wohl geschehen, daß Verschworne in der Stadt
nach Abrede den auswärtigen Feuersignale zum Angriff geben

---

*) Rochholz selbst führt an, daß Prugger, Geschichte von Feldkirch,
1685, S. 46, diese Kriegslist den Eidgenossen als eine von ihnen oft geübte
zum Vorwurf mache.

**) S. Schweiz. Idiotikon I 184.

sollten; aber bezeugt ist dies nur bei der Mordnacht von Freiburg i. Br., wo es noch heute verboten ist, auf dem Turme Licht
zu halten, weil einst der Türmer dem Feinde ein Fackelsignal
gegeben haben soll. Daß man bei den verräterischen Chorherren
in Solothurn einen Vorrat von Kerzen fand, war doch noch kein
dringender Verdachtsgrund; das Lichtanzünden im Surbthal hat
wieder andere Bedeutung, und in Neuenburg mochten die Fackeln
ursprünglich zur Beleuchtung des Marktplatzes für die Wache
dienen. Im allgemeinen wird man bei Mordnächten sich eher
auf das Dunkel der Nacht verlassen und sich gehütet haben, durch
ein auffallendes Licht etwas zu verraten. Also wird das Anzünden
von Lichtern an Festabenden keinen historischen Grund haben,
sondern nur den ganz allgemeinen, der noch heute besteht; es kann
sich aber auch auf alten Natur- (resp. Sonnen-) Kultus beziehen
wie die an verschiedenen Orten zu verschiedenen Zeiten des Jahres
üblichen Freudenfeuer, an denen Jung und Alt sich beteiligen.

Dürfen wir nun schließlich mit Rochholz geradezu sagen:
die sogen. Mordnächte (resp. die angeblich zum Gedächtnis derselben gefeierten Feste) waren ursprünglich Dankfeste und Opfer-
mahle zu Ehren des Erntegottes (Aarg. Sagen II, 366)? Auch wo
historische Thatsachen zu Grunde liegen, sind es nicht Kriege oder
Belagerungen von seiten äußerer Feinde, sondern Händel der
Bürgerschaft unter sich selbst betr. Wahlrecht und Ämterbesetzung
(S. 371)? Diese Schlüsse gehen offenbar etwas zu weit; denn
1) gibt es rein historische Mordnächte, an die sich weder Sagen
noch Festbräuche angeschlossen haben; 2) gibt es unter diesen
Mordnächten auch solche, die Überfälle eines äußern Feindes
waren, allerdings meistens im Einverständnis mit einer Partei
der Bürgerschaft selbst. Dagegen bleibt wahr: 3) wo etwas
Historisches zu Grunde liegt, das aber mit Sage sich verbunden
hat, oder auch, wo die Überlieferung rein sagenhaft ist, sind die
mit dem Andenken an das (wirkliche oder sagenhafte) Ereignis
verbundenen Festbräuche großenteils von ältern Jahreszeitfesten
entnommen oder mit solchen vermischt; 4) dies erklärt sich daraus,
daß auf heidnischen Kultus zurückgehende Bräuche später nicht
mehr als solche verstanden wurden, also eine andere Erklärung
verlangten, und daß es überhaupt im Menschengeist liegt, von

Alters her bestehende Sitten auf bestimmte Anlässe, Natur und
mit ihr verwachsenen Rechtsbrauch, auf Geschichte und einmalige
Festsetzung zurückzuführen, weil dem Menschen sein eigenes Thun
am verständlichsten ist und am nächsten liegt. Darum hat man
auch für Feste, wie z. B. die Flurumritte im Kanton Luzern
(Münster und Umgegend) oder die Müsegg-Prozession in der
Stadt, historischen Anfang und Anlaß gesucht und gibt es allent=
halben so viele Sagen, welche sogar Ortsnamen auf jenem Wege
zu erklären suchen. Da die geschichtliche Überlieferung aus älterer
Zeit immer mangelhaft ist, so erhält allerdings die Phantasie
Antrieb und Spielraum, allerlei Lücken aus eigenem Zuthun zu
ergänzen; ziemlichen Anteil an sagenhafter Erfindung oder Aus=
schmückung von Mordnächten und ähnlichen Zügen hat aber
auch der gemeinere Trieb bloßer Nachahmung und die an Leicht=
fertigkeit grenzende Leichtigkeit, mit der unsere Chronisten, nicht
immer schöpferischer Volkssage, sondern jenem Triebe folgend,
ältere oder gleichzeitige Geschichtschreiber ausbeutend und auf ihre
Zeit und Heimat übertragend, Geschichten statt Geschichte ge=
schrieben haben! –

Über sagenhafte Völker des Altertums und Mittelalters.

Die Entdeckung von Pfahlbauten, alten Grabstätten und Erdhöhlen mit den darin gefundenen Geräten und Produkten ältester Kultur — diese Entdeckung, welche in neuerer Zeit in fast allen Ländern Europas stattgefunden hat, mußte die frühern Begriffe von geschichtlichem Leben ebenso umgestalten, wie dies zum Teil schon vorher durch die Ergebnisse der vergleichenden Sprachforschung, durch die Enthüllung der ältesten Bau= und Schriftdenkmäler in Vorderasien, Ägypten und Zentral=Amerika geschehen war. Alle diese Entdeckungen gewannen an Interesse, je mehr sie mit manchen früher nicht verstandenen, bezweifelten oder übersehenen Angaben antiker Schriftsteller zum Teil über= raschenden Einklang zeigten. Die nächste Folge war, daß der zeitliche Umfang dessen, was wir Geschichte heißen, eine bedeutende Erweiterung nach rückwärts erfuhr. Freilich verdanken wir dies zunächst nur denjenigen Denkmälern, welche in lesbarer Schrift und mit Angabe von Zahlen und Namen zu uns reden, dagegen nicht jenen erstgenannten Resten ältester Kultur, noch weniger den Entdeckungen ältester Menschengebeine, welche das Dasein unserer Gattung in noch höhere Epochen organischen Lebens auf der Erde hinaufrücken, aber mehr der Geologie und Paläontologie, also der Geschichte der Natur, nicht der Kultur angehören. Zunächst dem mittlern der im Vorigen angedeuteten Zeiträume scheint der in neuerer Zeit aufgekommene Name "Vorgeschichte" angemessen, der freilich etwas Widersprechendes enthält, aber als Hülfsbegriff wohl vorläufige Geltung behalten mag. Wir verstehen darunter eine Zeit, zu deren vollständiger und zuverlässiger Darstellung die Daten noch nicht ausreichen, so daß z. B. für überlieferte Namen von Völkern sachliche Zeugnisse ihres Daseins fehlen, oder umgekehrt für vorhandene Denkmäler die Namen der Völker, von denen sie herrühren. Übrigens kann niemandem entgehen, daß die Grenze zwischen der sogenannten Vorgeschichte und der wirklichen Geschichte des Altertums eine fließende ist, und daß der Fortschritt der Wissenschaft eben darin bestehen wird, immer mehr von dem Gebiete der Vorgeschichte in das der eigentlichen Geschichte herüberzuziehen.

Die einstweilen noch bestehenden Lücken unserer Kenntnis des Altertums einigermaßen auszufüllen, bietet sich die ältere Schwester der Geschichte, die Sage, dar. Schon die Geschichtschreiber des Altertums erkannten die Aufgabe, sich eine Vorstellung vom Verhältnis zwischen Sage und Geschichte zu bilden und die erstere irgendwie zur Ergänzung der letztern zu benutzen. Sie thaten es bald in naiver, bald in kritischer Weise; sie nahmen entweder unbedenklich oder gar unbewußt Gegenstände der Sage in ihre Darstellung der ältesten Zeit auf, oder sie bemühten sich, eine Grenze zu ziehen und dies Sagenhafte auszuscheiden. Bei Herodot, der ein deutliches Bewußtsein des Unterschiedes hat und es nicht selten ausdrücklich bezeugt, fließen doch in der Vorstellung und Darstellung der ältesten Zeit und entlegener Länder Sage und Geschichte noch vielfach ineinander; ebenso in den ältern historischen Büchern der Israeliten und auch noch bei den meisten Geschichtschreibern des Mittelalters.

Wenn man daher vom kritischen Standpunkt der Neuzeit aus die Geschichte des frühen Altertums oder Mittelalters darzustellen unternimmt, stößt man immer wieder auf die Notwendigkeit, ihr Verhältnis zur Sage irgendwie positiv zu bestimmen; denn mit der einfachen Negation ist es schon darum nicht gethan, weil die Sage, noch abgesehen von irgend einem Kern geschichtlicher Wahrheit, den sie enthalten kann, selbst eine Geschichte hat, also eine geschichtliche Thatsache, ein Teil der Geschichte selbst ist, nämlich der Entwicklung des geistigen Lebens, welches doch neben den äußern Ereignissen und Zuständen seinen eigentümlichen Charakter und Wert, ja im Grunde das höchste Interesse hat, dem alles andere dienen muß.

Wenn aber die Sage irgendwie zur Geschichtsforschung beigezogen werden darf, so muß man doch vor allem die naheliegende

Ansicht abweisen, der Unterschied der Sage von der Geschichte
bestehe darin, daß jene, von je ältern Zeiten sie rede, auf um so
mehr verdunkelter Erinnerung beruhe und in demselben Maße
weniger Glauben verdiene. Auch daß die Sage den Mangel ge=
schichtlicher Kontinuität stellenweise durch rein erdichtete Elemente
ausfülle, welche schon durch den Charakter des Wunderbaren der
Glaubwürdigkeit entbehren, gehört nicht zum Wesen der Sage. Die
Sage ist nicht ein oberflächliches Gemisch von zweierlei Bestand=
teilen, die sich leicht von einander scheiden lassen, sondern die Mischung
von Dichtung und Wahrheit, die sie allerdings enthält, ist eine
durchgängige; auch was sie Wahres enthält, ist lauter Mittelbares,
gleichsam nur Spiegelbild, einfacher oder mehrfacher Reflex von
Fakten, die wir entweder sonst gar nicht kennen oder in positiven
Geschichtsquellen anders dargestellt finden. Wenn es erlaubt ist,
die Sagenwelt mit einem Gebiete der Natur zu vergleichen, so läßt
sich etwa sagen: die Sage ist weder krystallinisches Urgestein, noch
bloß aufgeschwemmtes Geschiebe, sondern metamorphisches Gestein,
d. h. eine allmählich eingetretene und fortgeschrittene Umbildung
eines irgendwie beschaffenen Grundstocks durch Eindringen anderer
Stoffe. Der Horizont unserer Kunde von vergangenen Zeiten
ist auch nicht etwa unter dem Bilde konzentrischer Kreise vor=
zustellen, von denen der innerste der unserer Gegenwart nächste
Umkreis vollständigen historischen Lichtes wäre, die äußern suc=
cessive Abstufungen der nach außen zunehmenden Dämmerung, mit
der die Sage die Ereignisse älterer und ältester Zeit umwoben
hätte. Sage und Geschichte liegen überhaupt nicht auf einer Ebene,
so daß die eine die Fortsetzung der andern sein oder in dieselbe
allmählich übergehen könnte: sie sind qualitativ, nicht bloß quan=
titativ (nach Zeiträumen und nach Graden der Gewißheit) ver=
schieden. Dies ergibt sich schon daraus, daß Sagenbildung noch
weit in Zeiten hineinreicht, welche längst von Strahlen historischer
Gewißheit erhellt sind, sowie umgekehrt einzelne positive Daten
in eine Zeit hinaufreichen, die im übrigen noch vom Nebel der
Sage umhüllt ist.

Grundlage aller Geschichte ist Chronologie; die Sage aber
kennt keinerlei Zeitrechnung, sondern nur überhaupt ein Nach
einander, soweit es zum Begriffe des Geschehens und kausalen

Zusammenhangs gehört. Sie spricht allerdings am meisten von der ältern und ältesten Zeit; aber sie folgt auch dem Verlauf der spätern Geschichte und nimmt aus jedem Zeitraum einzelnes auf, jedoch ohne Bewußtsein der Zeitfolge als solcher und nur so viel, als sich mit ihrem bereits mitgebrachten Stoffe assimilieren läßt, was nie ohne teilweise Entstellung und Umbildung geschehen kann. Die Masse des Stoffes wächst natürlich durch immer neue Ansätze, wie bei einer Lawine, die aus dem höchsten Gebirge zu Thale rollt; aber unterwegs wird auch manches abgestreift oder ausgestoßen, und es wächst auch der unhistorische Charakter des Stoffes, weil jeder neu hinzukommende Niederschlag einer spätern Zeit sich mit um so viel mehr heterogenen Schichten früherer Zeiten verschmelzen muß. Die Sage wird also, entgegen der Erwartung und gewöhnlichen Ansicht, um so unhistorischer, je mehr sie sich der historischen Zeit nähert. Sie kommt dann mit ihrer unterdessen herangewachsenen Schwester, der Geschichtschreibung, ins Gedränge, so daß an diesem Widerstand ihr Fluß ins Stocken gerät und ihre Gebilde durch ihre eigene Schwere zerfallen oder durch die Einflüsse der Bildung verwittern. — Gewisse allen Zeiten gemeinsame Erscheinungen haben formgebend, vermittelnd und ausgleichend auf die Masse der Sage eingewirkt; aus Wiederholung von Grundzügen und Motiven jener Art, ähnlich Variationen einer Melodie mit veränderter harmonischer und rhythmischer Ausgestaltung, erklärt sich z. B. die Häufung vieler sagenhaften Züge auf den Namen eines Helden, wie Alexander, Theodorich, Karl der Große, und umgekehrt die Wiederholung eines bedeutsamen und beliebten Zuges an sehr verschiedenen Personen, eine Erscheinung, welche der Mythus und das Märchen noch in höherm Grade zeigen.

Wir wollen nun das bisher über das Verhältnis von Sage und Geschichte Gesagte auf gewisse Völker anwenden, welche in merkwürdiger Weise zwischen geschichtlichem und sagenhaftem oder gar mythischem Charakter schwanken. In der That gibt es auch Völker von geradezu mythischem Charakter; denn da das Wesen aller Mythenbildung darin besteht, daß Naturerscheinungen irgendwie als Thaten oder Leiden seelischer Objekte aufgefaßt werden, und da ein Volk, je höher im Altertum um so mehr, als eine seelische Einheit gedacht werden kann, so konnte die Mythologie nicht nur individuelle, sondern auch kollektive Subjekte als Träger oder Vertreter gewisser Naturerscheinungen auffassen, besonders solcher, für deren Auffassung eine zusammengehörige Vielheit gleich= artigerer Subjekte sich sogar besser eignete als ein einzelnes; dahin gehören gewisse Wirkungen der Elemente, welche mehr kon= tinuierlichen als momentanen Charakter tragen. Natürlich wurden solche mythische Völker der Zahl ihrer Angehörigen nach ungefähr so klein gedacht, wie die menschlichen Völker der ältesten Zeit gewesen sein müssen. Wenn ihnen keine Naturerscheinungen zu Grunde lagen so konnte die geschäftige Phantasie, nur um in ihrem geographischen Bilde von der Welt keine Räume leer zu lassen, fern und dunkel vorgestellte Gegenden mit menschenähnlichen Wesen bevölkern.

Wenn nun zunächst einige Beispiele von halb oder ganz mythischen Völkern, die schon aus Homer hinlänglich bekannt sind, nur kurz in Erinnerung gebracht werden, so geht dies allerdings über das Gebiet des Sagenhaften hinaus; aber jene Völker sind eben, wie so vieles Mythische, auch in die Heldensage über= gegangen, dabei mehr oder weniger bestimmt auf der Erde lokali= siert und später zum Teil auch mit wirklichen Völkern vermengt worden; sie konnten ja auch einzelne Züge mit solchen wirklich gemein haben, und gerade diese Möglichkeit ist von besonderm Interesse für unsern Hauptgegenstand.

Die Kyklopen mögen nach der Etymologie ihres Namens ursprünglich Beziehung auf die Sonne gehabt haben; später haben sie andere Bedeutung angenommen. Bei Hesiod *) erscheinen ihrer bloß drei, welche dem Zeus die Donnerkeile schmieden, mit denen er die Titanen bekämpft; Homer aber schildert sie als eine Art Volk, wenigstens nicht ohne gesellige Berührung miteinander, obwohl sie einsam wohnen, wie die Riesen der Germanen, da der einzelne mit seiner Kraft sich eher genügen konnte als Zwerge, welche aus dem entgegengesetzten Grund immer als Volk ver= einigt erscheinen. Eine dritte Auffassung der Kyklopen, welche sie am meisten einem menschlichen Volke annähert, liegt in der Sage,

---

*) Theogonie 110.

daß die kolossalen alten Mauerwerke, welche sich in mehrern
griechischen Landschaften vorfanden, von ihnen herrührten, wie auf
nordeuropäischem Gebiet ähnliche Bauten den Riesen, resp. riesenhaften Vorfahren der spätern Völker zugeschrieben wurden.*)

Zunächst an die Kyklopen schließen sich bei Homer die
Lästrygonen**) wegen ihrer riesenhaften, den Giganten ähnlichen
Größe und ihrer Menschenfresserei, während sie von den Kyklopen
durch städtisches Leben sich unterscheiden, welches freilich mit keiner
weitern Kultur verbunden erscheint. Solche findet sich dagegen
in hohem Grade bei den Phäaken, welche sich selbst wegen ihres
Verkehrs mit den Göttern den Kyklopen und Giganten ähnlich
finden***), von denen sie sonst durch ihre Menschenähnlichkeit weit
abstehen. Die Insel der Phäaken aufzusuchen ist freilich ein eitles
Unternehmen; ihre ursprüngliche Heimat war ja Hypereia, d. h.
Oberland, und ihre wunderbaren selbststeuernden Schiffe fuhren
auch von Scheria aus „in Nebel gehüllt", d. h. es sind Wolken-
schiffe und sie selbst ein Volk seliger Geister †).

An die Kyklopen schließen sich wegen ihrer Einäugigkeit die von
Herodot ††) erwähnten Arimaspen, im äußersten Norden wohnend
und mit den Greifen kämpfend, welche das dort häufige Gold
hüten. Die von Herodot selbst bezweifelte Einäugigkeit dieser
Leute, welche auch in ihrem Namen liegen soll, hat man auf
Grubenlichter von Bergleuten bezogen. Ähnlich kämpfen nach
Homer †††) die Pygmäen (faustgroße Zwerge) an den Fluten des
Okeanos mit den Kranichen §). Nach spätern Berichten werden
Pygmäen an mehrern Orten gefunden, besonders aber in Afrika,
wo noch später zwerghafte Völker gefunden werden (s. unten).
Dagegen mag beiläufig der Unterschied bemerkt werden, daß die
griechische Mythologie die Vorstellung von zwerghaften Wesen
weit weniger ausgebildet hat als die germanische, und weniger
als die von Riesen, wahrscheinlich weil die mit der Kleinheit

---

*) Angelsächsisch enta geweore u. ä.; J. Grimm, Mythologie 3,
156 und unten. — **) Odyssee 10, 81 ff. 120. — ***) Odyssee 7, 206. —
†) Odyssee 8, 557 ff. Über die Phäaken s. Gerland, Altgriech. Märchen.
S. 11—19. — ††) 3, 116. 4, 27. Äschylos Prometheus 804 setzt sie in den
Süden. — †††) Ilias 3, 6. — §) Nach Aristot. Hist. anim. 8, 12 sind der
Gegenstand des Streites die Saaten.

sich leicht verbindende Mißgestalt den plastischen Sinn der Griechen
weniger anzog. Die Daktylen und die ihnen nahe stehenden
Kabiren und Telchinen haben mit den germanischen Zwergen
die Kunstfertigkeit in Metallarbeit gemein, erscheinen aber nicht
als Volk, und ihre Hauptsitze, der Berg Jda, die Inseln Samo=
thrake und Kreta, weisen über das engere hellenische Gebiet hinaus
nach Vorderasien. Dort ist auch die Heimat der vielbestrittenen
Amazonen, welche in der Reihe der sagenhaften Völker eine be
deutende Stelle einnehmen, aber hier nicht ausführlich behandelt
werden können. Daß die Idee eines kriegerischen Frauenvolkes
der Plastik und Poesie der Griechen fruchtbare Motive darbot,
ist einleuchtend; sie beruhte aber ohne Zweifel auf dem that=
sächlichen Bestand gynäkokratischer Einrichtungen bei einigen Völkern
Kleinasiens. Auch in andern Ländern bestanden und bestehen zum
Teil noch jetzt ähnliche Einrichtungen. So fand Livingstone in
Afrika mehrere Frauenreiche. In dem Negerstaat von Dahomeh
herrscht ein König, der eine Leibgarde von 8000 sehr kriegerischen
Weibern hält.

Der Amazonenstrom von Südamerika hat seinen Namen
nicht aus grundloser Übertragung der alten Sage auf jenen Teil
der neuen Welt empfangen, sondern von dort vorgefundenen Zu=
ständen (Ausland 1871, S. 1214). Im Norden Europas
bietet die von römischen Geschichtschreibern bezeugte Thatsache, daß
Frauen im Kriege nicht nur als Prophetinnen, sondern bewaffnet
mitwirkten*), nur eine scheinbare Parallele; denn es handelt sich
dort nur um Ausnahmen und Notfälle, nicht um feststehende förm=
liche Gleichberechtigung oder gar Überordnung und Alleinherrschaft
des weiblichen Geschlechts. Vergleichung der antiken Amazonen
mit den Walküren muß schon darum fernbleiben, weil die letztern
nie als Volk auftreten, auch etwas Übermenschliches an sich haben.
Wenn Tacitus im Kapitel 45 seiner Germania von den nördlich
an die Schweden grenzenden Sitonen berichtet, sie stehen unter
weiblicher Herrschaft, so muß ihm wohl eine falsche Deutung des
Namens der dort wohnenden Finnen zu Ohren gekommen sein,
wonach man das fremde Wort kaina mit dem germanischen kwéna,

*) Einige Zeugnisse i. Paul und Braune, Beiträge 12, 225.

Weib (englisch queen, jetzt nur noch als Bezeichnung der Königin gebräuchlich) vermengte *). Aber noch Paulus Diakonus (1, 15) spricht von Amazonen in intimis Germaniae finibus, mit denen einst die Langobarden in ihren frühern Wohnsitzen gekämpft haben, und Adam von Bremen (4, 14) von einer terra feminarum, die er den antiken Amazonen gleichstellt, während der König Alfred in seinem Reisebericht zwar ein Mägdhaland und ein Cwênaland erwähnt, aber ohne diese Namen weiter zu deuten.

Als Heimat der Amazonen wird auch Äthiopien genannt; aber die homerischen Äthiopen sind wieder ein mythisches Volk von glückseligen Geistern, ähnlich den Phäaken, in nächster Be=ziehung zum Kultus der Sonne stehend, den Göttern vertraut und von ihnen mit langem Leben begnadet **). Das spätere historische Volk der Äthiopier ***) hat mit dem mythischen nur noch die Zweiteilung in eine östliche und westliche Hälfte gemein, welche letztere am obern Nil den Namen bewahrt hat. Räumlich entgegengesetzt, aber innerlich entsprechend den Äthiopen finden wir die Hyperboräer. Pindar †) beschreibt sie als ein unzugäng=liches Wundervolk, Verehrer des Apollo, frohe Feste feiernd, ohne Kampf, Krankheit und Alter. Ihr im hohen Norden gelegener Wohnsitz deutet nach der im Altertum verbreiteten Vorstellung auf Nähe der Götter. Wenn Herodot ††) bemerkt, den Hyper=boräern sollten Hypernotier entsprechen, so könnten diese eben die später vorherrschend nach Süden versetzten Äthioper sein; denn auch die Hyperboräer werden später (von Plinius †††), freilich nicht ganz zuversichtlich) als wirkliches Volk erwähnt. Ähnlich verhält es sich mit den Kimmeriern, welche nach der Odyssee §) im äußersten Westen in steter Finsternis wohnen, nach Herodot §§) als historisches Volk am mäotischen See, von wo sie durch die Skythen vertrieben nach Kleinasien einfallen. Die beiden Angaben können kaum dasselbe Volk meinen; aber auch weit entlegene Länder tragen zuweilen denselben Namen; z. B. Iberien und Albanien finden sich auch im Kaukasus.

---

*) Grimm, Gesch. der d. Sprache, 3. Ausg., S. 517. — Müllenhoff, D. Altertumskunde 2, 10 ff. — **) Odyssee 1, 23. Ilias 1, 423. — ***) Herodot 3, 19 ff. 7, 70. — †) Pythica 10, 55 ff. — ††) 4, 36. — †††) 4, 26. — §) 11, 14. — §§) 1, 15. 4, 11—13.

Den ursprünglich mythischen Charakter der Phlegyer hat Kuhn nachgewiesen *). Während die ihnen im Namen entsprechen= den altindischen Bhrigus ursprünglich Geister des himmlischen Feuers, später ein altes Priestergeschlecht bezeichnen, erscheinen die Phlegyer bei Homer **) als ein übermütiges Geschlecht, das sich um die Götter nicht kümmert; in historischer Zeit sind sie ein wildes Volk, das aus Thessalien oder Thrakien nach Phokis ge= drungen sein soll. Die Kerkopen sollen in Kleinasien von Herakles besiegt worden sein, aber auch an den Thermopylen gewohnt haben. Sie werden als neckische und tückische Berggeister dar= gestellt, und ihr Name deutet auf halbtierische Gestalt. (Vergl. Preller, Griech. Mythologie 2¹, 160).

Der Name der von Kuhn ***) den griechischen Kentauren gleich= gestellten altindischen Gandharven könnte sich in dem der Gan= daren, eines indo=persischen Volkes, erhalten haben. Über die Lapithen als wildes Bergvolk s. Preller a. a. O. 2, 10—15.

Wir kommen nun zu einer zweiten Gruppe von Völkern, nämlich solchen, die keinen erkennbaren mythischen Hintergrund haben, sondern zur Ausfüllung des geographischen Weltbildes oder als naturhistorische Merkwürdigkeit von den Schriftstellern der Griechen und Römer erwähnt werden, zunächst meistens von Herodot. Ein durchgehender Unterschied gegenüber der ersten Gruppe läßt sich aber nicht aufstellen, wie schon dort bemerkt wurde, weil mythische Völker einzelne Züge von sagenhaften oder wirklichen an sich haben oder annehmen konnten. So ist z. B. bei dem oben erwähnten Volke der Lästrygonen die riesenhafte Größe ohne Zweifel mythisch; aber die ihnen zugeschriebene Menschenfresserei kommt ja bei Naturvölkern noch heute vor und war ohne Zweifel früher weiter verbreitet, wie auch die Menschenopfer. Wenn der Dichter beifügt, es könne bei jenem Volke ein des Abends ein= treibender Hirte den am Morgen austreibenden anrufen, „weil die Pfade der Nacht und des Tages einander dort nahe liegen", so scheint dies, sowie die Finsternis der Kimmerier, auf Kunde von Völkern des höhern Nordens zu denken, welche etwa durch

---

*) Herabkunft des Feuers, 1. Aufl., S. 19 ff. — **) Hymn. Apoll. 278 ff. ***) Zeitschr. f. vgl. Sprachforschung 1, 511 ff.

phönikische Seefahrer vermittelt war. Jedenfalls muß auch hier unser Hauptinteresse darauf gerichtet sein, die sagenhaften Nachrichten der Alten womöglich mit neuern ethnographischen Beobachtungen wirklicher Zustände in Verbindung zu bringen.

Schon von Homer*) erwähnt werden die Lotophagen. Daß die Lotospflanze ihre einzige Nahrung war, mag als Übertreibung gelten, stimmt übrigens zu dem ihnen vom Dichter beigelegten friedlichen Charakter. Sie wohnen nach Herodot**) neben andern Völkern Libyens, deren Dasein nicht zu bezweifeln ist, obwohl einzelne Angaben über ihre Sitten auf mangelhafter Kunde und teilweise auf phantastischer Ergänzung und Übertreibung beruhen mögen. Zu jenen Nachbarn gehören die troglodytischen (höhlenbewohnenden) Äthiopen, welchen mehr tierische als menschliche Lebensweise zugeschrieben wird***), indem sie z. B. Schlangen und Eidechsen essen, ihre Sprache dem Schwirren von Fledermäusen verglichen wird. Was den Genuß von sonst als uneßbar und ekelhaft geltenden Tieren betrifft, lauten die Berichte neuerer Ethnographen über einzelne Völker von Australien, Südamerika und Afrika keineswegs günstiger†). Hinwieder entsprechen die von Homer††) genannten Hippemolgen (Roßmelker) den noch heute Pferdemilch trinkenden mongolischen Nomadenvölkern Mittelasiens, deren Sitte aber auch einigen von arischem Stamme gemein war†††). Die von Herodot§) geschilderten Argippäer, im Gebirge über Skythien hinaus wohnend, sind den afrikanischen Lotophagen darin ähnlich, daß sie von Pflanzennahrung (dem Saft einer bohnenartigen Baumfrucht) leben, woher wahrscheinlich auch wieder der friedfertige Charakter rührt, der sie zu Schiedsrichtern ihrer Nachbarn und ihr Land zu einem Asyl macht. Ihr Name könnte auf Zucht oder Verehrung weißer Rosse deuten, die bei den Persern vorkommt, und sie könnten ein priesterliches Geschlecht gewesen sein; aber ihre Friedfertigkeit könnte auch nur „heilige Einfalt" bedeuten, und ihrer geistigen Eigenschaft stehen körperliche gegenüber, die auf eine niedrige Rasse weisen: Kahlheit,

*) Odyssee 9, 84 ff. — **) 4, 177. — ***) a. a. O. 183. — †) Peschel, Völkerkunde, 2. Aufl., S. 163. — ††) Ilias 13, 5. — †††) vgl. Hehn, Kulturpflanzen und Haustiere, 2. Aufl., S. 21. 47. — §) 4, 23.

stumpfe Nasen, großes Kinn. Daß diese Leute unter Bäumen
leben, welche sie im Winter mit Filz überziehen, erinnert an die
weiter unten anzuführende Beschreibung der Finnen bei Tacitus.
In jenen skythischen Gegenden erwähnt Herodot*) auch noch die
Androphagen, aber als ein äußerst wildes Nomadenvolk. Von
der Menschenfresserei, die ihr Name verrät, gilt das oben bei
den Lästrygonen Gesagte. Da aber die Sitte (über deren Verbreitung in der heutigen Völkerwelt Peschels Völkerkunde S. 165 ff.
Auskunft gibt) sonst gerade in den nördlichen Gegenden nicht
vorkommt, so kann die Angabe Herodots eine Übertreibung von
kriegerischer Blutgier und Grausamkeit sein oder etwa eine Mißdeutung der bei Skythen und Germanen bezeugten Sitte des
Trinkens aus der Hirnschale erlegter Feinde. Die von Herodot**)
selbst bezweifelte Angabe, daß von dem benachbarten Volke der
Neurer jeder alljährlich einige Tage sich in einen Wolf verwandle,
entspricht dem auch von den Germanen lange gehegten Glauben
an Werwölfe, dem sich die bei Slaven und Neugriechen fort-
lebende Vorstellung von Vampyren anschließt. Übergänge aus
menschlicher Gestalt in tierische oder anderweitige Abnormitäten
der erstern erscheinen in manchen Angaben der alten Geschichtschreiber und Geographen und können teilweise in Mißverständnis
oder Übertreibung wirklicher Züge von Naturvölkern, auch schon
in Mißdeutung fremdsprachlicher Namen, ihren Grund haben.
Wenn Herodot***) erklärt, er könne nicht glauben, daß nördlich
von den Argippäern Menschen mit Ziegenfüßen wohnen, so werden
wir ihm wohl beistimmen und eher etwa an Dämonen denken,
die man, in halb tierischer Gestalt nach Art der Satyrn
vorgestellt, an die Grenze der Menschenwelt, in Wildnis oder
Wüste versetzte; denn in solche Gegenden oder in den fernsten
Süd, Nord oder Ost, besonders nach Indien, weisen die meisten
Angaben antiker und auch noch mittelalterlicher†) Schriftsteller über vorkommende Abnormitäten der Menschengestalt
oder seltsame Sitten. Eine reiche Auswahl oder vielleicht eine
ziemlich vollständige Sammlung solcher Angaben, meist aus grie-

---

*) I, 106.   **) I, 105.   ***) I, 35. — †) z. B. Adam von
Bremen I, 25, 19

chischen Quellen, gibt Plinius (im 7. Buch, 2. Kap. seiner Naturgeschichte). Wenn er dort unter anderm von Menschen spricht,
die nur ein Bein haben, so ist diese Angabe vielleicht zu verbinden mit der nicht weit davon stehenden betreffend die indischen
Gymnosophisten, welche den ganzen Tag, abwechselnd auf einem
Bein stehend, in die Sonne blicken. Die hundsköpfigen Menschen,
die er anführt, aber einmal auch geradezu Tiere (animalia) nennt,
sind wohl von den Affen (Pavianen) abstrahiert, die noch heute
„Hundsköpfe" heißen.

Wenn Herodot (am zuletzt angeführten Ort) noch stärker
bezweifelt, daß weiter nördlich es auch solche gebe, die einen sechs-
monatlichen Winterschlaf halten, so mag das von Tieren auf
Menschen übertragen sein, aber doch auch von der Lebensweise
dortiger Völker einigen Sinn haben. Der viel spätere und noch
kritischere Tacitus sagt am Schluß seiner Germania, er wolle
dahin gestellt sein lassen, ob die nördlich von den Finnen lebenden Hellusier und Orionen menschliche Gesichter, aber tierische
Leiber und Glieder haben, was ohne Zweifel auf Pelzkleidung
nach Art der Eskimos zu beziehen ist, aus der nur die Gesichter
hervorschauen. Ähnlich wird die Nachricht der Alten von Panotiern
(Ganzohren, d. h. deren Ohren den ganzen Körper bedecken) auf
eine Art von Kapuzen gedeutet, dergleichen die Anwohner nordischer
Meere tragen mochten*). Eben solche Leute soll aber nach deutscher
Sage des Mittelalters der Herzog Ernst im fernen Osten gefunden
haben, als er auf seinen Irrfahrten dieselben Gegenden berührte
wie einst Alexander der Große auf seinem Zuge nach Indien**).
Die Nachricht von Menschen mit breit herunterhangenden Ohren
stammt aus einer Angabe des Ktesias, welcher um das Jahr 400
v. Chr. am persischen Hofe lebte und ein Buch über Indien
schrieb. In dem indischen Epos Ramayana werden großohrige

---

*) W. Scherer, Vorträge und Aufsätze, S. 50.

**) Dieselben Berichte über die Wunder des Orients wie in der
Dichtung von Herzog Ernst finden sich in der spätern von Reinfried von
Braunschweig und zum Teil auch in der Weltchronik des Rudolf von Ems;
f. Bächtold, Geschichte d. deutschen Litteratur in der Schweiz, S. 113. 116.
Anm. S. 34. Noch im 15. Jahrh. Ähnliches in der „Möbrin" des Her-
mann von Sachsenheim, Ausgabe von Martin, S. 26.

Völker als im fernen Südosten wohnend erwähnt. Schreiten wir dieser Spur folgend aus Hinterindien nach den von Malayen bewohnten Inseln hinüber, deren Bevölkerung auf jenem Weg eingewandert ist, so finden wir dort noch heute, nur nicht mehr so verbreitet, wie sie im 17. Jahrhundert von den ersten Entdeckern gefunden wurde, die Sitte, die Ohrlappen zu durchlöchern und durch hineingesteckte Gegenstände so zu erweitern, daß sie bis auf die Schultern herabhangen und sich auf dem Rücken berühren*).

Diese Beispiele mögen genügen um zu zeigen, daß hinter manchen Angaben der Alten, so unglaublich sie lauten, etwas mehr als eine Fabelei stecken kann. Daß die Nachrichten der Alten über abnorme Menschenbildungen in die Kosmographien der deutschen Humanisten und aus diesen in die bildende Kunst übergingen, hat Professor Rahn an Beispielen aus der Schweiz gezeigt**).

Abgesehen von solchen halb fabelhaften Abnormitäten der Gestalt, welche ja auch nicht ausdrücklich ganzen Völkern zugeschrieben werden, finden wir sichere Zeugnisse genug, daß die Zustände alter Völker dem Tierleben nahe kamen und daß auch fortgeschrittene Nachkommen derselben sich jener Verwandtschaft nicht schämen. Dem Volke der Finnen, das wahrscheinlich in Mitteleuropa gewohnt hat, bis es durch die Einwanderung der Indogermanen in den Nordosten zurückgedrängt wurde, schreibt Tacitus***) „mira feritas, foeda paupertas" zu: „Sie essen Gras (herba, vielleicht nur einzelne Kräuter), schlafen auf dem Erdboden; während die Frauen mit den Männern auf die Jagd gehen, verkriechen sich Kinder und Greise in das Geäst der Bäume." Diese Angaben stimmen mit denen des Herodot über die Völker von Libyen überein und stehen nicht weit von dem Glauben nordamerikanischer Indianer an Abstammung ihres Volkes von wilden Tieren, von dem Glauben eines Teiles der Bewohner von Madagaskar an Abstammung von Affen und ähnlichen Vor-

---

*) Gerland in der Zeitschr. f. Völkerpsychologie, Bd. 5, S. 266.
**) Zürcher Taschenbuch 1879, S. 156 (Deckenbilder in der Zunftstube der Schmiede). — Geschichte der bildenden Künste in der Schweiz (Bilder in der Rosette der Kathedrale von Lausanne).
***) Germania 46.

stellungen anderer Völker*). Was also die neuere Zoologie von tierähnlichen Anfängen des menschlichen Daseins lehrt, ist dem Bewußtsein oder wenigstens der Ahnung von Naturvölkern nicht fremd. Griechen und Germanen haben freilich ihren Ursprung auf einen andern Boden gestellt. Der begreifliche Trieb nationalen Stolzes, den Ursprung des eigenen Volkes möglichst weit bis an den Anfang der Dinge hinaufzurücken, dasselbe als ein zentrales, als älteste und eigentlich allein vollbürtige Menschheit darzustellen, erzeugte zunächst den Anspruch auf Autochthonie, welcher mit den Theorien moderner Wissenschaft von succefsiver Einwanderung der meisten Völker in ihre spätern Wohnsitze so sehr in Widerspruch steht. Bei der Annahme von Autochthonie hätte man die Menschen aus Steinen und Bäumen entstehen lassen können, wie es griechische und germanische Sagen andeuten**); aber die Anthropogonie wurde meist mit Kosmogonie und Theogonie verbunden und so auch die Ethnogonie mitten in die Mythologie hineingerückt. Wenn das nationale Volkstum mit übermenschlichen Wesen in Verbindung gebracht werden sollte, konnte freilich nicht ohne weiteres ein mythisches Urvolk angenommen werden, sondern an die Stelle eines solchen mußten einzelne Geschlechter oder Helden treten, die ganz oder teilweise von Göttern abstammten. Aus jenen läßt dann die Sage zunächst Volksstämme erwachsen, welche miteinander kämpfen, bis aus ihrer Vermischung die Grundlage des historischen Volkes hergestellt ist.

Sollte irgend ein mythisches Volk als Grundlage eines wirklichen angesehen werden, so könnte es wohl nur ein Volk von Riesen oder Zwergen sein; denn diese stehen trotz ihres Abstandes vom Mittelmaß des Menschen diesem am nächsten. Daß der Glaube an Riesen und Zwerge auf der Anschauung un-

---

*) Bastian in der Zeitschr. f. Völkerpsychologie, Bd. 5, S. 153 ff. 310. Sogar das Ramayana spricht vom Verkehr der Menschen mit Affen als ihren Vorfahren.

**) Hierher gehört die Redensart: οὐκ ἀπὸ δρυός οὐδ' ἀπὸ πέτρης (Odyssee 19, 163) zur Bezeichnung nachweisbarer Herkunft eines Menschen. Nach Hesiod Opera et dies 129 stammte das dritte Menschengeschlecht aus Eichen, wie nach der nordischen Edda der erste Mensch Askr hieß und noch ein später Volksreim die sächsischen Mädchen auf den Bäumen wachsen läßt.

gewöhnlich großer und kleiner Menschen resp. auf der Erinnerung
an solche beruhe, wird niemand behaupten; er ist eine freie
Schöpfung der mythologischen Phantasie, konnte aber, nachdem er
einmal entstanden war, durch wirkliche Anschauungen von jener
Art genährt und länger erhalten werden, als er sonst gedauert
hätte. Abstammung der Menschen von Riesen oder Zwergen
finden wir nun zwar nirgends angenommen*), weil man sich
eines spezifischen Unterschiedes dieser, sowie anderer Mittelwesen
von dem Menschen immer bewußt blieb, und zwar nicht nur in
Hinsicht auf die leibliche Gestalt, sondern auch auf die gesellschaft=
liche Form des Lebens. Aber Spuren davon, daß wenigstens
in der spätern Sage Erinnerungen an vorhistorische Völker
und auch Vorstellungen vom Ursprung historischer gelegentlich
mit den noch fortlebenden Sagen von Riesen und Zwergen
zusammenflossen, finden wir auf dem Boden des mittlern und
nördlichen Europa da und dort; auch in Vorderasien**). Daß
dabei Riesen häufiger vorkommen als Zwerge, erklärt sich leicht;
denn auch im heutigen Sprachgebrauch ragt ein „Riese", von einem
ungewöhnlich großen Menschen gesagt, über das gewöhnliche Maß
weniger hinaus, als ein „Zwerg", von einem auffallend kleinen
Menschen gesagt, unter jenem Maß zurückbleibt. Es lag also in der
Annahme von Abstammung eines Volkes aus riesischem Geschlecht
keine gar zu unehrenvolle Abnahme an Körpergröße, während um=
gekehrt die mit „Zwerg" verbundene Vorstellung von krüppelhafter,
verkümmerter Gestalt die Möglichkeit einer Zunahme, resp. einer
Abstammung der Menschen von Zwergen auszuschließen schien.
Die vielbesprochene Frage, ob die Menschheit im ganzen oder ein
einzelnes Volk seit ältester Zeit an Leibesgröße ab= oder zugenom=
men habe, müssen wir den Anthropologen überlassen; dagegen dürfen
wir nie vergessen, daß die fraglichen Begriffe Riese und Zwerg,
wie alle quantitativen, immer etwas Relatives an sich haben. Im
äquatorialen Afrika gibt es Reste von alten Völkern, welche etwas
Zwerghaftes an sich haben, obwohl das durchschnittliche Maß der

---

*) Nach 1. Mose 6, 4 waren aus der Verbindung der „Söhne Gottes"
mit den Töchtern der Menschen Riesen erwachsen.

**) Den in Palästina einwandernden Kanaanitern traten wilde Ur=
einwohner entgegen, die später als Riesen gedacht wurden. Hehn a. a. O., S. 19.

Individuen immer noch vier Fuß beträgt, sowie umgekehrt die
Patagonier in Südamerika etwas Riesenhaftes haben, obwohl sie
im Durchschnitt nicht über sechs Fuß messen *). Eine Folge
dieser Relativität der sprachlichen Bezeichnungen ist auch, daß
einem Volke von etwas kleiner und schwacher Leibesbeschaffenheit
feindliche Nachbarvölker, welche ihm an Körpergröße und Kraft
überlegen und dadurch gefährlich waren, leicht als „Riesen" er=
scheinen konnten, sowie umgekehrt ein Volk von der letztern Art
auf ein solches von der erstern verächtlich herabsehen und ihm
einen entsprechenden Spottnamen geben, sich selbst aber der
Abstammung von Riesen rühmen mochte. Auffallende Unterschiede
dieser Art mußten, wenn sie auch in Wirklichkeit nichts Wunder=
bares hatten, in der Erinnerung und Sage späterer Zeit über=
trieben, jenen Charakter annehmen.

J. Grimm hat in seiner Mythologie einige Namen älterer
Völker mit Bezeichnungen von Riesen zusammentreffend gefunden;
aber die lautliche Identität der betreffenden Wörter ist zum Teil
zweifelhaft. Ein alter süddeutscher Name für Riese war Durs **),
noch erhalten in Ortsnamen wie Tursenried, Tursenthal, in der
Schweiz vielleicht Durstalden (aus Durs=stalden, dem urkund=
lichen Namen des jetzigen zürcherischen Dorfes Dürstelen). Grimm
vergleicht dieses Wort mit der Stammsilbe des Volksnamens
Tyrsener, Tyrrhener, eines Teils der Bewohner von Etrurien,
wobei an die von römischen Geschichtschreibern berichtete Rück=
wanderung eines Teiles der Etrusker nach Norden (Rätien) ge=
dacht werden müßte. Eine Glosse erklärt Ambro durch devorator,
manezo (letzteres wörtlich übersetzt: Menschenfresser, womit dem
altzürcherischen Geschlecht der Manesse eine etwas verdächtige Ab=
kunft zugeschrieben wird!). Die Riesen erscheinen allerdings in
deutschen Märchen gelegentlich auch als Menschenfresser; die
Ambronen aber sind ein historisches, mit den Teutonen auf ihrem

---

*) Im neuen Reich 1879, 2. Hälfte, S. 153 ff.
**) Das Wort bedeutet eigentlich einen Durstigen, wie der nord=
deutsche Riesenname Eten einen Gefräßigen, beide Namen bezüglich auf
die gierige und verzehrende Natur der Riesen. Das von Herodot mehrfach
erwähnte Volk der Agathyrsen und die skythischen Thyrsageten dürfen nach
dem Lautgesetz nicht hierher gezogen werden.

Zug über die Alpen verbundenes keltisches Volk.   Das mittel=
hochdeutsche Wort Hiune (gesprochen Hûne) bedeutet: Hunne,
Ungar, aber auch: Riese, und Hünen heißen bekanntlich im spätern
Sprachgebrauch die als riesenhaft gedachten ältern Bewohner
deutscher und schweizerischer Lande, deren Gebeine und Geräte,
besonders Waffen, in alten Gräbern gefunden werden.   Den
Hunnen werden von den Geschichtschreibern des Mittelalters die
später in Ungarn erscheinenden Avaren (lateinisch auch Abari)
gleichgesetzt, welche Nestor Obri nennt. Slavisch obor bedeutet
aber Riese und ist nach Grimm von jenem Volksnamen abstrahiert,
also parallel zu Hunne = Hüne. Wenn der Name Avari ge=
sprochen wurde, so fiel er mit dem lateinischen Appellativ avari,
Gierige, zusammen und konnte ebenso auf die gierige Natur der
Riesen wie auf die Raubgier jenes Volkes bezogen werden. —
Die mit Hunnen, Avaren und Ungarn stammverwandten Finnen
der spätern Zeit heißen bei den Russen Tschuden; dasselbe Wort
bedeutet aber auch Riesen, und die Tschudengräber in Rußland
entsprechen unsern Hünengräbern*). Jedoch folgt daraus nicht,
daß die Finnen den Slaven als Riesen erschienen, sondern das
Wort scheint in jener Verbindung den Begriff von „Ureinwohner"
angenommen zu haben. In der Edda ist Finn auch Name eines
Zwerges, und der in der Sage berühmte Schmied Wieland mit
seinen Brüdern stammt von elfischem Geschlechte, heißt aber auch
Sohn eines Finnenkönigs, und die mit den Finnen nächst=
verwandten Lappen erscheinen in Sagen mit dem Charakter von
Zwergen (s. unten). Ein altdeutscher Name für Riese war noch
Ent; er findet sich in dieser Gestalt bei den Angelsachsen, mit
verschobenem Auslaut vielleicht im bairischen Dialekt, wo enz= als
erster Teil von Zusammensetzungen etwas Großes, Ungeheures
bezeichnet und das Adjektiv enzerisch dieselbe Bedeutung hat; in
der Schweiz erscheint Enzi= in Namen von Bergen und Berg=
geistern; daneben allerdings auch Entibühl als Name eines Hügels,
wo alte Gräber gefunden wurden; vgl. „enterisch" im Deutschen

---

*) Daß der Name Skythen   Tschuden sei, bestreitet Grimm (Gesch.
d. d. Spr. 153) gegenüber Schafarik schon aus lautlichen Gründen; aber
seine eigene Deutung des Namens (entsprechend dem germanischen skiutan,
schießen) stimmt ebenfalls nicht zum Lautgesetz.

Wörterbuch). Zusammenhang dieses Wortes mit Antes, dem alten
Namen eines Teiles der slavischen Völker, wird von Grimm nur
frageweise berührt, dagegen angenommen von Schafarik*). Jor-
danes**) nennt die Antes „fortissimi", was zu riesenhaftem
Wesen stimmen würde. Ob das Wort ursprünglich slavischer
Eigenname gewesen und bei den Germanen appellativ geworden,
oder ob umgekehrter Hergang anzunehmen sei, mag zweifelhaft
bleiben ***); sicher aber ist, daß die Vorposten der Slaven seit
alter Zeit mit den Germanen nahe zusammen wohnten und noch
später weit nach Deutschland hinein reichten. — Das letztere gilt
von dem slavischen Volke der Wilzen, lateinisch Wilzi und Wilti,
in älterer Form Weletabi, Weleten, an der Elbe seßhaft, von
wo nach Schafarik †) ein Teil derselben (mit den Angeln und
Sachsen?) nach England gezogen sein soll (?). Neben Wilzen
kommt, später und seltener, auch die Namensform Wilken vor,
welche aus der lateinischen Schreibung Vilci entstehen konnte,
wenn das c derselben als k gelesen wurde. Ähnlich schwankt in
der altnordischen Thidriksage die Schreibung zwischen Villcinga-
und Villzina-menn, womit dort ein über Skandinavien verbreitetes,
aber auch nach Polen gedrungenes Volk bezeichnet wird, dem das
historische Slavenvolk der Wilzen freilich nicht zur Grundlage,
wohl aber zur Stütze seines Namens gedient haben wird. Aus
dem Geschlechte des Königs Vilcinus stammen nämlich nach der
Sage mehrere Riesen; man hat daher auch den Namen (unter
der Voraussetzung, daß k der ursprüngliche Laut sei) mit „Wolken"
(welches alte Singularform ist) und mit englisch welkin, Luft
und Himmel, in Verbindung gebracht, da die deutschen Riesen oft
Wettererscheinungen bedeuten. Anderseits bedeutet das dem Volksnamen Welet entsprechende russische Wolot auch Riese; in den
russischen Volksmärchen wird den Woloten übernatürliche Kraft
zugeschrieben, und die Weißrussen nennen die in ihrer Gegend
vorkommenden alten Grabhügel Wolotowki oder Wolotki. Man

---

*) Slav. Altertümer 2, 22 ff. — **) de orig. Getarum cap. 5.
***) Das e, mit dem das Wort im Angelsächs. erscheint, erklärt sich
als Umlaut von a. Der von Grimm, Mythologie 3, 151 beigebrachte Ortsname Anzivar zeugt, wenn er überhaupt hierher gehört, für ursprüngliches a.
†) a. a. O. 2, 551 ff.

mag nun für die ursprüngliche Form des Volksnamens ein t oder
ein k, oder man mag zwei ursprünglich verschiedene, nur zufällig
ähnlich lautende Namen desselben Volkes annehmen, so scheint
die Thatsache zu bestehen, daß Deutsche und Slaven dasselbe mit
Riesen vermengt haben.

Zwischen Riesen und Zwergen halten eine gewisse Mitte
die dem deutschen Volksglauben unter verschiedenen Namen bekannten „Wilden Leute", auf rätoromanischem Gebiete „Fänken"
genannt. Sie tragen manche Züge einer Urbevölkerung, die, von
fortschreitender Kultur ausgeschieden oder ausgestoßen, in die
Einsamkeit der Berge und Wälder zurückgewichen ist, doch bisweilen noch als älteste Inhaberin des Landes angesehen und zu
Ehren gezogen wird, wie das Wildmännchen und Wildweibchen
an der Älpler Kirchweih in Stans.

Noch deutlicher tritt diese Auffassung bei den Zwergen hervor.
Diesen hatte der älteste Glaube eine Fülle geistiger Kräfte zugeschrieben, durch die sie Göttern und Menschen ebenso wichtig
erscheinen mußten wie die Riesen. Aber die spätere Sage kehrt
an den Zwergen nur noch die schwächere Seite hervor: sie sind
zwar durch ihre Unscheinbarkeit und teilweise Unsichtbarkeit vor
raschem Untergange geschützt und bewähren in der That eine zähe
Lebenskraft; aber sicherm Untergang sind sie dennoch geweiht.
In den Stadien ihres allmählichen Verschwindens zeigen sie
auffallende Ähnlichkeit mit denjenigen Erscheinungen, die wir beim
Untergang eines wirklichen Volkes teils beobachten können, teils
uns denken müssen. Diese Parallele ist besonders von Rochholz[*])
geistreich und zum Teil schlagend nachgewiesen worden. Sie
beruht auf der oben ausgesprochenen Ansicht, daß die Sage mit
dem wirklichen Leben Schritt halte, ihm gleichsam nachrücke, also
Erinnerungen wirklicher Ereignisse, nachdem sie erblaßt sind, mit
viel ältern, aber ähnlichen mythischen Vorstellungen vermische
und so ein Schattenbild geschichtlichen Lebens darstelle.

Gegenüber der von der antiken Poesie angenommenen Auf-
einanderfolge eines goldenen, silbernen, ehernen und eisernen
Zeitalters hat die neuere Forschung die Perioden der ältern

---

*) In der Argovia Bd. 5, S. 294—316.

Kulturgeschichte nach den Materialien, welche zur Verfertigung der Geräte dienten, in ein Stein=, Erz= und Eisenalter unter= schieden, in aufsteigender, nicht absteigender Reihe und nicht in moralischem, sondern in technischem Sinne. Seither hat man mannigfache Übergänge zwischen diesen Stufen gefunden, so daß von einem ausschließlichen Charakter derselben nicht mehr die Rede sein kann; doch bleiben die drei Knotenpunkte der Ent= wicklung im Sinne eines durchschnittlichen Vorwiegens der drei Stoffe. Die Zwerge nun, gemäß ihrer muthischen Natur, lassen sich in diese moderne Einteilung menschlicher Kulturgeschichte nicht einfügen, aber sie begleiten dieselbe in mittelbarer und zum Teil negativer Weise. Ursprünglich, und auch noch später da und dort, arbeiten sie in Edelmetall; sie verfertigen Göttern und Menschen Geschmeide in Silber und Gold. Aber diese Stoffe finden sie im Innern der Erde, ihr eigentliches Element ist, wie das der Riesen, das Gestein; sie heißen ja darum auch Erd= männchen, wohnen in Höhlen und gleichen insofern den Troglodyten des Herodot und den Höhlenmenschen der neuern Forschung; auch die autochthonen Vorfahren höher gestiegener Völker sollen, wenn nicht aus Bäumen, aus Steinen hervorgegangen sein, wie nordamerikanische Indianer es von den ihrigen behaupten und wie kleine Kinder noch heute bei uns aus dem Gestein gewisser Berge geholt werden. Die Geräte der Urvölker sind, wenn nicht aus Knochen von Tieren, aus den Knochen der Erde, d. h. eben aus Steinen gefertigt, wie man sie in den ältesten Fundstätten, auch der Pfahlbauten, ausgegraben hat und wie sie auch den Zwergen zugeschrieben werden. Wie nun die Zwerge wegen ihres dunkeln Aussehens, das sich aus ihrem unterirdischen Aufenthalt erklärt, im Norden Schwarzelfen genannt wurden, so nannten die Isländer die im 9. Jahrhundert von ihnen entdeckten, eben auch in Erdhöhlen wohnenden Grönländer bla-menn (dunkle Leute).

Der älteste Lebensunterhalt der Menschen durch Jagd konnte den Zwergen gemäß ihrer leiblichen Beschaffenheit und ihrer Gebundenheit an Erdwohnung nicht zugeschrieben werden; wohl aber konnten sie mit den Menschen zur Viehzucht fortschreiten, und entsprechend ihrem Aufenthalt im Gebirge weisen die Alpen= sagen ihnen die Zucht oder Obhut der Gemsen zu. Wenn aber das Menschenleben zu den Anfängen der Landwirtschaft fortschreitet, so vermag das Volk der Zwerge diesem Fortschritte nicht mehr zu folgen; es beginnt die Übermacht des heranwachsenden Menschengeschlechts zu empfinden und sucht zunächst in dienender Stellung sich demselben anzubequemen. Die Zwerge finden als Lohn für ihre Dienstfertigkeit Zuflucht und Unterkunft bei den Menschen; sie werden geduldet, zuweilen aber auch zudringlich gefunden und dann verspottet oder verscheucht. In diesen Zügen der Zwergsagen spiegelt sich das Schicksal einer von einem erobernden Volke vorgefundenen ältern Bevölkerung des Landes, welche unterworfen, aber gelitten wird, so lange ein für beide Teile ersprießliches Einvernehmen möglich bleibt. Aber der stärkere Teil läßt den schwächern seine Übermacht fühlen oder mißbraucht sie geradezu; das unterworfene Volk findet seinen Zustand unerträglich, und da es nicht mehr auswandern kann, zieht es sich in die Einöden zurück, wo es allmählich ab= und ausstirbt. Diese Vorgänge hangen vielleicht zusammen mit der Verbreitung des Eisengerätes, nicht bloß zu Waffen, sondern auch zum Ackerbau, dessen Pflege auch die gesellschaftlichen Zustände vermannigfaltigt und dichtere Bevölkerung möglich macht, dagegen dem Fortbestand einfachen Naturlebens wenig Raum mehr gewährt. Das sind die Zeiten, wo die vereinsamten Zwerge einander in der Wildnis zurufen: „Der König ist tot!" und Rochholz erinnert daran, daß in der Umgebung desselben aargauischen Dorfes, wo Schädel eines ausgestorbenen Volkes gefunden worden sind, nach der Sage die letzten Zwerge verschwunden sein sollen. In der Ostschweiz und in Vorarlberg heißen die Zwerge Walser, was sonst der Name jener deutschen Kolonisten ist, die im Mittelalter aus Ober=Wallis nach Rätien versetzt wurden und dort alte Rechte bewahrt, also ein glücklicheres Schicksal als die Zwerge erfahren haben; sie leben aber in einigen Thälern so abgesondert und zurückgezogen, daß sie dennoch mit den Zwergen verglichen werden können.

Skandinavische Sagen aus dem Eisenalter lassen die Lappen als eine Art von Geistern erscheinen, die in den Bergen wohnten, listig, kunstfertig in Geschmeiden, Hüter von Schätzen u. s. w., also gleich den Zwergen. Die Lappen selbst glauben aber an ein eben solches Volk, ihnen selbst ganz ähnlich, nur glücklicher, reich durch Zauberkünste, daher sie den Beistand dieser Geister, als ihrer verklärten Vorfahren, zu erlangen suchen *).

Wir haben aber zum Schluß auch aus Deutschland ein Beispiel anzuführen, daß noch in neuerer Zeit der Name und die Thätigkeit eines bestimmten Volkes oder wenigstens der Bewohner einer volkreichen Stadt mit dem Wesen und Treiben der Zwerge in merkwürdiger Weise sich verbunden hat. Die betreffenden Volkssagen erstrecken sich aus der Schweiz und dem Süden von Deutschland bis nach Thüringen und in den Harz hinein und knüpfen sich an den Namen der Venetianer, der aber in der Sage mit kürzerer und deutscher Endung meistens die Form Venediger angenommen hat **). Im Fichtelgebirg und in Sachsen erscheint statt dessen der Name Walen, d. h. Walchen, Welsche; in der Lausitz erzählt man von Fensmänneln, in Öster- reich von Fenesleuten, welche Benennungen vielleicht eher auf den aus der Tannhäusersage bekannten Venusberg, in dem auch Zwerge hausen, als auf Venetien zu beziehen sind. Die Venediger er- scheinen vorzugsweise in Gegenden, wo Bergbau betrieben wird oder wurde, und sie selbst treten als Bergleute, Schatzgräber oder Metallarbeiter auf. Mit fremdartiger Kleidung und Sprache er- scheinen sie von Zeit zu Zeit einzeln in den betreffenden Gegenden und verkehren mit der einheimischen Bevölkerung nur so weit, daß sie sich Wege ins Gebirge zeigen lassen; dort betreiben sie mög- lichst geheim und schnell ihre Arbeit und verschwinden wieder in so rätselhafter Weise, wie sie gekommen waren. Diese teilweise Unsichtbarkeit oder wenigstens fast geisterhafte Schnelligkeit der Bewegung, ferner die Bearbeitung edler Metalle in den Bergen, zuweilen auch Zaubergewalt über das Wetter, endlich die Ab- nahme ihrer Erscheinung in neuerer Zeit — alle diese Züge haben die Venediger mit den Zwergen gemein. Auch als Zauber- künstler, Wunderärzte und Wahrsager gleichen sie ihnen zum Teil

---

*) vgl. Helms, Lappland. Leipzig 1848.

**) Über diesen Gegenstand hat zuerst L. Storch in der Gartenlaube 1862, S. 559 ff. geschrieben; ich habe ihn, zunächst vom schweizerischen Standpunkt aus, in der Zeitschrift „Illustrierte Schweiz" (Bern 1873) S. 182 ff. 192 ff. behandelt und muß für das Stoffliche auf jene Ab- handlung verweisen.

noch, streifen aber doch mehr an die Gestalt fahrender Schüler des spätern Mittelalters oder industrieller Abenteurer der neuern Zeit. Mit Metallarbeit, ihrem Hauptberuf, ist die ihnen zu= geschriebene Heilkunst wohl vereinbar, wenn man bedenkt, daß die Anfänge der letztern mit denen der Mineralogie und Chemie phantastisch verschlungen waren, und daß der von den Alchymisten gesuchte Stein der Weisen sowohl zur Bereitung des Goldes wie zur Erreichung hohen Alters dienen sollte; auch waren Schmiede= kunst und Heilkunst schon im Altertum als eine Art von Zauberei angesehen *). Einzelne Familien, bei denen Venediger freundliche Aufnahme fanden, werden von ihnen reichlich belohnt durch kost= bare Geschenke oder Mitteilung ebenso wertvoller Kenntnisse, und auch das stimmt noch zu den Zwergsagen, dagegen nicht mehr der Schluß der meisten Venetianersagen, der darauf hinausgeht, daß irgend ein Landeskind aus einer der von Venedigern be= suchten Gegenden später einmal durch Geschäft oder Zufall nach Venedig geführt, daselbst einen Mann von jener Art, den es einst in seiner Heimat gesehen oder gar als Führer ins Gebirge begleitet hatte, als reichen Goldschmied oder Juwelier wieder= findet, dann wohl auch von ihm erkannt, belohnt und etwa durch einen Zauberstreich nach Hause versetzt wird. Dieser letzte Zug gehört freilich wieder in das Reich der Phantasie; aber auch der Reichtum von Venedig grenzte ans Fabelhafte, besonders durch die Verbindung der Stadt mit dem Orient, dem Lande der Wunder. In Regensburg gab es eine Walenstraße, in welcher geschickte und berühmte welsche Goldschmiede wohnten, und Walen hießen in Bayern überhaupt kunstfertige Goldarbeiter. Daß Italien auch als Heimat oder Schule der Zauberkünstler (z. B. des Dr. Faust) galt, ist ebenfalls bemerkenswert und stimmt zu dem oben berührten Zusammenhang der beiden Künste, soll uns aber nicht abhalten, neben der Ähnlichkeit der sagenhaften Vene= diger mit Zwergen auch Unterschiede zu bemerken. In der Schweiz bestehen die Sagen von beiden durchaus getrennt nebeneinander, während die tirolischen „Venedigermandl" allerdings den Berg= männchen entsprechen und sonst keine ausdrückliche Beziehung auf

*) vgl. Schrader, Sprachvergleichung und Urgeschichte, S. 233.

Venedig haben, das doch dort näher liegt. Hinwieder erscheinen
die Venediger in Schweizer Sagen nirgends ausdrücklich in zwerg=
hafter Gestalt; ein Hauptunterschied ist aber, daß die Zwerge
allenthalben als ein Völklein beisammen leben, wenn sie auch
den Menschen zuweilen einzeln erscheinen, während die Venediger
immer nur als einzelne ins Gebirge kommen. Damit hängt zu=
sammen, daß diese Gold suchen, die Zwerge aber ihrer Natur
nach es bereits besitzen und nur verarbeiten, um es gelegentlich
an Menschen zu verschenken, meist als Lohn für geleistete Dienste.
Das thun die Venediger allerdings auch; aber es besteht hier
wieder der feinere Unterschied, daß das, was sie als Lohn geben,
in seinem gewöhnlichen metallischen Wert ohne weiteres erkannt
wird, während die Gaben der Zwerge, zuerst unscheinbar, erst
nachher ihren wahren Wert offenbaren. Auch die von den Berg=
geistern auferlegte Bedingung des Stillschweigens, wenn die Gaben
dauernden Segen wirken sollen, erscheint bei den Venedigern
selten oder nur in der entstellten Form, daß das Geheimnis ihrer
Goldmacherkunst gewahrt werden soll.

Auch wenn trotz den zuletzt hervorgehobenen Unterschieden
die Venediger nur eine vergröberte, mehr ins Menschliche gezogene
Gestalt der Zwerge sein könnten, so müßte doch ihr Name aus
irgend welchen realen geschichtlichen Verhältnissen und Thatsachen
erklärt werden. Wenn der Flug der von mythischer Phantasie
ausgegangenen Sage ermattet ist, so läßt sie sich, wie der Zugvogel
auf den Mast eines Meerschiffes, auf Anhaltspunkte nieder, um
von dort aus einen neuen Ansatz oder Aufschwung zu versuchen.

Als im Mittelalter Venedig den Handel auf dem Mittel=
meer beherrschte und Handelsverbindungen zunächst mit süd=
deutschen Städten, durch diese aber auch mit norddeutschen pflegte,
mögen unternehmende Bürger der Lagunenstadt zur Erweiterung
oder Befestigung einzelner Gewerbszweige Deutschland bereist,
an einzelnen Orten sich eine Zeit lang aufgehalten, wohl auch
dauernde Niederlassungen gegründet und von dort aus ein
weiteres Gebiet ausgebeutet haben. Insbesondere mögen sie
Gegenden, in denen Bergbau betrieben wurde, aufgesucht und dort
das Rohmaterial für seine Metallarbeiten zu gewinnen gesucht
haben, natürlich in möglichst geheimer Weise. Wo sie selbst oder

ihre Sendlinge nicht hingelangen konnten, mochten sie einheimische Bergleute in Dienst nehmen, und auch auf diesem Wege konnte ihr Ruf sich weiter verbreiten. Aber schon bevor in den Stürmen der Völkerwanderung von Flüchtlingen die Stadt Venedig gegründet war, hatten die Bewohner jener Gegend, die alten Veneter, ein keltisches oder illyrisches Volk, einen Verkehr des nördlichen Europa mit dem südlichen vermittelt, und zwar in einem Handelsartikel, der von Griechen und Römern als Stoff für Schmucksachen fast so hoch wie Gold und Silber geschätzt wurde — dem Bernstein*).

Dieses seltsame Produkt der Ostseeküste wurde von dort auf mehrern Wegen nach dem Süden gebracht; einer derselben mündete am Adriatischen Meere. Schafarik**) schreibt diesen Handel den slavischen Wenden zu, die sonst immer Veneti oder Vinidae heißen und auch nach der Ansicht von Baumeister***) bis nach Bayern hinein wohnten, jedoch unter dem Namen Winden, der mit Venediger nicht mehr zu vermitteln ist. Es ist möglich, daß schon seit jener Zeit mit dem Namen der Veneter sich gewisse Vorstellungen von Reichtum und Kunstfertigkeit verbanden. Was für Waren die Veneter als Tauschartikel für den Bernstein nach Norden lieferten, wissen wir nicht bestimmt; wahrscheinlich waren es Edelmetalle, daneben auch Erz, das auf diesem Wege bezogen wurde, bevor man es im eigenen Lande gewinnen lernte.

Die deutschen Sagen von Venedigern gehen, wie schon diese Form des Namens zeigt, nicht auf so alte Zeit zurück und knüpfen sich zunächst nur an die berühmte Stadt, die später auf jenem Boden erwachsen ist. Besondere Beziehungen geschichtlichen Verkehrs in neuerer Zeit, die gerade für die Schweiz nicht fehlen, mögen dazu beigetragen haben, den Namen jener Stadt im Bewußtsein des Volkes lebendig zu erhalten. Von allgemeinerer Bedeutung ist die Thatsache, daß Venedig nicht nur zur Zeit der Kreuzzüge, sondern noch viel später der Ausgangspunkt für Fahrten auch einzelner Pilger nach dem heiligen Lande, also ein

---

*) Über die Fundstätten und die Verbreitung des Bernsteins s. Müllenhoff, D. Altertumskunde Bd. I.
**) Slav. Altertümer 1, 101 ff. 257 ff.
*) Alemannische Wanderungen S. 150.

Berührungspunkt zwischen Abend= und Morgenland war, dem die Phantasie manches Wunderbare zuschreiben konnte.

Bleibt nach allem bisher Gesagten die Berührung der Venediger mit den Zwergen ein bloßer Zufall und mit einem Rest von Rätselhaftigkeit verbunden, so mochte es immerhin gestattet sein, die gesamte Betrachtung auf diesen Punkt auslaufen zu lassen*).

---

*) Eine Parallele zu den Völkernamen, welche im Zwielicht von Sage und Geschichte stehen, ist der Landesname England und Britannien, der nach mittelalterlichen Quellen (vgl. W. Müller, Mythologie d. deutschen Heldensage, S. 112) auch das Totenreich bezeichnet, als Insel im Westen gedacht, weil man sich das Abscheiden aus der Lebewelt unter dem Bilde einer Fahrt über Wasser vorstellte. Ein rein mythischer Name für denselben Begriff war Magonia.

Die alten Jungfern im Glauben und Brauch des deutschen Volkes.

Seit einiger Zeit haben die Lebensverhältnisse der höhern Stände in den größern Städten sich so gestaltet, daß ein beträchtlicher Teil der erwachsenen Personen beim besten Willen nicht mehr dazu kommt, in den Stand der Ehe treten zu können, und infolge davon geht vielleicht das öffentliche Urteil über die Ehelosigkeit einer allmählichen Veränderung entgegen. Es ist zwar kaum zu erwarten, daß die Schätzung des Ehestandes selbst eine merkliche Abnahme erlitten habe oder erleiden werde, da die Notwendigkeit und die heilsamen Wirkungen desselben als der physischen und moralischen Grundlage der menschlichen Gesellschaft zu sehr am Tage liegen; aber das Urteil über die Ehelosigkeit kann doch sehr verschieden ausfallen, je nachdem man dieselbe als einen selbsterwählten resp. selbstverschuldeten Zustand betrachtet oder als eine in gewissem Maße unvermeidliche Folge herrschender sozialer Übelstände, welchen ein Teil der Bevölkerung zum Opfer fallen müsse, wie etwa gewissen Krankheiten oder gar Verbrechen. Die Statistik weist nach, daß auf dem Lande und in kleinern Städten, wo die Lebensverhältnisse einfacher und natürlicher geblieben sind, Ehen zwar oft erst in etwas reiferm Lebensalter, aber immer noch häufiger vorkommen als in großen Städten. In demselben Maße wird dort auch das Urteil über die Ehelosigkeit als einen verhältnismäßig ausnahmsweisen, also auffallenden Zustand weniger günstig sein; denn die öffentliche Meinung urteilt nach Durchschnitten und Mehrheiten und weiß Ausnahmen nicht zu begreifen. Da nun die ländliche Bevölkerung in Reden und Bräuchen mehr Offenheit als Zartgefühl walten läßt, so ist sich nicht zu verwundern, wenn etwelche Geringschätzung des ehelosen Standes sich in Wort und That ziemlich unverhohlen äußert, und zwar so, daß derselbe mehr Spott als etwa Mitleid hervorruft. Hier muß nun freilich sogleich erinnert werden, daß diese Beurteilung des ledigen Standes nicht beide Geschlechter in gleichem Maße trifft, sondern vorzugs= weise das weibliche. Dieser Unterschied wird seinen Grund in der natürlichen Beschaffenheit haben, vermöge welcher das männliche Geschlecht, durchschnittlich mit größerer Kraft und Selbständigkeit ausgestattet und dadurch auch für einen größern Umfang von Berufs= und Existenzarten befähigt, eher im Stande ist, im Notfall die Ehelosigkeit zu ertragen und leidlich zu gestalten, während das weibliche Geschlecht mehr darauf angewiesen ist, im Anschluß an das männliche nicht nur eine Existenz zu suchen, sondern in derselben auch die besten Eigenschaften seines Wesens erst recht zu entfalten. Nun ist es ja möglich, — und manche Erscheinungen neuester Zeit deuten darauf hin — daß jener Unterschied zunächst in den Städten, wo er bisher auch am empfindlichsten war, sich mildere und daß eine Ausgleichung der Rechte und Leistungen beider Geschlechter allmählich in höherm Maße Platz greife, als man früher für möglich erachtete. Aber diese Fragen einer nähern oder fernern Zukunft können und sollen uns hier nicht beschäftigen, wo wir die rein theoretische und historische Frage uns vorgelegt haben, wie eine ältere Zeit in deutschen Landen den Stand lediger Weibspersonen betrachtet und behandelt habe und was davon bis auf heute, besonders auch in der Schweiz, als alter Glaube und Brauch, zuletzt nur noch als volkstümlicher Sprachgebrauch übrig geblieben sei.

Bei den Kulturvölkern des Altertums war die Schätzung des weiblichen Geschlechtes bekanntlich eine verschiedene, auch bei demselben Volke in verschiedenen Zeiten; aber wenn Kinder= erzeugung gewissermaßen als eine Pflicht des erwachsenen Bürgers, Kindersegen als Glück und Ehre angesehen wurde, so war damit für die zeitige Versorgung der Jungfrauen einigermaßen gesorgt, mochte ihre Stellung als Hausfrauen nachher mehr oder weniger günstig sein. Die von der Natur begünstigten und auch in der Kultur noch einfachern Lebensbedingungen erleichterten die Schließung von Ehen, und wenn gerade dem weiblichen Teile freie Wahl dabei wenig gestattet war, so mußte eben dadurch

auch der Fall des Ledigbleibens um so seltener werden. Wir
finden daher fast keine Nachrichten über eine besondere Auffassung
desselben; die Ausnahmen, die nicht gefehlt haben werden, konnten
neben der Regel weniger auffallen, in dem Maße, als das
weibliche Geschlecht im ganzen weniger berücksichtigt wurde.

Bei den alten Germanen hebt Tacitus (Germania, Kap. 20)
die verhältnismäßig späte Verheiratung der Männer hervor, welcher
auch eine größere Reise der Jungfrauen entsprach. Die spätern
Volksrechte enthalten darüber keine Bestimmungen, und für unsere
Frage ließe sich auch nichts daraus entnehmen, da es ja nicht
darauf ankommt, in welchem Alter man zur Ehe geschritten,
sondern in welchem Maße sie überhaupt verbreitet gewesen sei.
Wenn der Krieg einen beträchtlichen Teil der jungen Mannschaft
vorweg aufrieb, so mußte allerdings dadurch die Verheiratung
der Mädchen vermindert werden; aber der Selbsterhaltungstrieb
der Stämme mußte in demselben Grade auf Ersetzung der Verluste
gerichtet, und jedenfalls konnte die Ansicht vom Ehestand überhaupt
keine ungünstige sein, besonders wenn die Schätzung des weiblichen
Geschlechtes im ganzen etwas höher stand als bei den Völkern
des Altertums. Das Wort Hagestolz, welches allerdings in seiner
Grundform (hagustalt) sehr altertümlich ist, bezeichnet ursprünglich
nicht den ehelosen Mann als solchen, sondern den bei der Erbteilung
eines Bauernhofes mit einem kleinern Grundstück abgefundenen
Sohn (schweiz. „Erbvetter“, bei Gotthelf), der dadurch allerdings
auf Kriegsdienst und Ehelosigkeit angewiesen war, aber ohne
Einbuße an seiner männlichen Ehre und ohne allen spöttischen
Nebenbegriff, der erst durch die Umdeutung auf Stolz sich dem
Wort angehängt hat.

So ist es auch möglich, daß ledig gebliebene Jungfrauen
als Priesterinnen, Wahrsagerinnen und heilkundige Helferinnen
gerade im Kriege mitten unter den Männern eine angesehene
Stellung eingenommen und dadurch das Ansehen des jungfräulichen Standes überhaupt gehoben haben, wie bei den Römern
die Vestalinnen. — Das Christentum erhöhte die Geltung des
weiblichen Geschlechtes als solchen, ohne Rücksicht auf die Ehe;
aber indem es später das Klosterleben als sittliches Verdienst
beiden Geschlechtern eröffnete, war es der Beförderung der Ehe

(wenn dieselbe nicht dem Eintritt ins Kloster vorangegangen war) nicht günstig; auf die ehelos in der Welt gebliebenen Mädchen konnte immerhin das ungünstige Licht fallen, daß sie beide ihnen eröffnete Zufluchtsstätten eigenwillig verschmäht hätten.

Da positive Angaben über solche Dinge in den geschichtlichen Quellen älterer Zeit immer selten sind, so können wir die Ansicht des deutschen Mittelalters von dem ehelosen Stand nur aus der Quelle von Volksbräuchen und -Redensarten schöpfen, welche oft etwas trübe fließt, aber ihren Ursprung ohne Zweifel meistens in älterer Zeit hat, da die in jenen Äußerungen herrschende Symbolik dem Geiste der neuern Zeit durchaus fremd ist.

Wir wollen also an jene Quelle, und zwar wie sie zunächst auf schweizerischem Boden fließt, mit Bedacht herantreten und nur das noch vorausschicken, daß die fraglichen Ansichten und Bräuche vielleicht weniger schlimm gemeint waren, als es jetzt scheinen mag, und zwar erstens darum, weil zu dem ehelosen Stand nicht bloß die ganz hoffnungslosen alten Jungfern gehören, sondern auch die jüngern Mädchen, denen jeder Tag mit dem Eintritt in die Ehe einen Übergang von der vermeintlichen Schande zur Ehre bringen kann; zweitens aber darum, weil manches, was jetzt spöttisch und gehässig oder wenigstens rein komisch zu sein scheint, früher ehrenhaft und ernst gemeint gewesen sein kann. Wenn das ganze germanische Götterwesen später zu teuflischem Unwesen verkehrt werden konnte, so kann auch in der Sitten= geschichte unter gemeiner Oberfläche eine edlere Grundlage zu Tage kommen. Jedenfalls sind die Vorstellungen der Deutschen über das Schicksal der alten Jungfern weniger unheimlich als bei andern Völkern; s. Globus, Bd. XXXIV, Nr. 13.

Rein scherzhaft und wahrscheinlich erst aus neuerer Zeit stammend sind gewisse weit verbreitete Redensarten, welche sich auf das den alten Jungfern nach ihrem Tode bevorstehende Schicksal beziehen und ihnen meistens eine Beschäftigung zuweisen, welche als Strafe für ihre Mißachtung der natürlichen Triebe gelten soll und zum Teil nicht ohne Witz ausgedacht ist, meistens in Gestalt einer unfruchtbaren Beschäftigung. In Tirol müssen sie bis zum jüngsten Tag den kalten Boden des Sterzinger Mooses mit Fingerspannen ausmessen oder „Schnee reitern."

(Alpenburg, Mythen und Sagen Tirols, S. 350). Das Gegen=
stück dazu ist: in der Hölle Schwefelhölzchen und Zunder feil=
bieten (Philander von Sittewalt, Sechstes Gesicht, S. 389, Straß=
burg 1642). Weniger bedeutsam ist: Flederwische verkaufen
(Deutsches Wtb. 3, 1747). In Straßburg müssen alte Jungfern
„die Citadelle verbändeln helfen"; ähnlich in Basel „die Rhein=
brücke verbändeln und das Münster abreiben"; in Frankfurt „den
Pfarrtorn (Pfarrturm) bohnen", in Wien den Stephansturm;
in Nürnberg „mit den Bärten alter Junggesellen den weißen
Turm fegen." Unter den Fastnachtspielen erscheint: Einsalzen
der übrig gebliebenen Mägde. (Keller Nr. 76, 77, 91). Am
gelindesten erscheint die Strafe, die eher eine Wohlthat zu nennen
sein möchte, daß die alten Jungfern in eine Rendel geworfen
und als junge herausgeblasen werden, wie aus dem Jungbrunnen
alte Weiber verjüngt hervortauchen. Die Strafe der alten
Jungfern wird auch dadurch etwas gemildert, daß den Hagestolzen
da und dort Ähnliches zugedacht wird; so in Tirol: „Nebel
schichten, Wolfen schieben, Felsen abreiben, Steinböcke einsalzen,
den kleinsten Ameisen einen Drahtring durchs Maul ziehen,
Linsen wie Scheitholz klaftern, schwarzen Gänsekot weiß kauen."
Doch scheint dergleichen erst nachträglich von den Jungfrauen
ersonnen, um das Gleichgewicht herzustellen. Wichtiger ist und
weiter führt uns der Umstand, daß den Verstorbenen bestimmte
Aufenthaltsorte angewiesen sind, an welchen sie die genannten
Thätigkeiten und ähnliche ausüben oder entsprechende Leiden
erdulden sollen. Schon in den obigen Angaben waren zwei
solche Orte mit genannt, das Sterzinger Moos in Tirol und
die Hölle; in der Schweiz findet sich die Angabe, daß die alten
Jungfern auf den Gletscher des schauerlich wilden Rotthales
kommen (unterhalb der Jungfrau im Berner Oberland), wohin
noch eine Menge anderer unseliger Geister verbannt werden. Die
alten Junggesellen kommen ebenfalls an bestimmte Stellen, in Tirol
auf den nahe am Sterzinger Moos liegenden Roßkopf, in Wallis
in die Aucenda=Kluft bei Ger, wo sie in durchlöcherten Körben
Sand aus der Rhone zu Berge tragen müssen; in Solothurn in
den sogenannten Affenwald. Diese Angaben scheinen aber wieder
nur eine Erwiderung auf den Namen des Ortes zu sein, an welchen

nach weit verbreitetem Glauben und Sprachgebrauch die alten
Jungfern kommen und um den sich die meisten andern hieher
gehörigen Vorstellungen konzentrieren. In der Schweiz heißt dieser
Ort meistens das „Giritzenmos", dessen Bedeutung wir nun zunächst genauer erforschen müssen, um dann zu der Sitte des „Mosfahrens" überhaupt und ähnlichen ältern Umzügen überzugehen,
welchen eine allgemeinere und ernstere Bedeutung zukam. —

„Giritz" (meist mit langem i der ersten Silbe und masc.,
seltener „Giritze", fem.) ist die in der heutigen Volkssprache der
Schweiz herrschende Form des Namens für den Vogel Kibitz
(tringa vanellus, van. cristatus); von den vielen andern Nebenformen desselben handelt das Deutsche Wtb. 5, 657 58. Der
schweizerische Lexikograph Maaler schreibt Gyfiz und Gybitz,
Redinger Kifiz und Geiriz, Denzler Gyfiz; am Zürichsee kommt
auch Giwir vor, in Bern Gywitz; über dem Bodensee Gewitz
u. s. w. Die heutige Form erinnert zunächst an das Verbum
„giren", welches den hellen Ton z. B. frisch gewichster Schuhe
oder einer in ungeschmierten Angeln sich bewegenden Thür bezeichnet. Aber die auch in der Schweiz früher üblich gewesenen
Nebenformen mit Lippenlaut in der Mitte zeigen, daß das r
nicht wesentlich ist, sondern nur die beiden i als Silben trennen
soll, und in dieser Funktion berührt sich r mit w auch in Inter-
jektionen der ältern Sprache (s. Lachmann, Zu den Nibelungen,
S. 66); ein Übergang zwischen den beiden Lauten ist sonst
natürlich nicht annehmbar. Wesentlich ist das wiederholte i als
Nachahmung eines Vogelrufes, wie in Kiwitt! Kiwitt! was nicht
gerade den Laut des Kibitzes, sondern eines Singvogels bezeichnet.
Der Abstand zwischen g und k im Anlaut fällt ebenfalls nicht
ins Gewicht, da oberdeutsch-schweizerisches g von mittel- oder nord-
deutschem k oft schwer zu unterscheiden ist. Der Name Giritz
wird in der Schweiz allerdings noch einem andern Vogel gegeben,
einer Art Seeschwalbe oder -Möve (sterna hirundo, capra vel
capella); aber alles Folgende bezieht sich auf den Kibitz, von
dessen naturgeschichtlichen Eigenschaften wir also ausgehen müssen.

Brehm, Vögel III², 245 hebt den lebhaften, fast heftigen und
kühnen Charakter des Vogels hervor, der besonders hervortritt,
wenn man ihn in seinem einsamen Aufenthalt stört; er ist

menschenschen, hat aber eine gewisse Ähnlichkeit mit Menschen und insbesondere mit weiblichen Wesen in seinem Schrei und in den haubenartig an seinem Hinterkopf hervorstehenden Federn. Von symbolisch-mythologischen Beziehungen brauchte Brehm als Naturforscher nichts zu wissen oder zu sagen; das Deutsche Wörterbuch aber schreibt dem Kibitz ein unheimliches Wesen zu, ähnlich dem von Kauz, Eule und Kuckuck. Wenn in einer westfälischen Redensart der Kiwitt, gleich dem Kuckuck, fast die Stelle des Teufels vertritt, so geht dies über das Gebiet der Menschenähnlichkeit hinaus, das uns hier vorliegt; dagegen gehört hieher der norddeutsche Gebrauch des Wortes Kibitz für einen Menschen, der sich unberufen in anderer Leute Sachen mischt, also vorlautes Wesen und Neugier verrät. Wegen der Schwatzsucht könnten auch die Friseure früher in Hamburg „Kibitze" genannt worden sein; doch mag dies sich ursprünglich auf den Kopfputz des Vogels bezogen haben. Im Kanton Schaffhausen heißt „Giritz" eine vorwitzige Person, aber auch ein böses (vorwitziges, reizbares oder oft schreiendes?) Kind, „Giritzli" auch eine kleine, aber gewandte Person, die sich zu helfen weiß. Von einem witzigen Mädchen gilt im Kanton Luzern der Spruch (der freilich noch die nachher zu erörternde Beziehung hat): „Si ist es Meitli voller Witz, drum will si zur Frau ha der Giritz." Besondere Anwendung auf Mädchen, aber ohne jene Nebenbeziehung, zeigt auch eine Stelle von J. Gotthelf: „Die Mädchen machten (aus Neugier) Hälse länger als die Giritzen", während die Bezeichnung alter Jungfern als „magere Giritzen" jene Beziehung zu verraten scheint, der wir nun näher zu treten haben. Dieselbe wird im Deutschen Wörterbuch gar nicht berührt; es kann uns aber zu derselben die dort beigebrachte Erinnerung an das Märchen vom Zaunkönig (Grimm 2, 342) hinüberführen, wonach, als die Vögel einen König haben wollten, einzig der Kibitz sich dagegen aussprach, welcher frei leben und sterben wollte und angstvoll hin- und herfliegend rief: „Wo bliw il? wo bliw il?" Er soll sich dann in einsame Sümpfe zurückgezogen und nicht wieder gezeigt haben. Jenes frei leben und sterben wollen und die einsamen Sümpfe, am Ende auch die mit dem Rufe: „Wo bliw il?" vereinbare Beziehung auf „Sitzenbleiben" im bildlichen Sinne ver setzen uns auf das Giritzenmoos als Aufenthaltsort in Kibitze verwandelter alter Jungfern, und es ist nur noch die allgemeine Vorstellung der Verwandelbarkeit von Menschen in Vögel durch einige Parallelen zu unterstützen, da die Erklärung, warum gerade der Giritz hier eintritt, durch die obigen Angaben betreffend seine natürlichen und menschenähnlichen Eigenschaften bereits so weit gegeben ist, als überhaupt für solche Einzelheiten verlangt werden kann. Eine eigentliche, förmliche Verwandlung, resp. der bestimmte Akt oder Vorgang derselben findet zwar im Glauben und in der Sprache des Volkes nirgends ausdrückliche Bezeichnung oder Beschreibung; aber er muß doch, wenn die alten Jungfern Giritze sein sollen, als irgendwie geschehen gedacht werden, und die Möglichkeit solchen Geschehens ist durch ähnliche Erzeugnisse der mythologischen Phantasie hinlänglich bezeugt. Nach uralter und weitverbreiteter, auch leicht begreiflicher Vorstellung nahm die Seele eines abgeschiedenen Menschen unter andern Tiergestalten die eines Vogels an. Ich verweise dafür auf die betreffenden Kapitel in Grimms Mythologie, auf Wackernagels Ἔπεα πτερόεντα (Kl. Schriften Bd. 3, S. 228—244 und auf Uhlands Schriften Bd. 3, S. 278—286 (dieses Zitat zugleich für Verwandlung von Menschen in andere Tiere als Vögel). Die bekanntesten deutschen Märchen, in welchen jene Vorstellung spielt, sind das von den sieben Raben und das vom Machandelbaum. Die Verwandlung erscheint bald als Strafe für ein begangenes Verbrechen, bald als Erlösung aus einer dringenden Not; sie kann aber auch als freiwillige Auflösung eines Menschenwesens in ein ihm irgendwie näher verwandtes Naturwesen eintreten, und je nach dem Charakter des Menschen, seiner That oder Not sind die Vögel z. B. Eule oder Rabe, Taube oder Nachtigall. Die Eule ist nach Shakespeare (Hamlet IV, 5) die Tochter eines Bäckers, welche dem Heiland Brot verweigerte und dafür von ihm in jene Gestalt verwandelt wurde. Nach einer schweizerischen Sage wurde eine Kindsmörderin in ein Vögelein mit blutroten Füßen verwandelt. Den spukenden Geist einer geizigen Frau im Harz mußte man aus dem Hause wegfahren in einen Kibitzbruch (d. h. Sumpf, wo er also ohne Zweifel in einen Kibitz überging). In einem neugriechischen Liedchen

(Zeitschr. f. Völkerpsychologie Bd. 9, S. 430) sieht ein Mädchen,
das einen ihr empfohlenen Mann verschmäht, ihre Verwandlung
in ein Rebhuhn voraus. In den 15 Büchern der Metamor=
phosen des Ovid kommen nicht weniger als zwanzig Verwandlungen
von Menschen in Vögel vor, welche nach der erfinderischen, aber
oft etwas spitzfindigen und frostigen Art jenes Dichters auf
mannigfaltige Weise motiviert und modifiziert sind. Es darf end=
lich auch erinnert werden, daß das sogenannte „wilde Heer" da
und dort zum Teil aus wilden Vögeln besteht, welche eben
auch Seelen unseliger Menschen sind. In Esthland erscheint statt
des Kibitzes der Brachvogel, welcher daher scherzhaft auch „alte
Jungfer" genannt wird, weil der jungfräuliche Leib dem Brachfeld
gleicht. Neben Vögeln kommen besonders geflügelte Insekten vor,
welche sonst auch die Erscheinungsform elbischer Wesen sind;
zwischen Elben und Menschenseelen besteht aber alter Zusammen=
hang und Austausch. In Wollbach (Großherzogtum Baden)
werden die alten Jungfern in Bremsen verwandelt, und wenn
eine solche auf dem Giritzenmos herumschwärmt, so sagen die
Burschen: „Warum hest mi nit welle? warum hest mi nit g'no?"
Den alten Griechen galt eine Art Grille oder Heuschrecke (ἄττις,
γραῦς, γέροιθος. auch νύμφη genannt), deren Blick jedem
Schaden brachte, für eine verzauberte alte Jungfer. Vielleicht
gehört auch der Name „Wasserjungfer" — Libelle hieher, welche in
Bayern „Moosfräulein" heißt. In der Gegend von Pforzheim sagt
man, die Eidechsen seien einst Jungfern gewesen. — Ob nun den
alten Jungfern Tiergestalt als Strafe, Erlösung oder natur=
gemäße Auflösung zugeteilt ist, darüber hat wohl der Volks=
glaube nie ein klares Bewußtsein gehabt, ebensowenig wie über
den Zeitpunkt und den Vorgang der Verwandlung; meistens gilt
nur der Ausdruck: „aufs oder ins Giritzenmos kommen oder
gehen", der freilich auch den nur bildlichen Sinn „keinen Mann
bekommen" hat, wie in Appenzell „ins Hennenmos kommen";
aber es unterliegt wohl keinem Zweifel, daß man ursprünglich
sich eine Verwandlung als mit oder nach dem Tode eintretend
und die Seelen als in jener Gestalt fortlebend dachte, da sie ja
ohne irgend eine Körperlichkeit überhaupt nicht gedacht wurden.
Übrigens bleibt auch eine nur zeitweise Annahme von Tier

gestalt schon während des Lebens (wie bei den Heren) nicht aus=
geschlossen.

Nachdem wir den ersten Bestandteil des Kompositums
Giritzenmos näher untersucht haben, soll nun auch der zweite
noch seinen Beitrag zur Erklärung des Gesamtbegriffs ergeben.

Das schweizerische und bayerische Wort Mos = mhd. mos,
nur mit verlängertem Vokal, ist, wenigstens in seiner jetzigen
Bedeutung, verschieden von nhd. Moos, muscus, wofür in der
Schweiz und in Bayern (wie auch mhd.) neben Mos meist Mies,
Miesch gilt, und ganz verschieden von nhd. Moor, Sumpf, mhd.
muor. Mos kann zwar auch ein Torfmoor bezeichnen, aber
(wenigstens in der Schweiz) nicht einen bloßen Sumpf, sondern nur
feuchten Boden (bayer. Mooswiese), auf dem höchstens Streugras
wächst; synonym gilt Ried, auch in der Zusammensetzung Giritzen=
ried. Sachlicher Zusammenhang des schweiz. Mos mit Mies,
nhd. Moos besteht darin, daß auf dem Mos unter anderm auch
Moose wachsen. Diese gehören zu den dürftigsten Formen des
Pflanzenreiches, und Moos als Bestandteil von Wohnung oder Er=
satz von Kleidung weist, sowie Stroh in derselben Verwendung, auf
dürftige Anfänge von Kultur oder auf armselige Lebensverhältnisse *).
Mit der Dürftigkeit des Mooses stimmt nun die Unfruchtbarkeit
des Moses, welche wahrscheinlich zu einer symbolischen Bedeutung
dieses Wortes in Giritzenmos mitgewirkt hat. Zunächst zwar
könnte man sich daran genügen lassen, daß die Kibitze, bei ihrem
Hang zu einsamem Leben, eben solche abgelegene, wenig besuchte
Orte wie die schweiz. Möser (Plur. von Mos) aufsuchen und
mit Vorliebe bewohnen; aber ihr einziger Aufenthalt sind sie
doch nicht. Es mußte also wohl von seiten des Moses noch etwas
hinzukommen, was die Verbindung des Wortes mit Giritz und
bildliche Bedeutung beider Wörter in derselben begünstigte. Ander=
seits sind von Aufenthalt auf dem Mose auch noch andere Tiere,
besonders Vögel, benannt. „Moshu(w)" heißt in der Schweiz eine
Art Eule, „Mosweih" der Weih, der über dem Mose kreist, „Mos=
kuh" und „Mostier" der sonst auch Lörind **) genannte Vogel,

---

*) vgl. auch mhd. jamers mos, neben der schanden, des falsches muor.
**) Lō ist mhd. lōch, Gehölz, Gesträuch, Gebüsch.

die Rohrdommel, von dem der schweizerische Lexikograph Fries sagt: „der ein wunderbar Geschrei führt, so er den Schnabel ins Moos stößt", und ähnlich Schmeller I² 1673. Lörind wird auch als Schimpfname für rohe, ungebärdige Menschen gebraucht. Die von Mos benannten Vögel haben etwas Unheimliches, wie der auf dem Mos hausende Girih. Als unheimlich und als Brutstätte von Unheimlichem gilt aber auch das Mos selbst. Fischart (Flöhhatz X, 117) sagt vom Mur (= Moor, welches mit Mos mehrfache Berührung zeigt), es komme alle Unfuhr (Unfug, Unheil) daraus. Mos aber scheint geradezu das Totenreich, wenigstens den Aufenthalt unseliger Geister bedeutet zu haben, wobei zu bedenken ist, daß das Altertum sich auch die Unterwelt von Wassern durchströmt dachte, als feuchte Höhle, nicht als Feuerhölle. Die Stretlinger Chronik (herausgegeben von Bächtold, Ältere Schriftwerke der deutschen Schweiz Bd. I. S. 103) erzählt: Als Diebold von Stretlingen, der die Kirche von Einigen beraubt hatte, zum Sterben kam, haben die Umstehenden die Stimme des St. Michael (des Patrons jenes alten Gotteshauses) den bösen Geistern befehlen gehört, die Seele des Sünders in ein Mos am (Thuner) See zu tragen, das noch Höllenmos genannt werde. Mos als Verwesungsstätte kennt auch Frommanns Zeitschr. f. deutsche Mundarten 4, 500. Daß Mos in der Schweiz auch die unverfängliche Bedeutung „Allmende" (Gemeinweide) hat, Mosfahrt im Kanton Schwyz, neben der später anzuführenden Bedeutung, auch die von Benutzung der Allmende, Moslehen den zu Lehen gegebenen Anteil an der Benutzung des Moses zu Weide, Heu und Stroh, Moshuhn die dafür entrichtete Abgabe eines Huhns bedeutet — kann die Nebenbedeutung nicht aufheben; und es liegt doch schon hier, noch abgesehen von den später für diese Auffassung anzuführenden Gründen, nahe genug, das Mos oder die unangebaute Allmende im Gegensatz zum bebauten und fruchtbaren Acker mit dem ledigen und kinderlosen Stand weiblicher Personen im Gegensatz zu fruchtbarer Ehe in Parallele zu setzen. Unfruchtbarkeit kann auch geradezu einem Zustand des Todes gleichgesetzt werden, dem die alten, der Welt „abgestorbenen" Jungfern eigentlich schon im Leben verfallen sind, sowie auch Heide und Wüste „tot" genannt werden. Hier mag auch noch angeführt werden, daß nach Schmeller I², 868. 72 das Wort Altwis nicht bloß eine (alte) Wiese bezeichnet, welche nie gedüngt und darum nur einmal jährlich gemäht wird, sondern zugleich (bildlich) alte Jungfer. Daher der wortspielende Zuruf an eine solche: „Olde Oldwis, moist abi gei af d'Oldwisen und Gauwize heitn (Kibitze hüten)!" — Ich erinnere auch an die oben vorgekommene Angabe, daß in Estland statt des Kibitzes der Brachvogel als verwandelte alte Jungfer erscheint; die Brache ist der (zeitweise) unfruchtbare Acker und entspricht der Altwiese. — Auf Vergleichung des weiblichen Leibes mit fruchtbarem Boden beruhen die antiken Ausdrücke: muliebria arva conserere (Lucrez), griech. ἀρόειν (pflügen) für: eheliche Beiwohnung, sulcus (Furche) auch für cunnus, vomer (Pflugschar) für penis.

Aus der Erklärung beider Bestandteile des Wortes Giritzen= mos wird sich nun mit genügender Sicherheit ergeben haben, wie der Gesamtbegriff der schon oben angegebene werden konnte. Es mußte aber nicht allenthalben der symbolische Sinn eintreten; darum findet sich das Wort auch als Ortsname ohne ausdrück= liche Nebenbedeutung, zunächst also nur zur Bezeichnung eines einsamen, etwas sumpfigen Ortes, wo eben gelegentlich und unter andern Tieren, doch vorzugsweise, Kibitze sich aufhalten. So gibt es einen Hof, genannt Giritzenmos, bei Sempach im Kanton Luzern. Giritzacker ist ein Flurname im Kanton Solothurn, an einer Stelle, wo vielleicht sumpfiger Boden erst ausgetrocknet worden war. Es findet sich auch Giritz allein als Name einer sumpfigen Gegend (bei Einsiedeln im Kanton Schwyz), wobei ohne Zweifel Mos oder Ried hinzugedacht werden muß. Ein „feuriger Mann" flackert dem öden Giritz zu (Rochholz, Aargauische Sagen 1, 47). Aber diese vereinzelten Fälle können natürlich die viel reichlicher bezeugte appellativ=symbolische Bedeutung nicht aufheben, und es ist hier nur noch nachzutragen, daß einmal auch statt Giritz der Name eines andern Vogels in dem Kom= positum erscheint. Im Kanton Appenzell sagt man (wie oben schon bemerkt wurde) Hennenmos. Ein Mädchen, dem man vorhielt, es komme ins Hennenmos (bekomme keinen Mann), erwiderte mit der dem dortigen Volksschlag eigenen Schlag= fertigkeit: „Wo Hennen sind, werden auch Hähne sein!" Damit

wären also hier Hagestolze gemeint, von deren Schicksal auch
oben schon die Rede war. Wirklich findet sich aber auch ein
Hahnenmos, aber einfach als Ortsname, im Berner Oberland.
Bei Hahn und Henne ist hier wohl an wilde Hühner (Auerhahn,
Birk-, Perl= oder Rebhuhn) zu denken. (Vgl. das Rebhuhn in
dem neugriechischen Märchen, oben).

Es handelt sich jetzt darum, den Volksglauben, daß den
alten Jungfern irgend ein Mos als Aufenthalt beschieden sei,
in seiner Verbreitung und sprachlichen Ausdrucksform noch etwas
bestimmter im einzelnen nachzuweisen, woran sich einige weitere
Vorstellungen und Bräuche knüpfen werden, welche ebenfalls in
besondern Namen und Redensarten ausgeprägt sind.

Neben dem oben schon erwähnten allgemeinen Ausdruck
„aufs Giritzenmos gehen oder kommen", der bald eigentlich, für
Ortsveränderung, mit oder ohne gleichzeitige Verwandlung der
Gestalt der Verstorbenen, bald nur bildlich als Bezeichnung des
Verbleibens der Lebenden im ehelosen Stande gebraucht werden
mochte, findet sich in der Schweiz, aber nachweislich nur in einem
Bezirk des Kantons Zürich, von den ledigen Burschen gebraucht
der Ausdruck „ein Mädchen aufs Giritzenmos thun", der aber
nur bildlich verstanden wird und ungefähr so viel bedeutet als
unter Studenten „in Verschiß thun." Das betreffende Ver=
fahren, welches in einer dem Mädchen gebrachten Katzenmusik
besteht, sonst aber nur die imaginäre Bedeutung hat, findet statt,
wenn ein Mädchen der Gemeinde mit einem auswärtigen Burschen
ein Verhältnis angeknüpft hat. Ein solches gilt den einheimischen
als ungültig oder wenigstens als regelwidrig, und darum wird
die Betreffende von ihnen gleichsam in Bann gethan, von ihren
eigenen Bewerbungen ausgeschlossen; sie kann jedoch, wenn sie ihr
Verhalten ändert, wieder „heimgethan", d. h. rehabilitiert werden.
Abgesehen von diesem Ausnahmefall, in welchem der Ausdruck
Giritzenmos immerhin noch seine gewöhnliche bildliche Bedeutung
verrät, bestehen die konkreten Redensarten „auf oder in das
Giritzenmos fahren oder führen", mit welchen ein entsprechender
Gebrauch verbunden ist, und zwar nicht bloß in der Schweiz,
nur daß auf dem benachbarten Gebiet statt Giritzen= ein anderes
Wort oder auch gar keines vorgesetzt wird, wobei immer noch

ein lokal bestimmter, hinlänglich bekannter Name (wie im Tirol das Sterzinger Mos) gemeint sein kann. Die Vorstellung einer Verwandlung ist hier, auch wenn Giritzenmos gesagt wird, schon darum ausgeschlossen, weil der Brauch mit lebenden (auch jungen und noch ganz heiratsfähigen und heiratslustigen) Mädchen und zu gewissen Zeiten als festliche Lustbarkeit wiederholt voll= zogen wird.

Im Frickthal (Kanton Aargau) werden zum Schluß der Fastnacht alle ledigen Mädchen über 24 Jahre von ihren Burschen auf mehrere Wagen geladen, auf die Allmende hinausgefahren und dort beim ersten Graben sachte umgeworfen. Das heißt man: ins Giritzenmos fahren und die alten Jungfern begraben. Man kehrt dann mit den Mädchen ins Wirtshaus zurück, um ihnen den Wein in die Schürze zu gießen (d. h. wohl ihren Schoß zu künftiger Fruchtbarkeit einzusegnen) und mit ihnen zu tanzen. (Rochholz, Aarg. Sagen 2, XLIII. Glaube und Brauch 2, 74. Arbeitsentwürfe 2, 14). Im Kanton Luzern heißt „Giritzenmos führen" eine Fastnachtbelustigung am Hirsmontag, wobei mit den Jungfern allerlei Schabernack getrieben wird. Im Unterinn= thal (Tirol) heißt „aufs Mos fahren" der Brauch, daß die Bursche einen Wagen voll alte Jungfern packen, angeblich um sie statt Hölzern zu einer Brücke auf das Sterzinger Mos zu liefern, eine als Wiesbaum oben aufgebunden. Es gibt dort auch ein darauf bezügliches Lied, das Mosgesang. (Frommann, deutsche Mundarten 4, 500 ff.). Das sogenannte „Grättziehen", früher der beliebteste Faschingsumzug im Allgäu und Vinschgau, bei welchem Masken einen großen Karren („Grätt") ziehen, auf welchem Bursche als Jungfrauen verkleidet sitzen und aufs Mos gefahren werden, ist jetzt seltener geworden. (v. Reinsberg=Düringsfeld, Das festliche Jahr, 1. Aufl., S. 65).

In der Schweiz verbindet sich der Brauch des Mosfahrens der alten Jungfern zum Teil mit dem eines förmlichen Gerichts= verfahrens, das gegen die alten Junggesellen gerichtet ist. Am Fastnacht=Montag oder =Dienstag wird in verschiedenen Gegenden des Kantons Aargau das sogenannte „Giritzenmosgericht" ab= gehalten, an dem auch noch angesehene Männer Teil nehmen. Eine Maske, welche die älteste Jungfer der Gemeinde vorstellen soll, erscheint als Verwalterin des Giritzenmofes vor einem improvisierten Gericht auf dem Markt und klagt den ältesten Junggesellen an, daß er noch immer im Dorfe lebe, statt unter ihre Obhut gekommen zu sein. Der Angeklagte, ebenfalls maskiert, tritt vor, verteidigt sich aber so schlecht, daß man dem Weibel (Gerichtsdiener) des Giritzenmofes den Schlüssel zu demselben abnimmt und ihn jenem alten Knaben anhängt, der auch in die Kosten verfällt wird. Dann fahren die jungen Bursche mit den Mädchen in der oben angegebenen Weise auf das Mos und nachher ins Wirtshaus. — Im Kanton Luzern heißt der Leiter und Sprecher eines Maskenzuges, der eine Fahrt auf das Giritzenmos darstellt, Giritzenvater, und es wird ihm eine Weide zugeschrieben, auf die er die ihm Untergebenen austreibt. Es werden dabei allerlei witzige Sprüche gewechselt, ähnlich den von Stalder (Idiotikon 1, 45) beschriebenen Hirsmontagbriefen, nur daß diese ein Volksgericht über alle Personen, Stände und Vorfälle der Gemeinde enthalten, während jene Sprüche sich nur auf den Stand der Ehelosen beziehen. Bei der Weide darf man wohl an Vogelweide, also auch an die Giritzgestalt der Mädchen denken. Der Ausdruck Vater kann den Aufseher und Pfleger von Tieren (Bienen-, Bärenvater) bezeichnen; aber Fritschivater heißt auch der jeweilige Veranstalter des berühmten Fastnachtumzuges in der Stadt Luzern, der auf das Vermächtnis eines Bürgers Namens Fritschi zurückgeführt wird und nicht selten eine Kritik der öffentlichen Zustände mit sich führt, wie die Mosfahrt im Muotathal des Kantons Schwyz und das Haberfeldtreiben in Bayern, welches letztere sonst hauptsächlich gegen gefallene Mädchen gerichtet wird. Endlich mag hier noch ein in den Zusammenhang der obigen gehörender Brauch erwähnt werden, den der Freiherr von Reinsberg-Düringsfeld am angef. Ort erwähnt, aber vielleicht aus nicht ganz sicherer Quelle geschöpft oder selber mißdeutet hat. In Uri und Luzern sammeln die Bursche in einem Henkelkorbe, der von zwei Giritzreitern (als häßliche alte Weiber verkleideten Burschen) getragen wird, vorjähriges Moos und ziehen mit den Dorfspielleuten von Haus zu Haus. Wo sie eine Giritze wissen, bestreuen sie die Thürschwellen mit Sand, nageln vor das Hausthor einen Strohmann und beschenken die

alte Jungfer mit Giritzenmoos. Manchmal aber bringen sie ihr
statt dessen einen Bräutigam. Der Ausdruck Giritzreiter kann
neben den obigen wohl bestanden haben; etwas auffallend bleibt
aber die Umdeutung von Giritzenmos auf Moos. An sich wäre
Moos in diesem Zusammenhang und Sinn wohl denkbar, be=
sonders neben dem Stroh, denn beide sind sonst Zeichen des
Winters und der Unfruchtbarkeit; in München wird vor die
Thüren verstorbener Jungfrauen ein Strohwisch gelegt.

Fragen wir schließlich, was die (ursprünglich wohl aus
eigenem Antriebe) auf das Mos gefahrenen oder nach dem Tode
sonst dorthin versetzten alten Jungfern daselbst zu thun haben, so
lautet die nächste Antwort: Wenn sie nicht selbst in Kibitze ver=
wandelt sind, so müssen sie auf dem Mose dieselben hüten (so
im Lechrain) oder sich mit denselben unterhalten (Salzburg).
Der Volkswitz ist aber erfinderisch, ihnen noch andere Beschäf=
tigungen zuzuteilen, ähnlich jenen unfruchtbaren oder geradezu
unmöglichen, aber zum Teil anzüglichen, welche schon oben, un=
abhängig von der Vorstellung eines bestimmten irdischen Auf=
enthaltsortes, angeführt wurden. In der Schweiz müssen sie
Sägemehl knüpfen (Luzern), Hosenlätze flicken (St. Gallen,
Winterthur), auch diese Bestandteile der männlichen Kleidung
dreschen oder sogar kauen (Solothurn), ferner Leinsamen spalten
und Wolken schichten (bigen) ebb. Nach einer alten Sage der
Sarganser sollen die Mädchen, die aus eigener Schuld alte
Jungfern werden und nach ihrem Tode auf dem großen Ried bei
Schan im Lichtensteinschen sich sammeln, dort Grüsch (Kleie)
erlesen. Ein Pinzgauer Mädchen, das keinen Liebhaber findet,
muß nach ihrem Tode auf das Bruggermos, dort Backscheiter zu
roseln (sieben) und Ladhölzer zu fähen (fassen?). Schmeller II², 151.
Im Unterinnthal müssen die alten Jungfern auf dem Sterzinger
Mos Leinsamen schichten, Holzscheiter sieben u. s. w. Sie selbst
aber sagen, sie müssen dort von einem Zuckerfels mit einer
silbernen Haue Zucker abhacken. (Frommanns Zeitschr. 4, 500).

Wir verlassen nun sowohl den Giritz als das Mos, nicht
aber die Vorstellung eines Fahrens der ledigen Mädchen, welche
uns vielmehr zu einer neuen Reihe von Bräuchen hinüberführt,
wo unter verschiedener Form derselbe Grundgedanke zum Vor=

schein kommt. Statt daß die Mädchen auf einem Wagen gefahren
werden, finden wir sie selbst an einen Wagen oder ein anderes
Fahrzeug gespannt. Natürlich können sie nicht selbst die Gestalt
von Zugtieren annehmen; aber wir finden Spuren, daß sie in
solche verkleidet, resp. als solche gedacht und behandelt wurden.
Verkleidung von Menschen in Tiergestalt bei heidnischen Festen
der alten Deutschen wird durch viele kirchliche Verbote des frühen
Mittelalters ausdrücklich bezeugt. Die betreffenden Tiere können
ursprünglich teils Opfertiere, teils Attribute oder Symbole von
Gottheiten gewesen sein; es kann aber auch reine Festlust ohne
tiefern Grund sich solcher Masken bedient haben, um unter den=
selben um so wilder sich auszulassen. Erwähnt werden besonders
Kälber, Hirsche und Bären; auch Wolf und Fuchs werden nicht
gefehlt haben, da sie in der Tiersage die Hauptrolle spielen; Eber=
häupter trug man als Helmschmuck. Hier kommt es aber haupt=
sächlich auf Haustiere an, welche den Menschen näher stehen und
insbesondere zur Vertretung weiblicher Personen dienen konnten.
Kühe finden wir vor dem Wagen der Göttin Nerthus bei deren
festlichem Umzug; sie werden noch zu andern Kultuszwecken ge=
dient haben, können aber auch unmittelbar nach ihrem natürlichen
Wesen und ihrer Nutzbarkeit im menschlichen Haushalt aufgefaßt
worden sein. Einen Überrest solchen Gebrauches haben wir
vielleicht noch in dem sogenannten Kuhtreiben, wie es bis auf
neuere Zeit im Salzburgischen üblich war. (Philipps, Vermischte
Schriften 3, 402 ff.). Dasselbe gleicht nach seinem Hauptzwecke,
in Form eines dialogischen Schauspiels gewisse Übelstände und
Vorfälle scherzhaft zu rügen, den oben erwähnten Volksspielen in
der Fastnachtzeit; wesentlich sind aber bei dem nächtlichen Aufzug
die transparent beleuchteten Tiermasken, insbesondere Kuhmasken,
welche von den handelnden Personen getragen werden, und daß
das vor dem Hause eines Herrn aufgeführte Gespräch mit der
an denselben gerichteten Frage beginnt, ob er keine Kühe feil
habe. Alle im Hause befindlichen erwachsenen Weibspersonen
werden dann mit treffenden Kuhnamen bezeichnet und unter dieser
Maske der Reihe nach mit witzigen Bemerkungen, besonders über
ihre Liebesverhältnisse, durchgenommen. Zuletzt wird bei jeder
gefragt: „Was thun wir mit dieser Kuh?" und es wird auch diese

Frage mit irgend einer Anspielung auf Charakter und Lebens-
umstände der Person beantwortet. Die den Kühen zugeschriebenen
Weideplätze sind die Wohnungen der Liebhaber der Dirnen. Ein
ähnlicher Brauch scheint früher in der Schweiz bestanden zu haben.
Das im Muotathal, Kanton Schwyz, unter den Namen „Mosfahrt", „aufs Mos fahren" periodisch aufgeführte volkstümliche
Fastnachtspiel scheint erst in diesem Jahrhundert durch Einfluß
der Geistlichkeit einen halb kunstmäßigen Zuschnitt bekommen und
kirchlich-politische Tendenz angenommen zu haben. Gott Bacchus
mit seinem Hofhalt und Gefolge, worunter die Todsünden,
aber auch Vertreter der ganzen modernen Bildung, Freimaurer
und Doktoren auftreten, wird nach vergeblicher Warnung eines
Bußpredigers zuletzt vom Teufel geholt, und es soll dadurch die
Hinfälligkeit aller Weltlust und Weltweisheit gegenüber der durch
die katholische Kirche vertretenen alten Sitte dargestellt werden.
Schon der Name Mosfahrt beweist aber, daß das Spiel ursprünglich
einen engern Rahmen und einfachern Sinn hatte, wie die oben
angeführten Fastnachtspiele an andern Orten, bei denen eben
das Fahren der Mädchen auf das Mos ein Hauptstück ist. Die
Personen des Spiels werden in Muota noch jetzt auf Schlitten
(da die Jahreszeit gewöhnlich winterlich ist) von Rindern nach
den verschiedenen im Freien aufgeschlagenen Bühnen gezogen, wo
die einzelnen Akte des Stückes gespielt werden; es ergibt sich
aber aus Erinnerungen älterer Leute, daß früher (noch im vorigen
Jahrhundert) die ledigen Mädchen, irgendwie als Kühe verkleidet
und benannt, mitspielten, und eben darin läge eine Ähnlichkeit
mit dem salzburgischen Kuhtreiben. Das letztere hat man als
Darstellung der Heimkehr der Herde von der Alp erklären wollen
und so auch die Mosfahrt im Muotathal in ihrer ältern Gestalt
als Darstellung der Sennerei. Beide Deutungen sind ohne
Zweifel irrig, da jene Szenen des Hirtenlebens unter dem Hirtenvolk selbst eine besondere „Darstellung" weder bedürfen noch
gestatten; wohl aber ist es ganz natürlich, daß unter Hirten
die Vergleichung der Mädchen mit Rindern sich einstellte und
gelegentlich drastische Gestalt annahm. Bei dem Kuhtreiben scheinen
übrigens die Kühe wirklich nur als frei weidende aufgefaßt,
während sie bei der Mosfahrt als Zugtiere auftreten. Setzen wir

hier statt ihrer weibliche Personen, so führt uns die Moosfahrt auf
einen weit verbreiteten alt und sicher bezeugten Brauch, wonach
wirklich ledige Mädchen, an ein Fahrzeug (das gelegentlich auch
als Schlitten erscheint) gespannt, mit demselben umzogen, in einer
bildlichen Bedeutung, die leicht erkennbar und mit der von Moos
vereinbar ist. Daß die ziehenden Personen zuweilen nicht wirkliche
Mädchen, sondern nur in weibliche Gestalt verkleidete Bursche
sind, begreift sich aus der ihnen gestellten Aufgabe und ändert
am ursprünglichen Sinne des Brauches nichts. Wir fanden die
Stellvertretung der Geschlechter auch schon bei dem Grättziehen
und finden sie wieder bei dem Pflugziehen in England und
Frankreich; übrigens kommt sie als Verkleidung priesterlicher
Personen auch in ältern Kulten vor (z. B. bei dem der Aleis,
Tacitus, Germania 43) und hat vielleicht noch tiefern Grund. —
Wichtiger ist der Unterschied, daß am einen Orte die Mädchen
auf demselben Fahrzeug herumgeführt werden, das sie anderswo
selbst ziehen müssen; aber dadurch wird gerade die ursprüngliche
Identität beider Bräuche ins Licht gesetzt, so zwar, daß das
Herumgefahrenwerden als spätere Milderung des Selbstziehens
zu betrachten sein wird. Was endlich das Fahrzeug selbst betrifft,
welches meistens als Pflug oder Egge, seltener als Schlitten
und Schiff erscheint, so sind diese verschiedenen Gestalten in
eigentlicher oder bildlicher Bedeutung mit einander zu vermitteln;
unzweifelhaft ist auch die wesentliche Identität derselben mit dem
Wagen oder Karren, den wir bei der Moosfahrt fanden; auch
zwischen Schiff und Wagen wird Verbindung hergestellt durch die
Berichte von einem zu Lande auf einem Wagen herumgeführten
Schiff. Unwesentlich ist auch der Unterschied der Termine des
Umzugs, der meistens in die Zeit zwischen Weihnacht und Ostern
fiel und später auf die Fastnacht verlegt wurde. Die sämtlichen
Berichte finden sich am vollständigsten zusammengestellt bei Mann=
hardt, Wald= und Feldkulte I, 553—65. Ebendaselbst 581 ff.,
593 ff. ist dann auch der schon von W. Müller und Müllenhoff
vermutete Zusammenhang der spätern Frühlingsumzüge mit dem
von Tacitus berichteten Kulte der Nerthus behandelt, mit der
Simrock (Mythologie⁵ 370 ff., 381. Bertha die Spinnerin 105 ff.)
und C. Meyer (Germania 17, 199) auch die Isis des Tacitus

zusammenstellen, sowie Wolf (Beiträge 1, 151) diese mit der niederländischen Nehalennia. Über Schiff und Pflug vgl. auch noch Grimms Mythologie⁴ 3, 86 7. Ich beschränke mich auf Hervorhebung der Hauptzüge mit einigen Ergänzungen und auf Ausdeutung des Zusammenhangs der sämtlichen Vorstellungen und Bräuche.

Bei diesen sind ziemlich deutlich zwei Gruppen zu unter= scheiden, deren eine, ohne Zweifel von höherm Alter, eine rein natursymbolische Bedeutung des Herumziehens von Mädchen enthält, während die andere, jüngere, ausdrücklich auf den Ehe= stand sich bezieht. Es wird eine mittlere Zeit gegeben haben, wo der ursprüngliche Sinn nicht mehr deutlich bewußt war und anfing, in eine mittelbare Beziehung überzugehen. Auch dieser Übergangszustand scheint sich da und dort erhalten zu haben; räumliche Grenzen aller drei Auffassungen lassen sich natürlich noch weniger als die zeitlichen feststellen, da die Überlieferung lückenhaft und zufällig ist.

Sebastian Frank berichtet im Weltbuch (1534): Am Rhein, in Franken u. a. O. sammeln die jungen Gesellen alle Tanzjungfrauen, setzen sie auf einen Pflug und ziehen diesen ins Wasser. — In Siebenbürgen entkleiden sich bei anhaltender Dürre einige Mädchen und tragen eine Egge in einen Bach; dann setzen sie sich auf die Egge und unterhalten auf den vier Ecken derselben während einer Stunde ein Flämmchen. Laut der Zimmernschen Chronik zogen in Oberschwaben am Aschermittwoch die Mägde und Bursche eine Egge durch die Donau. Aus derselben Zeit wird berichtet, am Aschermittwoch reißen die Bursche die Mägde aus den Häusern und spannen sie vor einen Pflug, dem ein Sand oder Asche streuender Sämann folgt; zuletzt fahre man in einen Bach und führe dann die Mädchen zu Mahlzeit und Tanz. Alle diese Gebräuche hatten offenbar den Sinn, durch einen Umzug des Ackergerätes, das ins Wasser getaucht wurde, dem Felde Frucht= barkeit, zunächst die zur Wärme nötige Feuchtigkeit zu verschaffen; die Mädchen stellten dabei sinnbildlich den zur Fruchtbarkeit bestimmten Schoß der Erde vor, wie die Bursche das männliche Element. Denselben Sinn werden ähnliche Bräuche gehabt haben, bei denen das Wassertauchen nicht mehr erwähnt wird. Noch

heute wird alle sieben Jahr im Februar zu Hollstadt in Unter-
franken ein Pflug und eine Rübenschleife mit ausgesucht schönen
Jungfrauen bespannt. In England heißt der Montag nach
Epiphania Plough monday. Laut Zeugnissen vom 15.—18. Jahrhundert zogen Bursche, genannt Ploughbullocks, in weiblicher
Verkleidung, begleitet von einem alten Weib und einem als Tier
verkleideten Narren, einen Pflug herum. In Dänemark ver-
anstalteten noch am Ende des vorigen Jahrhunderts Bursche
und Mädchen am Neujahrstag ein Festmahl, dessen Kosten durch
einen Pfluggang aufgebracht wurden; die Bursche zogen den Pflug
von Haus zu Haus, Gaben sammelnd und ein Lied singend, in
welchem den Feldern und Häusern Fruchtbarkeit gewünscht wurde.

Später erscheint das Einspannen der Mädchen als Strafe
für ihre Ledigkeit. So zwangen um das Jahr 1500 in Leipzig
am Fastnachtdienstag verlarvte Junggesellen die unterwegs auf-
gegriffenen Jungfrauen in das Joch eines Pfluges, der dann
nur den Ehestand bedeuten konnte. Wenn im Schaumburgischen
das erste „Spann" (Pflügen) gethan ist, so schleichen sich die
Knechte zu den Mägden und peitschen sie (Flöhausklopfen). In
einem Fastnachtspiel (bei Keller I, Nr. 30) werden die ledig
gebliebenen („verlegenen") Maide „in den Pflug und in die
Egge gespannt", weil sie von der weiblichen Natur ihres Leibes
(welche dort derb genug beschrieben wird) noch keinen Gebrauch
gemacht haben. Hans Sachs (Ausgabe von Keller V, 179)
erzählt, wie er an einem Aschermittwoch in Regensburg Haus-
maide einen Pflug habe ziehen sehen, getrieben von Junggesellen,
zur Strafe dafür, daß sie diese verachtet oder genarrt haben,
und mit dem Rat, bis zur nächsten Fastnacht Männer zu nehmen.
Betreffend diese Zeitbestimmung finden wir im Stadtrecht von
Liestal (Baselland) aus dem Jahr 1411 die auch sonst bemerkens-
werte Angabe, daß der Schultheiß „jährlich vor Fastnacht, wo
man gewöhnlich zu der heiligen Ehe greift", nachsehen soll, welche
Knaben und Töchter das richtige Alter dazu haben, und daß er
aus ihnen angemessene Paare bilde. Zuletzt wird das Einspannen auch noch den Ehefrauen zu Teil, hat dann aber nur
noch sprichwörtliche Bedeutung. So in Friesland: „Zieh", sagte
Age, da spannte er seine Frau vor den Pflug. In Mecklenburg:

„So muß es kommen", sagte der Bauer und spannte seine Frau vor die Egge. — Dazu der schweizerische Volksreim:

> Wenn i emal es Schätzeli ha, J will ems ordeli mache:
> J leggen=em en Kummet a Und fahre mit em z' Acher. -

Ins Geisterhafte spielt der in Steiermark herrschende Glaube, die wilde Jagd erscheine mit einem Schlitten, der wie ein Schiff gestaltet sei und von vorgespannten Dienstmägden durch die Luft gezogen werde. Da im wilden Heere allerlei unselige Geister zur Strafe mitfahren müssen, so konnten auch die ledig gebliebenen Mägde in dasselbe versetzt werden. Auch die Gestalt des schiffähnlichen Schlittens ist nicht auffallend; denn in Ulm wurde um 1530 in der Advent=zeit ein Pflug mit Schiff oder Schiffschlitten herumgeführt. Das Schiff wird sich auf die Eröffnung der Schiffahrt im Frühling bezogen haben; der Pflug auf die Öffnung des Erdreichs zur Saat. An die häufige Vergleichung des Schiffes mit einem Pfluge (z. B. im Gebrauch des Wortes Furche) und des Acker=feldes mit der Meerfläche braucht nur erinnert zu werden*). Endlich ist zu erwähnen, daß in Kärnten am Aschermittwoch vorhandener Schnee mit einem Pflug umgeackert wird und daß in der Schweiz das schlittenartige, zur Bahnung des Weges im Winter dienende Gerät Schneepflug heißt**).

---

*) Ob das Wort Pflug aus dem Slavischen ins Deutsche gedrungen sei (Ebel) oder umgekehrt (Weigand), ist streitig und mag hier unentschieden bleiben; aber wahrscheinlich gehört das Wort zu griech. πλοῖον, čr. plava, navis. Vgl. Grimm, Mythologie⁴ 3, S. 87. (Gesch. d. d. Sprache³, S. 40. Nach Ebel (Kuhns Zeitschr. VII, 228) stammt von derselben Wurzel (plu) auch das lat. plaustrum, Wagen. Pflug und Wagen wären also nach Analogie des Schiffes als „Fahrzeuge" überhaupt be=nannt worden.

**) Ein den Germanen eigenes Wort für Pflug war das got. hoha, erhalten im ahd. Diminutiv huohili. Verschieden davon ist ahd. slitochoho (choho für chuocho?), Schlittenkuchen, =kufen; s. Deutsches Wtb. V, 2490. 2530. Aber die appenzellische Form huoche, Schlittenkufe, neben chueche scheint doch einen Zusammenhang mit ahd. huoh- zu verraten. — Von mhd. kocke, rundes Schiff, wahrscheinlich zu irz. coque, aus lat. concha, Schale, ist ahd. chocho schon darum verschieden, weil jenes auch ahd., aber mit anderm Anlaut erscheint: hericocho. celox.

Daß die angeführten Festbräuche als Überreste aus heidnischer
Zeit zu betrachten sind, kann kaum bezweifelt werden, wenn auch
die Kontinuität nicht positiv nachweisbar ist. Die älteste Nach=
richt vom Herumführen eines Schiffes (durch die Weberzunft in
Jülich) datiert aus dem Jahre 1033. Zwischen diesem Zeit=
punkt und den Berichten des Tacitus von dem Schiffe der Isis
und dem Wagen der Nerthus liegen nicht weniger als 1000
Jahre, und daß bei jenen Umzügen Jungfrauen eine besondere
Rolle gespielt haben, ist nirgends gesagt. Aber daß bei dem
Fest einer Göttin das weibliche Geschlecht beteiligt war, ist eine
fast unausweichliche Annahme, und daß im Lauf eines Jahr=
tausends der ursprüngliche Sinn und auch die Gestalt einer alten
Kultushandlung durch allmähliche teilweise Neuerungen entstellt
und umgedeutet werden konnte, liegt in der Natur der Sache
und wird durch zahlreiche Analogien bestätigt. Insbesondere
kann die Umwandlung eines ursprünglich durchaus ernsthaften
und feierlichen Brauches in einen spätern derb lustigen Fastnachts=
scherz und die Einschränkung eines ursprünglich auf das ganze
Naturleben bezogenen Frühlingsfestes auf das Verhältnis der
Geschlechter kein Bedenken gegen den Zusammenhang erwecken.
Wir haben aus verhältnismäßig später Zeit noch ein Zeugnis
gefunden, daß die Fastnachtzeit, welche meist in den Vorfrühling
fällt, zugleich als Zeit ehelicher Verbindungen unter der Land=
bevölkerung galt, und bei zahlreichen Frühlingsfestbräuchen ist
Paarung zwischen Burschen und Mädchen als sinnbildliches
Vorspiel nahe bevorstehender Ehe ein wesentlicher Bestandteil.
Daß dann das Gegenteil derselben, das Ledigbleiben von Mädchen,
als Ausnahme um so stärker hervorgehoben und in humoristisch=
satirischer Weise hauptsächlich ausgebeutet wurde, liegt wiederum
in der menschlichen Natur und im Geist einer spätern Zeit.
Gehen die fraglichen Bräuche wirklich bis auf das Frühlingsfest
der großen (ursprünglich einzigen) Göttin zurück   was nicht
bestimmt behauptet werden kann   so werden die Jungfrauen
ursprünglich den von Rindern gezogenen Wagen (resp. das auf
einen Wagen gesetzte Schiff) vorzugsweise begleitet, später ihn
gelegentlich selbst gezogen oder ziehen geholfen haben, bis sie von
den jungen Männern abgelöst oder ganz durch sie ersetzt und

zuletzt selbst auf den Wagen gesetzt wurden, so daß, was ursprünglich eine Ehre war, scherzhaft in Spott und Schande verkehrt wurde, wie die Flur in das Moß. Zweifel an der unmittelbaren Identität des spätern Brauches mit dem ältesten mag sich auch darauf stützen, daß der letztere nichts von Pflug oder Egge weiß, welche später neben dem Wagen (resp. Schiff oder Schlitten) und statt desselben hervortreten. Aber es ist ja wahrscheinlich, daß zu Tacitus Zeit Pflug und Egge bei den Germanen noch gar nicht üblich waren, während sie später ganz naturgemäß an die Stelle des Wagens traten, dessen Umzug ja jedenfalls der Einsegnung der Fluren zur Fruchtbarkeit dienen sollte. War der Ackerbau einmal eingeführt und das Hauptgeräte desselben bei der Festfeier an die Stelle des Wagens getreten (auf dem wohl längst nicht mehr eine Göttin fahrend gedacht wurde), so war nach den oben angeführten aus den klassischen Sprachen belegten Anschauungen die Vergleichung der fruchtbaren Natur mit fruchtbarer Ehe, der Flur mit dem weiblichen Leibe nur noch näher gelegt; und es kam dazu noch die Vergleichung des Pflugjoches mit dem Joche des Ehestandes (vgl. jugum: conjugium), welches wohl zu allen Zeiten auf dem weiblichen Teil schwerer als auf dem männlichen gelastet hat, wie denn auch ein großer Teil der Feldarbeit noch heute den Frauen und Mädchen obliegt.

In welcher Richtung und bis zu welchem Punkte man die fraglichen Bräuche ausdeuten mag — jedenfalls zeigen sie einen Rest alter Kulturzustände, in welchen Viehzucht, Ackerbau und Schiffahrt, je nach der Beschaffenheit des Landes, auch im Kultus ihre Spuren hinterlassen haben, und wenn wir das mit der Moßfahrt, dem Kuhtreiben oder andern Fastnachtbräuchen verbundene öffentliche Volksgericht bedenken, welches, wie das bayerische Haberfeldtreiben, keineswegs auf das Verhalten weiblicher Personen beschränkt war, so können wir sogar einen Rest alten Zusammenhangs zwischen Kultus und Justiz herausspüren, da die altgermanischen hohen Festtage zugleich Gerichtstage waren und die Priester wohl nicht bloß im Kriege eine Art Strafgewalt auszuüben hatten. Für die mythologische Grundlage mag schließlich noch, wenn auch ohne besondern Nachdruck, daran erinnert werden, daß einen Schiffschlitten auch die wilde Jagd in Steiermark

mit sich führt. Wenn nun die wilde Jagd nur die spätere Gestalt
eines besonders um die Zeit der Wintersonnenwende von dem
höchsten Gotte mit seinem Gefolge gehaltenen Umzuges ist, so
kann derselbe allerdings mit dem Frühlingsumzug der Göttin
zusammengestellt werden. Das Schiff kann dann freilich nicht
die eigentliche Bedeutung haben, die ihm oben bei den menschlichen
Umzügen zugeschrieben wurde, sondern es wird das sein, auf
welchem die Seelen durch die Lüfte geführt werden; aber auch
das Schiff der Göttin ist vielleicht ursprünglich das Wolkenschiff,
auf welchem fruchtbares Wetter herbeigefahren wurde. Diese
beiden Bedeutungen lassen sich zuletzt auch wieder vereinigen; das
altheidnische Schiff aber, dessen nächste Fortsetzung das des Skeaf
oder Sceld und des Schwanritters (Lohengrin) war (Simrock,
Mythologie⁵ 291—293), hat zuletzt vielleicht noch einen christlichen Nachklang gefunden in dem Weihnachtsliede von Tauler:
„Uns kommt ein Schiff gefahren". (Mittler, Deutsche Volks-
lieder² Nr. 404 5).

Das germanische Heidentum und das Christentum.

Wenn die Entstehung einer Religion, auch einer sogenannten positiven, die durch historische Zeugnisse auf die Person eines Stifters zurückgeführt wird, etwas Unergründliches behält, so wird die Verbreitung derselben, insbesondere ihre Übertragung auf andere Völker, zwar etwas leichter, aber immer noch schwer genug zu erklären sein; denn rein äußerliche Mitteilung dabei anzunehmen, widerstreitet dem Wesen und der Würde der Religion, die immer das Innerste des Menschen ergreifen und beherrschen muß. Im Grunde ist es doch wieder das Problem der Entstehung einer Religion, nur eben in einer neuen Volksgemeinschaft, das dann vorliegt, und wenn die Thatsache, daß religiöse Ideen schon gegeben waren, also bloß zur Geltung in weitern Kreisen gebracht zu werden brauchten, die Erklärung zu erleichtern scheint, so wird sie anderseits dadurch erschwert, daß ja die Völker, denen eine neue Religion mitgeteilt werden sollte, immer schon eine andere besaßen, von der sie sich erst losmachen mußten, was nicht ohne innere und äußere Kämpfe vor sich gehen konnte.

Bei diesen Schwierigkeiten ist es doppelt geboten, sich zunächst an unzweifelhafte und unbestrittene Thatsachen zu halten, welche das Aufkommen einer Religion umgeben und begleitet haben. Wenn nun das Christentum, um dessen historisches Verhältnis zum germanischen Heidentum es sich hier handeln soll, zunächst aus dem Schoße des Judentums hervorgegangen war und, da dieses trotzdem sich gegen die neue Religion wesentlich ablehnend verhielt, zunächst in der von griechischer Kultur durchdrungenen Heidenwelt des Römerreiches sich verbreitet hat, so fordert das alle Gebiete der Wissenschaft beherrschende Gesetz natürlicher Kausalität die Annahme, es sei jene Heidenwelt, ob-

wohl auch sie der Annahme des Christentums teilweise lange
widerstrebte, in einem nicht unbedeutenden Maße für dieselbe
empfänglich, also den Grundgedanken der neuen Religion nicht
ganz fremd gewesen. Daß sie einer neuen Religion bedürftig
war, wird allgemein zugestanden; aber daß gerade dieses Bedürfnis jene Empfänglichkeit und darum teilweise Geistes-
verwandtschaft in sich schließt, wird nicht genugsam anerkannt.
Und doch ist auch dies nur eine Anwendung des allgemeinen
Gesetzes der Kontinuität, und auf dem Gebiet der Geschichte wie
auf dem der Natur gilt der Satz, daß neue Erscheinungen immer
erst auftreten, nachdem sie durch vorangegangene vorbereitet waren,
so wie umgekehrt alte Zustände nicht absterben, bevor ihr Ersatz
angebahnt und zum Teil schon neben der untergehenden Gestalt
hervorgetreten war. Zwar wird in allen Lehrbüchern der Welt-
und Kirchengeschichte, auch in den vom positiv-christlichen Standpunkt ausgehenden, in schönen Worten dargelegt, daß alles, was
auf religiösem Gebiete dem Christentum vorangegangen war, Vorbereitung auf dasselbe sein sollte, daß mannigfache Keime einer
neuen Religion und sittlichen Besserung in der Heidenwelt aus-
gestreut waren, und zu vielen Stellen des Alten und Neuen
Testamentes sind auffallende Parallelen aus den Dichtern, Rednern,
Geschichtschreibern und Philosophen des klassischen Altertums
nachgewiesen worden; aber man hat, wenigstens von Seite der
positiven Theologie, den Sachverhalt doch vorwiegend negativ
aufgefaßt: die heidnische Welt war trotz jenen Keimen und An-
sätzen von Grund aus verdorben; sie hatte an sich selbst verzweifelt
und mußte eben darum das Christentum als etwas Neues, als
„Erlösung" annehmen. Man übersieht dabei, daß auch solches
Annehmen eine gewisse Fähigkeit und Selbstthätigkeit voraussetzt,
da ein rein passives Verhalten des Geistes sogar bei der Sinnes-
wahrnehmung nicht vorkommt. Wer eine absolute Umwandlung
aus göttlicher Wunderkraft annimmt, verläßt den Boden wissenschaftlicher Geschichtsbetrachtung. Das Positive, welches das
Heidentum dem Christentum zubrachte, wenn es auch mehr als
eine allgemeine unbestimmte Sehnsucht nach etwas Besserm war,
läßt sich allerdings nicht leicht in eine Formel oder ein paar Lehr-
sätze zusammenfassen; aber umgekehrt konnte das Christentum in

einige gut gewählte Schlagwörter (im besten Sinne dieses Aus=
drucks!) eine Menge im Heidentum zerstreuter Gedanken zusammen=
drängen und damit eine allerdings wunderbare Wirkung ausüben.
Doch sollte hier nur hervorgehoben werden, daß das Verhältnis
der im römischen Reiche verbreiteten Religion zum Christentum
kein bloß negatives sein konnte, und wenn die heidnische Religion
selbst allerdings wenig Positives darbieten konnte, so wäre um so
höher die mit ihr verbundene übrige Kultur anzuschlagen. Aber
gerade von dieser urteilt die positive Theologie, daß sie sich er=
schöpft hatte, daß die Gesittung der von ihr durchdrungenen Völker
verfallen war, und auch die pragmatische Geschichtschreibung läßt
sich den Gedanken gefallen, daß die germanische Nation mit
ihrem unbefangenen Sinn und auch unverdorbenen Charakter die
Aufgabe habe übernehmen müssen, das Christentum zu thatkräftigem
Leben zu bringen.

Hier berühren wir den Kernpunkt der Frage, auf die nun
näher einzutreten ist. Wenn die Annahme einer göttlichen Vor=
sehung, welche die Weltgeschichte leite, überhaupt unsere Geschichts=
betrachtungen leiten darf, so war es gewiß eine providentielle
Fügung, daß das Christentum gerade zu der Zeit auftrat, wo das
römische Reich eine politische Einheit der damaligen Kulturvölker
geschaffen hatte. Daß das Römerreich, nachdem (oder obgleich?)
es das Christentum als Staatsreligion angenommen hatte, vor
dem Andrang germanischer Völker zerfallen und deren neuer
Staatenbildung Platz machen mußte, muß dann freilich aus andern
als religionsgeschichtlichen Ursachen erklärt werden. Wenn aber
behauptet wird, daß die Germanen hauptsächlich darum berufen
waren, die Erbschaft der Römer anzutreten, weil sie gerade durch
ihre relativ geringere Kultur, verbunden mit Sittenreinheit und
Gemütstiefe, besonders fähig gewesen seien, das Christentum an=
zunehmen und zur Grundlage der neuen Weltordnung zu machen,
so lautet dies zwar schmeichelhaft für die Germanen, aber weniger
für die Religion und das Christentum selbst, insofern jene An=
nahme den Gedanken enthält (von dem allerdings auch die heutige
Heidenmission meistens ausgeht), die Grundwahrheiten der höchsten
Religion seien so einfach, daß jedes unverdorbene Volk sie er=
fassen und sich aneignen könne. Dann erscheint freilich die ganze

Kultur des Altertums als eine Verirrung oder ein ungeheurer Umweg, und das Christentum vorzugsweise für die Kinder und „Armen im Geiste" bestimmt, wie das Neue Testament sich allerdings prägnant ausdrückt.

Wenn zwischen Religion und Sittlichkeit kein Verhältnis besteht oder eine Abhängigkeit der letztern von der erstern, so konnten die Germanen kein besonderes Bedürfnis des Christentums empfinden; denn im zweiten Fall mußte ihre relativ gesunde Sittlichkeit bereits auf einer entsprechenden Religion beruhen. Wenn dagegen die Religion von der Sittlichkeit in der Weise abhangen kann, daß eine relativ hochstehende Sittlichkeit das Bedürfnis nach einer entsprechenden Religion zu wecken vermag, so konnten die Germanen allerdings zur Aufnahme des Christentums besonders befähigt sein; dann mußten sie aber auch mit besonderer Bereitwilligkeit zur Bekehrung sich herandrängen; die Macht der Überzeugung mußte sogleich große Massen, wenigstens die überwiegende Mehrheit des Volkes ergreifen und der ausgestreute Same in kurzer Zeit reiche Früchte tragen. Davon zeigt aber die Geschichte nichts. Die Bekehrung der Germanen erfolgte langsam und mühsam von einem Volke zum andern und innerhalb der einzelnen Völker von einzelnen Personen zu engern und weitern Kreisen, meist von den höhern Ständen nach unten fortschreitend, wie es in der Natur der Sache lag und auch im römischen Reiche geschehen war, mit dem einzigen Unterschied, daß dort die Bekehrung mehr von unten nach oben sich verbreitet haben mag. Sie erfolgte bei den germanischen Völkern nicht ohne heftigen Widerstand des Volkes im ganzen (so bei den Sachsen) oder einer Partei desselben (so schon bei den Westgoten) und nicht ohne wiederholte Schwankungen, so daß nach einem bedeutenden Fortschritt, den die Bekehrung etwa unter einem ihr günstigen Fürsten gemacht hatte, unter einem anders gesinnten wieder ein empfindlicher Rückschlag eintrat. Sie erfolgte ferner nicht immer, ja vielleicht selten aus rein innern Beweggründen religiöser Überzeugung, sondern unter starker Mitwirkung politischer Rücksichten, zuweilen auch bloßer Zufälle, z. B. wenn das Glück des Krieges, nachdem es unter den alten Göttern ausgeblieben war, einmal mit dem neuen Gotte versucht wurde und dann sich einstellte — alles dies wie im römischen Reiche! Bei solcher Äußerlichkeit und Unfestigkeit der Aneignung des Christentums konnten auch Früchte der Bekehrung weder frühzeitig noch reichlich zu Tage treten. Von den religiösen Gemütszuständen des Volkes in jener Übergangszeit gibt es natürlich keine unmittelbaren und sichern Zeugnisse; aber was wir von den sittlichen Zuständen wissen oder vermuten müssen, ist nicht günstig. Wenn wir die Germanen des ersten Jahrhunderts, wie sie Tacitus, offenbar nur aus teilweiser Kenntnis und idealisierend schildert, mit denen des vierten bis siebenten Jahrhunderts vergleichen, auf die es bei der Frage ankommt, so zeigen diese keinen bessern Zustand der Sitten als die Römer, sei es infolge von Ansteckung durch die letztern oder aus innerer Verderbnis, und höchstens kann man zugeben, daß auf Seite der Germanen mehr Roheit und Wildheit als Verdorbenheit bestand. Daß die Geschichte des merowingischen Königshauses noch nach der Bekehrung an die schlimmsten Erscheinungen in der julischen Kaiserfamilie des heidnischen Roms erinnert, mag aus dem zunächst und zumeist bei den Franken eingetretenen Zusammentreffen zweier Religionen und Kulturen, einer Vermischung von Einflüssen und Verwirrung der Grundsätze erklärt werden, welche in solchen Fällen fast unvermeidlich ist. Das Christentum konnte jene Verwilderung der Sitten weder verhindern, noch auf einmal beseitigen; aber wenn die Germanen jener Zeit eine ganz besondere Empfänglichkeit für dasselbe, resp. für die mit ihm verbundene Milderung der Sitten gehabt hätten, so wären Erscheinungen jener Art bei ihnen überhaupt nicht möglich gewesen, auch wenn einzelne Ausartungen zugleich als Ausnahmen betrachtet werden dürfen. Die deutsche Heldensage, welche um jene Zeit ihre höchste Ausbildung gefunden haben muß, zeigt eben so viele Beispiele von Verrat als von der sonst als Nationaltugend gepriesenen Treue. Noch im Nibelungenlied ist das Christentum nur äußerlich und die Treue bis in den Tod zugleich Blutrache. Die christliche Bildung und Wissenschaft Deutschlands blieb das Mittelalter hindurch abhängig von der romanischen, und von einer eigentümlichen, tiefern Auffassung des Christentums finden wir Spuren erst in den letzten Jahrhunderten jenes Zeitraums.

Die Langſamkeit, mit der das Chriſtentum bei den Germanen fortſchritt, erklärt ſich aus beſondern Gründen. Der germaniſche Volksgeiſt iſt überhaupt mehr auf langſame, aber tief innerliche Entwicklung angelegt als der griechiſche und romaniſche; er wird alſo auch bei der Aneignung des Chriſtentums ſeine angeborne Art bewährt haben. Es kam aber noch ein Umſtand hinzu, der die Chriſtianiſierung der Germanen verzögern mußte. Das griechiſch= römiſche Heidentum hatte ſich, wie das Judentum, ausgelebt; was dieſe Religionen an brauchbaren Elementen erzeugt hatten, war in das Chriſtentum übergegangen, und der Übergang war im ganzen allmählich und friedlich, ohne einen gewaltſamen Bruch erfolgt, ähnlich etwa wie die lateiniſche Sprache ſich in die romaniſche verwandelte. Daß die Chriſtenverfolgungen römiſcher Kaiſer (mit Ausnahme Julians) nicht in poſitivem Eifer für das Heidentum oder in Unduldſamkeit gegen die neue Religion als ſolche, ſondern in politiſchen Rückſichten ihren Grund hatten, iſt bekannt. Bei den Germanen dagegen, wenigſtens zunächſt bei den Deutſchen und Angelſachſen, war das Heidentum noch nicht ausgereiſt, ſondern ſeine Entwicklung wurde durch die Verbreitung des Chriſtentums unterbrochen. Der Glaube an die alten Götter lebte im Volke noch friſch; er hatte auch noch eine ziemlich einfache, wenig ethiſch ausgebildete Geſtalt, und was er in der letztern Richtung etwa noch hätte werden und leiſten können, läßt ſich nur aus der Ent= wicklung ſchließen, die er in Skandinavien gefunden hat, welches noch mehrere Jahrhunderte länger von der römiſch=chriſtlichen Kultur unberührt blieb. Es iſt alſo natürlich, daß es den Deutſchen ſchwer wurde, ihren Glauben abzuſtreifen, weil ſie die Leiſtungs= fähigkeit deſſelben noch nicht ganz erprobt hatten. Oberflächlich blieb die Bekehrung allenthalben, je gewaltſamer und ſchneller ſie geſchehen war; daher finden wir auch ein ſo ſtarkes Nachleben des Heidentums unter verkleideten Formen bis tief ins Mittel= alter und teilweiſe ſogar in die neuere Zeit hinein. In Deutſch= land mag dies mit dem konſervativen Zug der Gemütlichkeit und Treue zuſammenhangen, in den romaniſchen Ländern mit der ſinnlich=plaſtiſchen Anlage des Volksgeiſtes, die denn auch im ſpätern katholiſchen Glauben und Kultus ſich deutlich genug aus= geprägt hat.

Wenn nun das Christentum schließlich trotz jenen Hindernissen bei den Germanen ebenso feste Wurzeln schlug wie im Süden, so muß wohl abermals ein besonderer Grund gewaltet haben, der ein Gleichgewicht zwischen Abstoßung und Anziehung herstellte. Daß in der Religion der Germanen selbst Elemente enthalten waren, die anziehend wirken konnten, lag zwar zu vermuten am nächsten, ist aber bisher von niemand behauptet worden; dagegen hat man eine gewisse Verwandtschaft germanischen Geistes mit christlichen Ideen auf einem andern Gebiete zu finden geglaubt.

Seit Vilmar die Eigentümlichkeit der Gesamtauffassung der Person Christi, seines Lebens und Wirkens in der altsächsischen Dichtung „Heliand" hervorgehoben hat, haben spätere Litteraturund Kirchenhistoriker dasselbe gethan; z. B. Rettberg (Kirchengeschichte Deutschlands, Bd. I, S. 246 ff.), und zwar im Zusammenhang mit der Ansicht, daß die Germanen mehr als die Völker der alten Welt befähigt gewesen seien, den Kern der christlichen Lehre von der Aneignung des Heils durch Glauben und Hingebung des ganzen Menschen an die Person des Heilands zu erfassen. Daß der „Heliand" erst im neunten Jahrhundert gedichtet ist, nachdem die Bekehrung der Sachsen äußerlich vollendet war, kann uns nicht abhalten, in ihm ein Zeugnis echt germanischen Geistes und auch Nachklänge des Heidentums zu erkennen; die Frage ist nur, ob das dort aufgestellte Bild des Heilands als eines zwar friedlichen, doch nach Art eines weltlichen Gefolgsoder Lehnsherrn auftretenden Fürsten dem evangelischen Bilde Christi wirklich entspreche, wenigstens mit ihm vereinbar sei, also eine Verwandtschaft germanischen und christlichen Geistes beweisen helfe. Nach Rettberg entspricht insbesondere der Grundzug der Treue, der Anhänglichkeit und Hingebung, die nach altgermanischem Rechte die Gefolgsleute ihrem Führer, nach der spätern Verfassung die Mannen oder Vasallen ihrem Lehnsherrn schuldig waren, der christlichen Forderung der Hingabe der Gläubigen an Christus. Dieser hat nach der Darstellung des „Heliand" seine Getreuen gesammelt zu einem Heerzuge gegen Welt und Teufel; in seiner Bergrede verspricht er, wie ein König oder Herzog in einer Volksversammlung, seinen Mannen Sieg und himmlischen Lohn; zunächst aber ist ihr höchster Ruhm, mit ihm und für ihn zu streiten und zu sterben; größter Schaden und Schande ist Zweifel und Zagen; aus dem unbedingten Ver=trauen erwächst die volle Thatkraft. Daß noch manche einzelne Szenen nach altdeutscher Sitte geschildert werden, z. B. die Hochzeit in Kana nach Art eines einheimischen Trinkgelages, daß bei der Gefangennehmung Christi das wehrhafte Verhalten des Petrus hervorgehoben wird (ähnlich der Äußerung, die Chlodwig bei seiner Bekehrung gethan haben soll), ist ebenso richtig als bekannt.

Mit Wohlgefallen bemerken wir diese Züge einer natürlichen, unbefangenen oder eben nur in der heimischen Sitte befangenen Auffassung der evangelischen Geschichte, welche in dem anachro=nistischen Verfahren altdeutscher Maler bei Darstellung der=selben Gegenstände noch viel später ein Gegenstück findet. Wir werden nachher darauf zurückkommen, daß der Parallele zwischen altgermanischer Heldenhaftigkeit und christlicher Frömmigkeit etwas Wahres zu Grunde liegt, aber von einer andern Seite als der im „Heliand“ hervorgehobenen; eine wirkliche Übereinstimmung zwischen germanischem und christlichem Geiste können wir in allem Angeführten nicht finden, sondern nur die unvermeidliche Strahlen=brechung des reinen Lichtes christlicher Wahrheit in den Medien der Volksgeister, wie noch später im deutschen und romanischen Katholizismus, im lutherischen, reformierten und englischen Protestan=tismus. Ob die Darstellung des „Heliand“ auf unbewußter irrtüm=licher Auffassung der christlichen Lehre oder auf bewußter Um=deutung (welche von Entstellung noch wohl zu unterscheiden ist) derselben beruhe, kann hier unentschieden bleiben. Nötiger scheint es, vor einem andern Fehler zu warnen, den man begehen würde, wenn man Elemente ursprünglicher Verwandtschaft, die das ger=manische Heidentum und das Christentum ganz unabhängig von einander und vor ihrer geschichtlichen Berührung enthalten haben können, mit Erscheinungen vermengen wollte, welche erst nach jener Zeit, in der Periode des oben so genannten Nachlebens des Heidentums, infolge von Ausgleichung, Akkommodation und Übertragung von der einen Religion auf die andere mehr oder minder bewußt sich eingestellt haben. Dagegen dürfen wir für die nachfolgende Vergleichung des rein Heidnischen und rein

Chriſtlichen innerhalb beider Seiten ältere und ſpätere Elemente
zuſammenfaſſen.

Wir beſchreiben hier nicht den geſchichtlichen Verlauf der Bekehrung der Germanen in ihren einzelnen Stadien bei den verſchiedenen Völkern, ſondern wir ſuchen ein Geſamtbild des germaniſchen Geiſtes und Lebens im Vergleich zum chriſtlichen zu geben.
Für eine ſolche Betrachtung brauchen räumliche und zeitliche
Unterſchiede, beſonders innerhalb des germaniſchen Heidentums,
nicht ängſtlich aufgeſtellt und feſtgehalten zu werden, zumal da
die hiſtoriſchen Zeugniſſe für die älteſte Zeit überhaupt mangelhaft
ſind; es darf und muß alſo das deutſche Heidentum, wie es zur
Zeit der Bekehrung beſchaffen ſein mochte, aus den bedeutend
ſpätern Quellen, die wir für das nordiſche Heidentum beſitzen,
ergänzt werden, was auch in den Darſtellungen der germaniſchen
Mythologie meiſtens geſchehen iſt; nur muß man ſich der hiſtoriſchen
Ungenauigkeit, die man dabei begeht, ſtets bewußt bleiben und
nicht einzelne Züge des nordiſchen Heidentums ſpäterer Zeit
unmittelbar auf das ältere Deutſchland übertragen, ſondern
dieſelben nur für den Geiſt des germaniſchen Heidentums und die
Entwicklungsfähigkeit des letztern im ganzen geltend machen. In
entſprechender Weiſe braucht für das Chriſtentum weder im Neuen
Teſtamente der Unterſchied des ſynoptiſchen vom pauliniſchen und
johanneiſchen Lehrtypus, noch im ganzen der des Neuen Teſtamentes
von dem der katholiſchen Kirche feſtgehalten zu werden; jene Unterſchiede ſind ja erſt in neuerer Zeit entdeckt und geltend gemacht
worden und beſtanden noch nicht für die Miſſionäre des frühern
Mittelalters, alſo auch nicht für das Volk, dem ſie predigten; dagegen
gehören zum Chriſtentum auch die Vorſtellungen des Judentums, ſo
weit ſie nicht von dem erſtern ausdrücklich aufgehoben waren.

Betreffend das germaniſche Heidentum ſind die Anſichten
über das Verhältnis des deutſchen zum nordiſchen und insbeſondere
über das Alter und die Echtheit der nordiſchen Quellen in neuerer
Zeit bei den Germaniſten ſelbſt ſchwankend und ſtreitig geworden.
Früher hatte man die nordiſche Mythologie, wie ſie in den Edden
vorliegt, ohne Bedenken als zuverläſſige Quelle auch für den
Glauben der alten Deutſchen betrachtet und benutzt. J. Grimm
hat dies Verfahren nicht gebilligt, und um die Mangelhaftigkeit

der Quellen für die altdeutsche Religion zu ergänzen, hat er den
Volksglauben des Mittelalters als Überrest des Heidentums auf-
gedeckt und ausgenutzt. Simrock schöpfte aus beiden Quellen und
suchte dieselben zu einem Gesamtbilde zu verschmelzen; ebenso
Mannhardt, der aber den deutschen Volksglauben methodischer als
Grimm auszubeuten und auch mit dem der klassischen und ost-
europäischen Völker zu vergleichen strebte. Gegen unkritische Benutzung des Volksglaubens als einer durch christliche Einflüsse
getrübten Quelle hatte schon W. Müller Bedenken erhoben;
Müllenhoff lenkte noch entschiedener auf die römischen und die
ältern kirchlichen Nachrichten zurück und wollte daneben einzig in
der Heldensage noch eine mittelbare Quelle erkennen. Unterdessen
war auch das Alter und die unbeschränkte Gültigkeit der sogen.
ältern Edda zweifelhaft geworden, und als vor einigen Jahren
selbst nordische Gelehrte nachzuweisen suchten, daß wichtige Stücke
des eddischen Vorstellungskreises bereits auf christliche Einflüsse
zurückzuführen seien, welche besonders durch den Verkehr der
Skandinavier mit Britannien vermittelt worden wären und sogar
Elemente der griechischen Mythologie durch gelehrte Vermittlung
nach dem Norden getragen haben sollten, drohte das ganze Ge-
bäude der germanischen Mythologie zusammenzubrechen. Nachdem
mehrere deutsche Gelehrte den Aufstellungen der nordischen Beifall
gezollt hatten, war es (der bald nachher verstorbene) Müllenhoff,
der die Fülle und Tiefe seiner Kenntnis des gesamten germanischen
Altertums und auch seinen leidenschaftlichen Eifer für die Rein-
haltung der Wissenschaft in die Wagschale warf, um die Echtheit
der wesentlichen Bestandteile der Edda zu retten. Die Möglichkeit christlicher Einflüsse auf einzelne Vorstellungen des spätern
nordischen Heidentums wollte er nicht bestreiten; aber den Versuch,
die Wirklichkeit dieses Sachverhaltes nachzuweisen, fand er verfehlt, und wir haben abzuwarten, ob die skandinavischen Gelehrten
ihre Hypothese aufrecht erhalten oder zurücknehmen, wenigstens
einschränken werden. Unterdessen werden wir auf dem Standpunkte verharren dürfen, daß die Edda als Quelle für die spätere
Entwicklung des nordischen Heidentums ihre Gültigkeit behalte,
womit eben schon gesagt ist, daß christliche Einflüsse für jene Zeit
nicht ganz abzuweisen sein werden. Merkwürdig und lehrreich

für die Religionsgeschichte überhaupt, auch für die heutigen Zustände der christlichen Kirche, bleiben einige schon von Grimm
beigebrachte Nachrichten nordischer Geschichtsquellen, daß in der
Zeit der allmählichen Verbreitung des Christentums in jenen
Gegenden, also etwa im neunten und zehnten Jahrhundert, als
der heidnische Glaube teils in sich selbst, teils durch Berührung
mit dem christlichen zu wanken angefangen hatte, einzelne Männer,
und zwar von den angesehensten und besten, irre geworden an
dem alten Glauben des Volkes und doch auch dem Christentum
noch nicht ergeben, von beiden Autoritäten sich abwandten und
einzig auf ihre persönliche Kraft und Tugend sich verließen, während
andere, schwächer an Charakter, aber ohne Zweifel stärker an
Zahl, eine Zeit lang beide Kulte nebeneinander pflegten, um in der
Not jedenfalls nicht ganz leer auszugehen und den Wert der beiden
Religionen durch fortgesetzte Versuche an praktischen Erfolgen zu
prüfen. Als dann das Christentum endlich durch innere und
äußere Gewalt obgesiegt hatte, brach auch für den Norden die
Zeit an, wo das Heidentum nur noch ein Nachleben in zurück-
gezogener und halb verdeckter Gestalt zu fristen vermochte.

Absehend von dieser spätern Zeit, welche auf friedliche Weise
eine teilweise Vermischung und Verschmelzung von Elementen
beider Religionen im Volksglauben zuwege brachte, haben wir im
Gegenteil die ältere Zeit ins Auge zu fassen, wo die beiden Religionen getrennt einander gegenüberstanden und das Heidentum
doch Elemente enthalten konnte, die dem Christentum entgegen-
kamen. Wir haben aber dabei nicht nur gewisse allgemeine Vorstellungen im Auge, welche jede höhere heidnische Religion als
Keime des Christentums enthält, sondern einzelne von besonderer
Beschaffenheit, welche das Heidentum der Griechen und Römer
weniger oder gar nicht entwickelt hatte, so daß von dieser Seite
allerdings eine vorzugsweise Fähigkeit der Germanen zur Annahme
des Christentums stattgefunden haben kann.

Anerkannt ist heutzutage, daß das Heidentum der Kulturvölker nirgends von Polytheismus im Sinne von roher Viel-
götterei ausgegangen ist, sondern von Henotheismus, d. h. Verehrung eines vorwaltenden Gottes, der sich allerdings zu einer
Mehrheit erweitern konnte, und daß es aus der im Laufe der Zeit

hauptsächlich durch Völkermischung und Staatenbildung erwachsenen Vielheit von Göttern wieder einer Einheit, aber dann im Sinn von Einzigkeit zustrebte, also monotheistisch sich zuspitzte. Wie bei den klassischen Völkern später Zeus und Jupiter über alle andern Götter emporsteigt, so bei den Germanen Wodan, nachdem einzelne Völker unter verschiedenen Namen den Gott des Krieges oder der Sonne oder des Donners bevorzugt hatten. Den Namen „Allvater", der in der Edda mehrmals in etwas mysteriöser Weise auftaucht, dürfen wir nicht in christlichem Sinne nehmen, auch nicht als einen Begriff, den das Heidentum von Anfang an besessen und später auf einen höchsten Gott, etwa Wodan, angewandt hätte, der, wie Zeus und Jupiter, in genealogischem und dann auch teilweise in ethischem Sinne Vater einzelner Götter und Menschen ist, aber nicht ausdrücklich so genannt wird.

Wie das Christentum, den strengen jüdischen Monotheismus abstreifend, das göttliche Wesen in eine Dreiheit von Personen auseinanderlegte, deren Einheit allerdings ebenso entschieden behauptet wurde, so finden wir bei den heidnischen Kulturvölkern arischen Stammes vielfach eine Dreiheit von Göttern in bevorzugter Weise aus der Vielheit hervorgehoben. So auch bei den Germanen, noch bei den Deutschen zur Zeit der Bekehrung, obwohl die Namen bei den einzelnen Völkern schwanken und Einheit des Wesens nicht betont wird; die Zahl konnte immerhin zur Anknüpfung an die christliche dienen.

Wichtiger als die Zahl ist aber das Wesen der Gottheit, das Element, in dem sie sich bewegt. Daß nun die Götter des Heidentums ursprünglich Naturwesen oder Naturmächte sind, denen erst später teilweise geistige Bedeutung unterlegt wurde, ist bekannt genug. Man sollte aber nicht übersehen, daß auch der Gott des Judentums und Christentums einer Naturgrundlage, eines sinnlichen Elementes, in dem er wahrgenommen oder mit dem er wenigstens verglichen wird, nie entbehren konnte, da schon die Sprache abstrakte Begriffe nur aus konkreten Vorstellungen erzeugt. Diejenigen Naturelemente, welche sich als Träger oder als Stützen für die Vorstellung umfassenden geistigen Wesens am ehesten eignen, sind Luft und Licht, die feinsten und darum leichtbeweglichsten Stoffe der Erscheinungswelt. Nnach Elohim im Alten Testament, πνεῦμα und spiritus im Neuen mögen noch so abstrakte Bedeutung erlangt haben: ihre Grundbedeutung konnte so wenig ganz verloren gehen wie die des deutschen Wortes Geist, mit dem wir noch heute in Zusammensetzungen sogar Flüssigkeiten benennen, welche leicht verdunsten und getrunken oder eingerieben das Lebensgefühl anregen. Auch die Seele des Menschen konnte nie anders denn als Lufthauch oder Atem aufgefaßt werden. Bewegte Luft ist nun auch das Element, aus welchem der Name und das Wesen des höchsten Gottes der Germanen, Wodan, geflossen und welches auch den jüdisch-christlichen Vorstellungen von Gott nicht fremd ist. Jehovah erscheint gnädig im sanften Säuseln der Luft (1. Kön. 19, 11—13), und vom Geiste Gottes heißt es im Neuen Testament: „Er wehet, wo er will, und du hörest sein Brausen" (Joh. 3, 8). Bekannt ist ferner, daß die ältesten Bezeichnungen des göttlichen Wesens in den indogermanischen Sprachen auf die Vorstellung des Lichtes weisen. Derjenige germanische Gott, dessen Name aus jener Wurzel gebildet ist (Tiu, Ziu), ist später als Kriegsgott hinter Wodan zurückgetreten; aber andere Götter (im Norden besonders Balder, Heimdall und Frey) sind wesentlich Lichtwesen. Aus Verehrung eines strahlenden Gestirns war auch die Jehovahs hervorgegangen, und noch später erscheint er als Feuer seinem Volke vorangehend, die Feinde desselben im Kampfe, aber auch seine Propheten im heiligen Eifer verzehrend. Vom christlichen Gotte heißt es nicht bloß: „Er wohnt im Licht" (1. Tim. 6, 16), sondern sein eingeborner Sohn ist als Licht erlösend in die Finsternis eingetreten (Joh. 1, 4/5; 8/9). Bei diesen und ähnlichen Ausdrücken mag man sich, besonders wenn ein ausdrückliches „wie" dabei steht, eines bloß bildlichen Sinnes bewußt gewesen sein, und wir wollen den großen Abstand der Denkweise, der in einem einzigen Wörtchen „wie" enthalten ist, gegenüber der heidnischen Vorstellung von substantieller Identität des Stoffes mit dem Wesen nicht verkennen, sowie auch unsere modernen Dichter (z. B. Lenau), wenn sie in personifizierenden Naturbildern reden, damit weder eine neue Mythologie aufstellen wollen, noch in solchem Sinne verstanden werden; aber daß das Heidentum ebenfalls von bloß bildlicher, nur eben unbewußter Vorstellung ausgegangen war, wenn es auch später die verdichteten Bilder nicht mehr ganz in

das flüssige Element der ursprünglichen Vorstellung zurückver=
wandeln konnte, muß ebenfalls anerkannt werden.

Die allgemeinen Vorstellungen vom Wesen der Gottheit
werden im Heidentum erläutert und ergänzt durch Charakterzüge
einzelner Götter, denen natürlich auf Seite des Christentums nur
die Vorstellung des Einen Gottes und seines eingebornen Sohnes
gegenübergestellt werden kann.

Wodan, von dem oben gesagt wurde, er habe sich an die
Spitze der Götter emporgeschwungen, hat in der Edda auch Eigen=
schaften, die ihn dieser Stellung würdig erscheinen lassen. Daß
das Naturelement seines Wesens die bewegte Luft war, machte
ihn am ehesten fähig, dasselbe zu vergeistigen, und er trägt in
der That in den spätern Darstellungen einen vorwiegend geistigen
Charakter. Er ist sinnreich, weise, erfinderisch, der höchsten Zauber=
kräfte (Runen) kundig, in seinen Gedanken die ganze Welt und
Zeit umfassend. Er verleiht nicht bloß die höchsten Gaben des
Glückes, Reichtum und Siegesmacht, sondern auch die Gaben des
Geistes, dessen Fülle er selbst besitzt. Darin gleicht er dem Gotte
des Christentums, von dem es heißt: „Alle guten Gaben kommen
von oben herab, von dem Vater des Lichtes" (Jak. 1, 17).
Wodans Fürsorge umfaßt einzelne Personen und Stände vor=
zugsweise, besonders die Könige und Helden. Bei einem kriegerischen
Volke mußte der höchste Gott, wenn er nicht ursprünglich Kriegs=
gott war, diese Eigenschaft zu den übrigen annehmen. Wodan
hat unter den königlichen und adeligen Kriegshelden seine Lieb=
linge, die er von Jugend auf an sich zieht und zu ihrem hohen
Beruf emporhebt, wie Jehovah die Stammväter, Richter und
einzelne Könige des jüdischen Volkes. Jene sind von Wodan
erkoren, ihm auf Erden zu dienen, und wenn sie ihr irdisches
Leben rühmlich auf dem Schlachtfelde geendigt haben, in der
himmlischen Welt (Walhall) Aufnahme, Fortsetzung ihrer kriege=
rischen Übungen und zuletzt auch wieder eine entsprechende Ver=
wendung zu finden.

Wenn in dieser Bevorzugung auserwählter Menschen eine
gewisse Einseitigkeit, Parteilichkeit und Einschränkung des all=
umfassenden göttlichen Wesens liegen mag, welche zwar dem ältern
Judentum, nicht aber dem Christentum zu entsprechen scheint, so

vergesse man nicht, daß die christliche Lehre etwas Ähnliches auf-
weist, was ja auch die Theologie lange und ernst genug beschäftigt hat. Alle Menschen sind zum Heile der Erlösung bestimmt;
aber die göttliche Gnade kann nicht allen zugleich und in gleichem
Maße zu teil werden; auch sie ist verbunden mit der Vorstellung
einer Wahl: „Viele sind berufen, wenige erwählt" (Matth. 22, 14;
vgl. 7, 13/14). Wenn irgend etwas Besonderes die germanischen
Heiden zum Christentum ziehen konnte, so war es am ehesten
diese Vorstellung einer göttlichen Wahl. Das Streben, die in
derselben liegende Ungerechtigkeit von Gott abzuwenden und
durch irgend welche spätere Verfügungen auszugleichen, konnte die
frühere Zeit nicht beschäftigen, da die Thatsachen zunächst der
scheinbar harten Lehre recht geben. Daß das Himmelreich der
Christen nicht den kriegerischen Anstrich von Walhall hat und
noch durch andere Tugenden als todverachtende Tapferkeit erworben wird, muß natürlich bemerkt werden; aber nicht dies
ist hier wesentlich, sondern der besondere Aufenthalt der Seligen,
von dem auch Christus sagt: „In meines Vaters Hause sind
viele Wohnungen; ich gehe hin, euch einen Ort zu bereiten"
(Joh. 14, 2).

Wenn Wodans weltdurchdringender Verstand etwas Kühles,
sein kriegerischer Anhauch etwas Wildes an sich hat und er durch
beide Eigenschaften dem christlichen Gotte ferner steht, so finden
wir ihn nach der letztern Richtung ergänzt durch andere Götter,
darunter zwei Söhne von ihm, welche mildern und wärmern
Charakter zeigen und den Menschen näher stehen, wie der Mensch
gewordene eingeborne Sohn Gottes im Christentum. Einer jener
Söhne heißt in der Edda Heimdall. Er ist Wächter der Brücke,
welche den Himmel mit der Erde verbindet (ähnlich dem Regen-
bogen nach der Sündflut im Alten Testament). Er ist wachsam
wie „der Hüter Israels, der nicht schlummert noch schläft"
(Psalm 121, 4); seine Sinne sind so scharf, daß von ihm ernstlich
gilt, was von Menschen jetzt nur ironisch: er hört das Gras
wachsen (und die Wolle auf den Schafen). Als Mittler zwischen
Göttern und Menschen ist er aus seiner himmlischen Höhe herab-
gestiegen und hat unter den Menschen die Stände, also die Ordnung des geselligen Lebens gegründet.

Noch milder ist ein anderer Sohn Wodans, Balder, der längst mit Christus verglichen worden und doch gewiß nicht erst eine Nachbildung des letztern auf heidnischem Boden, wohl aber eine selbständige Parallele zu ihm ist. In ihm hat die Lichtnatur des göttlichen Wesens ihre reinste Gestalt gefunden und ist aus der physischen Sphäre ausdrücklich in die ethische übergetragen. Er ist nicht nur der weiseste, sondern auch der mildeste und beste von allen Göttern (des Asengeschlechtes), ihr und der Menschen Liebling. In seinem Reiche kann nichts Unreines bestehen; er selbst ist das Bild der Unschuld und bleibt es, auch nachdem die übrigen Götter, in Schuld verstrickt, ihren Untergang herbeigeführt haben. Er selbst wird zwar von diesem Verhängnis mitbetroffen, insofern er, wie alles Schöne und Reine, früh sterben muß als unschuldiges Opfer, nicht für die Sünden der Menschen, sondern der Götter. Aber der heidnische Glaube konnte sich so wenig wie der christliche damit befriedigen, daß diese Lichtgestalt eine Beute des Todes bleiben sollte: nach dem Untergang der alten Weltordnung soll Balder zu neuem Leben emporsteigen und mit einigen andern Göttern, welche den Weltbrand überlebt haben, ein goldenes Zeitalter herbeiführen. Diese Vorstellungen mögen, obwohl sie sich in einem der ältesten Lieder der Edda finden, erst die Blüte und Frucht der spätesten Zeit des nordischen Heidentums und nicht ohne Einfluß des Christentums entstanden oder wenigstens ausgebildet sein; sie mögen auch nicht allgemeiner Glaube, sondern Gedanken einzelner tief blickender Geister, sie mögen überhaupt mehr ideale Hoffnungen und Wünsche als eigentliche Glaubenssätze, die sich auf Thatsachen beziehen, gewesen sein; immerhin wird man zugeben müssen, daß in Balder das nordische Heidentum einen unverkennbaren Ansatz zum Christentum genommen hatte. Daß es fähig war, ähnliche Gedanken aus sich zu erzeugen, zeigt noch eine dritte Göttergestalt, welche ebenfalls mit dem Bilde des christlichen Gottessohns sich berührt. Der im Norden (neben zwei andern) hochverehrte Gott Frey, dem ein deutscher Name Fro entspricht, obwohl er als heidnischer Gott in Deutschland nicht unmittelbar bezeugt ist, war nicht wie die beiden vorher genannten ein Sohn Wodans, überhaupt nicht aus demselben Geschlechte wie die andern Götter, aber darum um so mehr geeignet, als Vertreter

eines andern Prinzips jene zu ergänzen. Auch er trägt mildere
Züge als die andern Hauptgötter. Er ist zwar ein mächtiger
Herrscher, aber nicht kriegerischen, sondern friedlichen Charakters;
er gleicht darum am meisten Christus als Friedensfürsten. Die
ursprüngliche Naturgrundlage seines Wesens ist unverkennbar, sei
sie nun geradezu die Sonne oder die laue Luft des Frühlings gewesen, die alle Wesen gedeihen läßt; aber auch er ragt in die
sittliche Welt hinein und ist eine versöhnende Macht, wie man
daraus erkennt, daß ihm besonders am Julfest (Weihnacht) Sühnopfer und Gelübde dargebracht wurden. Wenn Balder nur fast zu
zart und in seinem Schicksal rein passiv erscheint, indem er nicht
aus freiem Willen in den Tod geht, sondern von demselben eben
betroffen wird, so ist Frey kräftiger und wehrhafter; das Verderben
der Gesamtheit vermochte freilich auch er nicht aufzuhalten.

Ein Hauptanstifter dieses Verderbens ist der von Anfang an
unter den Göttern wirksame Loki, der vielleicht ursprünglich das
verzehrende Feuer bedeutet, später aber überhaupt das böse Prinzip.
Schadenfreude und Zerstörungssucht sind die Seele seines Wesens,
und er ist um so gefährlicher, weil seine Klugheit zeitweise den
Göttern große Dienste leistet, bis die Bosheit seiner Absichten
sich enthüllt und er im letzten Kampfe offen mit seiner Sippschaft
aus dem Riesengeschlecht als Feind der Götter hervortritt. Dieser
Gestalt kann natürlich auf Seite des Christentums nur der Satan
gegenübergestellt werden, den schon das Alte Testament zwar
nicht als ebenbürtigen Gegner Gottes, aber als bösen Geist der
Versuchung und Verführung kannte. Das Neue Testament und
die spätere Kirchenlehre durften die Macht des Teufels nicht zu
einer dualistischen Spannung gegen den allmächtigen Gott steigern,
und der Sieg des letztern war zu allen Zeiten zum voraus gesichert; aber ein Kampf bleibt auch hier nicht erspart, und wenn
man in dem altdeutschen Gedicht (Muspilli), welches als Vorspiel
des jüngsten Gerichtes einen Zweikampf zwischen dem wiederkehrenden Propheten Elias einerseits, dem Satan und dem Anti-
christ anderseits in Aussicht stellt, nicht Nachklänge des heidnischen
Weltkampfes, sondern selbständige christliche Mythen nach dem
Vorbild der Offenbarung Johannis zu erkennen hat, so bleibt die
Parallele nur um so unabweisbarer.

Bei der germanischen Frauenverehrung durfte man erwarten, daß weibliche Göttergestalten zahlreicher und mannigfaltiger zum Vorschein kämen. Im Grunde finden wir aber (neben einigen Spezialgöttinnen, die nur für den Norden bezeugt sind), nur eine Gestalt unter verschiedenen Namen, das vergrößerte und verklärte Bild der germanischen Hausfrau. Ihr hat das Urchristentum natürlich nichts gegenüberzustellen; aber der besonders in der Frauenwelt begreifliche Trieb, das Göttliche nach seiner milden Seite auch in weiblicher Gestalt anzuschauen, führte früh zur Verehrung der jungfräulichen Mutter des Heilands, welche allmählich zu einer Gott Vater und ihren Sohn fast verdunkelnden Himmelskönigin erwuchs und dadurch geeignet wurde, mit der heidnischen Königin verglichen, resp. an deren Stelle gesetzt zu werden, wofür der spätere Volksglaube zahlreiche und bekannte Zeugnisse darbietet.

Nachdem nun einige Hauptcharaktere der germanischen Götterwelt, welche mit christlichen Ideen sich vergleichen ließen, in ihren individuellen Zügen dargestellt sind, können wir das Wesen der Götter noch in ihrem gemeinsamen Leben und Wirken ins Auge fassen.

Offenbare Erscheinung der Götter vor den Augen der Menschen hat das Heidentum nirgends behauptet und unmittelbare Nähe derselben eher gefürchtet als gewünscht. Eben darum verfertigte und verehrte man Bilder der Götter, welche freilich nach dem Zeugnis des Tacitus den alten Deutschen noch so fremd waren wie eigentliche Tempel; nur von Sinnbildern und heiligen Wäldern weiß der römische Geschichtschreiber bei ihnen zu berichten. Aber an zeitweise Besuche oder Umzüge einzelner Götter in mehr oder weniger verhüllter Gestalt glaubten die Germanen, und ein Beispiel davon ist die oben angeführte Einkehr des Gottes Heimdall unter den Menschen zur Stiftung der Stände, wovon J. Grimm (Kleine Schriften, Band 7, S. 114) noch in Hans Sachsens Spiel „Die ungleichen Kinder Evas" einen Nachklang finden will. Das Christentum hat ähnliche Vorstellungen sonst aufgegeben, weil es Gott in Christus geradezu selbst menschliche Gestalt annehmen ließ und auf diesem Weg eine absolute Vermittlung ein für alle Mal herstellte; aber die christliche Legende späterer Zeit ist mehrfach

zu der traulichen Vorstellung zurückgekehrt, die auch das Alte
Testament (z. B. in der Geschichte Abrahams) von Erscheinungen
Gottes auf Erden in verkleideter Menschen= oder Engelsgestalt
gehegt hatte. Die auch dem protestantischen Volke nicht fremd
gewordenen Legenden von Wanderungen des Heilands mit Petrus
(nach dem Zeitalter der evangelischen Geschichte und über deren
Schauplatz hinaus), zum Teil verbunden mit scherzhaften, rein
menschlichen Anwandlungen der heiligen Personen, gleichen den
antiken Sagen von Zeus und Hermes, z. B. deren Einkehr bei
Philemon und Baucis, und ähnlichen nordischen von Wodan, der
überhaupt als rastloser Wanderer aufgefaßt und dargestellt wird,
allein oder in Begleitung anderer Götter, mit Einkehr bei Riesen
und Menschen.

Der allgemeinen Vorstellung einer periodischen Annäherung
der Götter an die Menschen, besonders zu gewissen Zeiten des
Jahres, wo das Naturleben, zunächst der Sonnenlauf, seine Wende=
punkte erreicht, entsprach die weitere, daß die Götter umgekehrt
zu gewissen Zeiten nicht bloß aus der Sphäre der Erscheinung
zurückweichen, sondern einer Schwächung ihrer Macht unterworfen
seien, freilich um dann mit erneuter Kraft zurückzukehren. Mit
der Vorstellung eines solchen periodischen Schwankens der gött=
lichen Macht berühren wir allerdings die schwächste Seite des
Heidentums, gerade auch des germanischen, und wir dürfen nicht
hoffen, auch hiezu eine wirkliche Parallele im christlichen Vor=
stellungskreise zu finden. Dennoch führt uns diese Schwäche mittel=
bar zu einer eigentümlichen Kraft des religiösen Vorstellens unserer
Vorfahren und zu ihrem Übergang ins Christentum.

Jenes Schwanken erklärt sich, so weit es periodischen Charakter
trägt, zunächst eben aus der Naturgrundlage der Götter, haupt=
sächlich aus dem in der Heimat der Germanen stark hervortretenden
Gegensatz von Sommer und Winter, von denen jener eine heitere,
freundliche und machtvolle, dieser eine trübe, unheimliche und ge=
schwächte Erscheinung der Götter mit sich brachte. Aber abgesehen
von der Natur zeigt die Offenbarung des Göttlichen in der Er=
fahrung der Menschen zu allen Zeiten verschiedene Grade von
Stärke und Deutlichkeit. Auch der Psalmist, Hiob, die Propheten
und Apostel und mit ihnen jeder Christ empfindet die Nähe und

Hilfe seines Gottes je nach seinen Schicksalen ungleich und ver=
mißt die Gegenwart desselben im Glück weniger als in der Not.

Wirkliches Absterben eines heidnischen Gottes kommt nur in
dem Mythus von Balder vor und auch dort nicht als ein absolutes,
indem eine einstige Wiedererweckung des geliebten Gottes in Aus=
sicht genommen wurde, so daß eine Vergleichung mit Christus
auch hier statthaft ist, nur mit dem allerdings bedeutenden Unter=
schied, daß die Auferstehung Christi als bereits eingetretene That=
sache geglaubt und sogar zum Prinzip des Glaubens erhoben wurde.
Jener Mythus führt uns aber auf eine weiter greifende Eigen=
tümlichkeit der germanischen Religion, wenigstens in ihrer spätern
nordischen Gestalt, auf die wir ja fortwährend rekurrieren müssen,
um eine Vorstellung von der tiefern Anlage und Ausbildungs=
fähigkeit der erstern zu gewinnen. Mehr als in der griechischen
Religion wird dort das Leben der Götter nicht nur als unveränder=
liches Dasein, sondern geradezu als ein geschichtlicher Verlauf auf=
gefaßt, so daß die Menschenähnlichkeit der Götter auch diese
Konsequenz trieb, und es beruht darauf der nicht bloß epische,
sondern auch dramatische Charakter der germanischen Mythologie,
der freilich mit den religiösen Bedürfnissen in Konflikt geraten und
zuletzt zum Untergang des ganzen Glaubens an die alten Götter
führen mußte.

Die griechische Mythologie kennt einen Kampf der olympischen
Götter mit den riesischen Mächten der Titanen als einem ältern
Göttergeschlechte, und die Gestalt des Prometheus ist Gegenstand
dramatischer Dichtung geworden; aber seit die Olympier gesiegt
und ihre Feinde bestraft haben, ist ihre Alleinherrschaft gesichert,
und die über ihnen schwebende Moira ist entweder in die Hand
des Zeus übergegangen oder sie bleibt eben schweben, ohne ein
wirkliches Verhängnis herbeizuführen.

Auch der christliche Glaube stellt die Heilsordnung Gottes in
Form eines geschichtlichen Verlaufes dar, der bald epische, bald
dramatische Momente darbietet. Aber hier haben wir nicht einen
Kampf göttlicher Naturmächte gegen einander, sondern einen
Kampf des einen, ewigen Gottes mit der Sünde der Welt; der
Sündenfall der Menschen (dem übrigens nach späterer Darstellung
ein Sündenfall der Engel und deren Sturz, entsprechend dem der

griechiſchen Titanen, vorausgegangen war) eröffnet die Reihe der
Schickſale und erheiſcht Anſtalten zur Erlöſung. Nachdem die
Propheten des Alten Bundes umſonſt ihr Volk zur Bekehrung
gerufen, dagegen einen künftigen Meſſias verkündet haben, ſendet
Gott, „als die Zeit erfüllt war", ſeinen Sohn, der die Sünden
der Welt in freiwilligem Opfertod auf ſich nimmt, aber aus dem
Grab aufersteht und ſein himmliſches Reich antritt, nachdem auch
er einen letzten Kampf mit ſeinen Widerſachern beſtanden und
über die Menſchen Gericht gehalten hat.

Dem gegenüber finden wir in der Edda geradezu einen
Sündenfall der Götter, der dann freilich auch die Menſchenwelt
in Verwirrung bringt. Die Götter, die von Anfang an in
Spannung mit den Rieſen gelebt und die letztern nie ganz über=
wunden, ſondern zum Teil in ihre Gemeinſchaft aufgenommen
haben, erkennen das ihnen von dort drohende Unheil und bereiten
ſich zu einem Kampfe mit ihren Feinden vor, Wodan unter anderm
dadurch, daß er die menſchlichen Helden zum einſtigen Mit=
wirken in jenem Kampfe bei Zeiten an ſich zieht. Als dann
derſelbe losbricht, gehen ihm die Götter nach Art menſchlicher
Helden todesmutig entgegen, und es fallen ihre Hauptvertreter im
Zweikampf mit den Rieſenſöhnen, die ihre Feſſeln gebrochen haben.
Nachdem beide einander vernichtet haben, wäre Raum für eine
neue Welt geſchaffen; aber ein neues, lebenskräftiges Heidentum
konnte aus jenen Ruinen nicht erblühen, ſondern nur das ſieg=
reiche Chriſtentum. Es war ein tiefer Gedanke, den Göttern
offen und geradezu Sündhaftigkeit zuzuſchreiben, ſtatt ſie ihnen
nur in Geſtalt verzeihlicher Schwächen anhaften zu laſſen, und
daß die Gerechtigkeit ſich an den Göttern ſelbſt erfüllen mußte,
war eine weitere Konſequenz, die man nicht ſcheute; aber an dem
Widerſpruch dieſer Konſequenz mit dem religiöſen Bedürfnis mußte
das Heidentum ſich verbluten. Denn kein Volk konnte ernſthaft
noch an Götter glauben, denen es ſelbſt jenes Schickſal als ein
verdientes zuſchrieb; es ſind daher die betreffenden Mythen nicht
mehr als Ausfluß und Ausdruck des alten Glaubens ſelbſt, ſondern
als Symptome des Übergangs zu einer neuen Weltanſicht zu ver=
ſtehen. Aber ſie ſind trotz ihrem negativen Charakter ein Zeugnis
hohen Sinnes für Wahrhaftigkeit und ſittliche Kraft, womit die

alten Skandinavier jene letzten Konsequenzen ungescheut und
rücksichtslos gezogen haben, und das allein schon, dieses formale
Verdienst, abgesehen von dem materiellen Gehalt mancher oben
angeführter Vorstellungen, läßt sie als würdig und reif zur An=
nahme des Christentums erscheinen.

Zu den einzelnen Vorstellungen von den „letzten Dingen",
in denen unser Heidentum mit dem Christentum, sowie dieses mit
griechischer Philosophie übereinstimmte, gehört die eines Welt=
brandes und einer aus demselben hervorgehenden Neuschöpfung,
welche letztere aber von den Heiden nicht mehr klar gedacht werden
konnte, während sie auf Seite des Christentums in der Vorstellung
vom tausendjährigen Reich volle Gestalt gewann und einen glän=
zenden Schlußakt ausmacht.

Daß die germanische Götterwelt in ihrem letzten Stadium,
alles zusammengerechnet, mehr Unterschied vom Christentum als
Übereinstimmung mit demselben darbietet, liegt in der Natur der
Sache, hebt aber die früher dargestellten Ähnlichkeiten nicht auf,
und diese werden ergänzt, wenn wir von der Götterwelt zu der
nächst angrenzenden Geisterwelt hinabsteigen, welche zwar im
ganzen weniger Stoff zur Vergleichung, doch einige bemerkens=
werte Parallelen darbietet.

Den Elben, welche zwischen Göttern und Menschen die Mitte
hielten und von guter oder böser Art sein konnten, entsprachen
auf christlicher Seite mit gutem Charakter die Engel, mit bösem
die Dämonen; nur besteht der Unterschied, daß die Elben (wie
die ihnen entsprechenden Mittelwesen anderer heidnischer Religionen)
selbständiger neben den Göttern stehen und wirken als die Engel,
welche einzig im Dienste Gottes vorkommen. Dieser Funktion
entsprechen bei den Germanen einigermaßen, doch nur als Dienerin=
nen Wodans in seiner Eigenschaft als Kriegsgott, die Walküren,
welche die von jenem auserwählten Helden schon auf ihrer irdischen
Laufbahn begleiten und die Gefallenen vom Schlachtfeld nach
Walhall geleiten. Schutzengeln im gewöhnlichen Sinne können
sie nicht gleichgestellt werden, insofern sie vor gewaltsamem Tode
nicht schützen; aber ein vertrauteres Verhältnis zu einzelnen Helden,
welches an die Liebe menschlicher Frauen grenzt, nur nicht in
eheliche Gemeinschaft übergehen kann und insofern an die Geschlecht

loſigkeit der Engel erinnert, findet allerdings ſtatt. Chriſtlichen
Schutzengeln des ſpätern Mittelalters entſprechen eher die nordiſchen
Fylgjen (Folgegeiſter), welche jedoch nur die objektivierte Geſtalt
der menſchlichen Seele ſelbſt zu ſein ſcheinen, ſofern dieſe ſich von
dem Leib, an den ſie für die Lebenszeit gebunden iſt, im Tod
oder ſchon kurz vorher losmacht.

Wenn die Walküren und Fylgjen zugleich das Ahnungs=
vermögen der weiblichen Natur zeigen, ſo ſtellen dagegen die Blüte
männlichen Weſens die Helden dar, welche hier aber nur in Be=
tracht kommen, ſoweit ſie übermenſchliche, halbgöttliche Natur
haben. Ihnen entſprechen, jedoch mit Vertauſchung des ſtreng
aktiven kriegeriſchen Charakters gegen mehr paſſiven, die Heiligen
der katholiſchen Kirche, welche zwar von menſchlicher Abkunft,
aber durch ihre Verdienſte nach dem Tode zu halbgöttlicher Ver=
ehrung erhoben ſind. Ihnen zur Seite ſtehen die Erzengel, von
denen wenigſtens einer wehrhaften, kriegeriſchen Charakter zeigt,
Michael, der als Drachentöter menſchlichen Helden gleicht, während
er als Hüter und Begleiter der Seelen dem Gotte Wodan ſelbſt
entſpricht und ſpäter offenbar nicht ſelten an deſſen Stelle getreten
iſt. Hier iſt, als Nachtrag zur Vergleichung des göttlichen Weſens
ſelbſt, in Erinnerung zu bringen, daß wenn der chriſtliche Gott
allerdings nichts von kriegeriſchem Weſen an ſich hat, doch die aus
dem Alten Teſtament herübergenommene (urſprünglich aus Perſien
entlehnte) Vorſtellung und Benennung Jehovahs als „Herr der
Heerſcharen" (Zebaoth) ſehr nahe an die oben beſprochene Eigen=
ſchaft Wodans rührt. Dieſe Heerſcharen ſind eben die ſtreitbaren
Engel und entſprechen den im Norden „Einherjen" genannten
Helden, welche dem Wodan den letzten Kampf ausfechten helfen.

Zum Schluß dieſer Gruppe von Vorſtellungen führen wir
noch einmal ein Bild des Friedens an, das auch unter den heid=
niſchen Helden erſcheint. Es findet ſich in dem bei den Angel=
ſachſen ausgebildeten Mythus von Skeaf, der als wehrloſer Knabe,
auf einer Strohgarbe ſchlafend, aber von Schätzen umgeben, auf
ſteuerloſem Schiffe vom Meer an das Ufer getragen, zu einem
ſegensreichen Stifter der Kultur und Schutzgeiſt des Landes er=
wächſt, aber auf ebenſo geheimnisvolle Weiſe, wie er gekommen,
auch wieder verſchwindet, ein teilweiſes Vorbild des ſpätern

Schwanritters (Lohengrin). Die Parallele mit dem jungen Moses, aber auch mit dem Christkind in der Krippe darf herbeigezogen werden, insofern dabei der Nachdruck auf die in dem unscheinbaren, hülflosen Kinde verborgene Kraft und Segensfülle gelegt wird. In ähnlichem Sinne hat man die Legende von dem heidnischen Riesen, der das Christuskind über den Strom trägt (Christophorus), mit einer nordischen Mythe verglichen, nach welcher der Sommergott Thor (Donar) den jungen Örvandil (den hl. Orendel der christlichen Legende, ursprünglich eine Personifikation des den Winter überwindenden Sonnenlichtes oder Saatkeims) über die Fluten des Eismeers trug.

Von den verehrten Wesen zu den Formen und Zeichen der Verehrung, also vom Glauben zum Kultus übergehend, haben wir zunächst das Symbol eines Gottes anzuführen, der als solcher, infolge seines mehr sinnlichen als geistigen Charakters, dem Christentum ferner stand und erst vorhin gelegentlich genannt wurde. Der Hammer des Gottes Thor ist ursprünglich Zeichen des Felsen spaltenden Blitzes *), dann der den Boden urbar machenden Arbeit und auch des durch diese erworbenen häuslichen Eigentums; aber seine Gestalt und seine Anwendung zur Weihe glich den entsprechenden Eigenschaften des christlichen Kreuzes.

Der christlichen Taufe entsprach äußerlich der altnordische Brauch, das neugeborne Kind mit Wasser zu besprengen, womit auch die Namengebung von Seite des Vaters oder nächsten Verwandten verbunden war. Doch hatte jene Handlung keine sinnbildlich religiöse, sondern nur rechtliche Bedeutung. Näher steht dem zweiten christlichen Sakrament, freilich nur in der Gestalt des Weines, das altdeutsche „Minnetrinken", welches schon seinem Namen nach eine rein geistige und tiefere Bedeutung verrät als bloße Trankopfer, die auch bei den klassischen Völkern üblich waren. Minne, d. h. Andenken, Gedächtnis **), wurde getrunken den großen Göttern, z. B. dem Wodan, um Sieg und Macht (zu erlangen), dem Frey um Fruchtbarkeit und Frieden, verstorbenen

---

*) vgl. Jerem. 23, 29: „Ist nicht mein Wort wie ein Feuer", spricht der Herr, „und wie ein Hammer, der die Felsen zerschmettert?"

**) vgl. die Worte Christi bei der Einsetzung des Abendmahls: „Dieses thut zu meinem Gedächtnis." Luk. 21, 19.

Menschen, z. B. beim Erbmahl, auch Abwesenden zu Ehren. Da beim Übergang ins Christentum viele heidnische Vorstellungen und Bräuche von den Göttern auf Heilige übertragen wurden, so wurde dann diesen Minne getrunken, z. B. dem hl. Martin (an Stelle Wodans), der hl. Gertrud (an Stelle der Göttin Freyja). Üblich waren auch St. Michaels und Johanns des Evangelisten Minne*), letztere besonders beim Abschied von Reisenden. Von mystischer Bedeutung des heidnischen Minnetrinkens nach Art der lutherischen Abendmahlslehre oder gar des katholischen Meßopfers kann natürlich nicht die Rede sein, zumal da unter den Göttern, denen es galt, gerade Balder, auf den eine Bedeutung von jener Art am ehesten gepaßt hätte, nicht genannt wird; aber der Brauch war doch ein religiöser und sein Äußeres dem christlichen zur Anknüpfung ähnlich genug.

Opfer von Tieren und Menschen wurden, wohl besonders dem Luftgotte Wodan, oft an Bäumen aufgehängt, welche ja an sich schon heilig waren. Als „Baum" aber wird in der ältesten kirchlichen Sprache und Poesie auch der Stamm des Kreuzes aufgefaßt, an welchem Christus als höchstes Opfer hing. Diese Berührung ist wieder nur eine äußere und zufällige; sie könnte aber vertieft werden, wenn wir eine etwas mystische Stelle der Edda in entsprechender Weise deuten dürften, wo es heißt, Odin (Wodan) habe neun Nächte am Weltbaume (der Grundveste des Weltgebäudes) gehangen, vom Speere verwundet, sich selbst hingegeben, und dabei habe er die Runen (Zauberkräfte) erfunden. Daß sich solche Vorstellungen auf Christus am Kreuz und die Bedeutung seines weltüberwindenden Todes umdeuten ließen, ist kaum zu bestreiten; daß die ursprüngliche Bedeutung etwas dem christlichen Gedanken der Selbstopferung des Heilands Ähnliches gewesen sei, ist unwahrscheinlich und soll keineswegs behauptet werden.

Durch den Opfertod Christi sind alle andern Opfer übertroffen, unkräftig und unnötig geworden, während das Heidentum

---

*) Am Tage des Evangelisten wird noch heute dem Andenken desselben in der katholischen Kirche ein Becher geweiht, der aber nach Simrock, Deutsche Mythologie⁵, S. 513, ursprünglich dem Täufer gegolten haben könnte.

bis an sein Ende an denselben festhielt. Aber auch die Sühn=
opfer, dergleichen z. B. dem Frey dargebracht wurden, hatten
nicht Beziehung auf Sünde in christlichem Sinne, d. h. beharrlich
verkehrte Richtung des Willens im allgemeinen, da dieser Be=
griff dem Heidentum überhaupt fremd geblieben ist; es kannte
auch (wie noch das ältere Judentum) nur Versöhnung göttlichen
Zorns, den man etwa durch Verletzung göttlicher Gesetze, viel=
leicht auch nur Vernachläßigung von Kultusvorschriften sich zu=
gezogen haben konnte und der sich in äußerm Mißgeschick als
Strafe kundgab, nicht aber die Selbstanklage des Gewissens.
Daß als Sühnopfer auch Menschen dargebracht wurden, ist be=
kannt; aber in Fällen schwerer Landesnot kam es vor, daß ein
König, gezwungen oder freiwillig, sich selbst zum Opfer darbot,
und darin kann allerdings eine Parallele zum stellvertretenden
Selbstopfer Christi erkannt werden, der ja auch „König" war
und gerade von den bekehrten Germanen in dieser Eigenschaft
aufgefaßt wurde.

Die heidnischen Feste bezogen sich hauptsächlich auf Wende=
punkte der Jahreszeiten, also des Naturlaufes, dem die Götter
vorstanden, besonders auf die Sonnenwenden, auch auf Frühling
und Herbst. Daß nun das Julfest (die Wintersonnenwende) auf
die christliche Weihnacht, die Frühlingsfeier auf die Oster= und
Pfingstzeit sich übertragen ließ und wirklich übertragen wurde, ist
bekannt und durch die Fortdauer zahlreicher heidnischer Volks=
bräuche, die jene christlichen Festzeiten noch heute umgeben und
begleiten, hinlänglich bezeugt. Daß der Sommersonnenwende im
Kirchenjahr kein Fest entspricht, außer etwa die Feier des Johannis=
tages zum Andenken an den Tod des Täufers, und ebensowenig
dem christlichen Charfreitag ein heidnischer Gedenktag, liegt in der
Grundverschiedenheit, welche wir trotz allen äußern und einzelnen
Berührungen immer wieder hervorheben müssen.

Weitere Vergleichungen können am ehesten noch auf dem
Gebiete des sittlichen Lebens gesucht und gefunden werden; denn
es wird wohl allgemein anerkannt, daß auch bei unvollkommenen
religiösen Vorstellungen wahrhaft fromme Gesinnung und ver=
hältnismäßig reine sittliche Grundsätze und Bestrebungen bestehen
können.

Ein unbestreitbarer Punkt, in welchem das Germanentum dem Christentum entgegenkam, ist die höhere Ansicht vom weiblichen Geschlecht und die entsprechend höhere Stellung desselben im Vergleich mit dem orientalischen und klassischen Altertum. Gleichstellung der Frauen mit den Männern ergab sich für das Christentum aus dem Begriffe der allgemeinen Menschenwürde und Gotteskindschaft, die auch dem dienenden Stande zu gute kam, und da die Geschichte des Alten und Neuen Testamentes einzelne Frauen von hervorragender Bedeutung darbot, besonders aber die jungfräuliche Mutter des Heilands zu immer höherer Verehrung emporstieg, so mußte etwas davon dem ganzen Geschlechte zu teil werden. Fraglich bleibt aber, ob der im Ritterwesen des spätern Mittelalters geltend gewordene Frauenkultus nur von der Verehrung Marias und dem christlichen Geist ausging oder eine Neubelebung der altgermanischen Sinnesart war, die dann freilich auch den romanischen Völkern sich mitgeteilt haben müßte.

In scheinbarem, doch nicht unlöslichem Widerspruch zu der hohen Schätzung des weiblichen Wesens steht die alles überwiegende Geltung kriegerischer Tapferkeit als höchster Tugend des Mannes, und der Krieg als höchster, fast einziger Beruf desselben scheint nicht minder dem christlichen Geiste des Friedens zu widersprechen. Betreffend den ersten Punkt ist aber zu bedenken, daß die Verehrung der Frauen die alten Germanen nicht hinderte, die prophetische Gabe derselben gerade auch im Kriege zu benutzen und den Frauen überhaupt auch am Kampfe selbst einen Anteil zu gewähren. In beiden Eigenschaften sind die Walküren, eine seltene Mischung von Zartheit und Kühnheit, nur die idealisierte Gestalt menschlicher Jungfrauen. Im übrigen mochten die Frauen ihrer vorwiegend für den Frieden bestimmten Natur nachleben, so daß die Gegensätze der Geschlechter zusammen erst das volle Bild der Menschheit ausmachten. Was aber das Christentum betrifft, so hat auch diese Religion des Friedens ihre kriegerische Seite, wenn auch nur in bildlichem Sinne. Abgesehen von einzelnen, durch besondere Anlässe hervorgerufenen und vielleicht etwas verschärften Aussprüchen Christi selbst, wie: „Ich bin nicht gekommen den Frieden zu bringen, sondern das Schwert" (Matth. 10, 34), erinnern wir an die Darstellung der christlichen Glaubensstärke unter dem

durchgeführten Bilde kriegerischer Rüstung (Eph. 6, 10—17) und
die ähnlichen bildlichen Ausdrücke vom „Kampf" des Glaubens
(1. Tim. 6, 12; 2. Tim. 4, 7). Die Auffassung der Kirche als
einer im Kampfe mit der Welt und dem Unglauben begriffenen
Gemeinschaft (ecclesia militans) ist auch später nicht erloschen,
da z. B. Dichtungen aus der Reformationszeit in einer noch
speziell für die schweizerische Sitte jener Zeit zutreffenden Weise
Christus als Kriegshauptmann darstellen, der die Gläubigen für
seinen Dienst anzuwerben sucht. Hier greift denn auch die oben
angeführte Parallele ein, wonach die altdeutsche Dichtung die
gläubige Hingabe der Christen an den Heiland mit der Treue verglichen, welche die Gefolgsleute ihrem Führer, die Mannen ihrem
Lehnsherrn schuldig waren, jener Treue bis in den Tod, welche
eines der gewaltigsten und rührendsten Motive in der deutschen
Heldensage ausmacht, vor allem im Nibelungenlied.

Indem wir dieses Gedicht nennen, muß uns noch ein Zug
einfallen, den die germanische Mythologie und Heldensage mit
dem Urchristentum gemein hat. Oben ist erwähnt worden, daß
die nordische Mythologie sozusagen einen Sündenfall der Götter
annehme, an dessen Folgen diese zuletzt untergehen. Jener Bruch
der ursprünglichen Ordnung der Welt und der Verlust der Reinheit
und Seligkeit der Götter trat nach der Edda ein, als sie das Gold
mißbrauchten, das infolge davon auch in die Menschenwelt eingeführt wurde. Dem „goldenen Zeitalter", als der Periode
ungetrübten Glückszustandes der jugendlich unschuldigen Götter
und Menschen, tritt also hier der Fluch des Goldes gegenüber,
der denn auch am Nibelungenhort haftet, von dem ursprünglichen
Besitzer desselben auf seine Erben übergeht und diese dem Verderben weiht. Damit vergleichen wir die eindringlichen Warnungen
des Evangeliums vor dem die Welt beherrschenden und verführenden ·
Mammon (z. B. Matth. 6, 19—21. 24) und den damit zusammen-
hangenden Preis der Armut, nicht bloß der geistigen (d. h. der
Sinneseinfalt), sondern auch der leiblichen.

Indem endlich das Christentum zur gründlichen Heilung der
Sünde eine Wiedergeburt (aus dem Geiste) verlangte, hat es
einen Ausdruck gebraucht, der in diesem Sinne dem Heidentum
natürlich fremd, aber in anderm auch schon geläufig war und

darum zur Vermittlung dienen konnte, sei es auch, wie andere
Namen, nur durch Mißverständnis oder gewaltsame Umdeutung.
„Wiedergeburt" kannte das nordische Heidentum in einer leiblichen
Bedeutung, welche mit dem Glauben an Seelenwanderung zu=
sammenhängt, obschon diese unsern Vorfahren nicht im Sinne
der Inder als allgemeine Menschenbestimmung und vollends nicht
als durch Tiergestalt hindurchgehend (außer etwa in dem Glauben
an zeitweise Verwandlung von Männern in Wölfe [Werwölfe]
und an Tiergestalt einzelner Fylgjen) bekannt war. Aber aus=
nahmsweise kommt vor, daß ein ausgezeichneter Held (so in
der Edda Helgi) und die ihm zugehörige Walküre nach ihrem
Untergang in erneuter Gestalt „wiedergeboren" worden sein
sollen. Ob dieser Glaube auch in Deutschland herrschte, wissen
wir nicht; wohl aber finden wir dort neben oder statt der
psychischen „Wiedergeburt" eine soziale, in dem Sinne, daß ein
Mensch, wenn er aus dem Stande, dem er durch seine Geburt
angehörte, in einen höhern versetzt, also z. B. aus einem Un=
freien ein Freier wurde, „wiedergeboren" genannt wurde*).
Das langobardische Gesetz (des VII. bis VIII. Jahrhunderts)
enthält die Bestimmung: Wenn ein Edler oder Freier eine fremde
oder eigene Halbfreie (Aldia) zur Ehe nehmen will, so soll er
sie durch Morgengabe zur Wiedergebornen machen (d. h. in den
Stand der Freien erheben), sonst gelten die von ihr gebornen
Söhne nicht als echt. — Ob der Ausdruck „wiedergeboren" (wie
Uhland meint) ein einfach bildlicher war, dergleichen in der alten
Rechtssprache viele vorkommen, oder ob er (wie E. H. Meyer
will**) zunächst eine mythologische Grundlage hatte (in dem oben
besprochenen Sinne von Wiederbelebung der göttlichen Natur=
wesen im Frühling nach winterlichem Todesschlafe, die doch auch
nur bildlich war), mag hier unentschieden bleiben: der Sinn des
Gesetzes war jedenfalls, daß die betreffende Person ihrem frühern
Stand „abgestorben" sein und ein neues Leben beginnen sollte.
Knechtschaft ist Tod, Freiheit ist Leben, und was das germanische
Heidentum vom sozialen Stande gesagt hatte, lehrte das Christen=

---

*) vgl. Uhland, Schriften, Bd. 8, S. 157.
**) Zeitschrift für deutsche Philologie, Bd 3, S. 132.

tum vom sittlich-religiösen, wo die Knechtschaft die der Sünde ist, die auch den Tod zur Folge hat, die Freiheit die des lebendigen Glaubens, der einen neuen Menschen schafft.

Den Begriff der Erlösung, der auf demselben Bilde beruht, kannte das Heidentum so wenig als den menschlicher Sünd= haftigkeit, dagegen kennen ihn Volksglaube und Volkssage der spätern Zeit, welche darunter nicht Erlösung von den Banden der Sünde, aber doch aus einem Zustand von Unseligkeit versteht, in den gewisse Menschen mit oder ohne Schuld gebannt sein sollen. Sieht man näher zu, so findet sich, daß hinter jenen unseligen Menschen eigentlich Gestalten des Heidentums stecken, die als solche, seit das Christentum herrschend geworden ist und das Heidentum selbst als Sünde aufgefaßt hat, insgesamt verflucht sein mußten. Durch eine That erbarmender Liebe eines frommen Christenmenschen können nach dem Glauben des Volkes alle jene Wesen „erlöst", d. h. aus ihrer Unseligkeit befreit, zu Ruhe und Frieden gebracht werden, wie innerhalb des Christentums selbst die ursprünglich nicht von der Gnade Gottes Ergriffenen (Er= wählten) nach milderer theologischer Ansicht schließlich doch des Heils noch teilhaft werden sollen. So hat das Christentum, was es seinen eigenen Bekennern gewährt, schließlich auch den Heiden zuerkannt; es hat das Heidentum selbst „erlöst", d. h. in der Reihe der geschichtlichen Entwicklung „abgelöst", als ein Zustand höherer Vollkommenheit, der den vorhergegangenen auf= hob, indem er den Kern desselben als Keim in sich selbst auf= nahm, und dadurch ist die Kontinuität alles Geschehenen her= gestellt, von deren Forderung auch für die Religionsgeschichte wir ausgegangen sind.

Erheben wir also zum Schlusse noch einmal die Frage, ob eine besondere Empfänglichkeit der Germanen für das Christentum, und zwar — fügen wir nun ausdrücklich hinzu — von Seite ihres Heidentums, anzunehmen sei, so werden wir diese Frage nicht bejahend beantworten, sondern höchstens sagen: Was den Germanen im Vergleich mit den klassischen Völkern an vorbereitender Kultur fehlte, wurde aufgewogen durch einzelne Elemente ihrer Religion, teils innerliche, welche allerdings mit christlichen verwandt waren und dem Heidentum der klassischen Völker mehr oder weniger fehlten, teils nur äußerliche, welche an christliche Vorstellungen und Bräuche sich anknüpfen ließen, etwa wie die Predigt des Apostels Paulus an den Altar des unbekannten Gottes in Athen. Die beiderlei Elemente hingen unter sich selbst nicht enger zusammen und bildeten keinen Kerngehalt, der mit dem des Christentums zusammentraf, sondern sie waren zerstreut und berührten sich nur zufällig mit christlichen; aber sie waren zahlreich und bedeutsam genug, um den Übergang zum Christentum zu erleichtern. Es ist nicht unwahrscheinlich, daß Missionäre, welche ihre Aufgabe tiefer erfaßten und die nötigen Vorkenntnisse erworben hatten, um an derselben mit Erfolg zu arbeiten, das eine oder andere jener Elemente zu diesem Zwecke umdeutend oder anpassend benutzten. Dieselben einmal zusammen und in das Licht der Geschichte, zunächst der Bekehrung der Deutschen zum Christentum, sodann der allgemeinen Religionsgeschichte zu stellen, war der Zweck dieser Abhandlung, und wenn sie irgend ein Verdienst beanspruchen darf, so ist dies ohne Zweifel das einzige; denn die einzelnen Thatsachen als solche sind größtenteils längst bekannt, gelegentlich wohl auch schon in ähnlicher Tendenz angeführt, nur die biblischen Parallelen zu einzelnen Vorstellungen des germanischen Heidentums vielleicht noch nie geltend gemacht worden.

Mythologie und Religion.

In der Einleitung, die der Herausgeber dem ersten Hefte dieser Zeitschrift*) vorangestellt hat, ist unter den Gebieten, welche die Volkskunde zu bearbeiten habe, an dritter Stelle die Religion genannt. Aber dieser Name wird dann sofort mit „Mythologie" als „der natürlichen Religion der Völker" vertauscht; im Schlußsatz ist trotzdem von „christlicher Mythologie" die Rede, und zuletzt werden „die religiöse Volksüberlieferung" und die Mythologie so neben einander gestellt, daß sie doch wieder als verschieden erscheinen müssen.

Es war nun gewiß weder nötig noch möglich, in einem solchen Programm scharfe Begriffsbestimmungen aufzustellen, und die Absicht des Verfassers wird schwerlich mißverstanden werden; aber seine Ausdrucksweise deutet darauf, daß im Sprachgebrauch die Namen Mythologie und Religion vielfach in einer Art vertauscht werden, die den Zwecken der Wissenschaft nicht förderlich sein und zu wirklichen Mißdeutungen führen kann.

Indem ich versuche, diesen Schwankungen entgegenzutreten, erinnere ich daran, daß die „Zeitschrift für Völkerpsychologie", an deren Stelle nun die vorliegende getreten ist, in ihrem dritten Bande einen Aufsatz von Delbrück „Über das Verhältnis zwischen Religion und Mythologie" enthält, der eben auch darauf ausgeht, den Unterschied der beiden Begriffe festzustellen; von demselben ebendaselbst eine längere Abhandlung „Über die Entstehung der Mythologie bei den Indogermanen" und eine kürzere von mir „Das Wort in der Geschichte der Religion", wo derselbe Gegenstand von einem andern Gesichtspunkt aus berührt wird. Im zweiten Jahrgang der „Theologischen Zeitschrift aus der Schweiz"

---

*) Zeitschrift des Vereins f. Volkskunde. 1891.

(S. 233—264) habe ich über „Das germanische Heidentum und das Christentum" geschrieben*). Als eine Fortsetzung und Ab= schließung früher ausgesprochener Gedanken möchte ich die folgen= den angesehen wissen.

Zunächst muß ich die bereits bemerkte Thatsache der Schwan= kungen des wissenschaftlichen Sprachgebrauchs betreffend die beiden Namen mit einigen Beispielen beleuchten, die nicht bloß auf dem Gebiete der deutschen Philologie liegen. Aber das nächstliegende ist allerdings, daß J. Grimm sein Werk „Deutsche Mythologie" genannt hat, obwohl es auch Gegenstände behandelt, die offenbar zur Religion im engern Sinne dieses Wortes gehören, während W. Müller sein gleichzeitiges Buch „Geschichte und System der altdeutschen Religion" nannte, obwohl es wesentlich denselben Stoff wie das Grimmsche behandelt. Preller behandelt in seiner „Griechischen Mythologie" allerdings fast lauter Gegenstände, die dem ursprünglichen engern Sinne dieses Wortes entsprechen (Vor= stellungen und Sagen von Göttern und Helden, mit Inbegriff der Kulte, in denen jene sich spiegeln); um so auffallender ist, daß er auch (vielleicht nur durch die Parallele veranlaßt) eine „Römische Mythologie" geschrieben hat, da doch nach allgemeiner und auch nach seiner eigenen Ansicht der römische Geist viel weniger zu Mythologie als zu eigentlicher Religion (und zu entsprechenden Kultusformen) neigte. Hartung hat darum eine „Religion der Römer" geschrieben und später „Religion und Mythologie der Griechen." Für die religiösen Vorstellungen der Griechen hat Nägelsbach den nicht ganz passenden Namen „Theologie" gebraucht; daß er damit etwas von Mythologie Verschiedenes bezeichnen wollte, erhellt daraus, daß er nach seiner „homerischen Theologie" noch eine „nachhomerische Theologie des griechischen Volksglaubens" schrieb, d. h. eine Darstellung dieses Glaubens aus der Zeit, wo die eigentliche Mythenbildung aufgehört hatte und nur noch der Poesie und bildenden Kunst diente. Daß die Griechen jemals an ihrer reichen Mythologie ihr religiöses Bedürfnis befriedigt hätten, konnte niemand im Ernste glauben; der Kultus wurde immer in den „religiösen Altertümern" noch besonders behandelt.

---

*) siehe oben S. 157 ff.

Den semitischen Völkern hatte man bis vor kurzer Zeit, wenn man ihnen auch nicht (mit Renan) eine ursprüngliche Neigung zu Monotheismus zuschreiben wollte, doch den Trieb zu Mythenbildung absprechen zu müssen geglaubt; seither sind reiche Überreste einer babylonischen Mythologie zu Tage getreten, und auch im Alten Testament hatte man schon früher einzelne verblaßte oder umgebildete Mythen aus älterer heidnischer Zeit anerkennen müssen. Den Ägyptern wird insgemein nur Religion und über derselben vielleicht noch eine Theosophie der Priester zugeschrieben. Bei den Urvölkern von Amerika und Australien scheint mythologischer Trieb sehr regsam gewesen zu sein und die Religion überwuchert zu haben.

Eine Übersicht der Kulturvölker zeigt, daß von jeher Mythologie und Religion, bei einigen ziemlich gleichmäßig, bei andern mit Vorwiegen des einen Gebietes, vorhanden waren, also jedenfalls unterschieden werden müssen. Ob Religion ohne alle Mythologie, und umgekehrt, denkbar und jemals vorgekommen sei, soll hier nicht entschieden werden, da zunächst noch nicht von den Sachen, sondern nur von den Namen die Rede war. Betreffend diese letztern hat man sich in weitern Kreisen einigermaßen an den Sprachgebrauch gewöhnt (der schwerlich zu rechtfertigen ist), daß Mythologie die Religion heidnischer Völker genannt werden dürfe. Auch Mogk (im Grundriß der german. Philologie I, 982) spricht nur von Mythologie. Daß unter diesem Namen der Kultus der betreffenden Völker inbegriffen werden könne, ist eine weitere Abschweifung vom ursprünglichen Begriff und höchstens dann zu rechtfertigen, wenn der Kultus durchgehend oder vorzugsweise als Darstellung von Mythen aufgefaßt werden dürfte. Daß er sogar umgekehrt die Quelle derselben gewesen sei (nach Gruppe), erscheint mir als fast undenkbar, und daß volkstümliche und hierarchische Mythen zusammen die Religion ausmachen, ist abermals ein neuer Sprachgebrauch, der schwerlich durchdringen wird.

Gegenüber allen bisher angeführten Verschiedenheiten des Sprachgebrauchs wird zunächst zu fragen sein, ob der eine von beiden Begriffen dem andern übergeordnet werden könne, so daß der letztere als Teil des erstern aufzufassen wäre. Daß nun Religion ein Teil der Mythologie sei, hat wohl niemand aus

gesprochen; eher könnte es statthaft sein, Mythologie als einen
Teil der Religion aufzufassen; auf keinen Fall aber wird man
das Verhältnis nach dem konkreten Unterschied von Heidentum
und Christentum richten dürfen, so daß Mythologie gleich=
bedeutend mit heidnischer Religion wäre; denn es wird ja auch
von christlicher Mythologie gesprochen. Wenn es überhaupt auch
heidnische Religion, im Unterschied von Mythologie oder dieser
gleichgesetzt, gibt oder gegeben hat, so muß das Wesen der Religion
auch im Heidentum, in irgend einem Maße wenigstens, zur Er=
scheinung kommen. Um dieses Wesen also wird es sich handeln.

Mythus entsteht nach Delbrück wesentlich durch Auffassung
von Naturerscheinungen als Handlungen eines menschenähnlichen
Wesens, und diese Begriffsbestimmung gilt wohl ziemlich allgemein;
nur kann man sogleich noch hinzufügen, daß über der Menschen=
ähnlichkeit jener Wesen der ursprüngliche Naturgegenstand ziemlich
bald, später ganz vergessen worden ist, und daß jene Handlungen,
welche ursprünglich meistens als wiederholte gedacht werden mußten,
später als einmalige erschienen. Durch diese Ablösung des Bildes
von seiner Grundlage gewannen die mythologischen Wesen den
Schein, als ob sie eine für sich bestehende Welt ausmachten, die
der wirklichen Natur= und Menschenwelt gegenüberstünde, und
den Menschen zunächst nur als Gegenstände seiner Phantasie,
zum Teil wohl auch einiger Sympathie interessierten. Von
Religion hatten diese Vorstellungen nichts an sich und konnten
um so eher Gegenstände der Poesie und bildenden Kunst werden.

Aber unter den Naturerscheinungen gab es solche, die in
empfindlicher Weise das Dasein und Leben des Menschen selbst
beeinflußten, ihm bald Freude, bald Furcht einflößten, so daß die
betreffenden Vorstellungen sich mit lebhaften Gefühlen, und zwar
der Abhängigkeit des Menschen von den mythischen Wesen als
übermächtigen, verbanden. In diesen Gefühlen (die sich zu Andacht
Verehrung, Frömmigkeit erheben konnten) erkennt Delbrück mit
Recht (übrigens auch hier gemäß allgemeiner Ansicht) den Ursprung
der Religion; nur hätte er noch die an dieselben sich anschließenden
Willenserregungen hinzufügen sollen, welche darauf ausgehen, sich
jene Wesen geneigt zu machen, was durch Kultushandlungen ver=
sucht wurde.

Nachdem die mythischen Wesen die bestimmtere Gestalt und Benennung von Gottheiten angenommen hatten und diese nicht mehr bloß als Naturmächte, sondern auch als Urheber sittlicher Ordnungen innerhalb der Menschenwelt gedacht wurden, blieb ihnen menschenähnliche Gestalt nur um so wesentlicher und wurde nur immer reiner gedacht. Das ist der Anthropomorphismus, den auch die höchsten (monotheistischen) Religionen, so lange sie das Göttliche als Person festhalten, nicht entbehren und über= winden können und der darum auch eine Fortsetzung von Mytho= logie mit sich führen kann, nur daß auch diese den Interessen des höhern Bildungszustandes dienstbar gemacht und dadurch geläutert, veredelt und verfeinert wird. Die mit den religiösen Gefühlen verbundenen Vorstellungen, die nicht durchaus mythisch sein müssen, machen das theoretische Element aus, ohne welches Religion überhaupt nicht bestehen kann, obwohl ihr Schwerpunkt auf der praktischen Seite liegt, in der Befriedigung des Gemütes und Willens, so weit diese im Kultus stattfinden kann; denn das Gebiet des sittlichen Handelns müssen wir zunächst von der Religion getrennt halten, obschon auch dieses eine Verbindung mit ihr eingehen kann.

Die große Frage, um die sich alle Religionsgeschichte dreht, ist nun, ob die religiösen Gefühle mit den (mehr oder weniger mythischen) Vorstellungen in einem geraden Verhältnis und Kausal= zusammenhang von der Art stehen, daß die Innigkeit, Reinheit, Wärme und Kraft der erstern von entsprechenden Eigenschaften der letztern (die wohl nur in Klarheit der Erkenntnis des Welt= ganzen und der menschlichen Natur bestehen können) abhängig seien. Diese Frage läßt sich sogar für die Zeit, welche im hellen Lichte geschichtlicher Zeugnisse steht, nur schwer beantworten, noch schwerer für die ältere Zeit, aus der die Anfänge der Mythologie stammen. Die Gemütszustände der griechischen und römischen Heiden sind durch litterarische Zeugnisse ziemlich aufgehellt; aber was die alten Germanen aus ihren religiösen Vorstellungen an geistiger Nahrung und gemütlicher Befriedigung in Leben und Tod geschöpft haben, ist uns wenig bekannt und kann höchstens mittelbar erschlossen werden. Aus den Götterliedern der Edda ist natürlich nichts zu entnehmen, vollends für die Deutschen der ersten Jahr-

hunderte; eher etwas aus den Heldenliedern und einigen Skalden=
gesängen; am ehesten haben wir uns an diejenigen litterarischen
Sagen des Nordens zu halten, welche unzweifelhaft auf heidnische
Zeit zurückgehen, und besonders werden wir aus Kultushand=
lungen, von denen sie gelegentlich berichten, auf die religiösen
Gemütszustände der betreffenden Personen oder Kreise des Volkes
zu schließen haben. Aus der Zeit des Übergangs zum Christen=
tum besitzen wir einige merkwürdige Zeugnisse, die sich leicht mit
heutigen Übergangszuständen zwischen altem Kirchenglauben und
modernem Freidenkertum in Parallele setzen lassen.

Vielleicht ist einerseits die mangelhafte Beschaffenheit unserer
Quellen für die Kenntnis der innern Religion des Heidentums und
anderseits die reiche Entwicklung der mythologischen Vorstellungen
bei einigen heidnischen Völkern ein Grund, warum man vorzugs=
weise von Mythologie derselben spricht und darin die Religion
inbegriffen sein läßt. Ein Unterschied zwischen niedern und höhern
Mythen kann aufgestellt werden und ist auch oben schon an=
genommen worden, nur ohne jene ausdrückliche Benennung. Mogk
versteht unter den „niedern" Mythen die in Eindrücken der
Außenwelt wurzelnden, unter „höhern" die aus dem Triebe zum
Schaffen von Idealen entstandenen. Mannhardt hatte dabei an
den Unterschied der Stände (Bauern und Herren) gedacht, der
dem der Vorstellungen zu Grunde liegen oder ihn begleiten
konnte. Die neuere, zuerst von Mannhardt, dann besonders von
Lippert und nun auch von Mogk vertretene Ansicht, daß Mytho=
logie und Religion aus der Vorstellung und Verehrung von ab=
geschiedenen Menschenseelen entsprungen sei, die erst später zum
Teil zu göttlichen Wesen erhoben wurden, daneben aber auch in
Tiergestalt auftreten konnten, ist in den obigen Erörterungen
ebenfalls schon berücksichtigt; von prinzipieller Bedeutung für den
Unterschied von Mythologie und Religion ist sie nicht.

Wenn nach allem Bisherigen Mythologie einerseits ein selb=
ständiges Gebiet (die ursprüngliche Auffassung der Naturwelt),
anderseits ein Teil der Religion, und zwar des theoretischen
Elementes derselben war, so fragt es sich nun: welches sind die
teils verschiedenen, teils gemeinsamen Gegenstände beider Gebiete,
besonders in der spätern Zeit, wo beide sich vollständig aus=

gebildet hatten? Um diese Frage ganz konkret zu behandeln, beschränken wir uns auf die germanische Welt und halten uns dabei an die in Grimms Mythologie aufgestellten Kapitel. Indem wir das Besondere und das Gemeinsame auszuscheiden suchen, bleiben wir uns bewußt, daß einzelne Gegenstände, die zunächst der Mythologie allein zugewiesen werden, nachher auch mit Religion verbunden vorkommen können. Auch verzichten wir bei der folgenden Aufzählung innerhalb beider Gebiete auf genetische Anordnung der Gegenstände, teils weil sie nicht mit Sicherheit durchzuführen wäre, teils weil sie für die Hauptfrage unwesentlich ist.

1. Gegenstände der Mythologie (allein oder vorzugsweise), d. h. Vorstellungen, welche ohne religiöse Gefühle entstehen und bestehen konnten.

a) Mythen von Göttern; Vorstellungen von den Götter= verhältnissen, d. h. vom Leben und Verkehr der Götter untereinander. Sagen von halbgöttlichen Helden.

b) Vorstellungen von Dämonen, Geistern der Elemente; von Tieren, Pflanzen und Steinen mit wunderkräftigen Eigenschaften.

c) Vorstellungen von der Seele lebender Menschen und Ab= geschiedener, im Verhältnis zum Leibe; von Krankheit, Leben und Tod.

d) Vorstellungen von Schöpfung oder Ursprung der Welt; von Himmel und Gestirnen, von Wolken, Wind und Wetter.

e) Vorstellungen von Tages= und Jahreszeiten; von der Zeit= dauer, resp. von Untergang und Neuschöpfung der Welt.

f) Vorstellungen von zeitweiser Entrückung von Göttern und Menschen aus ihrem gewöhnlichen Dasein.

g) Vorstellungen von allgemeiner Sympathie, von symbolischer Beziehung und Wechselwirkung der Wesen aufeinander.

h) Glaube an Wirkungen von Zauberkräften neben den natürlichen und göttlichen.

2. Gegenstände, welche beiden Gebieten angehören können, also mythologische Vorstellungen, welche mit religiösen Gefühlen verbunden sein können. Neue Gegenstände können hier fast nicht

vorkommen, sondern nur eine Auswahl der unter 1 aufgezählten, die daher durch Verweisung auf die dort mit Buchstaben angesetzten Unterabteilungen angegeben werden könnten, wenn nicht dort mehreres zusammengefaßt wäre, was nur zum Teil hierher gehört.

Von 1 a: Einzelne besonders mächtige Götter, von denen der Mensch sein Leben am meisten abhängig fühlte, also z. B. Geber der Nahrung, des Sieges. Auch halbgöttliche Helden, die als Vermittler zwischen jenen Göttern und den Menschen gedacht und verehrt werden, z. B. als Stammväter, Ahnherren des Volkes.

Von 1 b und d: Geister der Elemente, soweit diese als von den Göttern verschieden und selbständig gedacht, aber aus denselben Gründen wie diese, Gegenstände besonderer Verehrung sind; z. B. Dämonen des Wetters, der Fruchtbarkeit; hierher gehören dann auch die Lichter des Himmels, Sonne und Mond. Einzelne Tiere und Pflanzen, die, Göttern oder Geistern als Offenbarungen oder Sinnbilder ihres Wesens nahe stehend, an der Verehrung derselben teilnehmen.

Von 1 c und e: Abgeschiedene, göttlich oder geisterhaft erhöhte Menschenseelen, denen Rückwirkung auf das Leben zugeschrieben und darum besondere Verehrung gezollt wird.

Vorstellungen von Leben und Tod, Schicksal und Heil der Menschen, im Zusammenhang mit der Weltordnung.

Von h: Glaube an Zauberwirkungen, soweit solche zur Ergänzung des menschlichen Heils neben den andern Kräften noch nötig scheinen.

3. Das Wesen der Religion, im Unterschied von Mythologie, ist oben schon angegeben. Es besteht a) innerlich: im Glauben an höhere Mächte, Ergebung in deren Willen, Gebet zu ihnen um Hilfe und Gnade b) äußerlich: in Verehrung derselben an geheiligten Stätten (Tempelbezirken) durch Opfer und Feste, Befragung von Orakeln. — Ob die Kultushandlungen durch Personen priesterlichen Standes verrichtet und ob die Götter in Gestalt von Bildern verehrt werden, ist unwesentlich.

4. Anhangsweise besprechen wir noch die Frage, ob von einer christlichen Mythologie die Rede sein könne. Diese Frage kann nicht etwa darum zum voraus abgewiesen werden, weil

Mythologie ihrem Begriffe nach) an Polytheismus gebunden wäre; sie ist jedenfalls mit dem in der christlichen Dreieinigkeit ent= haltenen Tritheismus vereinbar, aber sogar mit einem strengern Monotheismus, so lang er an Persönlichkeit Gottes festhält. Der fragliche Ausdruck ist auch schon öfter gebraucht worden; aber er kann verschiedene Bedeutung haben. Gewöhnlich versteht man darunter den christlichen Volksglauben des Mittelalters, im Unterschied von den Glaubenssätzen der katholischen Kirche, die dem Volke nicht alle bekannt und vertraut sind, während es seinerseits manches hinzugethan hat, was von der Kirche nicht anerkannt, höchstens geduldet wird. Jener Volksglaube nun kann wieder ein doppelter sein, aus zwei Quellen geflossen: a) aus im allgemeinen christlichem Geist, aber neugebildet und angewandt α) auf Naturgegenstände β) auf Gegenstände des Kirchenglaubens. Zu a) gehören die zahlreichen, zum Teil sehr schönen und sinnigen Mythen von Tieren und Pflanzen, ihrer Entstehung, Verwand= lung und sinnbildlichen Bedeutung, zu β) die Legenden von bi= blischen Personen und von Heiligen der spätern Kirchengeschichte. Der Glaube des christlichen Volkes kann b) aus Überresten des Heidentums (germanischen oder griechisch=römischen) geflossen oder geradezu ein Nach= und Fortleben des letztern sein, aber meist mit Umbildung oder Unterschiebung der heidnischen Vorstellungen, z. B. Übertragung des Gesamtbildes oder einzelner Züge von alten Göttern, Helden, Prophetinnen auf christliche Heilige. Dieses gemischte Gebiet ist als solches im ganzen längst anerkannt, aber im einzelnen nach Bestandteilen und Schichten schwer zu unterscheiden. Fraglich bleibt auch), ob der mit a) bezeichnete christliche Volksglaube ganz spontan erwachsen sei aus angebornem Trieb zu freier Phantasiebildung, oder ob jene Neubildungen durch die Überreste des Heidentums angeregt und durch Analogie mit denselben geleitet waren. Doch kann diese Frage hier un= entschieden bleiben.

Die Berechtigung, auf dieses ganze Gebiet christlichen Volks= glaubens den Ausdruck Mythologie anzuwenden, kann um so weniger bezweifelt werden, weil es sich um wirklich volkstümliche, naturwüchsige Vorstellungen oder unbewußte Umgestaltung und Übertragung derselben handelt und weil auch im übrigen dabei psychologisch dieselben Elemente und Prozesse vorkommen wie in der heidnischen Mythologie.

Da aber zur heidnischen Mythologie oft auch Vorstellungen gerechnet werden, die nicht rein aus dem Volk entsprossen waren, sondern zum Teil aus bewußten, absichtlichen Denkversuchen von Priestern, Dichtern und Theosophen, so fragt es sich, ob nicht demgemäß „christliche Mythologie" auch christliche Lehren genannt werden dürfen, die, zum Teil schon im Neuen Testament an= gelegt, von den ältesten Theologen (Kirchenvätern) mit Benutzung alt= und neuplatonischer Philosopheme ausgebildet und festgestellt wurden. Darunter wären zu verstehen: die Lehre von der Dreieinigkeit Gottes (entsprechend heidnischen Götterdreiheiten), von der ganzen sogenannten Heilsordnung, d. h. den Ratschlüssen und Veranstaltungen der Gottheit zur Erlösung der Menschheit, besonders durch die Menschwerdung des Sohnes Gottes (ent= sprechend den heidnischen Göttersöhnen, halbgöttlichen Helden), seinen Opfertod und die dadurch bedingte Versöhnung der Menschen mit Gott, endlich seine Wiederkunft zum Weltgericht.

Daß diese ganze ebenso tiefsinnig angelegte wie scharfsinnig ausgeführte Lehre, welche die Erlösung der Menschheit wesentlich in Form eines Rechtsprozesses darstellt, also in anthropomorphischer Gestalt, den Charakter eines Mythus, wenn auch eines überaus veredelten und verfeinerten, an sich trage, kann man zugeben, ohne der Würde des Christentums zu nahe zu treten; das Christentum hätte durch diesen letzten, größten, allumfassenden Mythus erst recht die heidnische Mythologie überwunden!

Ein großer Unterschied zwischen dieser christlichen und der heidnischen Mythologie, zugleich ein Grund gegen Anwendung des Wortes Mythologie auf das Christentum, kann geltend ge= macht werden, nämlich daß die christliche Theologie von einer einmaligen Thatsache menschlicher Geschichte ausgehe, während die heidnische Mythologie umgekehrt von wiederholten Natur= erscheinungen ausging, die erst später als einmalige Thaten von Göttern oder Helden aufgefaßt wurden. Dieser Unterschied soll keineswegs geleugnet oder auch nur geschmälert werden; aber ebenso= wenig darf übersehen werden, nicht nur daß eine freiere Auffassung des Christentums auch die Thatsache der Erlösung als eine fort=

während zu erneuernde auffaßt (wie die Erhaltung der Welt als eine fortwährende Schöpfung), sondern daß gerade die katholische Lehre vom Opfer Christi dasselbe behauptet und daraus den Mittelpunkt ihres täglichen Kultus gemacht hat. Dadurch wird nicht nur jener Unterschied zwischen Heidentum und Christentum aufgehoben oder wenigstens ausgeglichen, sondern in letzter Instanz auch der zwischen Mythologie und Religion, soweit eine Vereinigung beider überhaupt möglich ist.

Daß auch in der christlichen Mythologie, und zwar in ihren beiden Gestalten (a und b oben), rein mythologische, d. h. religiös mehr oder weniger indifferente, und mit religiösen Gefühlen und Bedürfnissen verbundene zu unterscheiden seien, folgt aus unserer ganzen Betrachtung, soll aber hier nicht weiter ausgeführt werden; so wenig als wir die noch immer schwebende Frage entscheiden wollen, ob in der christlichen Eschatologie, wie sie z. B. in dem altdeutschen Gedichte Muspilli vorliegt, neben unzweifelhaft alt-christlichen Quellen nicht auch Überreste heidnischer Vorstellungen mitspielen. Denn zur Entscheidung dieser Frage müßte die Vorfrage erledigt sein, ob die eddische Vorstellung von der sogenannten „Götterdämmerung" nicht selbst erst aus christlichen Einflüssen zu erklären sei.

Ethnographische Gesichtspunkte der schweizerdeutschen Dialektforschung.

———

Die Sprachforschung hat zunächst ihre eigenen Zwecke; sie kann aber auch andern Wissenschaften als Mittel dienen. Solche Dienste hat sie der Ethnographie schon öfter gethan, und auch zu ihrem eigenen Nutzen; denn sie wird durch solche Arbeit veranlaßt, sich selber neue Aufgaben zu stellen, und wird zugleich vor der Gefahr bewahrt, sich in luftige Hypothesen und Konstruktionen zu versteigen, was leicht geschehen kann, wo sie über den Boden historischer Überlieferung hinausgreifen muß. Zwischen den Schicksalen der Völker und denen der Sprachen besteht zwar kein unmittelbarer, durchgehender und bindender Zusammenhang; Wörter, Formen und sogar Laute folgen in ihrer zeitlichen Veränderung zum Teil eigenen Trieben; aber dabei muß man stets bedenken, daß die Sprache keine selbständige Welt, kein lebendiges Wesen, sondern nur eine Lebensäußerung des Volksgeistes und daß dieser selbst schließlich nur ein Produkt aller einzelnen Glieder des Volkes ist, die unter realen, räumlich und zeitlich bedingten Verhältnissen gestanden haben. Wenn nun die Sprachwissenschaft in diesem Sinn einerseits von der Geschichtsforschung abhängt, insbesondere auch mit der allgemeinen Kulturgeschichte sich in Verbindung setzen und erhalten muß, und wenn sie anderseits diesen Wissenschaften gelegentlich Dienste leisten kann, so dürfen doch an ihre Leistungsfähigkeit in dieser Richtung keine allzu hohen Forderungen gestellt werden; denn sie muß sich dabei an die ihr selbst gesteckten Grenzen halten. Sie besitzt allerdings Mittel, gemeinsam mit der archäologischen Forschung auch die sogenannte vorhistorische Zeit durch mittelbare Schlüsse aufhellen zu helfen; aber gerade auf diesem Boden ist das Band zwischen Sprache und Volk kein festes. Denn schon in vorhistorischer Zeit können Völker ihre angestammten Sprachen abgelegt und andere angenommen haben, wie das noch später vielfach geschehen ist und wie gerade die Betrachtung des geschichtlichen Verhältnisses der Völker und Sprachen auf dem Gebiete der Schweiz es ergibt.

Jakob Grimm hat mit gutem Grund in seiner „Geschichte der deutschen Sprache" den Kapiteln von rein sprachlichem Inhalt eine Reihe von allgemein kulturgeschichtlichen Abschnitten und eine ethnographische Übersicht des gesamten Gebietes der alt= deutschen Stämme vorausgehen lassen. Für die Erforschung eines so engen Gebietes wie das des schweizerdeutschen Dialektes scheinen aber keine weitschichtigen Vorarbeiten jener Art nötig; derselbe gilt ohne weiteres als alemannisch, und über die Geschichte der Alemannen vor ihrer Einwanderung in Helvetien ist man hin= länglich unterrichtet, um auch ihre Ansiedelung und den damaligen Sprachzustand sich einigermaßen vorstellen zu können, besonders mit Herbeiziehung der ältesten Orts= und Personennamen*). Manches bleibt freilich dunkel, z. B. ob die in Helvetien ein= gedrungenen Alemannen eine einheitliche Masse bildeten oder in kleinere Stämme zerfielen. Namen von solchen sind uns nicht überliefert. Der römische Geschichtschreiber Ammianus (31, 10, 2) erwähnt als ein alemannisches, an Rätien grenzendes Volk die Lentienses: aber daß der Ort Lenz mit der Lenzerheide in Grau= bünden und eine Reihe das Wort Lenz enthaltende Ortsnamen der Ostschweiz, vollends die aargauische Grafschaft Lenzburg von jenem Volke den Namen habe, wie Birlinger meint**), ist unwahrscheinlich.

Aus der altgermanischen Volksverfassung ist zu vermuten, daß innerhalb der Gesamtmasse der Alemannen kleinere Stämme bestanden und bei der Einteilung der einzelnen Gaue irgendwie mitbestimmend waren. Noch heute, nachdem Jahrhunderte lang

---

*) Eine Übersicht dessen, was zur Erklärung schweizerischer Orts= namen geleistet worden ist, gibt J. J. Egli in den betreffenden Abschnitten seines Werkes: Geschichte der geographischen Namenkunde. Leipzig 1886.

**) Die alemannische Sprache rechts des Rheins, S. 5.

Versuche gemacht worden sind, die gemeinsamen Interessen der Eidgenossen zur Geltung zu bringen, bestehen neben der halb eingeführten politischen Einheit eine Menge Besonderheiten in der Bevölkerung, nicht sowohl der einzelnen Kantone (deren Grenzen ja meistens später und künstlich hergestellt worden sind), als einzelner größerer Gebiete, welche alten Gauen entsprechen mögen, und nicht nur in der Sprache, sondern auch in der leiblichen und geistigen Anlage der Bewohner und den davon abhängigen Sitten, alles dies zum Teil entsprechend der mannigfaltigen Gestalt des Landes selbst. Freilich brauchen diese Verschiedenheiten nicht alle auf alter Grundlage zu ruhen. Wenn nach Grimms *) Ansicht Dialekte und Mundarten sich „vorschreitend" entfalten, d. h. aus einer ursprünglichen einheitlichen Sprache erst im Laufe der Zeit durch zunehmende Spaltung hervorgehen, so könnte auch alle sprachliche und die mit ihr zusammenhängende übrige Besonderung erst ein Produkt späterer Entwicklung sein.

Die Annahme sogenannter „Grundsprachen" für größere Völkerfamilien mag als sprachwissenschaftliche Hülfsvorstellung zulässig sein; aber dialektische Unterschiede sind schon in den ältesten Sprachdenkmälern bezeugt, und so werden auch innerhalb eines einzelnen Dialektes wie des alemannischen seit alter Zeit wieder mundartliche Besonderheiten, nicht in gleichem Maße wie sie später aufkamen und zum Teil noch jetzt bestehen, aber als Anfänge der spätern bestanden haben. Die heutigen sind zwar geringer, als sie noch vor hundert Jahren gewesen sein müssen, weil seither fortschreitende Verbreitung der Schriftsprache, Erleichterung des Verkehrs und der Niederlassung ausgleichend gewirkt haben, und im allgemeinen Handel und Wandel mögen sich heute Angehörige der meisten Kantone ohne bedeutende Schwierigkeit verständigen können; aber ein Landmann aus dem Klettgau und einer aus Oberwallis oder einer aus Appenzell und einer aus dem freiburgischen Jaunthal werden einige Mühe haben, einander zu verstehen. Ein allgemeines Schweizerdeutsch im strengern Sinne der Wissenschaft gibt es auch heute noch nicht und hat es wohl nie gegeben. Nicht nur besitzen und gebrauchen die Bewohner

*) Geschichte der deutschen Sprache, 3. Aufl., S. 578.

verschiedener Gegenden viele einzelne Wörter, die schon ihren nächsten Nachbarn unbekannt sind; sondern — was viel wichtiger ist — die Laute, besonders Vokale, und zum Teil auch die grammatischen Formen, in denen sich die Sprache durchgehend bewegt, sind mannigfach verschieden. Sogar das nächstliegende Sprachmerkmal, das den schweizerischen Alemannen vom Schwaben und Bayern trennt, aber mit dem Plattdeutschen und Skandinavier verbindet, das lange î und û für ei und au, findet in der Schweiz selbst eine Ausnahme, in Engelberg und Schansigg. Die Aussprache des ö als e, des ü als i hat merkwürdiger Weise Baselstadt mit Uri, Unterwalden, Oberhasli und Wallis gemein, ohne daß ein direkter Zusammenhang möglich wäre; dieselbe Lautgebung erstreckt sich ja auch über Schwaben und mitteldeutsche Gegenden. Die lautlichen Unterschiede sind so zahlreich und hinwieder lautliche Übereinstimmungen so zerstreut, daß es nicht möglich ist, nach diesen Merkmalen das Gesamtgebiet in größere Gruppen abzuteilen; und was in dieser Beziehung von der Schweiz, gilt noch in höherm Maße von dem alemannischen Gebiete rechts vom Rhein und im Elsaß, welches von fränkischen, schwäbischen und bayerischen Einflüssen bedrängt und halb zersetzt ist.

Daß innerhalb von größern Kantonen bedeutende Unterschiede bestehen, erklärt sich von selbst, wenn sie aus so verschiedenen Bestandteilen zusammengewachsen sind, wie St. Gallen, Aargau und auch Zürich; auch zwischen dem Luzerner Gäu und Entlebuch bestehen merkliche Unterschiede. Wenn neulich ein deutscher Germanist *) geschrieben hat, im Kanton Bern bestehen 13 Mundarten, so war er ohne Zweifel falsch berichtet; er hat vielleicht ältere Amtsbezirke mit sprachlichen verwechselt und hätte entweder weniger oder dann noch mehr zählen sollen. Daß der größte Kanton eine sprachliche Einheit bilde, ist wohl am wenigsten zu erwarten. Hier kommt aber noch ein besonderes Moment sprachlicher Verschiedenheit hinzu.

Alles bisher Gesagte beruhte auf der Annahme, daß die gesamte deutsch-schweizerische Bevölkerung alemannischen Ursprungs

---

*) Behaghel, Die deutsche Sprache, S. 31.

sei. Für einen Teil des Kantons Bern muß aber zunächst
wenigstens die Möglichkeit zugegeben werden, daß auch deutsch
gebliebene oder alemannisierte burgundische Elemente der Bevölkerung vorhanden seien; denn auf dem Gebiete des jetzigen
Bern lief die alte Grenze zwischen den beiden Stämmen, wenn
auch die Grenze der deutschen und französischen Sprache jetzt nur
noch am Bieler See (und dann im Jura) den Kanton berührt.

Die in den „Mitteilungen der Antiquarischen Gesellschaft
von Zürich" (1886) enthaltene Untersuchung des Herrn v. Fellen-
berg über das Gräberfeld von Ellisried berührt die Frage betreffend die Grenze zwischen Alemannisch und Burgundisch auf
dem Gebiete der Kunstdenkmäler, welche auf eine durch burgundischen
Einfluß modifizierte alemannische Produktion hinweisen. In jenen
Gegenden, auf der linken Seite der Aare, müssen die beiden
Stämme etwa seit dem sechsten Jahrhundert zusammengestoßen
sein und aufeinander eingewirkt haben, und es ist leicht möglich,
daß z. B. der eine etwas von seiner Kunstübung, der andere
etwas von seiner Sprache dem Nachbar mitgeteilt hat*). Nachbarn waren sie ja auch schon früher gewesen, am mittlern Rhein,
bald in freundlicher, bald in feindlicher Berührung, und man
darf sich den Unterschied zwischen ihnen nicht größer denken als
zwischen andern deutschen Stämmen. Von der Sprache der alten
Burgunder wissen wir leider nicht viel Sicheres, weit weniger
als von der Sprache der Langobarden, welche später von Süden
her das Gebiet der jetzigen Schweiz ebenfalls berührt haben und
ebenfalls romanisiert worden sind. Bedenken wir, daß die Burgunder am Rhein ebenso nahe mit den Franken sich berührten
wie mit den Alemannen, und daß Franken und Alemannen später
miteinander und mit dem ziemlich weit östlich seßhaft gewordenen
bayerischen Stamm zusammen die Gemeinschaft der hochdeutschen
Sprache bildeten, so kann der Abstand des Burgundischen vom
Alemannischen auf keinen Fall größer gewesen sein als z. B. der
zwischen Fränkisch und Bayerisch; von einer nähern Verwandtschaft

*) vgl. Jahn (Geschichte der Burgundionen II, 416), der der Annahme
deutsch-burgundischer Elemente im Kanton Bern im ganzen zugeneigt, doch
eine teilweise Alemannisierung der zwischen der Aare und dem heutigen
französischen Sprachgebiet niedergelassenen Burgunder zugesteht.

des Burgundischen etwa mit dem Gotischen kann keine Rede sein. Hätten wir alemannische Sprachdenkmäler aus dem sechsten Jahrhundert, auch nur eines von der Art der burgundischen Runeninschrift auf einer in dem Totenfeld bei Charnay (Departement Côte d'Or, aus der merowingischen Zeit) gefundenen Spange, so würde das Alemannische wahrscheinlich nicht viel anders und ebenso altertümlich, teilweise dem Gotischen ähnlich aussehen; jedenfalls hatte es damals die zweite Lautverschiebung auch noch nicht durchgesetzt.

In Lauten oder Formen der heutigen deutschen Mundarten oder der französischen Patois des westlichen Grenzgebietes unmittelbare Überreste altburgundischer Sprache zu suchen, wäre ein eitles Bemühen; denn auch die heutigen Mundarten der Ostschweiz zeigen in ihrem Laut- und Formenbestand nirgends mehr das alte Alemannisch, wie es etwa die Mönche des Klosters St. Gallen seit dem achten Jahrhundert in Schrift zu fassen suchten, übrigens wohl auch nicht in unmittelbarer und reiner Darstellung der Volkssprache jener Gegend, sondern unter Beimischung von Elementen aus weiterer Umgebung und nicht ohne das unwillkürlich jeden Versuch einer Schriftsprache begleitende Streben, Laute und Formen in eine normale, veredelte Gestalt zu bringen. Wenn also darauf verzichtet werden muß, in deutschen Mundarten der südwestlichen Schweiz Überreste burgundischer Laute und Formen zu finden, so bleibt doch die Möglichkeit, daß im Wortschatz jener Gegend altburgundisches Sprachgut sich erhalten habe. Denn Stämme von Wörtern sind trotz den Veränderungen, denen alles Sprachliche unterworfen ist, dauerhafter als einzelne Laute und Biegungssilben; sie bilden den materiellen Grundstock der Sprache, der zwar Einbuße erleiden, aber nur in sehr beschränktem Maße durch spätere Neubildungen ergänzt werden kann, da dazu vielmehr das bequemere Mittel der Entlehnung aus benachbarten Sprachen angewandt wird. Die Verbreitung und Fortpflanzung einzelner Wörter ist anderseits allerdings viel mehr Zufällen unterworfen als die von Lauten und Formen, welche die ganze Sprache durchdringen; aber eben derselbe Zufall oder dieselbe Art von Zufällen, welche an einem Orte den Untergang eines Wortes verursachte, konnte anderswo die Fortdauer eines andern mit sich führen. Die Möglichkeit, daß die zunächst an die Alemannen grenzenden Burgunder ihre Sprache oder, wenn sie von den Alemannen überwältigt wurden, einzelne Wörter ihrer eigenen Sprache beibehielten, läßt sich kaum bestreiten; denn nirgends, wo Völker, vollends sprachlich nahe verwandte, in ähnlicher Weise wie dort auf einander stießen, kann eine scharfe Grenze entstanden sein und auch die Sprache darnach sich abgegrenzt haben, da sogar die Sprachgrenze zwischen Deutsch und Französisch, nachdem der größte Teil der Burgunder sich romanisiert hatte, zu allen Zeiten schwankend geblieben ist und periodische Übergriffe von beiden Seiten stattgefunden haben. Die Annahme wirklichen Vorhandenseins deutsch=burgundischer Wörter (natürlich in verjüngter Lautgestalt wie bei den aleman= nischen) in der Westschweiz wird an strengere und engere sprach= liche Bedingungen zu knüpfen sein, von denen an einem andern Orte gehandelt werden soll*). Hier soll eine weitere Frage von ethnographischer Art, auch nur vorläufig, noch berührt werden.

Angenommen oder sogar zugegeben, daß das ganze deutsche Gebiet von Bern, auch das Oberland, ausschließlich alemannische Bevölkerung habe: soll dies denn auch von Ober=Wallis gelten und von den deutsch redenden Gemeinden, die auf der Südseite der Alpen, in das piemontesische Gebiet eingesprengt, als Kolonien von Wallis ausgegangen sind, seit dem dreizehnten Jahrhundert urkundlich bezeugt? Eine solche Ausdehnung ist dem aleman= nischen Stamm wohl nirgends zugesprochen worden und scheint aus mehrern Gründen bedenklich, wenigstens wenn sie direkt und früh erfolgt sein sollte. Die deutsche Sprache des Ober=Wallis läßt sich nur erklären entweder durch Einwanderung aus dem Berner Oberland oder so, daß die Burgunder einst das ganze Wallis eingenommen und im obern Teil ihre deutsche Sprache beibehalten hätten, während der untere der Romanisierung anheim= fiel. Die Annahme sprachlicher Trennung von Angehörigen des= selben Stammes innerhalb desselben Thales mag noch bedenklicher

---

*) Was Jahn a. a. O., S. 397 von angeblich burgundischen Wörtern der französischen Patois anführt, ist, soweit es Appellativa betrifft, un= richtig; die Ortsnamen auf - ey sind nicht der Westschweiz eigen: siehe Schweiz. Idiotikon I, 18.

scheinen als in dem weitern Gebiet der mittlern Aare; aber daß die ganze Bevölkerung des Ober=Wallis von dem selbst nicht stark bevölkerten Berner Oberland ausgegangen sei, ist nicht minder bedenklich. Zur Vermittlung bleibt höchstens die Mög= lichkeit, daß die ganze Bevölkerung von Wallis ursprünglich burgundisch gewesen und romanisiert, der obere Teil aber durch Einfluß aus dem Berner Oberland wieder germanisiert worden sei, wie vielleicht Burgunder an der mittlern Aare alemannisiert.

Auch die letztere Annahme ist nicht eben wahrscheinlich; aber für ursprünglich romanische Sprache des Ober=Wallis spricht wenigstens der eine nicht unbedeutende Umstand, daß die Ein= teilung dieses Gebietes in Bezirke einen Namen trägt, der romanisch ist, aber eine germanische Grundlage hat. Das Wort „Zenten" als Bezeichnung eines politischen Bezirkes kann mit Zehnten im Sinne von Abgabe an die Kirche nichts zu thun haben, sondern es wird aus dem lateinischen centum abzuleiten und dies Übersetzung des altgermanischen Begriffs „Hundertschaft" sein (ahd. huntari, pagus), wie schon Jahn *) richtig vermutet hat.

Alle diese Annahmen werden nicht etwa durch die Ansicht aufgehoben, daß das Gebiet der Hochalpen überhaupt vor dem Jahr 1000 gar nicht bewohnt gewesen sei. Die Abhandlung von Dr. Burckhardt „Über die erste Bevölkerung des Alpen= gebirges" **), welche vor vierzig Jahren verfaßt ist und lange als klassische Erledigung jener Frage gegolten hat, bleibt gültig in der Widerlegung der mancherlei Sagen von direkter Abstammung der Alpenbevölkerung aus den Zeiten der Völkerwanderung und speziell von einer direkten Einwanderung aus dem Norden; was Burckhardt positiv über die nach seiner Ansicht viel spätere und sehr langsame Kultivierung der fraglichen Gegenden sagt, ist in Hinsicht auf die Zeit und die Art jener Vorgänge nicht unanfechtbar.

Gegenüber der Ansicht, daß das Hochgebirge bis um das neunte Jahrhundert gar keine Bevölkerung gehabt habe, muß die Frage erhoben werden, wie man sich dann die Überlieferung der weder römischen noch germanischen, sondern wahrscheinlich keltischen

---

*) a. a. O. I, 91.
**) Archiv f. schweiz. Geschichte, Bd. IV (1816).

und rätischen Fluß- und Bergnamen jenes Gebietes erklären
könne *). An frühe und reichliche Bevölkerung des Hochgebirges
ist gewiß nicht zu denken; aber angenommen auch, sie sei verhältnismäßig spät und spärlich eingetreten, so bleibt immer die
Hauptfrage: woher kam sie, als sie überhaupt einmal kam, sei
es auch erst im spätern Mittelalter? — und hier erneuern sich,
nur für ein späteres Stadium, die schon oben besprochenen Fragen
betreffend alemannische und burgundische Einwanderung. Wenn
es nicht die alten Alemannen oder Burgunder des sechsten Jahrhunderts waren, so trifft die Frage nun ihre Nachkommen im
zwölften, und insbesondere die Frage der Sprache, ob sie angestammt
oder angenommen gewesen, bleibt noch ungelöst. Sie wird aber
noch durch einen weitern Umstand erneuert und verwickelt.

Die heutige Sprache des Berner Oberlandes ist mit der des
Ober-Wallis in Hinsicht auf den Wortschatz und auch einzelne
Laute und Formen so nahe verwandt, daß zwischen beiden Hochthälern ursprüngliche Gemeinschaft oder spätere Mitteilung stattgefunden haben muß, sei nun die letztere von der einen oder
andern Seite ausgegangen. Nach Burckhardt ist die deutsche Bevölkerung im Wallis nicht alt und erst spät das Thal abwärts
gerückt; die frühern Einwohner haben erst durch den Einfluß
deutscher Einwanderer deren Sprache angenommen. Solche Einwanderer läßt er aus dem Haslithal herübergekommen oder verpflanzt worden sein. Von dem so deutsch gewordenen Ober-Wallis
aus läßt er dann **) aber auch wieder einen Teil des Berner
Oberlandes bevölkert werden, nämlich das Lütschinenthal vom
Lötschenthal aus. Es hätte also im obersten Teile von Wallis
eine Einwanderung aus dem Berner Oberland, weiter unten eine

---

*) vgl. hierüber J. Keller im Anzeiger f. schweiz. Altertumskunde,
1868, S. 18 ff. S. 19 sagt der Altmeister: „Seit der Zeit der Pfahlbauten
sind die Gebirgsthäler ununterbrochen, wenn auch schwach, von Jäger- und
Hirtenfamilien bevölkert gewesen. Es bürgen dafür die Altertumsgegenstände,
die im Gebirge zum Vorschein kommen" — u. s. w.

**) a. a. O., S. 101 ff. Ebenso J. Studer, „Walliser und Walser",
Feuilleton der „Neuen Zürcher Zeitung" 1886, Juli. Da diese Arbeit
auf Quellenstudien beruht, so darf sie wissenschaftlichen Wert beanspruchen,
und es darf auch auf ihre Quellenangaben hier der Kürze wegen ver-
wiesen werden.

Rückwanderung in der umgekehrten Richtung stattgefunden, was nicht unmöglich ist. Unwahrscheinlich ist dagegen Burckhardts An= nahme, das Ober=Wallis habe, um Kolonien nicht nur ins Berner Oberland, sondern auch auf die Südseite der Alpen und nach Graubünden (wovon gleich nachher die Rede sein wird) entsenden zu können, selber beständige Zuflüsse aus den kleinen Kantonen empfangen müssen; denn man sieht nicht, auf welchem Wege und aus welchen Antrieben diese gekommen sein sollen. Die dem Ober=Wallis und dem Berner Oberland gemeinsamen Wörter finden sich aber zu einem großen Teil auch in den deutsch sprechen= den Hochthälern oder einzelnen Gemeinden von Graubünden. Daß die deutsche Sprache dieses Gebietes nirgends ursprünglich, sondern erst später eingepflanzt worden sei, ist allgemeine Ansicht. Woher aber? Der Name Walser, der den Bewohnern vieler von jenen deutschen Gemeinden zukommt und aus Davos und Prättigäu seit Anfang des vierzehnten Jahrhunderts in die Herrschaft Chur, ins St. Galler Oberland und bis ins Vorarlberg hinaus sich verbreitet hat, deutet zwar seiner Form nach nicht direkt und sicher auf Wallis. Aber daß im spätern Mittelalter (nach Burckhardt seit dem dreizehnten Jahrhundert) Kolonien aus Wallis nach Grau= bünden geführt worden sind, ist beglaubigt*); eine Kolonie am Hinterrhein soll allerdings zur Zeit der Hohenstaufen aus Schwaben dorthin gekommen sein. Denkbar wäre wohl auch, daß schon in früherer Zeit die Langobarden ihre Vorposten durch das Tessin heraufgerückt hätten, und daß aus dem Urserenthale, welches seit alter Zeit mit Rätien zusammenhing, deutsche Elemente in das letztere Gebiet gedrungen wären; auch wird dafür angeführt, daß in einzelnen Teilen von Graubünden langobardische Rechtsbestim= mungen gelten. Aber die sprachliche Übereinstimmung mit Wallis und Berner Oberland würde auf diesem Wege nicht erklärt: es müßte denn der Zufall so gewaltet haben, daß bei den nach Norden gedrungenen Langobarden aus dem allgemein deutschen Sprachschatz gerade eine Anzahl derselben Wörter üblich gewesen wären, welche auch durch Alemannen oder Burgunder, resp. deren Nachkommen von Südwesten her in das Hochgebirge getragen wurden.

---

*) s. Burckhardt und Studer an den angef. Orten.

Beim Widerstreit so verschiedener Möglichkeiten wäre man froh, einen außerhalb des sprachlichen Gebietes liegenden festen Punkt zu finden, an dem die streitigen Annahmen sich messen und bewähren ließen. In der That sind ethnographische Fragen nie nach einem einzigen Merkmal zu entscheiden, sondern es müssen mehrere kombiniert und gegeneinander ausgeglichen werden. Daß Völker ihre angestammten Sprachen abgelegt haben können, also ihre Abstammung nicht mit Sicherheit an ihrer Sprache erkennen lassen, ist bekannt. Aber auch der physische Habitus, Körperbau (besonders die Form des Schädels), Farbe der Haut, Haare und Augen, bietet keine untrüglichen Merkmale; denn im Laufe langer Zeit können alle Eigenschaften jener Art durch Mischung der Rassen, Einfluß des Klimas und der Kulturarbeit verändert und verwischt werden. Zu den konservativsten Trieben, welche in der ältern Zeit die Menschen beherrscht haben, wenigstens die Masse der an Naturbedingungen gebundenen ländlichen Bevölkerung, gehört gewiß auch die Bauart und Einrichtung des Hauses, sei es daß dasselbe mit dem Stalle verbunden oder von dem letztern getrennt war. An der letzten Versammlung der schweizerischen Geschichtsforscher in Aarau (1886) hat Herr Prof. Hunziker einen Vortrag gehalten, der die in der Schweiz vorkommenden Typen des alten Bauernhauses zu anschaulicher Übersicht brachte und den Weg zeigte, aus diesem Material ethnographische Schlüsse zu ziehen. Da die Arbeit des Herrn Hunziker noch nicht abgeschlossen ist, so kann sie für unsern Zweck noch keine bestimmten Ergebnisse liefern; auch geht sie über den Bereich des deutschen Sprachgebietes hinaus, indem sie das romanische im Osten und Westen mit umfaßt. So viel aber hat sich schon aus dem Vortrag und aus seither mit Herrn H. geführter Korrespondenz ergeben, daß bauliche und sprachliche Merkmale nicht durchgängig einander entsprechen, sondern sich teilweise kreuzen, sei es daß von Haus aus kein bindender Zusammenhang zwischen beiden besteht oder daß im Hausbau Verschiebungen und Übertragungen geschahen wie im Sprachbesitz; denn gemischte Typen und Übergangsformen scheinen auch im Hausbau vorzukommen. Wo bauliche und sprachliche Merkmale einander nicht entsprechen, nimmt Herr H. als Regel an, daß die erstern älter seien. Die

Bezeichnungen Alemannisch und Burgundisch braucht natürlich auch er; er unterscheidet aber einen romanisch=burgundischen und einen deutsch=burgundischen Typus, den letztern in ursprünglich von Alemannen besetzten Gegenden.

Deutsch gebliebene Burgunder nimmt also auch er an, besonders im westlichen Berner Oberland; im Haslithal findet er alemannische Benennungen mit leichter burgundischer Modifikation der Bauart, im Ober=Wallis aber einen Hausbau, der mit dem des obern Tessin und einiger Teile von Graubünden überein= stimme, und den er vorläufig langobardisch nennen möchte, obwohl er mit dem alemannischen Gebirgshaus nahe verwandt sei *).

Die sogenannten „Heidenhäuser", zu deren Kenntnis neuestens noch Prof. Rahn in seinen „Tessinerfahrten" (Zürcher Taschen= buch 1887) einen Beitrag geliefert hat, gehören entweder, wie die im Anzeiger für schweiz. Altertumskunde (Jahrg. 1868, S. 11—19; 1870, S. 128) besprochenen Alphütten in Glarus und Schwyz, einer zu frühen Zeit (nach J. Keller der rätischen) an oder, wie die der Westschweiz (über welche Rochholz, Aargauische Sagen 2, 215; Glaube und Brauch 2, 87 gehandelt hat) einer zu späten, um für unsern Zweck etwas zu ergeben, und sie können, schon weil sie nur zerstreute Erscheinungen sind, hier nicht in Betracht kommen.

Wir wollen uns also nochmals auf den Standpunkt der Annahme zurückversetzen, daß die Bevölkerung der deutschen Schweiz rein alemannisch sei, und sehen, wie weit er trägt, d. h. den Thatsachen des heutigen Sprachbestandes entspricht. Wir gehen davon aus, daß schon das Gebiet der nördlichen und mittlern oder innern Schweiz viele sprachliche Unterschiede zeigt. Für

---

*) Rahn a. a. O. 1, 195 ff. findet das Wesen der deutsch=burgundischen Bauart, besonders des westlichen Berner Oberlandes und des Ober=Wallis, in dem Blockbau und in der Lage des Feuerherdes in der Mitte des Hauses, wie noch in Westfalen. (Ebd. führt er noch weitere Übereinstim= mungen schweizerisch=burgundischer Sitte mit norddeutscher und skandi= navischer an. — Der Blockbau findet sich aber auch in der innern und östlichen Schweiz, nur etwas verschieden von dem des Berner Oberlandes, sowie hinwieder Verbindung des Blockbaus mit dem sonst im Osten vor= herrschenden Ständerbau auch im Westen vorkommt. E. Gladbach, Die Holzarchitektur der Schweiz.

alle solche kleinere Besonderheiten können nicht immer wieder entsprechende Grundlagen in der Abstammung des Volkes angenommen werden. Wenn die Kantone Appenzell, Schaffhausen, Basel oder auch Glarus und Luzern einzelne Wörter aufweisen, die den andern Kantonen fremd sind, so werden wir dafür nicht einen besondern Zweig des alemannischen Stammes als Ursache ansetzen, sondern den reinen Zufall, daß ein einzelnes Stück der Überlieferung an diesem bestimmten Orte haften geblieben ist, wie bei allen andern Gegenständen von geschichtlicher Art. Wenn wir dies Prinzip festhalten und durchsetzen, so werden wir vielleicht auch größere Unterschiede im Wortschatz, z. B. der östlichen und westlichen Schweiz, erklären können, ohne ethnographische Verschiedenheiten zu Grunde zu legen. Nur zwei Beschränkungen muß auch das sonst allzu dehnbare Prinzip zufälliger Verbreitung unterworfen werden. 1. Wenn es bloßer Zufall war, der einzelne Bestandteile des alemannischen Wortschatzes da oder dorthin verschlagen und daselbst bewahrt hat, so können sie dann doch, nachdem sie Jahrhunderte lang dort festgewachsen sind, für den betreffenden Landesteil charakteristisch geworden sein und insofern nicht mehr zufällig heißen. 2. Wenn gewisse Landesteile nicht nur eine beschränkte und bunte Zahl einzelner Wörter, sondern ganze Reihen oder Gruppen von Wörtern ausschließlich eigen haben, so gilt nicht nur die erste Bemerkung in erhöhtem Grade, sondern es ist dann der Spielraum des bloßen Zufalls eingeengt, und es wird allerdings die Frage erhoben werden dürfen, ob hier nicht reale Ursachen von besonderer Art im Spiele sind, wenn nicht geradezu ethnographische, doch geographische, d. h. solche, die in der Beschaffenheit der Natur und der durch diese bedingten Lebensweise liegen.

Die schweizerdeutschen Mundarten zeigen bei einer vorläufigen Übersicht, welche von keinen vorgefaßten Ansichten oder Absichten, wohl aber von der geographischen Beschaffenheit des Landes, von Thatsachen der politischen Geschichte und von sprachlichen Eigenschaften geleitet ist, ungefähr folgende Hauptgruppen, deren Grenzen auch als Übergangsgebiete aufgefaßt werden müssen und innerhalb deren einzelne kleinere Bezirke mit besonderm Charakter liegen können: 1. Eine nordwestliche Gruppe umfaßt das Gebiet von

Basel und der deutsch-bernischen Jurathäler nebst Biel, den nördlich
vom Jura liegenden Teil von Solothurn und das aargauische
Frickthal. 2. Eine nordöstliche begreift die Kantone Zürich,
Schaffhausen, Thurgau, den größten Teil von St Gallen und
den Kanton Appenzell. 3. Zu einer mittlern Zone gehört der
größte Teil der Kantone Aargau und Solothurn, das bernische
Mittel- und Seeland nebst Freiburg-Murten, mehr nach Osten
das Luzerner Gäu, Zug, Schwyz und Glarus. 4. Als südwestliche
Gruppe bezeichnen wir das deutsche Freiburg (mit Ausnahme
des Bezirks Murten), das Berner Oberland und Wallis mit
den deutschen Sprachinseln auf italiänischem Gebiete, 5. als süd-
östliche das st. gallische Oberland und Graubünden. 6. Das
Entlibuch, Unterwalden und Uri könnten der mittlern Gruppe
zugeteilt werden, wenn sie nicht auch nahen Zusammenhang mit
dem Berner Oberland zeigten; es mag ihnen also eine relativ
eigentümliche Stellung angewiesen werden. Manche Besonderheiten
zeigen Baselstadt und Schaffhausen wegen ihrer vorgeschobenen
Lage, Glarus, St. Galler Oberland, Appenzell und Graubünden
wegen ihrer frühern Zugehörigkeit zum rätoromanischen Gebiete,
sowie in der südwestlichen Gruppe Einfluß des angrenzenden
Französischen zu bemerken ist.

Daß diese Gruppen nun Sprachprovinzen wären, die sich
durch ausschließlichen Besitz gewisser Laute, Formen und Wörter
gegen einander abgrenzten oder gar einen eigenen Stamm von
Bevölkerung verrieten, muß nochmals ausdrücklich abgewiesen
werden. Jede derselben enthält in einzelnen Teilen ihres Umfangs
sprachliche Eigentümlichkeiten, aber keine durchgehende, durch welche
die Gruppe als Einheit in sich selbst zusammengehalten und gegen
die benachbarten abgeschlossen würde. Über alle oder zwischen
allen erstreckt sich zunächst, wenigstens in lexikalischer Hinsicht,
ein so zu nennendes allgemeines Schweizerdeutsch, welches aber
eine ziemlich oberflächliche und wenig interessante Beschaffenheit
trägt; denn näher betrachtet besteht es größtenteils aus Stoffen,
welche das schweizerische Gebiet mit dem oberdeutschen überhaupt
oder sogar mit der allgemein deutschen Schriftsprache gemein hat,
nur daß die Lautform fast durchgehend gewisse hinlänglich bekannte
Besonderheiten an sich hat. Merkliche Unterschiede treten erst

hervor, wenn wir das Gesamtgebiet, zunächst ohne Rücksicht auf die kleinern Gruppen, in zwei größere Hauptmassen teilen, indem wir einen Durchschnitt zwischen West und Ost oder Nord und Süd machen; ein ähnliches Ergebnis kommt heraus, wenn wir eine zentrale Masse von einer peripherischen unterscheiden. Doch scheint der Durchschnitt zwischen Ost und West am ergiebigsten auszufallen, und zwar nicht, wenn er dort gemacht wird, wo mutmaßlich im Anfang die Grenze des alemannischen Gebietes gegen das burgundische lag, sondern dort, wo — etwa um das Jahr 900 — die Grenze des spätern kleinburgundischen Reiches verlief, die durch positive Nachrichten genauer bekannt ist, aber freilich auch geschwankt hat *).

Will man nach dem Wortschatz West und Ost unterscheiden, so muß man von dem mittlern Gebiete, auf welchem die politische Grenze zwischen dem spätern Burgund und Alemannien hin und her schwankte, absehen und mehr die entschieden nach der einen oder andern Seite gelegenen Gebiete ins Auge fassen. Die Kantone Aargau und Luzern müssen dann als Übergangsgebiet gelten, als Vertreter der Hauptmassen also Bern und Zürich mit ihrer nächsten Umgebung. Bei dieser Grenzbestimmung kann

---

*) Daß der Name Burgund für sehr verschiedenen Umfang gebraucht wurde, ist bekannt. Im Anzeiger f. schweiz. Geschichte 1886, S. 78 79 ist nachgewiesen, daß er im dreizehnten Jahrhundert auf den Ober-Aargau eingeschränkt vorkommt, daneben aber auf den Zürichgau und bis nach Engelberg ausgedehnt, beides nur vorübergehend, nach wechselnden politischen Verhältnissen, ethnographisch nicht maßgebend. In aargauischen Dorfrechten vorkommende burgundische Erbrechtsbestimmungen können auch bei den Alemannen gegolten haben: daß im Berner Oberland burgundisches Erbrecht vorkommt, ist weniger auffallend (Zahn a. a. O., S. 373. 102). Anderseits wird berichtet, daß Hirten des um 1080 gestifteten Klosters Rougemont, als sie längs der Saane aufwärts drangen, auf Hirten deutscher Zunge stießen, die urkundlich anno 1115 als «in terra Alamannorum» erwähnt werden. Dagegen wird noch um 1230 Meiringen «in terminis Burgundiae» genannt. S. Burckhardt a. a. O., S. 97 ff. Wenn im fünften Jahrhundert der Jura (und zwar in der ganzen heute gültigen Ausdehnung dieses Namens) die Grenze zwischen A. und B. bildete, wie Gregor von Tours berichtet, so müßten die Burgunder schon damals weiter nach Osten, aber auch die Alemannen weiter, als man sonst annimmt, nach Westen gedrungen und beide später zurückgedrängt worden sein.

allerdings eine nicht unbedeutende Anzahl von Wörtern der heutigen
Volkssprache als spezifisch, d. h. ausschließlich dem einen oder dem
andern Landesteil angehörig aufgezählt werden; aber bei einer
nicht geringen Anzahl, wo die Ausschließlichkeit da oder dort eine
kleine Ausnahme erleidet, weist eben diese Thatsache auf die
Möglichkeit hin (die in einzelnen Fällen als wirklicher Sach=
verhalt sich nachweisen läßt), daß Wörter, deren Verbreitung heute
eingeschränkt ist, früher eine weitere besaßen. Auch wird die Grenz=
bestimmung dadurch erschwert oder in ihrem Werte verringert,
daß einzelne Kantone (und zwar nicht nur die zum voraus als
Übergangsgebiete ausgenommenen) bei einzelnen Wörtern sich bald
zu der einen, bald zu der andern Gruppe stellen; so Basel, die
innern Kantone und besonders Graubünden, welches trotz seiner
östlichen Lage infolge der Kolonien aus Wallis vielfach auf die
Seite des Westens tritt. Die Verschiedenheiten der Sprache
zwischen Ost und West beweisen also jedenfalls keine Stamm=
verschiedenheit; es genügt zu ihrer Erklärung die schon oben aus=
gesprochene Annahme kleinerer Unterschiede innerhalb der ersten
alemannischen Bevölkerung, zusammengenommen mit allem dem,
was der Lauf der Geschichte in einer unter bestimmte Verhältnisse
versetzten Bevölkerung in Gestalt von besondern Lebensgewohnheiten
und Charakterzügen zu erzeugen vermag. Die Bewohner des
ganzen Kantons Solothurn und des bernischen Unterlandes sind
ohne Zweifel alemannischen Stammes; dafür spricht schon die
starke Gemeinschaft der Sprache von Bern mit der von Solothurn
einerseits und der von Luzern anderseits *). Wenn wir aber ins
Berner Oberland eintreten, so betreten wir auch sprachlich einen
andern Boden. Zwar hat die Sprache des Oberlandes mit der

---

*) Die von Grimm (Gesch. d. d. Sprache, 3. Aufl., S. 489) aus Kopp
(Urkunden 2, 506 7) entnommene Angabe, wonach nicht nur Freiburg, son=
dern auch Bern, Solothurn und sogar Teile von Aargau und Luzern burgun=
dische Bewohner hätten, widerspricht der unmittelbar folgenden, daß die
Aare die Grenze gegen die Alemannen gebildet habe, und beruht auf der
schon oben abgewiesenen Verwechslung zwischen dem alten und neuen
Burgund, bezw. zwischen ethnographischen und politischen Verhältnissen.
Mindestens müßte frühzeitige Alemannisierung jener weiter nach Osten
gedrungenen Burgunder zugegeben werden, von welcher ebenfalls schon
oben die Rede war.

des Unterlandes selbstverständlicher Weise noch die lexikalische
Grundlage und auch vieles Einzelne gemein; aber daneben er=
scheint eine Menge von Wörtern, die dem Unterland fremd, da=
gegen dem Oberland mit Ober=Wallis gemein sind. Einen Teil
dieser Eigentümlichkeit mag man auf Rechnung der Natur des
Hochgebirges und der dadurch bedingten Lebensweise setzen, sowie
ähnliche Eigenheiten von Uri und Unterwalden gegenüber Luzern
und von Glarus gegenüber St. Gallen; aber es bleibt ein Rest,
der auf anderm Weg erklärt werden muß. Daß zwischen dem
Berner Oberland und Ober=Wallis seit alter Zeit Verkehr be=
stand, zum Teil über Pässe, die jetzt ungangbar geworden sind,
ist mehrfach bezeugt, und er war wohl, abgesehen von fast un=
vermeidlichen Grenzstreitigkeiten auf den Alpen*), meistens friedlich.

Aus dem Wallis reicht dann der schon oben besprochene
Zusammenhang nicht nur auf die Südseite der Alpen, sondern
hinüber nach Graubünden. Das so erweiterte Gebiet, zu dem
im Westen von Bern noch Freiburg, im Osten teilweise Entli=
buch, Uri und Unterwalden hinzukommen, wird durch bemerkens=
werte sprachliche Gemeinschaft zusammengehalten, auch wenn man
darauf verzichtet, dieselbe aus angestammter Besonderheit der Be=
völkerung zu erklären**). Die Sprache dieses Gebietes enthält

---

*) vgl. darüber: Anzeiger f. schweiz. Geschichte 1885, S. 381 ff.

**) Für alten Zusammenhang und Verkehr zwischen Berner Oberland,
Ober=Wallis, Uri und Graubünden sprechen noch folgende Thatsachen,
deren Angabe ich Herrn Zeller=Werdmüller verdanke:

1. Die Vögte von Brienz im Haslithal besaßen im Jahr 1213 be=
deutende Güter in Uri, wo sie das Kloster Seedorf stifteten.

2. Johann von Attinghausen, in den Jahren 1330—1358 Landammann
von Uri, erscheint im Jahr 1353 auch als kaiserlicher Rektor des
Ober=Wallis.

3. Das Urserenthal gehörte zum Bistum Chur, welches auf der Furka
an das Bistum Wallis grenzte.

4. Viele Ortsnamen des Ober=Wallis tragen rätischen Charakter und
sprechen dafür, daß germanische Bevölkerung erst spät von oben
nach unten drang.

Anderseits ist von Kennern der archäologischen Forschungen bemerkt
worden, daß die in Ober=Wallis, Graubünden und Tessin gemachten Funde
aus vorhistorischer Zeit einen gemeinsamen, von dem der übrigen Schweiz
abweichenden Charakter zeigen.

so viel seltene altertümliche Wörter wie kein anderer Teil des schweizerdeutschen Landes. Man kann dies zunächst wieder aus der Natur des Gebirges erklären, dessen Abgelegenheit vom Weltverkehr allenthalben die Erhaltung alter Sprache und Sitte begünstigt. Die Zahl jener Wörter mag gegen zweihundert betragen, welche sich alle in den Schriftdenkmälern der altdeutschen Sprache nachweisen lassen; ein großer Teil derselben findet sich auch in andern oberdeutschen Dialekten. Dazu kommt nun aber eine ungefähr gleiche Zahl von altertümlichen Wörtern, die dem fraglichen Alpengebiet ebenfalls ausschließlich eigen sind, aber in andern oberdeutschen Dialekten und in der alten Sprache sich nicht nachweisen lassen, wenigstens nicht in derselben Gestalt und Bedeutung. Ein Teil derselben, vielleicht die Hälfte, läßt sich allerdings mit Wörtern der alten Sprache oder anderer oberdeutscher Dialekte als mehr oder weniger nahe verwandten zusammenstellen, und je nachdem man diese Verwandtschaft als eine engere oder weitere tariert, ändert sich die Gesamtzahl der als eigentümlich zu schätzenden Wörter, die dann um so rätselhafter bestehen und die Annahme der Herkunft von einem sonst sprachlich wenig bekannten deutschen Volksstamm, Burgunder oder Langobarden, nahe legen. Notwendig freilich wird sie auch jetzt noch nicht; denn wenn etwa zweihundert nachweislich altalemannische Wörter sich in dem fraglichen Gebiet erhalten konnten, so konnten das auch weitere hundert bis zweihundert, welche vielleicht nur zufällig in den oberdeutschen Schriftdenkmälern oder andern oberdeutschen Dialekten nicht vorkommen. Doch hat diese Annahme keine größere Wahrscheinlichkeit als die andere, eher geringere.

Um aber in unsern Berechnungen und Schlüssen nicht irre zu gehen, müssen wir auch eine Art Gegenprobe anstellen in der Richtung, daß wir neben der Besonderheit der Sprache des Hochgebirges auch ihre Gemeinschaft mit der Sprache des übrigen Gebietes und die Besonderheit vielleicht noch anderer Gebietsteile in Zahlverhältnissen darzustellen und in Rechnung zu bringen suchen. Diese Aufgabe ist freilich noch schwerer zu lösen als die frühere, und Zahlangaben, die hier gewagt werden, dürfen nur als sehr ungefähre und annähernde genommen werden, weil die Abteilung der Gebiete und die Schätzung jedes einzelnen Falles

manchen subjektiven Ansichten unterliegen kann. Wörter, welche
das Hochgebirge mit dem übrigen schweizerischen Gebiete gegen=
über der Schriftsprache gemein hat, mögen ungefähr hundert sein,
bei denen die Frage, ob sie auch sonst nachweisbar seien oder
nicht, hier weniger ins Gewicht fällt. Dagegen fällt sie wieder
in Betracht, wenn wir schließlich die Wörter zählen, welche
andern Gebieten der Schweiz, Gruppen von Kantonen oder ein=
zelnen, ausschließlich eigen zu sein scheinen; die Zahl solcher
Wörter, welche auch in der alten Sprache oder in andern ober=
deutschen Dialekten vorkommen, beträgt etwa sechzig, die der sonst
nicht nachweisbaren etwa hundert; doch dürfen beide Zahlen eher
etwas heruntergesetzt werden.

Es ergibt sich also, daß die Altertümlichkeit und Eigen=
tümlichkeit der Sprache des Hochgebirges die der übrigen
Landesteile bedeutend überragt, was im allgemeinen so natürlich
scheinen mag, daß es eines so großen Aufwandes von Mühe
kaum bedurft hätte, aber doch in diesen genauern Verhältnissen
noch unbekannt war. Übrigens beruhen die sämtlichen Zahl=
angaben nicht auf einer vollständigen Durchmusterung des
schweizerdeutschen Sprachschatzes, wie ihn das fortschreitende
Idiotikon darstellen wird, sondern auf einem hauptsächlich aus
Stalder geschöpften Durchschnitt, dessen Grundverhältnisse durch
die neuern Sammlungen kaum wesentliche Veränderungen er=
leiden werden.

Die Erforschung besonderer ethnographischer Ursachen der
geschilderten Sprachverhältnisse geht über das Gebiet der Sprach=
wissenschaft hinaus; dagegen kann die letztere sich noch die Auf=
gabe stellen, innerhalb des Hochgebirges selbst genauer den Wort=
schatz der drei Hauptgebiete, Berner Oberland, Wallis und Grau=
bünden, zu unterscheiden und daraus vielleicht Handhaben zur
Lösung der ethnographischen Frage zu gewinnen. Wahrscheinlich
wird sich ergeben, daß Berner Oberland und Wallis gegenüber
Graubünden näher zusammengehören, weil die Germanisierung
des letztern nicht nur von Südwesten, durch die Walserkolonien,
ausgegangen ist, sondern auch von Nordosten, vom st. gallischen
Oberland aus; dazu kommt der begreiflich sehr starke Einfluß
des Rätoromanischen, der weit stärker ist als der Einfluß des

Romanischen im Westen, weil in Graubünden die Grundlage der Bevölkerung und Sprache romanisch war.

Zum Schlusse soll an einer Auswahl von Wörtern gezeigt werden, daß die Erforschung der lexikalischen Unterschiede innerhalb des schweizerdeutschen Gebietes, verbunden mit der allgemein kulturhistorischen Bedeutung einzelner Wörter, ein ethnographisches Interesse mit sich führt, auch wenn man von der Herkunft der Wörter, bezw. ihrer ursprünglichen Zugehörigkeit an einzelne Volksstämme absieht und nur ihre spätere, bezw. noch gegenwärtige Verbreitung und Bedeutung ins Auge faßt.

Schon im Anfang ist gesagt worden, daß die Ortsnamen einen Überblick über die Art der Besiedlung und Bebauung des Landes gewähren; dies gilt, auch wenn man sich auf die Namen der heute bestehenden größern Ortschaften beschränkt, während eine ebenso vollständige und methodische Bearbeitung der vielen Tausende von Flurnamen eine noch weit reichere Ausbeute für die Geschichte der Bodenkultur ergeben würde. Fassen wir zunächst das appellative Wort ins Auge, unter dessen Begriff die Mehrzahl jener Ortsnamen fällt. Das Wort „Dorf" bedeutet nicht eine größere politische und kirchliche Gemeinschaft, die sich wesentlich als Anhäufung von Wohnungen auf einem Punkte, etwa um den Mittelpunkt einer Kirche, darstellt. Wir wissen, daß die altalemannische Ansiedlung in Form vereinzelter Höfe oder Weiler auch heute noch die Anlage vieler Dörfer kennzeichnet und daß das Kirchengebäude nur einen idealen Mittelpunkt bedeutet. Aber im Berner Oberland kommt „Dorf" in Verbindungen vor, wo von Wohnungen überhaupt nicht die Rede ist, sondern nur von vorübergehendem Beisammensein von Menschen. „Ein Dorf" oder sogar „einen Dorf han" heißt eine Zusammenkunft halten, unter freiem Himmel, besonders auf Berghöhen, wo gar keine Häuser, nicht einmal Sennhütten stehen, sondern höchstens eine Bude oder ein Zelt aufgeschlagen ist, um die zu geselliger Unterhaltung mit Tanz und Spiel, besonders Schwingen, versammelte Menge notdürftig zu bewirten. Ein solches „Bergdorf" schildert Haller: Es sammelt sich ein Dorf im Schatten breiter Eichen u. s. w. (Alpen, Strophe 11). „Dorf han" heißt auch: Besuch haben, dies allerdings im Hause, aber doch so, daß statt der gewöhnlichen sachlichen Bedeutung des Wortes durchaus persönliche stattfindet. „Z'Dorf ga" heißt auch anderswo „auf Besuch gehen"; aber unser zürcherischer Volksdichter Stutz braucht es z. B. gerade von Besuch in der Stadt. Dieser ganze Sprachgebrauch läßt sich nicht aus bildlicher Anwendung der gewöhnlichen Bedeutung von „Dorf" erklären, sondern er muß auf ältere, ja sehr alte Bedeutung des Wortes zurückgehen, welche, auch gemäß der lautlichen Verwandtschaft desselben mit lat. turba, die von „Versammlung, Zusammenlauf, Anhäufung von Menschen" sein muß, und zwar auf offenem Felde, zunächst nur gelegentlich, vorübergehend, ohne dauernde Niederlassung, ein Überrest aus einem noch halb nomadischen Hirtenleben, wie es etwa die suevischen Vorfahren der Alemannen führten (Caesar, bell. Gall. 6, 22).

Versetzen wir uns in die Zeit, wo das Hirtenleben ein seßhaftes geworden und sich, besonders auf den Alpen, zu regelrechter Viehzucht und Molkenwirtschaft ausgebildet hat, so finden wir auch innerhalb dieser gemeinschaftlichen Lebensweise allerlei landschaftliche Unterschiede in den Benennungen einzelner Gegenstände des Gewerbes. Die Bezeichnungen für Alters- und Geschlechtsunterschiede des Viehs sind nicht nur sehr zahlreich und bis ins einzelne gehend, sondern auch vielfach verschieden in benachbarten Gegenden, so daß sie hier nicht aufgezählt werden können. Nur ein merkwürdiges Beispiel sei erwähnt. Wenn die weiblichen Tiere noch keine Milch oder im trächtigen Zustande keine Milch mehr geben, heißen sie an den meisten Orten, auch im Berner Oberland, „galt", ein altgermanisches, bis nach Skandinavien reichendes Wort; im Emmenthal aber, auch in Guggisberg, Solothurn, Basel, im Aargauer Freiamt gilt dafür oder daneben „gust", zwar ebenfalls ein germanisches Wort, aber sonst nur niederdeutsch und holländisch, also wahrscheinlich von dort importiert. Ähnliche Verschiedenheit waltet bei den Geräten und Produkten der Sennerei. Das sonst echt alemannische Wort „Anken" wird in einem Teil von St. Gallen, in Appenzell und im Thurgau durch „Schmalz" ersetzt, vielleicht zunächst nur für den Küchengebrauch, dann überhaupt. Ebenso wird in Graubünden, Glarus, Appenzell, St. Gallen, Thurgau, Schaffhausen und bis nach Aargau und Basel für „Sahne" statt des sonst üblichen „Nidel" das hochdeutsche Wort Rahm in der ältern Lautform Roum, Röm, Rüm gebraucht, welches im Berner Oberland, Wallis, Nidwalden nur die Hautdecke bezeichnet, die sich auf gesottener Milch oder andern stehen gelassenen Flüssigkeiten bildet, nicht das auf frischer Milch obenauf schwimmende Fett. Für das Produkt der ersten Scheidung der Käsmilch gelten wenigstens verschiedene Formen desselben Wortes, neben dem am weitesten verbreiteten „Sirte" im Berner Oberland auch „Sirpe", in Graubünden „Sirmete" u. a. Besonders merkwürdig ist aber, daß sich für das ganze Gewerbe der Sennerei neben diesem Worte im Berner Oberland ein anderes erhalten hat, das sonst nur in Bayern üblich ist, nämlich „Schwaig" für Herde und Weide, „Schwaiger" für Hirt und Senn. Indessen muß diese Bezeichnung früher weiter verbreitet gewesen sein, auch in den innern Kantonen, wo sie z. B. im Archiv von Einsiedeln häufig vorkommt und in zusammengesetzten Flurnamen noch jetzt.

Steigen wir aus der Bergregion ins Flachland hinunter, wo neben der Viehzucht von Anfang an auch Ackerbau getrieben wurde, so finden wir für die verschiedenen Teilungs= und Nutzungs=arten des Bodens ebenso viele Benennungen, die auch wieder örtlich verschiedenen Umfang und Inhalt haben und zum Teil noch räumlich neben einander, sonst zeitlich verschiedene Stufen der Landwirtschaft darstellen. Neben den Hauptunterschieden von „Almend, Egerte und Zelg" seien hier einige Besonderheiten er=wähnt. In Appenzell bedeutet „Acker" auch Wiese, sogar sumpfige, weil „Wise" ebendaselbst wie in Glarus und im St. Galler Rheinthal auch Ried bedeutet. „Hard" muß früher im Kanton Zürich die gemeine Viehtrift oder den Wald eben in dieser Eigen=schaft bezeichnet haben und ist vielleicht sogar mit „Herde" ver=wandt. Der „Garten" war natürlich früher ausschließlich für Gemüsebau bestimmt, und das Wort bezeichnet z. B. in Unter=walden, Uri, Wallis auch Pflanzland für Hanf, Flachs und Kartoffeln, wofür sonst, wie für eingehegtes Kulturland zu besondern Zwecken überhaupt, „Bünt" gebraucht wird.

Ein Kompositum von „Garten" oder vielmehr von dem ein=silbigen alten Stammwort „Gart", Umzäunung, Hof, Haus, ist das auch in Deutschland verbreitete, bei uns fast nur im Osten

(doch auch im Wallis) vorkommende „Heimgarten", meist in der
Form „Hängert." Dieses Wort führt uns aus dem Gebiete der
kultivierten Natur auf das der menschlichen Gesellschaft zurück,
von dem wir mit dem Worte Dorf ausgegangen sind. Es bedeutet nämlich meistens, wie dieses zuweilen, Besuch überhaupt,
besonders am Abend, zu geselliger Unterhaltung, in Schaffhausen
auch zu gemeinschaftlicher Arbeit, daneben Zusammenkunft der
jungen Leute zu Spielen im Freien, deren Platz im St. Galler
Rheinthal und Toggenburg auch selbst „Hengert" heißt. In Graubünden bedeutet das Wort auch abendliches Zusammensein von
Burschen und Mädchen, woraus sich ein vertrauteres Verhältnis
zwischen einem Paar entwickeln kann. Auch von solchem Einzel-
verkehr sagt man dann „z'Hengert gan", wie in den meisten Kantonen „z'Chilt", in Glarus, Obwalden, Schwyz (Muota) „z'Dorf",
in Uri, Aargau, Zürich, Thurgau, Glarus „z'Liecht" sowohl
den weitern als den engern Verkehr der Geschlechter bezeichnen,
während in Basel für den letztern nur „Kilt" gilt, in Appenzell
der ganz eigentümliche Ausdruck „Spine", der nicht etwa „Spinn-
stube" bedeutet.

Den Schluß mögen zwei Beispiele aus dem oben berührten
Gebiete des Hausbaues bilden. Das Wort „Soller" (Söller),
welches eigentlich ein sonniges Obergemach bedeutet, im Berner
Oberland und Freiburg Murten auch einen Vorratsraum im obern
Teil der Scheune, sonst Boden überhaupt, sowohl Fußboden
als Zimmerdecke, ist in dieser Bedeutung aus dem romanischen
Westen bis ins Emmenthal gedrungen; in der übrigen Westschweiz gilt dafür „Reiti, Welbi", im Osten „Dili" und „Estrich." —
„Laube" bezeichnet in den meisten Gegenden einen galerieartigen
hölzernen Vorbau an der Außenseite des Hauses längs des
obern Stockes oder unten bei der Hausthür, zu der man auf
einer Treppe aufsteigt. (In der Ostschweiz befindet sich am
Ende der Laube der Abtritt, der auch geradezu ebenso oder „Läubli"
genannt wird). In Luzern und Schwyz, St. Gallen und Zürich
bezeichnet aber „Laube" den innerhalb der Hausthür sich öffnenden
Flur, Hausgang. In Glarus, Oberhasli, Unterwalden und
Wallis bedeutet es ein Gemach über der Wohnstube, Schlaf-
zimmer oder Vorratskammer, wofür im westlichen Berner Ober-

land und anderwärts „Gaben" gilt. „Lauben" heißen endlich die überwölbten Trottoirs städtischer Straßen, nicht bloß in Bern, sondern z. B. auch in Lichtensteig. Diese Bauart stammt aus dem Süden, wo das germanische Wort Laube in der Gestalt loggia (italiänisch), loge (französisch und dann auch wieder deutsch) noch andere Bauanlagen bezeichnet *).

---

*) Betreffend die oben mehrfach (S. 205, 208, 212) erwähnten deutschen Kolonien auf der Südseite der Alpen mag noch beigefügt werden, daß eine vom italiänischen Ministerium des Unterrichts gekrönte Preis=schrift « I Tedeschi sul versante meridionale delle alpi. Ricerche storiche del prof. Arturo Galanti (Roma 1885)» die Annahme späterer deutscher Kolonien von Norden her bekämpft und die fraglichen Gemeinden als Überreste der in der Völkerwanderung nach Oberitalien gedrungenen Germanen darzustellen sucht. Es scheint aber dabei etwelche nationale Parteilichkeit zu walten.

Über die geschichtliche Gestaltung des Verhältnisses zwischen Schriftsprache und Mundart.

Mit besonderer Rücksicht auf die Schweiz und die litterarische Anwendung der Mundart in neuerer Zeit.

Die nachfolgende Darstellung bezweckt nicht, neue Ergebnisse wissenschaftlicher Forschung über den im Titel genannten Gegenstand vorzubringen. Die bisherigen finden sich ziemlich vollständig in dem Buche von A. Socin „Schriftsprache und Dialekte im Deutschen", Heilbronn 1888. Hier handelt es sich darum, durch eine kurze Übersicht der bisherigen Gestaltung des Verhältnisses zwischen Schriftsprache und Volkssprache die gebildeten Kreise, Schriftsteller und Leser, in Stand zu setzen, das gegenwärtige Verhältnis beider Sprachgestalten in praktischer Hinsicht richtig zu beurteilen und in fruchtbarer Weise weiterzubilden. Daß die Schweiz dabei besondere Rücksicht verdient, ergibt sich aus ihrem sprachlichen Verhältnis zu Deutschland von selbst.

Daß in der altdeutschen Zeit, vom achten bis um die Mitte des zwölften Jahrhunderts, eine Schriftsprache im heutigen Sinne dieses Wortes nicht bestand, ist allgemeine Ansicht. Geschrieben wurden die damals bestehenden oberdeutschen Dialekte (alemannisch und bayerisch) und der mitteldeutsche (fränkisch, in mehrern provinziellen Spielarten), der durch die Gründung des karolingischen Reiches ein Übergewicht über die andern erlangte und zu einer allgemein gültigen Schriftsprache erhoben zu werden strebte, aber nicht zu wirklicher Alleinherrschaft gelangte. Schriftwerke der andern Dialekte wurden zum Teil in fränkische Lautformen übersetzt

oder mit solchen gemischt. Zwischen der lebenden Volkssprache
und der angestrebten Schriftsprache blieb ein Abstand, der zu
jeder Zeit, nur in verschiedenem Maße, zwischen der mündlichen
und der schriftlichen Sprache bestehen wird, weil der Schrift=
gebrauch als solcher unwillkürlich und unvermeidlich ein mehr
künstliches und ideales Verhältnis des Schreibenden zur Sprache
mit sich führt als der unbefangene mündliche Ausdruck. Eine
reine Volksmundart hat nie und nirgend unmittelbare schriftliche
Darstellung und Anwendung gefunden, schon wegen der Un=
angemessenheit der beschränkten Schriftzeichen an die mannigfachen
Besonderheiten der Laute.

Schwieriger und bis auf die neueste Zeit streitig ist die
Frage, ob in der sogenannten mittelhochdeutschen Zeit, von der
Mitte des zwölften bis zum Ende des fünfzehnten Jahrhunderts,
besonders im dreizehnten, eine Schriftsprache bestanden habe. Diese
Streitfrage kann hier nicht erörtert werden und sie wird nicht
zur Entscheidung gelangen, bevor man sich über den Sinn des
Namens „Schriftsprache" genau und allgemein verständigt hat.
Ziemlich einverstanden ist man darüber, daß die Blütezeit der
Poesie, die in den oberdeutschen Landen ungefähr von 1150 bis
1250 bestand, mit einer Sprachform verbunden war, welche in
den bedeutendsten Dichtungen und an den Fürstenhöfen, die der
Pflege der Poesie besonders günstig waren, ein ziemlich einheit=
liches Gepräge trug, dem sich edlere Volkssänger und eigentliche
Kunstdichter gleichmäßig anbequemten, sowie umgekehrt diese Sprache
als fügsames Organ den Zwecken der Dichter angemessen und
dienlich war. Die Einheit oder wenigstens einheitliche Färbung
dieser Sprache betraf nicht bloß Laute und Formen, sondern auch
den Wortschatz, obwohl innerhalb des letztern je nach den Gegen=
ständen und den durch diese bedingten Stilarten der Poesie merk=
liche Unterschiede bestanden. Ob man diese Sprache „höfische
Dichtersprache" oder anders nenne, ist gleichgültig. Da die
Dichtungen (damals auch die volkstümlich epischen) geschrieben
und durch Abschriften verbreitet wurden, so war jene Dichter=
sprache auch eine „Schriftsprache" in diesem Sinne des Wortes
und sie hatte in den höfischen Kreisen der Gesellschaft ohne Zweifel
weitere und strengere Geltung als in der frühern Zeit die

fränkische Sprache, von der sie sich auch dadurch unterschied, daß sie ihre Geltung nicht politischen Machtverhältnissen oder staatlichen Einheitsbestrebungen verdankte, sondern einem Zusammentreffen und Zusammenwirken günstiger Umstände, litterarischer Bedürfnisse und persönlicher Bestrebungen. Eine Schriftsprache im heutigen Sinne bestand damit immer noch nicht, sonst hätte sie auch nicht mehr untergehen können; es bedienten sich ihrer auch nicht alle Dichter, geschweige alle Schriftsteller des deutschen Reiches, sondern die der mittlern Landschaften schrieben einen eigenen Dialekt, den sogenannten mitteldeutschen, teils in reiner und durchgehender Gestalt, teils gemischt mit dem mittelhochdeutschen im engern Sinne, d. h. dem oberdeutschen Schriftdialekt. Norddeutschland vollends hatte wieder seinen eigenen (niederdeutschen) Dialekt und kam damals beim Streben nach Spracheinheit noch gar nicht in Betracht.

Das vierzehnte und fünfzehnte Jahrhundert war eine Zeit, in welcher die Sprache und infolge davon auch die metrische Form der Poesie verwilderte und die wirklichen Mundarten der Provinzen stärker als bisher auch in der Litteratur hervortraten.

Hier muß aber die Zwischenfrage berührt werden, seit wann wohl überhaupt Mundarten im heutigen Sinne dieses Wortes in Deutschland bestanden, in welchem Maße sie sich von einander, von den ältern Hauptdialekten und von den heutigen Mundarten unterschieden. Diese Frage läßt sich, trotz mehrern in neuester Zeit erschienenen Beiträgen zur Lösung derselben, noch nicht vollständig beantworten. Daß mundartliche Unterschiede in dem Maße, wie heute solche bestehen, ja vielleicht sogar die Grundzüge der heutigen Mundarten schon in der altdeutschen Zeit bestanden, läßt sich nicht nachweisen. Der Verband der deutschen Gaue und Stämme war zwar seit alter Zeit locker genug und mußte mit sprachlicher Besonderung verbunden sein, da auch der Verkehr spärlicher war; aber die Masse geographischer und politischer Verschiedenheiten, auf denen die heutigen Mundarten engerer Bezirke und einzelner Ortschaften beruhen, hat sich ohne Zweifel erst im Laufe des spätern Mittelalters infolge der fortschreitenden Zersplitterung des Reiches und der Landesteile ausgebildet. Es ist leicht, schon in den Schriftdenkmälern der althochdeutschen Zeit

einzelne Spuren örtlicher Eigenheiten nachzuweisen, und in den
Urkunden der mittlern Zeit (seit sie überhaupt deutsch statt
lateinisch geschrieben wurden) werden Merkmale von jener Art
häufiger; aber sie tragen oft das Gepräge zufälliger persönlicher
Einflüsse, und aus ihnen gezogene Schlüsse können trügerisch sein.
Übrigens betreffen die fraglichen Besonderheiten großenteils Laute
und Formen, und wenn wir fragen wollten: was haben damalige
Mundarten zum Wortschatz einer (relativ immer dagewesenen)
Gesamtsprache beigetragen oder wie viel davon hat jede besessen?
so können wir wohl eine Reihe von Wörtern aufweisen, die,
ursprünglich dem bayerischen, thüringischen, elsässischen u. s. w.
Gebiet angehörig, sich über ein weiteres verbreitet haben; aber
eine genauere Berechnung des Gesamtbestandes und der Mischungs-
verhältnisse wird unmöglich bleiben. Betreffend die Hauptfrage
werden wir zu der Ansicht geführt, daß die heutigen Mundarten
etwa seit dem vierzehnten Jahrhundert sich festgesetzt und immer
weiter verzweigt haben, daß aber genauere Bestimmungen darüber
erst für die Zeit möglich werden, wo sich aus der Vielheit der
Mundarten Ansätze zu einer wirklichen Schriftsprache des Reiches
erhoben, an der die Besonderheiten gemessen werden können, also
seit dem fünfzehnten Jahrhundert.

Es handelt sich hier um die Entstehung und Verbreitung
der sogenannten Kanzleisprache, welche freilich selbst nie ganz ein-
heitlich war, aber von Luther als eine von ihm vorgefundene
Gestalt gemeindeutscher Sprache bezeichnet wird, an die er sich
angeschlossen habe. Ihr Aufkommen und das Verhältnis der
lutherischen Sprache zu ihr ist in neuester Zeit Gegenstand gründlicher Untersuchungen geworden, welche noch keinen Abschluß gefunden haben. So viel ist schon jetzt klar, daß Luthers Anteil
an der Schöpfung der neuhochdeutschen Sprache, soweit es sich
um die äußere Gestalt derselben, das Grammatische und Ortho-
graphische handelt, geringer gewesen ist, als man früher annahm.
Um so höher muß seine schöpferische Einwirkung auf den Wortschatz und Stil, also auf Seele und Geist der Sprache an-
geschlagen werden, und gerade hier fällt der Einfluß der Volkssprache, welche Luther selbst von Jugend auf kannte und an seinen
spätern Aufenthaltsorten, auf seinen Reisen und in seinem Verkehr

mit Leuten aus allen Gegenden und Ständen weiter kennen lernte, schwer ins Gewicht. Denn die Kanzleisprache konnte bei dem verhältnismäßig engen Umkreis von Gegenständen, welche in den Bereich ihres Gebrauches fielen, für das eigentliche Fleisch und Blut der nun emporkommenden wirklich allgemein deutschen Schriftsprache nur von geringer Bedeutung sein. Daß dieselbe, wesentlich auf den Dialekten des mittlern Deutschlands beruhend, in oberdeutschen und niederdeutschen Landen noch lange zu kämpfen hatte, bis sie zu allgemeiner Geltung und Verwendung gelangte, und daß sie in dieser Übergangszeit noch manches provinzielle Element aufnahm, war unvermeidlich. Wie weit Luthers Sprache, zunächst in der Bibelübersetzung, von dem oberdeutschen und speziell dem alemannischen Wortschatz abwich, ergibt sich einiger= maßen aus dem Verzeichnis von Wörtern, welche die Basler Buchdrucker Petri und Wolf im Jahr 1523 erklären zu müssen glaubten, um ihre Nachdrucke von Luthers Bibel in Oberdeutschland gangbar zu machen.

Hier mögen einige Angaben über die Sprache der ältern Schriftwerke der Schweiz eingeschaltet werden. In den historischen Volksliedern des vierzehnten und fünfzehnten und in den zahl= reichen Volksschauspielen des sechzehnten Jahrhunderts finden wir im ganzen eine Sprache, welche zwar gewiß nicht die des täglichen Gebrauches, sondern immer etwas höher und reiner ge= halten, aber von bewußtem Unterschied zwischen Mundart und Schriftsprache noch wenig berührt war und als Fortsetzung der allgemein oberdeutschen Sprache gelten kann, wie sie sich in der Schweiz gestaltet oder (besonders in den Vokalen) aus älterer Zeit erhalten hatte. Als gegen Ende des sechzehnten Jahr= hunderts die neuhochdeutsche Schriftsprache auch in der Schweiz Geltung zu gewinnen anfing, wurde die bisherige relative Rein= heit und Unbefangenheit der geschriebenen Sprache getrübt. In den nichthistorischen Volksliedern, welche die Schweiz großenteils aus Deutschland empfing, herrscht eine starke Mischung der Sprachformen; aber auch das Deutsch der Urkunden, Chroniken, Dorf= und Stadtrechte, Landbücher, der Tagsatzungsabschiede und obrigkeitlichen Mandate, der Bibel, geistlicher und volksmedizinischer oder naturgeschichtlicher Schriften wurde seit jener Zeit stärker gemischt, als es, aus sachlichen und persönlichen Gründen, zum Teil schon früher gewesen war.

Nachdem, wesentlich auf Grundlage der lutherischen Bibel, eine neuhochdeutsche Schriftsprache festgestellt war, kann die Frage betreffend das Verhältnis der Mundarten zu ihr, wie es sich seither gestaltet habe, wieder aufgenommen und beantwortet werden, wenigstens mit Rücksicht auf den Wortschatz; denn in Hinsicht auf Laute und Formen sind die Abstände der Mundarten von einander ebenso groß wie ihr gemeinsamer Abstand von der Schriftsprache und eher an der mittelhochdeutschen Sprache zu messen.

Wenn die Sprache Luthers im Wortschatz weit über den Bereich der Kanzleisprache hinausging, so konnte sie doch nicht das ganze Gebiet des weltlichen Lebens umfassen. Die Schrift-steller des sechzehnten Jahrhunderts, welche, neben und nach Luther auftretend, weltliche Gegenstände behandelten, konnten also schon darum nicht mit seiner Sprache auskommen, sondern sie mußten noch mehr als er aus der Volkssprache schöpfen, welche besonders an sprichwörtlichen Redensarten ungemein reich war. Diese wurden denn auch nicht nur gesammelt und erklärt, sondern im Stil der damaligen Poesie und Prosa reichlich angewandt. So sind die zahlreichen Volksschauspiele des sechzehnten Jahrhunderts, wie schon die Schriften des Thomas Murner, von jenem Elemente durchzogen, und vollends die mannigfaltigen Werke der zwei be-deutendsten Schriftsteller, Hans Sachs und Fischart, sind eine Fundgrube von Sprachstoff, der unmittelbar aus dem Volke ge-schöpft, bei Fischart freilich noch durch persönliche Zuthaten eigen-tümlich ausgebildet war.

Der Charakter der Litteratur des siebzehnten Jahrhunderts war bei weitem nicht mehr so volkstümlich und die Sprache jener Zeit durch massenhaftes Eindringen von Fremdwörtern entstellt, gegen welche freilich auch schon gekämpft wurde. Ein Schriftsteller wie Grimmelshausen konnte aber gemäß den Gegenständen seiner Erzählungen und gemäß seinen persönlichen Neigungen nicht umhin, die Volkssprache einfließen zu lassen, teils mittelbar in den Stil seiner Darstellung, teils in der neu aufkommenden Weise, daß er an einzelnen Stellen und zu besondern Zwecken in ausdrücklichem Unterschied von der Schriftsprache Personen geradezu in einer bestimmten Mundart reden läßt, wovon auch bei Moscherosch einige Beispiele vorkommen. Dasselbe Verfahren findet sich in den Lustspielen des Herzogs Julius von Braunschweig. Der bedeutendste Dichter der ersten schlesischen Schule, Gryphius, schrieb ein Lustspiel (die geliebte Dornrose) ganz in schlesischem Dialekt. Die Hamburger Lokalposse war bis auf neuere Zeit in platt= deutscher Mundart gehalten, sowie die wienerische den dortigen Lokalton stark hervortreten ließ. Durchgängige Verwendung der Mundart zeigen politische Flugschriften, welche in der zweiten Hälfte des siebzehnten und noch im zweiten Jahrzehnt des acht= zehnten Jahrhunderts in der Schweiz erschienen, wo man zwar um jene Zeit in der Orthographie längst die neuhochdeutsche Sprache eingeführt hatte, aber der ältern Sprachform immer noch näher stand, so daß gerade wer auf das Volk wirken wollte, auf dessen Sprache zurückgreifen oder bei ihr beharren mußte. Die ziemlich stark volkstümliche (österreichische) Färbung der Sprache in den Schriften des Abraham a Sankta Clara erklärt sich nicht nur aus dem Charakter seiner auf das Volk berechneten Kanzel= beredsamkeit, sondern auch daraus, daß die katholisch gebliebenen Gegenden des südöstlichen Deutschlands am wenigsten geneigt sein konnten, die wesentlich auf Luther beruhende neuhochdeutsche Schrift= sprache anzunehmen.

Als reinste Gestalt der letztern galt seit Anfang des acht= zehnten Jahrhunderts die obersächsische (meißnische), die denn auch den schweizerischen Schriftstellern als Muster vorgehalten wurde, als sie bald nach jener Zeit gegen die Alleinherrschaft Gottscheds auftraten. Albrecht von Haller gab sich große Mühe, die in den ersten Ausgaben seiner Gedichte stehen gebliebenen schweizerischen Wörter und Wortformen später immer mehr auszumerzen, und noch im Anfang des neunzehnten Jahrhunderts klagt der sein ge= bildete Ulrich Hegner, welche Mühe ihm die Sprachform mache.

Seit der Mitte des achtzehnten Jahrhunderts, von wo an die deutsche Litteratur ihren Höhepunkt zu ersteigen begann und die neuhochdeutsche Schriftsprache, als Organ derselben in un= angefochtener Geltung bestehend, nach einer ihrem hohen und edlen Gehalt entsprechenden Reinheit der Form streben mußte, konnte von mundartlichen Einflüssen zunächst nicht mehr die Rede sein.

Alle Provinzen von Deutschland haben Vertreter der klassischen Litteratur besessen; aber alle diese waren gleichmäßig bestrebt, eine gemeinsame Kunstsprache anzuwenden oder noch weiter aus= zubilden, und es ist nicht wesentlich, wenn dem einen oder andern unwillkürlich ein Wort aus der Sprache seiner engern Heimat in die Feder geflossen ist, oder wenn er absichtlich ein solches zugelassen hat, was z. B. bei dem Maler Müller, bei Bürger und dem jungen Goethe vorkommt, wobei immer auch der Gegen= stand und Stil des betreffenden Schriftwerkes in Anschlag zu bringen ist. Interessant bleibt es immerhin, etwa an der Hand des Grimmschen Wörterbuches (so weit es gediehen ist) die Herkunft und allmähliche Verbreitung einzelner Wörter zu ver= folgen. Im ganzen ist der Schwerpunkt der Litteratur seit der Mitte des achtzehnten Jahrhunderts gegen Norden gerückt und daraus wird das Eindringen einer Menge niederdeutscher Wörter in die (nun nicht mehr im gleichen Sinne wie früher) „hochdeutsch" genannte Sprache zu erklären sein.

Die Litteratursprache ist durch diese Zuflüsse und durch Neubildungen aus dem ältern Wortschatz so bereichert worden, daß sie allen Bedürfnissen genügen zu können scheint. Aber die vielfache Nachahmung gerade der klassischen Werke, verbunden mit der massenhaften und zum Teil leichtfertigen litterarischen Produktion, welche in den letzten Jahrzehnten eingetreten ist, hat einen Teil jenes reichen und edlen Wortschatzes durch den Gebrauch abgeschliffen und durch Mißbrauch verunreinigt; auch ist zu bedenken, daß durch die unvermeidliche und unwiderstehliche Wandelbarkeit des Geschmackes, durch neue Interessen und Strömungen des Zeitgeistes ein Teil des überlieferten Sprach= gutes von selbst veraltet und in Abgang gerät. So entsteht immer wieder das Bedürfnis, aus neuen Quellen zu schöpfen, und diese können nur die Mundarten sein, aus denen die Schrift= sprache allerdings fortwährend ergänzt und erfrischt werden kann. Aber gerade seit Anfang des neunzehnten Jahrhunderts, seit also die neuhochdeutsche Schriftsprache durch unsere Klassiker ausgebildet und festgestellt war, ist auch litterarische Anwendung der Mund= arten selbst aufgekommen, wovon in früherer Zeit, neben den oben angeführten Erscheinungen, nur etwa noch die „Scherz=

gedichte" von Lauremberg in niederdeutscher Sprache ein Beispiel waren. Diese erschienen aber zu einer Zeit (1652), wo die hochdeutsche Schriftsprache in Niederdeutschland erst vor kurzem herrschend geworden war, und in bewußtem Widerstand gegen sie, während man in neuerer Zeit die Geltung der Schriftsprache als unbestreitbare Thatsache anerkennt und nur neben ihr, für besondere Zwecke und für ein engeres Gebiet, auch den Mundarten litterarische Anwendung gestatten will.

Immerhin ist bemerkenswert, daß dies gerade seit jenem Zeitpunkt angefangen hat, und es muß einen tiefern Grund haben, vermutlich darin, daß die klassische Litteratur wegen ihrer hohen Haltung und besonders wegen ihrer vielfachen Anlehnung an die antike einem großen Teil des Volkes fremd bleiben mußte und den nationalen Geist nicht vollständig auszudrücken schien.

Welchen Umfang die mundartliche Litteratur seit jener Zeit gewonnen hat, kann hier nicht vollständig angegeben werden. Der erste Schriftsteller in schwäbischer Mundart war Sebastian Sailer, der noch tief in das vorige Jahrhundert zurückreicht; er starb 1777. Seither zählt man in Schwaben einige fünfzig Dialekt-dichter. Die schweizerischen alle aufzuzählen wird nicht nötig sein. Die zürcherischen sind vor kurzem in einer besondern Schrift behandelt worden.

Lieder des Berners Kuhn und des Luzerners Häfliger, beide aus dem Anfang dieses Jahrhunderts, leben im Munde des Volkes, Erzählungen des Schwyzers Lienert hat die Neue Zürcher Zeitung gebracht; er hat aber einmal, wie der Solothurner Joachim schon öfter, auch Schriftsprache angewandt, während der vor zwei Jahren verstorbene F. J. Schild („der Großätti aus dem Leberberg") der Mundart treu geblieben war. Den Reichtum und die Altertümlichkeit der Sprache des Prättigäus hat Kuoni in zwei Heften des „Schwyzerdütsch" überraschend entfaltet. Proben aus Wallis hat der nun ebenfalls verstorbene Pfarrer Tscheinen in seiner Sammlung von Sagen gegeben. Die Mundart des Sarganser Landes hat nach Anton Henne in neuerer Zeit Albrecht angewandt. Basel ist, abgesehen von Hebel, durch neuere Dichter verhältnismäßig reichlich vertreten (Mähly, Meyer-Merian, Hindermann, Breitenstein). Was in Kalendern, Zeit-

schriften und Sammlungen erschienen ist, findet sich im „Schwyzerdütsch" mehr und weniger glücklich ausgewählt.

In welchem Maße die Werke mundartlicher Schriftsteller
und Dichter Verbreitung über ihre Heimat hinaus gefunden haben,
ist schwer zu ermessen; Thatsache ist, daß manche mehrere Auflagen erlebt haben. Wichtiger ist die Frage, ob sie wirklich alle
und durchgehend reine Mundart darstellen. Dies kann nicht bejaht
werden, selbst von so trefflichen Dichtern wie Hebel und Fritz
Reuter, schon weil überhaupt keine Mundart zum Ausdruck des
ganzen geselligen und gemütlichen Lebens auch nur in der kleinen
Welt von Dörfern und Landstädtchen ausreicht, also immer bewußte
oder unbewußte Entlehnungen aus der Schriftsprache zu Hilfe
genommen werden müssen. Aber der Sprachreichtum, den trotzdem jene mundartlichen Werke enthalten, ist immerhin groß und
mannigfaltig genug, um einen Begriff vom Gesamtbesitz der
deutschen Volkssprache zu geben.

Neben der durchgehenden, ausschließlichen und möglichst reinen
Anwendung der Mundart in Litteraturwerken gibt es ein Verfahren,
bei dem die Mundart nur teilweise zur Anwendung kommt. Wir
verstehen aber darunter nicht etwa ein willkürliches, zufälliges,
wüstes Gemisch beider Sprachen, sondern eine planmäßige Verteilung und Abwechslung derselben, so daß die Mundart nur an
einzelnen Stellen (dann aber rein) eintritt, am liebsten und besten
da, wo die natürliche Rede gewisser Personen aus den untern
Schichten des Volkes wiedergegeben werden soll, während der
vorangehende und nachfolgende Text, wo der Schriftsteller in
eigener Person spricht, erzählend oder betrachtend, in Schriftsprache
gehalten ist. Solches Verfahren haben in neuerer Zeit mehrere
namhafte Schriftsteller in verschiedenem Maße und mit verschiedenem Geschick und Erfolg angewandt; von Süddeutschen z. B.
Anzengruber und Rosegger, von Schweizern Joachim in einigen
seiner „Bilder und Geschichten", von Norddeutschen Th. Storm,
Heiberg u. a. Das Nebeneinander von Volkssprache und Schriftsprache hat, wenn es nach einem stilistischen Prinzip durchgeführt
wird, so wenig etwas Störendes, wie etwa in der Oper der
Wechsel zwischen Rede und Gesang, und kann den höchsten Kunst-
zwecken dienen. In der geschichtlichen Übersicht ist angeführt

worden, daß schon Grimmelshausen jenes Verfahren stellenweise
angewandt hat. Gründlich gebildete Schriftsteller der Neuzeit,
welche eine oder mehrere Mundarten genau kennen und völlig
beherrschen, werden imstande sein, das Prinzip rein durchzuführen
und dann auch entsprechende Wirkungen zu erzielen, indem sie
mit stetem und vollem Bewußtsein den Unterschied der beiden
Sprachen handhaben und für bestimmte Zwecke verwerten.

Es kommt aber leicht vor, daß ein sonst trefflicher Schriftsteller in der Erzählung oder in der Wechselrede (seltener in ein-
gefügter Betrachtung) eine wirkliche Mischung der Sprache eintreten läßt, welche nicht zu empfehlen ist und deren nachteilige
Wirkung nur durch sonstige vortreffliche Eigenschaften einigermaßen
aufgewogen werden kann. Jener Fehler findet sich nicht selten bei
unsern Schweizern Pestalozzi (in seiner Dorfgeschichte „Lienhard
und Gertrud") und J. Gotthelf, und es wäre dann zu untersuchen, ob sie mit oder ohne Bewußtsein stellenweise schweizerische
Wörter und Wendungen haben einfließen lassen. Ist es mit
Bewußtsein geschehen, so wäre immer noch zu fragen, ob sie sich
nur haben gehen oder von einer stilistischen Absicht haben leiten
lassen; aber dieser Unterschied wird oft schwer festzustellen sein.
Um ihre Sprachform zu begreifen, muß man sich erinnern, wie
sie überhaupt zu litterarischer Produktion gekommen waren. Sie
hatten sich bekanntlich nicht zu Schriftstellern gebildet, sondern
erst später, durch praktische Zwecke veranlaßt, jenen Beruf ergriffen
und über die Sprachform, die sie anwenden wollten, sich keine
besondern Gedanken gemacht. Gotthelf (auf den wir uns hier
beschränken, da fast seine ganze schriftstellerische Thätigkeit in jener
Sprachform sich bewegte und wir über sein Verhalten in dieser
Richtung genauer unterrichtet sind) hat in seiner stilistischen Praxis
fortwährend geschwankt und im ganzen abwechselnd drei Sprachformen angewandt: 1) Schriftsprache, mit einzelnen unbewußten
oder bewußten Entlehnungen aus der Volkssprache 2) aus beiden
durchgängig und mit Bewußtsein gemischte Sprache, von der schon
die Rede war 3) reine Mundart. Alle drei Sprachformen
kommen fast in jedem seiner Werke neben einander vor, jedoch in
ungleichmäßiger Proportion, so daß in einzelnen Schriften die eine
oder die andere vorwiegt. Als seine ersten Werke einen ihn selbst

überraschenden Erfolg hatten, auch in Deutschland, wo nur die
Klage laut wurde, daß sie nicht in einer leichter verständlichen
Sprache abgefaßt seien, fand er sich veranlaßt, bei neuen Auflagen
derselben und vollends bei neuen Werken auf einen weitern Leser=
kreis Rücksicht zu nehmen. An einem seiner besten Werke, „Uli
der Knecht", das 1841 in Frauenfeld erschienen war, nahm er selbst
mit Hilfe seiner Frau im Jahre 1850 eine sprachliche Revision
vor, die ihm freilich schwer fiel, auch nicht ganz gelang und für
schweizerische Leser nicht zum Vorteil des Buches ausfiel. Später
haben seine Kinder und ein von dem Verleger seiner „Sämtlichen
Werke", Springer in Berlin, bestellter Bearbeiter dieselben in
die sprachliche Form gebracht, in der sie nun meistens gelesen
werden. Im Jahre 1886 hat der Verleger der Universalbibliothek,
Philipp Reclam in Leipzig, einen Neudruck der Originalausgabe
von „Uli der Knecht" veranstaltet, und Prof. Vetter in Bern hat
eine Einleitung nebst kritischen und erklärenden Anmerkungen zum
Texte geliefert. Die durch diese Ausgabe jedem Leser möglich
gemachte Vergleichung der ursprünglichen mit der revidierten
Fassung ist sehr belehrend, und es wäre zu wünschen, daß auch
noch von den andern Werken, die in doppelter Gestalt existieren,
Neudrucke der Originalausgabe veranstaltet würden.

An dem Versuche, den Gotthelf gemacht hat, seine Sprache
der hochdeutschen anzunähern oder teilweise in diese umzusetzen,
läßt sich übrigens nicht einmal ermessen, wie viel aus einer stark
mundartlich gefärbten Sprache in ein leidliches Hochdeutsch herüber=
genommen werden kann, wie viel dagegen geändert werden muß
oder wie diese Änderungen vorzunehmen sind und wie viel dabei
auf der einen Seite verloren gehe, auf der andern Seite etwa
gewonnen werde. Denn der Versuch der Umprägung ist nicht
in dem Maße durchgeführt worden, wie es hätte geschehen können,
und was in der spätern Ausgabe geändert worden ist, ist weder
am dringendsten nötig gewesen noch gut geraten, so daß etwa
stehen geblieben wäre, was sich zur Herübernahme in die Schrift=
sprache am ehesten eignete: die Änderungen sind bald geringfügig,
bald unnötig, bald ungeschickt; an vielen Stellen aber und
darunter sind die besten — ist der Versuch der Umprägung (mit
Recht oder zum Glück!) gar nicht gemacht worden, weil der Ab=

stand zwischen dem Ursprünglichen und dem, was daraus hätte
werden müssen, dem Verfasser zu groß erschienen sein wird.

Es gibt aber neben den zwei bisher besprochenen Sprach=
formen, der rein mundartlichen und der gemischten, noch eine
dritte.

Statt geradezu ganz oder teilweise in Mundart zu schreiben
oder mundartliche Ausdrücke einzuflechten, kann man, auch wo
der Gegenstand reine oder gemischte mundartliche Sprachform
erlauben würde, in Schriftsprache schreiben, aber so, daß der
Stil mundartlich gedacht und gleichsam aus der Mundart in
Schriftsprache übersetzt ist, oder so, daß unter dem schriftsprach=
lichen Gewande mundartliche Grundlage durchschimmert. Dieses
Verfahren verlangt feinen Sinn für beide Sprachformen, und
gelungene Anwendung desselben wird eine wahre Kunstleistung
genannt werden müssen; es darf aber nicht etwa den Eindruck
machen wie ein leidlich gutes Deutsch, dem man doch anmerkt,
daß es ein Franzose geschrieben hat, oder wie irgend eine Über=
setzung aus fremder Sprache, die bei aller Trefflichkeit doch nicht
den Stempel der Ursprünglichkeit trägt. Proben solcher Arbeit
hat Hebel in den Erzählungen seines „Rheinischen Hausfreundes"
geliefert, wo abgesehen von einzelnen Ausdrücken besonders die
syntaktische Form, Wortstellung und Satzfügung volkstümlich
gehalten ist. Dasselbe gilt von manchen Stücken Roseggers.
Aber auch wo der Gegenstand höher liegt und demgemäß auch
der Stil höher gehalten sein muß, kann in der Farbengebung
mundartlicher Einfluß angewandt und gespürt werden, der dann
aber nur ein leiser Anflug oder Duft zu sein scheint, eine durch=
blickende Untermalung oder ein ganz feiner Firniß von mehr
ätherischer als materieller Art, mehr das Ganze durchziehend als
an einzelnem haftend. Wenn oben der Ausdruck „Übersetzung"
für das betreffende Verfahren gebraucht worden ist, so muß man
dabei bedenken, wie verschiedene Arten von wirklichen Übersetzungen
aus fremden Sprachen es gibt, besonders verschiedene Grade von
Genauigkeit und Freiheit. Wie nun dort freie Übersetzung oft
eher Nachbildung oder Nachdichtung zu nennen wäre, so handelt
es sich auch hier um bloße Nachbildung, die doch der wirklichen
Mundart möglichst nahe kommen kann. Statt z. B. ein mund=

artliches Wort unverändert herüberzunehmen, wählt der Schrift=
steller ein hochdeutsches, das aber dem mundartlichen stamm=
verwandt oder in Bildungsweise oder bildlicher Gebrauchsweise
ähnlich ist, so daß es im Zusammenhang auch einen ähnlichen
Eindruck macht wie jenes und fast als gleichwertiger Ersatz des=
selben gelten darf.

Beispiele dieses Verfahrens glaubt man da und dort bei
Gottfried Keller zu spüren, denn Keller steht in Hinsicht auf
künstlerische Bildung hoch über Gotthelf; auch die Stoffe seiner
Erzählungen, obwohl sie mit wenigen Ausnahmen dem schweizerischen
Volksleben angehören, sind meistens (ausgenommen „Romeo und
Julie auf dem Dorfe") einer etwas höhern sozialen Sphäre
entnommen, nämlich dem kleinstädtisch=bürgerlichen Leben. Da
nun auch in diesen Kreisen Mundart gesprochen wird, so hätte
Keller, wenn er nicht überhaupt seine Gegenstände in die ideale
Sphäre der Kunst erheben wollte, immer noch Anlaß gehabt,
seine Sprache entweder durchgängig mundartlich zu färben oder
wenigstens mit einigen Idiotismen zu spicken, wobei er gewiß
das richtige Maß zu treffen gewußt hätte, so daß seine Schriften
darum nicht weniger lesbar geworden wären. Es ist aber ebenso
charakteristisch als rühmlich für ihn, daß er jenes von Gotthelf
so verschwenderisch angewandte, von Geringern nur allzu oft
mißbrauchte Verfahren verschmäht hat. Dies gereicht aber auch
der deutschen Schriftsprache zum Ruhme und ist ein glänzender
Beweis, daß sie nicht so arm und abgelebt ist, wie man oft klagen
hört, daß sie nicht bei den Mundarten betteln zu gehen braucht,
sondern nur eines von Goethe gebildeten Meisters bedarf, der
ihr unerschöpfliches Ausdrucksvermögen zu entbinden versteht.
Nehmen wir eine Erzählung wie „das Fähnlein der sieben Auf=
rechten", welche ganz geeignet war, mundartliche Färbung anzu=
nehmen, so finden wir darin Stellen genug, wo ein schweizerischer
Leser auf gewisse mundartliche Ausdrücke zu stoßen glaubt, indem
er durch die Gegenstände und den Zusammenhang an dieselben
erinnert wird; aber der Dichter selbst gebraucht sie nicht und
zeigt dadurch, daß er sie nicht bedarf. Nur an einer Stelle hat
Keller dort mundartliche Laute (nicht Wörter) angebracht im
Munde von Leuten, die aus dem Hirtenleben kommen; sonst

finden ſich nur wenige Wörter oder Gebrauchsweiſen, die nach der Mundart riechen, die aber der Dichter wahrſcheinlich nicht mit Abſicht angewandt hat, z. B. „zuthun“ im Sinne von „an= ſchaffen“ (S. 6). Den bildlichen Ausdruck „ſauber über das Nierenſtück“ hat er (S. 17) in Anführungszeichen gefaßt mit dem Zuſatz „wie ſie zu ſagen pflegen“, den er bei „ungeſpitzt in den Boden ſchlagen“ unterlaſſen zu dürfen glaubte, weil dieſe Redensart, zwar ſpeziell ſchweizeriſch, ohne weiteres verſtändlich iſt.

Das Beiſpiel Kellers ſoll aber nicht beweiſen, daß die Schriftſprache nicht aus den Mundarten bereichert werden könne, ſondern nur, daß es volkstümliche Schriftſteller und Schriftwerke gebe, die ein ſolches Bedürfnis wenig empfinden laſſen. Daß ein Meiſter auch mit mangelhaftem Werkzeug Großes zu leiſten vermag, gilt nicht nur von der Sprache; aber es muß immer als Ausnahme gelten, und die Leiſtungsfähigkeit der deutſchen Schriftſprache kann nicht nach dem bemeſſen werden, was einige wenige auch heute noch mit ihr auszurichten wiſſen, ſondern nach dem, was ſie der durchſchnittlichen Begabung und Kunſtfertigkeit der Schriftſteller darbietet. Wenn Schiller von einer Sprache, die ſo gebildet ſei wie die deutſche, ſagen zu dürfen glaubte, ſie dichte und denke für den Schriftſteller, ſo war dies für die Sprache ohne Zweifel ein Ruhm, für den Schriftſteller eher ein Armuts= zeugnis; heute aber iſt, wenn die Klagen über die Armut der Sprache etwas Wahres enthalten, jener Ruhm vielleicht eben nicht mehr ganz wahr, und für dieſen Fall darf man wohl gelegentlich die Volksſprache zu Hülfe ziehen.

Soweit es ſich dabei um Entlehnung einzelner Wörter handelt, iſt keine Grenze zu ziehen; ſoll aber die Mundart in größerm Umfang oder durchgehend angewandt werden, ſo wird man ſie nur entweder für naiv ernſte oder für humoriſtiſche und ſatiriſche Darſtellungen aus dem Leben der untern und mittlern Stände geeignet finden; es iſt auch ſelten ein anderer litterariſcher Gebrauch von ihr gemacht worden.

Das Gebiet der höhern Kultur iſt natürlich den Mundarten wenig zugänglich; dagegen ſind ſie reich an Ausdrücken für Natur= erſcheinungen, für leibliche Empfindungen, für ſpezielle Unter= ſchiede der Geſtalt von Tieren und Pflanzen, die in der Vieh=

zucht und Landwirtschaft vorkommen, für Haus= und Handwerks=
geräte; ferner für menschliche Gebrechen und Thorheiten, die dann
auch als Scheltworte und Spottnamen dienen. Über das Gebiet
einzelner Wörter hinausgehend, finden wir eine unerschöpfliche
Fülle von Sprichwörtern, sprichwörtlichen Redensarten und be=
liebten Vergleichungen, welche an Anschaulichkeit und treffender
Kürze die Schriftsprache weit übertreffen oder in höchst erwünschter
Weise ergänzen. Aus diesen Quellen kann ein Schriftsteller, der
das Leben von Hirten, Bauern oder Handwerkern möglichst treu
beschreiben will, je nach Bedürfnis schöpfen; doch gehört dazu
Takt und Geschmack. Wer diese besitzt, wird sich hüten, einen
schroffen Abstand zwischen den beiden Sprachformen herzustellen;
er wird die Volkssprache nicht zu grell auftragen, sondern sie
mit der Schriftsprache auszugleichen, gegen diese abzutönen suchen,
und wo er einzelne Kraftausdrücke unmittelbar aus der Mund=
art herübernimmt, vielleicht mit Anführungszeichen hervorgehoben,
wird er darauf bedacht sein, daß ihr Sinn nicht in einer An=
merkung erklärt werden müsse, sondern sich aus dem Zusammen=
hang mit einiger Wahrscheinlichkeit ergebe.

Die letzten Bemerkungen beziehen sich deutlich auf litterarische
Erzeugnisse, welche wesentlich in Form oder auf Grundlage der
Schriftsprache abgefaßt sind und Mundartliches nur als ge=
legentliche Beimischung oder Zuthat enthalten sollen, also auf eine
Mittelgattung zwischen der zweiten und dritten oben aufgestellten
Sprachform.

Die Bemerkungen betreffend die Angemessenheit der Volks=
sprache für litterarische Anwendung überhaupt können auch für
die erste Sprachform gelten, also diejenige, welche grundsätzlich
in durchgängiger Anwendung reiner Mundart besteht. Es ist
aber schon oben an der betreffenden Stelle bemerkt worden, daß
diese Sprachform sich niemals rein durchführen lasse, weil dabei
unvermeidliche Mängel des mundartlichen Wortschatzes und Satz=
stils zu Tage treten, so daß an vielen Stellen eben nur aus
der Schriftsprache entlehnte Elemente in mundartliche Lautform
gekleidet werden. Ein Bewußtsein davon und Mißfallen daran
wird der Grund sein, warum Gottfried Keller nie jene Sprachform
angewandt hat und warum einige Jüngere, nachdem sie zuerst

sich in derselben versucht hatten, zur Schriftsprache übergegangen sind. Jedenfalls ist es ein Irrtum, die Anwendung der Mundart für leichter zu halten oder gar für verdienstlich schon an sich und für einen Vorzug von vornherein. Besonders muß hier noch gesagt werden, daß die Schwierigkeiten der Mundart in Gedichten noch stärker empfunden werden als in Prosa und daß seit Hebel und Usteri wenig gelungene Produkte dieser Art aufzuweisen sind, am wenigsten rein lyrische, also wirkliche Lieder, obwohl dergleichen oft gesungen werden. Die Melodie mag dann die Schwäche der Poesie zum Teil verdecken; oft aber tritt ein Zwitterwesen von naiver und sentimentaler Art schon in der Sprache störend hervor und offenbart einen in der Natur der Sache liegenden Widerspruch.

Trotz diesen Schwierigkeiten hat Heinrich Rückert, der Sohn des Dichters, den Schriftstellern, die ihre eigene Sprache und zugleich die allgemeine Schriftsprache verbessern wollen, mit Recht geraten, Dialektlitteratur zu studieren und sich selbst darin zu versuchen; denn solche Studien und Versuche werden ihnen und ihrer Sprache mittelbar von Nutzen sein, auch wenn sie zu keinen gelungenen Produkten in reiner Dialektform führen.

Wenn aber die heutzutage oft gehörte Klage begründet ist, daß die Volksdialekte selbst sich immer mehr verflachen, vermischen und dadurch verwildern, wenn sie nicht mehr Quellbächen, sondern nur noch künstlichen Wasserleitungen zu vergleichen sind, die selbst Reinigung bedürften, oder wenn sie sich gar zu Pfützen und Sümpfen stauen: dann kann freilich auch die Schriftsprache aus ihnen nicht mehr gesunde Nahrung und Erfrischung schöpfen. Die Thatsache jener Trübung der Dialekte ist unbestreitbar und das Fortschreiten der Verderbnis unaufhaltsam; aber sie ist noch nicht allenthalben gleichmäßig verbreitet und betrifft auch zum Teil nur die Laute und Formen, welche mehr für wissenschaftliche Betrachtung als für litterarische Anwendung in Betracht kommen. Als eine Ursache des Verfalls der Volkssprache wird der Schulunterricht genannt, insbesondere der Unterricht in der deutschen Sprache selbst, der in der Volksschule als Hauptsach betrieben wird und allerdings darnach streben muß, der Jugend Kenntnis der reinen Schriftsprache und Fertigkeit im Gebrauch

derſelben beizubringen, wobei das Eindringen mundartlicher Laute,
Formen und Wörter in die Sprache der Schüler bekämpft werden
und auch der Lehrer ſelbſt ſich vor Fehlern jener Art in acht
nehmen muß. Aber er braucht darum das Daſein des Dialektes
nicht als einen Übelſtand darzuſtellen, eine feindliche Stellung zu
ihm einzunehmen und den Schülern Verachtung desſelben einzu=
pflanzen. Er muß vor allem den thatſächlichen Beſtand des
Dialektes unbefangen anerkennen, dann auch den Unterricht in
der Schriftſprache an jene Thatſache anknüpfen, und wenn er die
nötige Sachkenntnis dazu erworben hat und ſie richtig verwertet,
ſo kann ſich das alte Wort bewähren, daß im Übel auch die
Heilung liege. Die Mundart darf nicht als eine verdorbene
Schriftſprache behandelt werden, aber auch nicht als ein unfehl=
bares Naturgebilde; beide Sprachen müſſen mit ihren Vorzügen
und Nachteilen an einander gemeſſen, das Bewußtſein von beiden
muß gleichmäßig geweckt und wach erhalten werden, ſo daß ſchon
der Primarſchüler die deutſche Sprache in zwei Geſtalten oder
in ihr zwei Sprachen kennen und üben lernt. Wenn dann auf
höhern Schulſtufen fremde Sprachen, alte und neue, gelehrt
werden, ſo wird der theoretiſche Wert der Mundart in dem
Ganzen geſchichtlicher Sprachbetrachtung noch tiefer erkannt werden.
Die Geltung der Mundart im Verkehrsleben wird davon nicht
berührt und hängt von andern Faktoren ab; aber Schriftſteller,
die einen Unterricht von jener Art empfangen haben, werden
fähig und geneigt ſein, auch in ihrer litterariſchen Praxis etwas
davon ſpüren zu laſſen. Mit ihren ſachlichen Erinnerungen an
Jugend und Heimat wird auch die angeborne Sprache ihnen
bewußter und teurer bleiben und ſie werden nicht nur gelegentlich
einzelne Wörter aus ihr entlehnen, ſondern ihren Werken im
ganzen einen Anhauch davon mitteilen.

Die fremden Wörter in der deutschen Sprache.

Aus dem Gebiete der Sprachwissenschaft den Gegenstand eines Vortrages für gemischtes Publikum wählen und ihn in ansprechender Weise behandeln, ist keine leichte Aufgabe. Durch Abbildungen und Experimente könnte ein solcher Vortrag nur dann unterstützt und belebt werden, wenn er die leiblich-sinnliche, physiologische Seite der Sprache in Behandlung zöge, die Beschaffenheit und Thätigkeit der Sprachorgane; dann könnte allerdings einiges Interesse erweckt werden für den Nachweis, daß beim Sprechen so gut wie beim Hören und Sehen ein kunstreicher Mechanismus dem zu Grunde liegt, was wir sonst, als einfach, selbstverständlich und angeboren, einer nähern Betrachtung kaum bedürftig oder würdig fanden. In der That hat die Sprachwissenschaft einen **physiologischen** Teil, der gerade in neuester Zeit auch von den Sprachforschern mit steigendem Interesse und Erfolg bearbeitet worden ist; da aber der Sprachforscher auf diesem Gebiet immerhin die Hilfe des Naturforschers in Anspruch nehmen muß, so thut er wohl besser, einen **populären** Vortrag darüber geradezu dem letztern zu überlassen. Eher könnten wir uns veranlaßt finden, auf die vielbestrittene und neuestens wieder in den schweizerischen Lehrervereinen lebhaft angeregte Reform der deutschen Orthographie einzugehen, da dieselbe in der That ein allgemeines praktisches Interesse hat; aber sie ist leider mit großen praktischen Schwierigkeiten behaftet, deren Erörterung leicht ebenso unfruchtbar bleiben könnte, wie es mit den wirklichen Versuchen einer Besserung der unbestreitbaren Übelstände bisher größtenteils der Fall gewesen ist. Überhaupt sind wir mit Recht geneigt, an der Sprache mehr ihre innere geistige Seite,

den Bedeutungsgehalt der Wort- und Satzformen in Betracht zu
ziehen; aber weil die Wichtigkeit des Verständnisses der Sprache
unmittelbar einleuchtet, scheint es unnötig oder gar unmöglich,
sich darüber weitere Rechenschaft zu geben. Die Sprache als
Trägerin der geselligen Unterhaltung, der schönen Litteratur, als
Mittel geschichtlicher Überlieferung und jeder andern zusammen-
hängenden und erschöpfenden Darstellung geistiger Interessen
lassen wir ohne weiteres gelten; aber die Sprache als ursprüng-
lichstes Organ des Geistes selbst, vor allem besondern Inhalt,
der nachher durch die Sprache in den Geist eindringt und auch
wieder aus ihm hervorquillt — die Sprache in dieser Bedeutung
ist in weitern Kreisen wenig bekannt und gewürdigt. Das ist
freilich begreiflich und wird wohl bleiben; denn die Sprache in
diesem Sinne ist in der That einer der höchsten und schwersten
Gegenstände menschlichen Erkennens, und wissenschaftliche Ergründung desselben erfordert ebenso tiefe Abstraktion wie irgend ein
philosophisches oder mathematisches Problem; es soll ja dabei der
Geist dasjenige zum Gegenstand seines Nachdenkens machen, was
zugleich unzertrennliches Mittel eben dieses Nachdenkens selbst ist,
da wir fast ausschließlich in Sprachformen denken. Können wir
uns nun wirklich gleichsam von uns selbst ablösen? müssen wir
uns nicht fast unvermeidlich in einer solchen Untersuchung ver-
wickeln oder in eine unfruchtbare Kreisbewegung verfallen? Aber
die Wissenschaft scheut vor diesen Gefahren und Rätseln ebenso
wenig zurück wie vor ähnlichen auf andern Gebieten: es gibt
eine Sprachwissenschaft, und zwar im Unterschied von der physiologischen einerseits, von welcher oben die Rede war, und anderseits von der philologischen, welche die einzelnen Sprachen hauptsächlich von Seite ihrer Litteratur, also eines in ihnen künst-
lerisch niedergelegten Inhaltes betrachtet — es gibt eine allgemeine
philosophische und zwar wesentlich psychologische Wissenschaft von
der Sprache an sich selbst als reiner Form des Geistes. In das
Gebiet dieser Wissenschaft fällt unter anderm die vielbesprochene
Frage nach dem Ursprung der Sprache und der Sprachen, welche
allerdings schwer, aber nicht unmöglich zu lösen ist, wenn man
alle Hilfsmittel zusammenfaßt und benutzt, welche uns dazu
gegeben sind in der Beobachtung der Sprachversuche von Kindern

und Taubstummen, des Sprachlebens halbwilder Naturvölker und
der Geschichte der Kultursprachen. Wie auf dem Gebiete der
Natur erscheint bei tieferer Forschung der Ursprung oder die
sogenannte Schöpfung auch hier nicht als ein einmaliger, in
grauer Vorzeit geschehener Akt, sondern als eine Reihe von Ent-
wicklungen aus einfachen Elementen, und der heutige Bestand nicht
als ein bloßes Fortbestehen eines auf immer gleich rätselhafte
Weise einst ein für allemal Geschaffenen, sondern als ein Erzeugnis
von Vorgängen, welche zum Teil noch heute, nur in kleinerm
Maße, fortdauern. Wie wir aus der Schichtung und Verschiebung
der Gesteine und aus versteinerten Resten von Pflanzen und
Tieren Perioden der Naturgeschichte herauslesen, welche Jahr-
tausende vor dem Dasein der Menschheit abgelaufen sind und
nicht wiederkehren, so werden allerdings heutzutage auch keine
absolut neuen Sprachen und Wörter mehr geschaffen; aber das
Interesse gebildeter Laien insbesondere, da es sich ohnehin weniger
auf die Urzeit der Sprache und die bereits abgestorbenen sogenannten „toten" Sprachen des Altertums richten kann, findet
um so mehr Nahrung an Erscheinungen, welche in den lebenden
Sprachen vorkommen und nicht die Grundlagen des Wort- und
Satzbaues oder den Grundstoff des Sprachschatzes betreffen,
sondern einzelne Bestandteile derselben, die in der That, wie bei
lebendigen organischen Wesen, einer beständigen Erneuerung und
Umbildung unterworfen sind. Aus diesem Teile der Sprachwissenschaft ist denn auch unser Thema entnommen, und einige
besondere Gründe mögen die Wahl desselben noch rechtfertigen
helfen.

Auch wer nicht besondere Zeit und Lust hat, Betrachtungen
über sprachliche Erscheinungen anzustellen, und auch wer nicht
durch Erlernung fremder Sprachen seinen Sprachsinn einigermaßen geschärft hat, findet im alltäglichen Umgang, in seinem
eigenen Munde oder im Munde anderer, noch öfter freilich in
Zeitungen und Büchern, manche Wörter, von welchen ihm ein
mehr oder weniger deutliches Gefühl sagt, daß sie nicht seiner
Muttersprache angehören; er wird einen Augenblick stutzig über
irgend eine fremdartige Beimischung im Klange, in der Schreib-
art oder Form solcher Wörter, oder auch eine ihm nicht ganz

klare Bedeutung derselben. Wenn eigenes Nachdenken oder Nach-
frage nicht hilft, greift man dann wohl nach einem jener Hilfsmittel, die unter dem Namen „Fremdwörterbücher" in deutschen
Landen bekannt und, in häuslichen oder öffentlichen Bibliotheken
aufgestellt, den nötigsten Aufschluß in ziemlich genügender Weise
gewähren. Das Dasein und die Notwendigkeit solcher Fremdwörterbücher bestätigt aber zunächst nur die nicht eben angenehme
und oft bedauerte Thatsache, daß eine Menge fremder Wortstoffe
in der deutschen Sprache mitenthalten oder neben derselben in
unserm Gebrauche sind, erklärt aber nicht, wie dieselben in solcher
Masse eindringen konnten und wie wir uns gegen sie eigentlich
zu verhalten haben. Es lohnt sich um so mehr der Mühe, diesen
Fragen nachzugehen, da im geselligen, geschäftlichen und litterarischen Leben zuweilen schädliche, oft wenigstens lächerliche Miß-
verständnisse und Schwierigkeiten aus jener leidigen Thatsache
entspringen. Jeder Gebildete, der bestrebt ist, genau zu wissen,
was er selbst sagt, und genau zu verstehen, was andere sagen,
hat ein Interesse, sich über Ursprung und Gebrauch der fremden
Wörter aufzuklären. Es kommt aber noch ein Umstand hinzu,
der gerade in gegenwärtiger Zeit ein solches Interesse uns noch
näher rückt. Ein großer Teil der fremden Wörter in der deutschen
Sprache ist bekanntlich französischen Ursprungs, und gerade das
ist von deutscher Seite oft genug beklagt worden; es wird aber
vollends jetzt geschehen, nachdem ein furchtbarer Krieg die alte
Spannung zwischen den beiden Nationen zunächst eher gesteigert
als gelöst und einen freundlichen Verkehr vielleicht für lange
gestört hat. Da in Sachen des Sprachgebrauchs Regierungs-
maßregeln unmöglich sind, so werden wir nicht etwa Verordnungen des neuen deutschen Reiches gegen den Gebrauch französischer Wörter zu erwarten haben, sondern es wird dies, sowie
die fernere Annahme französischer Kleidermoden, Sache der Freiwilligkeit sein; dagegen ist bekanntlich für die Bestimmung der
Grenzen des von Frankreich abzutretenden Gebietes neben militärischen Rücksichten das sprachliche Moment wesentlich geltend
gemacht und dadurch ohne Zweifel das nationale Gefühl auch
nach dieser Seite verschärft worden. Wir Schweizer fühlen uns
auch in diesem Punkt etwas kühler neutral; aber abgesehen davon

sind gerade die sprachlichen Verhältnisse der Stadt und des
Kantons Bern geeignet, einiges Nachdenken über die Berührungen
der beiden Sprachen zu wecken. Eine Stadt wie Bern, ihrem
Ursprung und dem Charakter der Mehrzahl ihrer Einwohner
nach durchaus deutsch, aber an der Grenze des deutschen Sprach=
gebietes gegen das französische gelegen und durch mannigfache
geschichtliche Einflüsse seit Jahrhunderten auch nach dieser Seite
gezogen, nimmt in der That sprachlich eine eigentümliche Stellung
ein; nur daraus sind nicht bloß manche Eigentümlichkeiten der
berndeutschen Mundart, z. B. in der Wortstellung, zu erklären,
sondern auch die Thatsache, daß neben eben dieser Mundart,
welche sogar in den Verhandlungen der obersten Behörden gilt,
die deutsche Schriftsprache hier kaum geläufiger ist als die fran=
zösische, und daß man im geselligen Gespräch dieselben Personen,
zuweilen in demselben Satze, aus der einen Sprache in die
andere übergehen hören kann. Bei so naher Berührung der
beiden, sollte man meinen, müßten auch Wörter aus der einen
in die andere mit besonderer Leichtigkeit übergehen. Wenn dies
nicht in auffallendem Maße geschieht, so kann der Grund nur
darin liegen, daß gerade in Grenzorten, wo beide Sprachen im
ganzen einigermaßen geläufig sind, die Entlehnung einzelner
Wörter weniger nötig wird. Da wir aber nicht bloß von den
fremden Wörtern in unserer nächsten Umgebung reden wollen, so
müssen allgemeinere Betrachtungen über die Berührungen der
Sprachen im großen Zusammenhang ihrer Geschichte angestellt
werden.

Eine Sprache verbindet zunächst die Glieder eines Volkes
als solche unter einander und sondert sie eben dadurch zugleich
von benachbarten Sprachgenossenschaften ab; aber unter allen
Sprachen der Erde ist wohl keine, in welcher nicht neben jenem
Triebe nach Absonderung auch das Bedürfnis allgemein mensch=
licher Verständigung irgendwie zur Erscheinung käme, sei es auch
nur in der Gestalt, daß jede Sprache aus einer oder mehrern
benachbarten einzelne Wörter in sich aufnimmt. Selbst Völker=
schaften des stillen Ozeans, welche großenteils einsam auf ihren
Inseln leben, besitzen einzelne Wörter, welche sie von nächst=
gelegenen Inseln durch eigene Schiffahrt oder von europäischen

Weltumseglern, die bei ihnen einkehrten, entlehnt haben*). Von
den Kulturvölkern, welche in Asien und Europa seit alter Zeit
auf engern Verkehr mit einander angewiesen waren und in neuerer
Zeit auch nach der westlichen Halbkugel hinüber gezogen sind,
gilt jener Austausch natürlich in höherm Grade. Einige Beispiele
mögen zeigen, daß der Besitz und Gebrauch von fremden Wörtern,
wenn er ein Übel ist, zu denen gehört, welche in der Menschheit
sehr alt und weit verbreitet sind! In der hebräischen Sprache
des Alten Testamentes begegnen manche persische und sogar einige
indische Wörter, letztere in Namen von Gegenständen, welche zur
Zeit König Salomos durch phönizische Handelsleute zunächst von
den Küsten des persischen Meerbusens importiert wurden**).
Mehr indische Einflüsse verrät in südöstlicher Richtung schon die
alte Sprache von Java, während die Inder selbst nicht umhin
konnten, von den Urbewohnern, die sie bei ihrer Einwanderung
von Nordwest am Ganges antrafen, manches in ihre Sprache
aufzunehmen. Sprache und Schrift von Japan zeigen reichliche
Entlehnung aus dem benachbarten, wohl schon früher kultivierten
China. Persisches drang auf kriegerischen und friedlichen Wegen
— welche beide von jeher zur Verbreitung der Kultur gleich sehr
gedient haben — ins alte Griechenland, Griechisches dann bekanntlich in noch viel größerm Maße nach Italien, dessen Sprache
übrigens auch Elemente der nördlichen Nachbarn, der Kelten, in
sich aufnahm. In das spätere Griechenland drangen massenhaft
slavische und türkische Wörter, von welchen sich die Sprache erst
in neuester Zeit durch Rückkehr zu der althellenischen zu reinigen
sucht. Arabisches drang stromweise ins Persische, Türkische und
in die Sprachen von Nordafrika bis hinunter an die Grenze der
Neger, aber auch nach Spanien, während die andern abend-

---

  *) August Boltz, Das Fremdwort in seiner kulturhistorischen Ent-
stehung und Bedeutung. Berlin 1870. S. 6. L. Geiger, Ursprung und
Entwicklung der menschlichen Sprache und Vernunft. Stuttgart 1868.
S. 246. In diesem Buche wird S. 275—298 und in den dazu gehörigen
Anmerkungen S. 115—169 von Fremdwörtern aller Art in den ver-
schiedensten Sprachen mit großer Gelehrsamkeit gehandelt.

  **) Max Müller, Vorlesungen über die Wissenschaft der Sprache.
Leipzig 1863. Erster Band. S. 170.

ländischen Nationen auf den Kreuzzügen manches Produkt des Orients samt dem betreffenden Worte selbst von dort holten. In der neuen Welt mischte sich Portugiesisches mit den Ursprachen von Brasilien, während in Nordamerika das Englische zwar nicht mehr zu den aussterbenden Rothäuten übergeht, wohl aber die Sprache der eingewanderten Deutschen, besonders in Pennsylvanien, überwuchert und in westindischen Kolonien die Eingebornen ein seltsam verquicktes Französisch ausgebildet haben *). Aus dem Deutschen endlich schöpfte vielfach das Holländische, Dänische **) und Lettische, die Sprache der ländlichen Bevölkerung in Kurland und Livland ***).

Aus diesen Angaben läßt sich vorläufig entnehmen, daß keine Sprache sich der Entlehnung von Wörtern als einer seltenen Ausnahme oder Neuerung zu schämen braucht; das Maß derselben ist allerdings bei den einzelnen Sprachen sehr verschieden. Was insbesondere die deutsche betrifft, so wollen wir gleich hier erinnern, daß sich die Entlehnung nicht immer auf ganze Wörter erstreckt oder nicht auf solche beschränkt, sondern oft auch bloße Ableitungsoder Bildungssilben betrifft. Dahin gehört die Endung =ei, welche in Wörtern wie Bäcker-ei, Brauer-ei an echt deutsche Stämme gefügt, selbst aber romanischen Ursprungs ist, gleich dem französischen -ie in brasser-ie u. a. In der Mundart einiger Kantone, besonders der innern Schweiz, lautet die Endung -i, nicht =ei, so wie wir, wenn wir heute französische Wörter jener Art entlehnen, ihre Endung unverändert lassen, z. B. Oranger-ie, während sie früher in =ei umgesetzt wurde. Besonders fruchtbar erscheint diese Art von Entlehnung in den zahlreichen, nur allzu bekannten und bequemen Zeitwörtern mit der Endung =ieren, welche nicht nur an lateinische Stämme, wie in conscrib-ieren, prob=ieren (französisch prouver), sondern wiederum auch an deutsche Stämme gehängt wird, z. B. in stolz=ieren, selbst aber eine Ver=

---

*) Magazin für Litteratur des Auslandes. 1870. Nr. 12. Globus XVII, Nr. 5.

**) Über das Eindringen des Deutschen in das Dänische s. Germania, Jahrgang XV, S. 112 ff.

***) Die deutschen Bestandteile des lettischen Wortschatzes, von Karl Baumgärtel. Leipzig 1868.

bindung der französischen Infinitiv-Endung -(i)er oder -ir mit der deutschen -en, übrigens schon seit dem zwölften Jahrhundert, d. h. seit überhaupt französischer Einfluß auf die deutsche Litteratur begann, eingewurzelt ist *). Ferner muß hier beigefügt werden, daß wir diese und andere fremde Endungen auch solchen fremden Stämmen geben, denen sie in der fremden Sprache selbst nicht zukommt, und daß wir zuweilen mit entlehnten Wörtern auch eine Bedeutung verbinden, welche der fremden Sprache selbst fremd ist, z. B. mit „blamieren" den Begriff des Beschämens, der im französischen blâmer nicht liegt, sowie wir von eben diesem Verbum das Substantiv „Blam-age" bilden, nur nach Analogie vieler ähn-licher Bildungen im Französischen, während gerade dieses Beispiel dort nicht vorkommt. So bilden wir auch von französisch abonner mit lateinischer Endung das Particip Präsens „Abonn-ent", wofür die Franzosen das Participe passé „abonné" gebrauchen **). Eine feinere Art von Entlehnung hat, oft schon in älterer Zeit, statt-gefunden, wenn einzelne Wortbildungen oder auch Redensarten, besonders aus dem Lateinischen und Französischen, zwar nicht mit dem Wortlaut dieser Sprachen herübergenommen, aber in ziemlich genauer Übersetzung nachgeahmt wurden, welche von der einheimischen Gebrauchsweise der betreffenden Wörter mehr oder weniger fühlbar abweicht. Da indessen solche Latinismen oder Gallicismen in unserm Stil meist nur versteckt, dem allgemeinen Sprachgefühl unbewußt und nicht in störender Weise vorkommen, so wollen wir uns begnügen, die Thatsache in diesem Zusammenhang nur kurz erwähnt zu haben ***).

---

*) Kleinere Schriften von J. Grimm I. S. 313. 354. 372. W. Wacker-nagel, Die Umdeutschung fremder Wörter. 2. Ausg. Basel 1863. S. 50.

**) vgl. darüber noch: Franz Scholle, Über den Begriff Tochtersprache. Berlin 1869. S. 32. Wackernagel a. a. O., S. 49. 52. Es gehört dahin auch die doppelte, fremde und einheimische, Endung von Adjektiven wie: mor-al-isch, ital-iän-isch, milit-är-isch.

***) Beispiele davon sehe man bei Geiger a. a. O., S. 283. 149 ff., wo auch das Wort „deutsch" als bloße Übersetzung des kirchlich-biblischen ἐθνικός, gentilis, im Sinne von „heidnisch" (nach jüdischem Standpunkt und Sprachgebrauch) erklärt wird; Herrigs Archiv 43, S. 129: Die neuesten Gallicismen in unserer Litteratur, von Brandstätter. — Die von Max Müller (a. a. O. II. S. 261—263; Zeitschr. für vergl. Sprachf. V,

Weit häufiger als alle diese nur halben Entlehnungen ist auch wirklich die offene Entlehnung ganzer Wörter. Daß diese meist Substantive sind, seltener Verben und Adjektive, erklärt sich wohl daraus, daß sinnliche Gegenstände, besonders Natur= und Kunstprodukte, schon an sich mannigfaltiger und mitsamt ihren Namen auch durch äußerlichen Verkehr leichter mitteilbar sind als die Begriffe von Thätigkeiten und Eigenschaften, welche schon an sich weniger zahlreich sind und bei den verschiedensten Völkern gleichmäßiger vorkommen müssen oder weniger leicht verpflanzt werden können, je mehr geistiger Art sie sind. Wichtiger ist aber die Behandlung, welche den einmal aufgenommenen fremden Wörtern zu Teil geworden ist, und hauptsächlich in dieser Be=ziehung haben wir überhaupt zwei Hauptarten derselben zu unter=scheiden, zwischen denen freilich kein schroffer Gegensatz, sondern mancher Übergang stattfindet.

Unter der besondern Benennung Lehnwörter, d. h. entlehnte im engern Sinn, können wir — und wollen wir von nun an — diejenigen fremden Wörter begreifen, welche schon ziemlich früh in eine Sprache eingedrungen, daher in derselben auch schon ziemlich festgewurzelt, gleichsam eingebürgert, „naturalisiert" oder „nationalisiert" sind, also auch das Gepräge ihrer ursprünglichen Fremdheit meistens fast verloren haben, so daß nur die geschicht=liche Sprachwissenschaft, nicht aber das allgemeine Sprachgefühl ein Bewußtsein von der Herkunft solcher Wörter mit sich führt. Diese Lehnwörter bilden eben darum einen der interessantesten Teile des gesamten Sprachschatzes, weil die einzelnen meist eine längere, oft noch wechselvollere und lehrreichere Lebensgeschichte hinter sich haben als alteinheimische Wörter.

Manche Sprache hat vielleicht ebenso viele Lehnwörter auf=genommen wie die deutsche, aber wohl keine hat dieselben im Durchschnitt so kräftig und innig sich angeeignet durch Um=formung der fremden Stoffe und Formen, welche übrigens so

---

S. 11—24) und auch von Du Méril aufgestellte Ansicht, daß umgekehrt bei der Bildung der romanischen Sprachen das Lateinische vielfach nach deutschem Sprachgebrauch behandelt worden sei, wird mit Recht ein=geschränkt von Littré und Adler; s. des letztern Schrift: Die germanischen Elemente in der französ. Sprache. Cöthen 1867. S. XI, XL—XLVII.

wenig als andere größere Erscheinungen im Leben der Sprachen
nach reiner Willkür oder Zufälligkeit geschah, sondern im ganzen
nach bestimmten Regeln der Lautveränderung, deren Erkenntnis
für die Sprachwissenschaft möglich und wichtig ist. Man hat
dieses Verfahren passend „Umdeutschung" genannt; es gibt aber
davon verschiedene Grade, deren höchster „Umdeutung" heißen mag
und dann eingetreten ist, wenn einem fremden Worte, gleich bei
seiner Aufnahme oder im Verlaufe längern Gebrauches, eine Be=
deutung beigelegt oder untergeschoben wurde, welche ihm eigentlich
nicht zukam, aber zugesprochen und zugeschrieben werden konnte,
weil es in seiner Gestalt und Aussprache und dann auch in
seinem vermeintlichen Begriff irgend eine Ähnlichkeit mit einem
deutschen Worte darbot, an welchem die neue Gestalt und Be=
deutung im Sprachgefühl sich anlehnen und befestigen konnte.
Diese merkwürdige, aber besonders bei zusammengesetzten Wörtern
gar nicht seltene, oft auch recht sinnige und lustige Art, fremde
Wörter umzubilden, sie gleichsam mund= und sinngerecht zu
machen, ist umsoweniger auffallend, weil mit veralteten und halb
oder ganz unverständlich gewordenen Wörtern der eigenen Sprache
ganz dasselbe Verfahren eingeschlagen wurde. Es ist dies eine
Art Übersetzung, aber verschieden von der oben angeführten Nach=
ahmung fremder Wortbildungen und Redensarten, und wenn
Übersetzung im strengsten Sinn überhaupt zwischen Sprachen
unmöglich ist, sogar bei gewissenhafter, wissenschaftlicher und
künstlerischer Bemühung -- weil sich die Elemente des Sprach=
geistes verschiedener Nationen gegen einander prinzipiell undurch=
dringlich oder inkommensurabel verhalten und nur Grade mög=
lichster Annäherung erreichbar sind — so sind vollends jene
„Übersetzungen", welche sich das Sprachgefühl des Volkes erlaubt,
getrieben von unbewußtem Drange nach Verständnis, oft aber
auch von bewußtem Humor, immer von einer gewissen Ent=
stellung des eigentlichen Sachverhalts begleitet, und es geschieht
dabei nicht selten auch der eigenen Sprache einige Gewalt: das
Deutsch, das bei der Umdeutung herauskam, ist oft kein reines,
nur ein halbes; aber es galt, um jeden Preis dem fremden
Worte wenigstens einen oberflächlichen Anflug oder Anschein von
Deutsch und Deutlichkeit zu geben, welche beiden Wörter eben

ursprünglich dasselbe besagen: volkstümliche Verständlichkeit. Ein bekanntes Beispiel von Umdeutung eines veralteten einheimischen Wortes ist Sündflut, welches noch bei Luther Sindflut, altdeutsch Sinfluot lautete und nur eine weitverbreitete und lang andauernde, aber nicht eine als göttliche Strafe für menschliche Sündhaftigkeit eingetretene Überschwemmung bedeutete. Da aber nach der allgemein bekannten biblischen Darstellung allerdings jener ursächliche Zusammenhang stattfand, und da überdies in manchen deutschen (sowie auch in schweizerischen) Mundarten die Laute i und ü verwechselt werden, so kam die Umdeutung in Aufnahme und wird jetzt wohl nicht mehr rückgängig. Ähnlich verhält es sich mit dem zweiten Teil des Wortes Eichhorn, dessen ursprüngliche Gestalt schon früh muß entstellt worden sein und nun allerdings eine nur scheinbare, fast sinnlose Umdeutung erfahren hat, neben welcher die schweizerische Form des Wortes „der Eicher" als unmittelbare Ableitung von Eiche und männlichen Geschlechtes wohl den Vorzug verdient*). Ein Beispiel von Umdeutung beider Teile ist der Name des Vogels Bachstelze, nicht von stolzieren am Bache, sondern aus Wacksterz, von der beständigen Bewegung des Schweifes, wovon dieser Vogel auch in andern Sprachen benannt ist. Beispiele von Umdeutschung fremder Wörter in ähnlicher Art sind nun: Jubel in den Zusammensetzungen Jubeljahr, Jubelfeier u. s. w., wo es bekanntlich nicht gerade laute Äußerung von Freude, sondern einen periodisch wiederkehrenden Festtermin bedeutet, welcher beim jüdischen Volke alle fünfzig Jahre eintrat und Jobel hieß, weil er mit Posaunenschall verkündigt wurde; daher noch Luther an der betreffenden Stelle des Alten Testamentes (3. Mosis 25, 9 ff.) „Halljahr" übersetzte; das hebräische Wort Jobel konnte aber bei

---

*) Gewöhnlich wird auch der erste Teil dieses Wortes als bloße Umdeutung erklärt und das Ganze auf das lateinisch-griechische sciurus, franz. écureuil zurückgeführt; aber wie daraus die deutsche Form entstehen konnte, bleibt unklar. Jedenfalls muß die Umdeutschung des ersten Teils, wenn ihm wirklich ein fremdes Wort zu Grunde liegt, schon sehr alt sein; für die des zweiten, und zwar aus einer bloßen Bildungssilbe, ist eine zutreffende Parallele „Ahorn" aus lat. acernus; vgl. franz. chêne aus lat. quercinus.

etwas dunkler Aussprache des o leicht mit dem lateinisch-deutschen
Jubel zusammenfließen und dann auch begrifflich mit demselben
vereinigt werden. — Karfunkel, aus lateinisch carbunculus von
carbo (französisch charbon), Kohle, mit Anklang an das deutsche
funkeln. — Felleisen aus französisch valise (mit Aussprache des
v = f und Umlautung des a vor i in e) umgedeutet, aber ohne
recht passenden Sinn, besonders des zweiten Teils. — Armbrust,
ebenfalls ziemlich sinnlos, aus lateinisch arcubalista (Bogenwurf-
maschine), altfranzösisch arbaleste, altdeutsch armbrest. Bei
diesem Anlaß kann beigefügt werden, daß die in unsern Zeug-
häusern neben den Armbrusten aufgestellten Hakenbüchsen einen
deutschen Namen tragen, der nun diesmal umgekehrt von den
Romanen in ihre Sprachen umgedeutet wurde: französisch arque-
buse, italienisch archibuso, arcobugio, indem durch (häufig vorkommende) Einschiebung eines r dem ersten Teil des Wortes
der dem deutschen Haken einigermaßen entsprechende Sinn von
lateinisch arcus, Bogen, beigelegt wurde. — Viele Beispiele von
Umdeutschung kommen besonders auch in Ortsnamen vor; doch
erwähnen wir hier nur Mailand, italienisch Milano, aus lateinisch
Mediolanum, während im Namen des Dorfes Meilen am Zürichsee, welches im zehnten Jahrhundert urkundlich Meiolano, also
ursprünglich ohne Zweifel ebenfalls Mediolanum hieß, keine
Umdeutung stattfand. Daß Sprachphantasie und Witz des Volkes
mit Ortsnamen, auch mit einheimischen, zu spielen liebt, zeigt
die scherzhafte Umdeutung des Namens der am Walenstatter-
see, an der alten Straße nach Chur sich erhebenden sieben Berg-
spitzen, der „Churfirsten", einerseits in Kurfürsten, anderseits in
Kuhfirsten!

Ein eigentümlicher Fall von Gebrauch eines Lehnwortes,
ohne eigentliche Umformung desselben, findet statt in der Redensart: in die Schanze schlagen. Dieselbe bedeutet bekanntlich soviel
als „aufs Spiel setzen", und das Wort Schanze darin ist das
französische chance, welches besonders vom Würfelspiel gebraucht
wurde, dann auch von andern Glücksfällen und Wagnissen. Es
wurde in dieser Bedeutung schon im Mittelalter aufgenommen,
jedoch mit der Aussprache und Schreibung z statt c, während
wir heutzutage dasselbe als wirkliches Fremdwort in seiner

französischen Form chance im Sinne von „Aussicht auf Gelingen"
u. s. w. gebrauchen. Nun haben wir aber noch ein zweites,
gleich lautendes und gleich geschriebenes Wort Schanze, im Sinne
von „Wall, Befestigung", ebenfalls aus der Fremde aufgenommen,
wahrscheinlich aus dem italienischen scancia, Gestell. Auch dieses
Wort gilt längst als ein deutsches, waltet aber im Sprachgebrauch
vor dem veralteten andern so vor, daß bei der Redensart „in
die Schanze schlagen, z. B. das Leben", wohl den meisten die
bildliche Anschauung von der lebensgefährlichen Erstürmung einer
Schanze vorschwebt. Um aber eine richtige Vorstellung vom
Wesen und Werte der Lehnwörter zu erwecken, ist es besser, statt
einzelne Beispiele zu häufen, eine geschichtliche Übersicht davon zu
geben, wie zu verschiedenen Zeiten und von verschiedenen Seiten
größere Massen solcher Wörter, durch bestimmte Veranlassungen
und vorzugsweise für einzelne Gebiete des Lebens, in die deutsche
Sprache eingedrungen sind.

Der Grundstock des deutschen Sprachschatzes sind diejenigen
Bestandteile, welche unsere Vorfahren großenteils mit den zur
selben Familie gehörenden Hauptvölkern von Europa (Griechen,
Römer, Kelten und Slaven), auch noch mit den persischen und
indischen Verwandten, in ältester Zeit gemein hatten und aus
dem in Hochasien gelegenen gemeinsamen Stammsitz mitbrachten.
Was die Germanen schon aus diesem ältesten Erbe als ihr aus=
schließliches Eigentum empfangen oder auf ihrer Wanderung nach
Europa noch selbst erst ausgebildet hatten, kann als germanisch
im engern Sinne von dem gemeinsam Indogermanischen unter=
schieden werden. Aus dieser ältesten Quelle flossen die meisten
Benennungen für die einfachsten Anschauungen in der Sphäre
der äußern Natur, des sinnlichen Lebens, der Familie und auch
schon die Benennungen für die ersten Erzeugnisse der Kultur und
des geselligen Lebens. Als die Germanen ihre Wohnsitze im
Osten von Europa einnahmen, war das ihnen verbrüderte, aber
vorausgeeilte Volk der Kelten bereits im Besitz des westlichen
Europa; im Osten fanden sie ihnen unverwandte finnische Stämme
vor, mit denen sie doch ebenfalls in Berührung und sprachlichen
Austausch treten mußten. Da sie jedoch den Finnen an Begabung,
Bildung und auch an kriegerischer Macht ohne Zweifel überlegen

waren, so konnten sie nicht bedeutende Einflüsse von ihnen erfahren, sondern eine Einwirkung mußte eher in umgekehrter Richtung erfolgen *); doch finden sich schon (oder noch) in dem ältesten Schriftdenkmal germanischer Sprache, der gotischen Bibelüber=setzung des Bischofs Wulfila, einige finnische Wörter. Mächtiger und gebildeter waren im Westen die keltischen Nachbarn; sie hatten vor allem schon feste Wohnsitze, und daher sind manche von den ältesten Ortsnamen, besonders in Süddeutschland und der Schweiz, keltischen Ursprungs, ebenso Namen von Bergen und Flüssen. Im nordöstlichen Deutschland rückten unmittelbar nach den Germanen, oder zum Teil schon mit ihnen, slavische Völker ein, welche mit den Germanen am nächsten verwandt waren, aber erst nach manchen Kämpfen im Laufe des Mittelalters wirklich germanisiert wurden. Slavischen Ursprungs sind daher nicht nur viele Orts=namen in jenen Gegenden, sondern auch andere Wörter, welche von den unterworfenen oder von den in freiem Verkehr mit den Deutschen gebliebenen Slaven (Böhmen, Polen) entlehnt in die allgemeine deutsche Schriftsprache gedrungen sind; z. B. Petschaft, Peitsche, vielleicht auch Pflug, womit übrigens nicht bewiesen wäre, daß die Deutschen den Ackerbau erst von den Slaven gelernt, sondern höchstens, daß sie dieselben (als „Sklaven") zu dieser Arbeit häufig gebraucht haben.

Unterdessen, und schon viel früher, war aber auch Berührung Deutschlands mit dem südlichen Europa eröffnet worden, zunächst feindliche, indem die Germanen am Rhein und an der Donau schon im Anfang unserer Zeitrechnung mit der römischen Macht zusammenstießen, der sie zwar widerstanden und immer näher rückten, doch nicht ohne daß Scharen germanischer Söldner im römischen Heere selbst dienten. Hiermit war also bereits Anlaß geboten, lateinische Wörter und — da die Sprache der Römer längst eine Menge griechischer Wörter aufgenommen hatte, über=dies die Germanen im Südosten auch unmittelbar mit den Griechen in Berührung kamen — auch griechische Wörter, zum Teil in

---

*) Dies hat nachgewiesen Wilhelm Thomsen in einer 1869 zu Kopen=hagen erschienenen Schrift, deren Hauptinhalt sich angegeben findet in der Zeitschrift für deutsche Philologie II. 221 ff.

latinisierter Form, in die deutsche Sprache einzuführen*). Diese Ent=
lehnungen von Seite der zwei größten Kulturvölker des Altertums
betrafen natürlich auch meistens Gegenstände der höhern Kultur, der
militärischen, politischen, litterarischen, dann auch Kleidung, Haus=
wesen, Landbau, Handwerk und Kunstgewerbe, alles Dinge, in
welchen die Germanen von den Römern nur lernen konnten, auch
nachdem sie das Weltreich derselben zertrümmert hatten.

Mit der römisch=griechischen Kultur kam aber bekanntlich
auch das Christentum an die Deutschen, und hiermit öffnete sich
eine überaus reiche, nachhaltige Quelle von Lehnwörtern für die
wichtigsten Begriffe geistiger Kultur. „Straßen" und „Märkte"
anzulegen hatten die Deutschen schon von den heidnischen Römern
lernen können; aber nun kam die römische Kirche mit allen ihren
gottesdienstlichen Gebräuchen und Geräten, ihren Glaubenslehren
und Sittenregeln, dann die mit der Kirchenverfassung durchaus
zusammenhangende Schulordnung und Wissenschaft, auch die
Dichtkunst, soweit sie der Kirche diente und von ihr in gelehrten
schriftlichen Formen gepflegt wurde. Ein großer Teil der Wörter,
mit denen wir noch heute die Hauptgegenstände der genannten,
seither freilich weit fortgeschrittenen Gebiete unseres geistigen
Lebens bezeichnen, sind also aus dem Mittelalter stammende, daher
längst eingebürgerte und kaum noch als fremd erkennbare Lehn=
wörter, aus dem Lateinischen mit mehr oder weniger Anbequemung
an die deutsche Zunge herübergenommen**). Einzelne Beispiele
anzuführen, ist hier unfruchtbar; nur wer die Masse derselben,
in einiger sachlicher Ordnung zusammengestellt***), überblickt,

---

*) Die Schrift von Dr. E. Laubert: Die griechischen Fremdwörter,
Berlin 1869, handelt ihrem Titel gemäß mehr von den in neuerer Zeit
aus dem Griechischen aufgenommenen oder neugebildeten Wörtern, unter=
scheidet aber dieselben zu wenig von den ältern.

**) „Die Einwirkung des Christentums auf die althochdeutsche Sprache"
bestand freilich nach der Darstellung R. v. Raumers in seinem unter jenem
Titel erschienenen Buche (Stuttgart 1845) nicht so fast in Entlehnung
lateinisch=griechischer Wörter für kirchliche Lehre und Verfassung als in Neu=
bildung und Umdeutung deutscher Wörter für jenen Zweck.

***) vgl. Zusammenstellung der Fremdwörter des Alt= und Mittel=
hochdeutschen nach sachlichen Kategorien, von W. Wendler. Programm des
Gymnasiums in Zwickau 1865.

kann die Bedeutung der geistigen Erbschaft ermessen, welche damals
an uns gekommen ist; er wird dann aber auch auf das Mittel=
alter nicht mehr als auf eine barbarische Zeit herabsehen, welche
erst durch die Renaissance und Reformation abgethan worden sei.

Aber noch von einer andern Seite hat die deutsche Sprache
im Mittelalter Zuwachs empfangen, von der romanischen im
Unterschied von der römischen, und zwar wesentlich schon damals
aus Frankreich *), nur nicht so umfangreich, tiefgreifend und
nachhaltig wie später. Frankreich war schon seit dem zwölften
Jahrhundert das in der Kultur am meisten vorgeschrittene, am
vielseitigsten schöpferische und darum für die benachbarten Völker
tonangebende Land, und zwar nicht bloß in äußerer Weltbildung
wie später, sondern auch in Kunst und Wissenschaft, wie das
Aufkommen der sogenannten gotischen Baukunst im nördlichen
Frankreich um jene Zeit, die Blüte der scholastischen Philosophie
auf der Universität Paris und die Poesie der Troubadours im
Süden des Landes beweist, welcher bald eine noch vielseitigere
Entfaltung der Poesie in Nordfrankreich folgte. Gerade dieses
Aufblühen der Poesie stand aber im Zusammenhang mit dem
ebenfalls in Frankreich aufgekommenen Ritterwesen, dessen Formen
nun, soziale und poetische, auch nach Deutschland herüberdrangen,
besonders seit den ebenfalls von Frankreich ausgegangenen Kreuz=
zügen. Es ist weniger bekannt und darf daher wohl hier hervor=
gehoben werden -- weil es zur Erklärung der von Frankreich
lange mit Recht erhobenen, nur in neuester Zeit überspannten
und verlorenen Ansprüche auf die Führerschaft der Zivilisation
in Europa mithilft -- wie schon im dreizehnten Jahrhundert
französischer Einfluß, hauptsächlich durch Vermittlung von Flandern,
deutsche Sitte und Sprache ergriffen hatte und von den höhern
Ständen selbst zu den untern herabzubringen begann. Adelige
Kinder wurden zur Erziehung in höfischer Sitte nach Frankreich
gebracht, auf dessen hohen Schulen auch viele Jünger des ge=
lehrten Standes ihre Bildung holten; Kleidertrachten, Speisen,
Spiele, Tänze, musikalische Instrumente, besonders aber eben die

---

*) vgl. Wackernagel, Geschichte der deutschen Litteratur. Basel 1815.
S. 100. 127.

Regeln des Ritterwesens kamen aus Frankreich, alles dies mit den entsprechenden Kunstausdrücken der dortigen Sprache, so daß schon damals einzelne Dichter mit einer Fülle französischer Fremdwörter prunkten. Daß dieser Einfluß nicht tiefer griff, sondern als Mode einzelner Kreise und Personen nach einiger Zeit vorüberging, erklärt sich wohl zum Teil daraus, daß derselbe damals nicht wie später durch französische Heere, welche Deutschland überzogen, getragen und gesteigert wurde. Dagegen war schon früher das Umgekehrte geschehen, indem in der sogenannten Völkerwanderung die germanischen Stämme der Goten, Burgunder und Franken die römische Provinz Gallien überflutet und zum Teil für die Dauer in Besitz genommen hatten. Eben daher rührt nun eine nicht unbedeutende Einwirkung der deutschen Sprache auf die altfranzösische oder vielmehr auf die damals noch in ihrer ersten Bildung begriffene römische Volkssprache in Gallien, eine Einwirkung, welche kaum schwächer war als die spätere des Französischen auf das Deutsche, aber weniger empfindlich, eben weil die Sprache Frankreichs selbst erst im Werden, daher noch flüssiger und weicher zur Aufnahme fremder Stoffe, überdies durch den früher durchgemachten Übergang vom Gallischen ins Lateinische zu Veränderungen überhaupt geschmeidiger war. Darum brauchten auch damals aufgenommene deutsche Wörter nicht so vielfachen und zum Teil gewaltsamen Umwandlungen unterworfen zu werden wie französische und andere im deutschen Munde, der zwar auch keine unwandelbare, aber doch eine angestammte und bereits angebaute Sprachgestalt besaß. Die Zahl der damals aufgenommenen germanischen Lehnwörter, und zwar ungerechnet die aus Stammwörtern auf französischem Boden und nach französischer Weise abgeleiteten Sproßformen, wird sich ungefähr auf fünfhundert belaufen, mehr als in irgend einer andern romanischen Sprache, ungefähr ebenso viel wie die gesamten Lehnwörter im Neuhochdeutschen, welche aber nur zu einem kleinen Teil aus dem Französischen geschöpft sind *).

---

*) Man vergleiche für diese Schätzungen, welche natürlich nicht leicht und auch nicht mit völliger Sicherheit vorzunehmen sind, Atzler a. a. O., S. XXXIX. Scholle a. a. O., S. 29.

Natürlich weiß das französische Volk nichts davon, daß seine Sprache viele deutsche Elemente in sich enthält, eben weil dieselben längst eingewachsen sind. Am merkwürdigsten, obwohl aus den damaligen Verhältnissen leicht erklärlich, ist aber, daß gerade im Kriegswesen, worin die Franzosen in neuerer Zeit am meisten Ruhm gefunden oder wenigstens gesucht und wo in der That auch die Deutschen eine Menge technischer Ausdrücke von ihnen nachher wieder entlehnt haben, eine beträchtliche Anzahl französischer Wörter echt altdeutschen Ursprungs sind. Deutsch ist vor allen das französische Wort für Krieg selbst, guerre, unser „Wirre", deutsch unter andern auch), wie schon das anlautende h verrät, das Wort halte, als Substantiv und Kommandoruf, und es scheint fast, als habe der letzte Krieg die Franzosen erinnern sollen, daß eigentlich die Deutschen von Alters her ihre Lehrmeister auf diesem Felde gewesen, und als habe deutsche Kriegs-Zucht auch jetzt wieder der französischen Kriegs-Sucht Halt gebieten müssen. Übrigens wäre es unfruchtbar, wenn etwa Franzosen und Deutsche einander ihre Lehnwörter vorhalten wollten, da die Rechnung am Ende sich doch ziemlich ausgliche; eher könnten sie gemeinsam sich gegen die (wegen ihrer neutralen Haltung verdächtigen) Engländer wenden, deren Sprache wohl mehr Lehnwörter aufgenommen hat als irgend eine andere, aber freilich dadurch auch alle modernen Kultursprachen an Reichtum übertrifft. Sie hat der Reihe nach aus dem Keltischen, Lateinischen, Dänischen und Französischen so reichlich geschöpft, daß der Begriff bloßer Wortentlehnung dadurch fast aufgehoben und der Begriff einer prinzipiellen Mischsprache erzeugt würde, wenn nicht das germanische Element im Grunde doch noch immer vorwöge und seine Kernhaftigkeit gerade dadurch bewiese, daß es so viele Zuflüsse aufzunehmen wußte, ohne doch sich selbst aufzulösen.

Übrigens wäre gerade beim Englischen die Frage aufzuwerfen und nicht leicht zu beantworten, in welchem Grade die aufgenommenen fremden Wörter der Sprache angeeignet und ob sie demnach alle wirklich als Lehnwörter zu zählen seien, oder ob nicht vielmehr wenigstens ein Teil von ihnen zu der andern Klasse gehöre, welche wir als Fremdwörter, im engern und gewöhnlichen Sinne, von jenen möglichst unterscheiden und zum Hauptgegenstand unserer folgenden Betrachtung machen wollen.

Jener Unterschied, der natürlich auch innerhalb der andern Sprachen, besonders der modernen, geltend zu machen ist, besteht gemäß den oben über die Lehnwörter vorausgeschickten Bestimmungen hauptsächlich darin, daß die „Fremdwörter" als fremde Wörter noch mehr gefühlt werden, schon weil sie erst seit kürzerer Zeit in Gebrauch gekommen sind und hauptsächlich eben darum auch äußerlich ihr fremdes Gepräge weniger bereits abgelegt oder abgeschliffen haben als die schon länger im Kurs gewesenen Lehnwörter; auch kann noch beigefügt werden — was damit einigermaßen zusammenhängt — daß die Fremdwörter nicht ebenso allgemeine Geltung in allen Schichten des Volkes haben wie die meisten Lehnwörter, sondern manche von ihnen nur in den höhern Ständen als Kennzeichen feinerer Bildung, andere nur in einzelnen Berufskreisen als technische oder wissenschaftliche Kunstausdrücke bei den Fachleuten gangbar sind. Jedoch ist bekannt genug und bewährt sich jeden Tag von neuem, daß bei dem gesteigerten Verkehr und bei der zunehmenden Ausgleichung sozialer Unterschiede heutzutage Fremdwörter leicht aus den höhern Kreisen auch in die untern und von den Fachmännern auch zu den Laien gelangen, obwohl sie von diesen oft nicht gleich oder nicht richtig verstanden und dann auch oft falsch wieder gebraucht werden.

Daß eine scharfe Grenze zwischen Lehn= und Fremdwörtern nicht leicht zu ziehen ist, zeigen Beispiele wie etwa „Natur" und „Charakter". Das erstere ist schon seit dem Mittelalter in Gebrauch, verrät aber durch seinen Accent noch immer fremden Ursprung; das letztere, neuern Datums, kann in der Mehrzahl seinen Accent sogar noch weiter weiter rücken: Charaktére, ist aber im übrigen ebenso gebräuchlich und verständlich wie Natur, nur daß beide beim Landvolk, soweit es nicht Schulbildung besitzt, nicht eben häufig vorkommen werden, während z. B. „Spiegel" und „Uhr", zwar beide ebenfalls fremd, aber alte Lehnwörter und freilich auch darum geläufiger sind, weil ihnen einfache sinnliche und alltägliche Anschauung zu Hilfe kommt.

Im Grunde kann man sagen, Fremdwörter und Lehnwörter seien nicht so fast verschiedene Arten, sondern eher nur verschiedene

Grade oder Perioden derselben Erscheinung, womit jedoch nicht gesagt ist, daß alle Fremdwörter im Laufe der Zeit von selber zu Lehnwörtern werden (weil die Einwirkung anderer Faktoren, wie wir sehen werden, dazwischen treten kann), während allerdings die letztern einst wohl alle zunächst Fremdwörter gewesen sein müssen. So wird denn auch das Aufkommen der Fremdwörter durch dieselben mannigfaltigen geschichtlichen Ereignisse und geselligen Verhältnisse veranlaßt und begünstigt sein wie das der Lehnwörter. Es konnte und kann noch stattfinden im Begleit von großartigen Völkerwanderungen wie von kleinen persönlichen Berührungen, getragen durch kriegerische Gewalt oder durch friedlichen Verkehr, oft verbunden mit Mitteilung ganz neuer Gegenstände von einer Nation an die andere, oft aber auch bloß mit Entdeckung irgend einer neuen Seite an einem bereits bekannt gewesenen Gegenstand, für welche dann die ausländische Benennung passender erschien als eine einheimische. Auch können wir hier, wie bei Lehnwörtern, von unmittelbarer Mitteilung aus einer Sprache an die andere eine mittelbare unterscheiden, wo ein drittes Volk mit seiner Sprache die Brücke bildete; während jedoch z. B. griechische Wörter früher fast nur durch Vermittlung der Römer ins Deutsche kamen, schöpfen unsere Gelehrten jetzt zur Bezeichnung neu entdeckter Naturgegenstände oder neuer Erfindungen griechischen Namenstoff unmittelbar aus der Quelle, freilich einer längst toten Sprache, und auch oft ohne rechte Kenntnis oder Beachtung der Gesetze griechischer Wortbildung.

Zwei Erscheinungen, welche übrigens mehr rein sprachliches als zugleich sachliches Interesse haben, aber die Ähnlichkeit und Verschiedenheit zwischen Lehn= und Fremdwörtern abermals ins Licht setzen helfen, verdienen hier zunächst noch besondere Erwähnung. Die eine besteht darin, daß ein und dasselbe fremde Wort in eine und dieselbe Sprache zweimal aufgenommen werden konnte, aber zu verschiedener Zeit und in verschiedener Gestalt und Bedeutung, so daß die Identität nur den Sprachforschern erkennbar ist. Das lateinische Wort fragilis, zerbrechlich, ging schon in das ältere Französisch über, nahm aber dabei die Gestalt frêle an, in welcher es noch fortlebt; später benutzte man dasselbe lateinische Wort nochmals, aber in der fast unveränderten Form fragile und auch mit einigem Unterschied der Bedeutung neben frêle. Die französischen Zeitwörter acheter und accepter sind beide das lateinische acceptare, an sich nehmen, aber jenes früher, dieses später aufgenommen. Daß fragile und accepter, obwohl später entlehnt, ihren lateinischen Grundformen ähnlicher sind als frêle und acheter, erklärt sich daraus, daß die letztern ihre Gestalt durch die alte Volkssprache erhielten, während die erstern direkt aus der Büchersprache entnommen wurden. Fragile und accepter müssen daher auch streng genommen gegenüber frêle und acheter als Fremdwörter angesehen werden, nur folgt daraus nicht, daß die letztern als Lehnwörter zu betrachten seien; denn wenn die gallischen Provinzialen lateinische Wörter überhaupt aufnahmen, so schöpften sie dabei nicht aus fremder Quelle, während hingegen den Franzosen des sechzehnten Jahrhunderts das Lateinische bereits eine fremde, tote Sprache geworden war, allerdings immer noch weit näher liegend als irgend eine andere Sprache. Dagegen gibt es nun im Deutschen allerdings Fälle, wo die zweimalige Entlehnung eines lateinischen Wortes mit dem Unterschied von Lehn= und Fremdwort zusammentrifft. Die ursprünglich griechischen Wörter presbyter und episcopus nahmen als volkstümliche Lehnwörter in der deutschen Kirche schon früh die Gestalt Priester und Bischof an; das neuere Kirchenrecht aber hat mit Rückkehr zu den ursprünglichen Formen die gelehrten Ausdrücke Presbyterial= und Episkopalverfassung gebildet. In andern Fällen haben wir das lateinische Wort bei der zweiten Entlehnung in halb oder ganz französischer Form aufgenommen, wodurch seine Fremdheit gleichsam verdoppelt wird. Das lateinische palatium lautet als altes Lehnwort Pfalz, als modernes Fremdwort Palais: zwischen inne liegt noch die ebenfalls schon aus französisch palais, mittelhochdeutsch palas entstandene Form Palas-t, mit angehängtem -t. Ein wegen der stark verschiedenen Bedeutung der beiden Formen interessantes Beispiel ist lateinisch dictare: dichten und diktieren (vgl. tractare: trachten und traktieren); ebenso aus lateinisch offerre (darbringen): opfern und offerieren; ordinare: ordnen und ordinieren *).

*) vgl. darüber noch Wackernagel, Umdeutschung, S. 52; über Doppelformen (doublets, Dittologien) in den romanischen Sprachen: Fuchs, Die

Die andere Erscheinung kann eine eigentümliche Art mittelbarer Entlehnung oder auch eine bloß scheinbare Entlehnung genannt werden; sie besteht nämlich darin, daß eine Sprache aus einer andern Worte entlehnt, welche vorher von der letztern aus der erstern selbst schon entlehnt, aber unterdessen so verändert worden waren, daß man ihre ursprüngliche Heimat nicht mehr kannte. In diesem Fall ist also ein Wort zuerst als Lehnwort in eine andere Sprache übergegangen, um dann als Fremdwort in die eigene zurückzukehren. Dieser scheinbar seltsame Vorgang findet doch eine genaue Parallele in der Handelswelt, indem bekanntlich manche einheimische Produkte, und zwar nicht bloß Rohstoffe, zuerst ins Ausland gehen, um von dort wenig verändert, aber mit erhöhtem Preise und verschönertem Namen als fremde Ware wieder eingeführt zu werden. Beispiele dieser Art, sachliche und sprachliche, sind gerade im Verkehr zwischen Deutschland und Frankreich nicht selten gewesen und beweisen aufs neue die vielfachen Beziehungen freundnachbarlicher Liebenswürdigkeit, welche zwischen diesen beiden Nationen von Alters her ausgetauscht worden sind! Von Seite der Sprache gehören hierher: Balcon, als französisches oder italiänisches Fremdwort mit Accent auf der zweiten Silbe ausgesprochen, aber nichts anderes als unser „Balken"; Bresche, zunächst aus franz. brèche, dieses aber von „brechen"; Panier aus franz. bannière, ital. bandiera von „Band", in deutscher Gestalt und Betonung: Banner; (ital.) Lotto, (franz.) Loterie vom niederdeutschen lôt = Loos. Marschall aus dem altdeutschen marchschalk, Roßknecht (vgl. franz. maréchal ferrant, Hufschmied), also von einem bescheidenen Hofamt aufgestiegen bis zur höchsten Kriegswürde! Fauteuil, ital. faldistorio, altfranz. faudesteuil, aus „Faltstuhl", weil solche Stühle wirklich zusammengefaltet werden konnten; Equipage, Equipierung, ursprünglich mit s vor q geschrieben und gesprochen, vom niederdeutschen skip = Schiff, welches in der ältern Sprache „Ausrüstung" überhaupt (allerdings besonders von Fahrzeugen) bedeutet, wie noch der schweizerische

romanischen Sprachen, Halle 1849. S. 125 ff.; im Französischen insbesondere: Recueil de travaux relatifs à la philologie etc. II. Paris 1868. Mémoires de la Société linguistique I, 2; im Englischen: Max Müller a. a. O. II. 251 ff. Mätzner, engl. Grammatik, S. 201 ff.

Bauer unter „Schiff und Geschirr" sein sämtliches Acker= und Haus=
geräte versteht; Bivouac, franz. auch bivac, aus dem altdeutschen
biwacht, Beiwache, Nebenlager; boulevard aus „Bollwerk";
Garde von franz. garder gleich unserm „warten" im Sinne von
wachen*). — Obwohl auf diesem Wege manches nur scheinbare
Fremdwort, besonders aus dem Französischen, ins Deutsche ge=
drungen ist, bleibt die Thatsache bestehen, daß eine sehr große,
wohl in die Tausende gehende Zahl wirklicher und gar nicht bloß
aus dem Französischen geschöpfter Fremdwörter aufgenommen
worden ist und noch immer sich vermehrt, wenn gleich diese Zu=
nahme nicht mehr in dem Maße stattfindet wie zeitweise früher
und natürlich auch durch das Verschwinden manches ältern Fremd=
wortes einigermaßen ausgeglichen wird.

Die heute üblichen Fremdwörter sind meistens erst seit der
Reformationszeit eingedrungen, welche ja unserer Sprache über=
haupt erst ihre neuere Gestalt gab, und zwar zunächst aus den
Kreisen der in den alten Sprachen Gelehrten (Humanisten), welche
den ganzen damaligen Umschwung der deutschen Bildung hervor=
riefen und anführten und, obwohl sie wesentlich für die Ehre
und Selbständigkeit der deutschen Nation gegenüber der römisch=
katholischen Macht kämpften, doch nicht umhin konnten, in ihrer
eigenen Praris, die Waffen der Feinde schwingend, zunächst noch
das Lateinische vor dem Deutschen zu bevorzugen. Es waren
also zunächst lateinische und latinisierte griechische Wörter, welche
nun abermals eingeführt wurden, weniger mehr in der Kirche,
welche ja nun wesentlich auf die volkstümliche Grundlage der
deutschen Bibel gestellt wurde, als in der Schule und im Staats=
wesen, wo das römische Recht das deutsche verdrängte und die
Kanzleisprache in ihrem Wortvorrat vielfach undeutsch wurde,
während sie doch die Formen zur Gründung der neuhochdeutschen
Schriftsprache hauptsächlich lieferte**). Nun wurden aber die
fremden Wörter nicht mehr, wie im Mittelalter, eingebürgert

---

*) Weitere Beispiele s. Fuchs (a. a. O., S. 180 ff.), welcher aber
mit der Aufzählung den ungerechten Vorwurf verbindet, daß die Deutschen
ihr Gut zum Schaden ihrer Sprache dahingegeben und wieder empfangen
haben.
**) vgl. Wackernagel, Geschichte der deutschen Litteratur, S. 386. 388.

durch undeutschende Lautveränderung, sondern meist mit Beibehaltung ihrer antiken Gestalt, die man nun ja auch gründlicher
kannte und, schon weil man die alten Sprachen überhaupt als
mustergültig verehrte, weniger mehr anzutasten wagte. Welchen
Einfluß das Lateinische gewinnen mußte, läßt sich ermessen, wenn
man bedenkt, daß bis in den Anfang des vorigen Jahrhunderts
die Vorträge auf den Universitäten in lateinischer Sprache gehalten wurden und daher auch an den vorbereitenden untern
Schulen das Hauptgewicht auf lateinisch Sprechen und Schreiben
gelegt wurde *). Während aber jener Einfluß zunächst die gelehrten Stände traf und von ihnen weiter ausging, kam in der
kaufmännischen Welt manches Italiänische auf, weil der Groß-
handel auf dem Mittelmeer noch immer in den Händen der
italiänischen Seestädte lag. Aus Italien drangen aber auch
manche Ausdrücke der Musik und bildenden Kunst nach Deutschland, teils durch italiänische Künstler, die an deutsche Höfe berufen wurden, teils durch Deutsche, welche in Italien selbst
sich ausgebildet hatten, und wenn technische Ausdrücke zunächst
allerdings nur innerhalb des betreffenden Faches Geltung gewinnen, so erstreckt sich diese doch leicht durch bildliche Übertragung auch auf die allgemeine Sprache. — Französischer Einfluß kam nach Norddeutschland durch die flüchtigen Hugenotten,
dann im dreißigjährigen Krieg und im Zeitalter Ludwigs XIV.
durch die französischen Armeen, welche längere Zeit auf deutschem
Gebiete lagerten, und durch die Diplomaten, welche die Verbreitung französischer Sitte und Sprache in der höhern Gesellschaft
Deutschlands vervollständigten. Übrigens hat dazu gewiß auch
beigetragen die Lektüre der wirklich „klassischen" Litteratur, mit
welcher Frankreich im siebzehnten und achtzehnten Jahrhundert
abermals Deutschland vorausgeeilt und teilweise Muster geworden
war, jedenfalls vielfach anregend und befruchtend auf die gebildeten Kreise Deutschlands gewirkt hatte. Da übrigens bloße
Lektüre nie genügt, um Fremdwörter einzuführen, so muß erinnert
werden, daß infolge der erstgenannten Einflüsse das Französische

---

*) vgl. R. v. Raumer, Geschichte der deutschen Philologie. München
1870. S. 71. 201 ff.

in höhern Kreisen wirklich gesprochen wurde und daß es von
dort in die untern Schichten durchsickerte. Die letzte Periode des
französischen Einflusses war die napoleonische, im Anfang dieses
Jahrhunderts bis zu den Befreiungskriegen, welche denselben doch
auch nicht sofort und vollständig überwinden konnten. Das
deutsche Nationalgefühl wurde seither durch wissenschaftliche Erforschung der Geschichte und Sprache immer mehr geklärt und
gehoben; aber unvermeidlich bleibt trotzdem die Aufnahme neuer
Fremdwörter, nur jetzt nicht mehr vorzugsweise aus der Sprache
einzelner zeitweise tonangebender Nationen, sondern aus dem allgemeinen Weltverkehr. Der kosmopolitischen Strömung der
ganzen heutigen Welt kann sich keine Nation entziehen, am wenigsten
die deutsche, welche ziemlich im Mittelpunkt derselben lebt und
von jeher eine nationale Eigentümlichkeit gerade in der Fähigkeit
und Neigung offenbarte, Fremdländisches vielseitig in sich aufzunehmen, zu verarbeiten und zur Bereicherung ihres Eigentums
zu verwerten. In diesem theoretischen Lerntrieb des deutschen
Geistes, der durch die lange politische Ohnmacht des deutschen
Staatswesens gefördert wurde, aber den Schaden derselben auch
einigermaßen aufwog und die politisch-praktische Erhebung der
Nation in neuester Zeit, eben auf Grundlage ihrer vielseitigen
und vertieften Bildung, vorbereiten half, liegt ein Haupt-
grund, warum die Zahl der Fremdwörter im Deutschen größer
ist als in den romanischen Sprachen. Die Franzosen haben
allerdings in den letzten Jahrhunderten wenige Wörter aus
dem Deutschen aufgenommen; aber sie haben eben Deutschland überhaupt kennen zu lernen sich wenig bemüht und nun
diesen auf eitler Selbstüberschätzung beruhenden Mangel schwer
genug büßen müssen. Reichliche Fremdwörter (übrigens wie
bei uns zu einem großen Teil erst neu gebildete) aus dem
Lateinischen und Griechischen sind allerdings auch in die romanischen Sprachen seit den letzten Jahrhunderten aufgenommen
worden, stechen aber dort weniger auffallend von dem übrigen
Sprachstoff ab, weil dieser eben von Haus aus schon lateinisch
war*), und etwas Ähnliches gilt von den Fremdwörtern im

*) vgl. Fuchs a. a. O., S. 171.

Englischen, dessen Sprachschatz ohnehin schon bunt zusammen=
gesetzt war *).

Mit der größern Zahl der Fremdwörter im Deutschen hängt
aber auch eine andern Nationen fremde Art der Betrachtung und
Behandlung derselben zusammen. Im praktischen Gebrauche des
täglichen Lebens wird zwar kein großer Unterschied wahrzunehmen
sein, indem man sich allenthalben ziemlich gedankenlos dem Be=
dürfnis oder der Bequemlichkeit des augenblicklichen Ausdrucks
hingibt; aber in Deutschland gibt es neben dieser Praxis ein
theoretisches Verhalten zu den Fremdwörtern, welches immer
wieder die Reflexion wachruft, daß diese beliebten und zum Teil
verhätschelten Kinder des Auslandes eben als solche ein besonderes
Augenmerk, einige Sorgfalt und Vorsicht im Gebrauche verlangen.
Es ist mir nicht bekannt, daß andere Nationen Fremdwörterbücher
besitzen, und der Mangel derselben wird zum Teil die oben an=
gedeuteten Gründe haben; in Deutschland aber sind sie — ver=
schieden von den Glossen und Vokabularien des Mittelalters,
welche eher Vorläufer von Wörterbüchern der fremden Sprachen
selbst waren — schon seit dem sechzehnten Jahrhunderte nötig
und üblich geworden, und zwar nicht als rein gelehrte Werke,
sondern für das Bedürfnis jedes gebildeten Geschäftsmannes.
Das erste Werk dieser Art erschien im Jahr 1571 unter dem
Titel: „Simon Rote's deutscher Dictionarius, d. i. Ausleger
schwerer unbekannter deutscher, griechischer, lateinischer, hebräischer,
welscher, französischer, auch anderer Wörter, so nach und nach in
deutsche Sprache kommen sind" **). Das neueste und beste Fremd=
wörterbuch, von Heyse, hat vor kurzem eine vierzehnte Auflage
erlebt. Unsere Fremdwörterbücher beweisen aber eben nicht so

---

*) Scheinbar schlagend, aber doch unrichtig hat Klopstock (Sprach=
wissenschaftl. Schriften II, S. 285 ff.) den stark gemischten Charakter der engl.
Sprache dadurch anschaulich zu machen gesucht, daß er bei Übersetzung der
berühmten Stelle aus Miltons „Verlorenem Paradies" (Anfang des dritten
Buches) die dort vorkommenden Wörter lateinischen Ursprungs als Fremd=
wörter im Deutschen wiedergab; die dabei herauskommende Entstellung
der Poesie fällt nicht der englischen Sprache, sondern dem Übersetzer zur
Last. Vgl. L. Geiger, Über deutsche Schriftsprache. Frankfurt 1870. S. 19.

**) Wackernagel, Geschichte der deutschen Litteratur, S. 390 (Anm. 36).

fast, daß wir am meisten Fremdwörter besitzen und unter ihnen am
meisten leiden, sondern zugleich auch, daß wir sie am besten als
solche kennen, überhaupt aber, daß wir uns zu ihnen ausdrücklich
in ein besonderes Verhältnis gesetzt haben, das sich gerade in ihrem
Unterschied von Lehnwörtern am klarsten kennzeichnet. Es mag
zwar sein, daß in unsern Fremdwörterbüchern, sowie schon in
jenen ältesten, auch einzelne Lehnwörter mit aufgenommen wurden;
aber sonst beruht der oben angegebene Unterschied zwischen Lehn=
und Fremdwörtern wesentlich eben darauf, daß man früher dar=
nach strebte (freilich nur unbewußt), fremde Wörter als solche
möglichst unkenntlich zu machen, während man jetzt dieselben ab=
sichtlich als solche möglichst kenntlich zu erhalten oder zu machen
sucht, indem man die Form, Aussprache und Bedeutung, in der
man sie empfangen hat, erlernt und beibehält. Diesem Zwecke
diente ja auch bis vor kurzem der Gebrauch, in Schrift und
Druck Fremdwörter durch lateinisch=französische Buchstaben aus=
zuzeichnen, eine der vielen Pedanterien, unter denen die äußere
Gestalt und Kultur unserer Sprache so viel gelitten hat, doch
noch keine von den schlimmsten und jedenfalls mindestens so ver=
nünftig wie die Auszeichnung der Hauptwörter durch große An=
fangsbuchstaben. Wie übrigens jenes älteste Fremdwörterbuch
auch von schweren unbekannten deutschen Wörtern spricht, deren
Erklärung es geben wolle, so können auch neuere Fremdwörter=
bücher nicht umhin und machen sich kein Bedenken daraus, Wörter
jener Art mit aufzunehmen; denn es gibt dergleichen in jeder
lebendigen Sprache und zu jeder Zeit, teils durch Veraltung ein=
zelner Bestandteile des Wortschatzes, teils durch den Reichtum
desselben für alle einzelnen Gebiete, den niemand ganz kennt und
beherrscht. In dieser letztern Beziehung darf wohl die Thatsache
hervorgehoben und gegenüber blindem Eifer wider Fremdwörter
beherzigt werden, daß es recht viele und gute altehrwürdige deutsche
Wörter gibt, z. B. für Gerät und Verfahren einzelner Handwerke
und Gewerbe, welche uns Gebildeten weit weniger bekannt und
geläufig sind als eine Menge moderner Fremdwörter, aber ohne
Schuld der letztern, so daß man also erst jene kennen lernen sollte,
die uns in aller Nähe fremd geblieben sind, bevor man diese ver=
folgte, nur darum, weil sie aus der Fremde gekommen sind. —

Zurückblickend auf die bisherige Darstellung, wollen wir dieselbe mit einer Vergleichung abschließen, welche uns das Aufkommen und die Geltung von Lehn- und Fremdwörtern vielleicht noch anschaulicher machen kann.

Die Bevölkerung eines kultivierten Landes oder auch schon einer größern Stadt besteht heutzutage meistens aus ziemlich verschiedenartigen Elementen, welche auch mit ungleicher Festigkeit und Geltung ihrem Wohnort angehören. Den ältesten Bestandteil bilden natürlich die eingesessenen Altbürger, in der Schweiz noch da und dort im Unterschied von „Bürgern" des Staates „Burger" genannt, wobei wir den Mangel des Umlautes auf das zähere Festhalten dieser Klasse an altem Brauch ausdeuten können. Obwohl die Altbürger an vielen Orten bereits sehr zusammengeschmolzen sind und der Zahl nach von neuen Elementen der Bevölkerung übertroffen werden, müssen sie bei unserer Vergleichung den alteinheimischen Wörtern entsprechen, welche der Zahl nach in allen Sprachen überwiegen. Die nächstfolgende Klasse, der Neubürger, welche gegenwärtig an den meisten Orten durch erleichterte Aufnahmsbedingungen in erfreulicher Zunahme begriffen ist und von manchen Städten auch schon im Mittelalter gehegt wurde, besteht zunächst wohl aus Angehörigen der Umgegend und des weitern Vaterlandes, doch werden auch schon ursprünglich Landesfremde darunter sein; sie alle mochten entweder wegen besonderer Verdienste mit dem Bürgerrechte beschenkt worden sein oder sich freiwillig eingekauft haben oder durch Not zum Eintritt gezwungen worden sein. Im Sprachschatz entsprechen den erstern neuere Wortbildungen aus einheimischem Stoffe, den letztern Lehnwörter, welche sich bereits eingelebt und ganz wie einheimische durch Ableitung und Zusammensetzung (entsprechend Eheverbindungen von Neubürgern mit Altbürgern) sich fruchtbar erwiesen haben. Einen andern Teil der Lehnwörter müssen wir aufbehalten zur Vergleichung mit einer dritten Klasse der Einwohner, den Ansäßen (bei uns auch) „Hintersäßen" genannt), welchen zwar für gewisse Leistungen auch gewisse Befugnisse im Gemeindehaushalt zukommen, aber das volle Bürgerrecht mangelt. In Wirklichkeit sind nun zwar nicht alle Ansäßen Landesfremde, aber doch viele, und da sie im übrigen mit den Bürgern sich gut ver

tragen, befreunden und auch durch Heirat verbinden können, so
mögen auch sie zum Teil noch Lehnwörtern verglichen werden;
einen andern Teil von ihnen aber, nämlich die erst seit kürzerer
Zeit angesessenen, mit denen man zwar auch schon verkehrt, aber
sich nicht näher einläßt, bevor man sie einigermaßen kennen gelernt hat, und die wohl gelegentlich auch mißkannt oder gar
mißhandelt werden — diese Ansäßen werden wir bereits weniger
günstig gestellten, mit einigem Mißtrauen angesehenen Fremdwörtern vergleichen, welche auch, mit fertiger Bedeutung herübergenommen, weniger leicht neue Bildungen erzeugen. Für den
Rest der Fremdwörter, der immer noch groß genug sein kann,
bleibt uns dann noch die nicht einmal ansäßige, sondern nur auf
kürzere Zeit am Orte sich aufhaltende, die sogenannte „flottante"
Bevölkerung, aus aller Herren Ländern zusammengewürfelt, seien
es dürftige Arbeiter, die doch ihren redlichen Verdienst betreiben
und zur Belebung der Stadt beitragen, oder vermöglichere Leute,
die als „Kuristen" oder Touristen ihr Geld bei uns verzehren,
weitgereiste Handelsleute, Künstler oder Gelehrte, die irgend ein
Geschäft bei uns einzukehren veranlaßt, endlich wohl auch einige
bloße Schwindler und Schmarotzer, welche wir gern wieder das
Feld räumen sehen, nachdem sie es eine Weile abgeweidet oder
für ihre Zwecke uneinträglich gefunden haben.

Diese ganze Vergleichung hat, wie jede ähnliche, wenn man
sie ins einzelne verfolgen will, ihre offenbaren Unzulänglichkeiten;
indessen ist gerade das etwas Schwankende der Abteilungen auf
beiden Seiten im Wesen der Sache begründet, und dieses wird
auch dadurch einigermaßen getroffen, daß fremde Wörter wirklich
zum großen Teil durch solche soziale Verhältnisse und Vorgänge,
wie die eben skizzierten, eingeführt und getragen werden, so daß
nach dieser Seite die Zusammenstellung mehr als bloß bildliche
Bedeutung hat.

Wer trotzdem mit derselben sich nicht befreunden oder begnügen kann, dem wollen wir noch eine andere Vergleichung
anbieten, welche zwar aus der Geschichte der Natur genommen
ist, aber auch zeigt, wie diese mit der Kultur sich berührt.

Eine nicht unbeträchtliche Zahl von fremden Wörtern sind
Namen von ausländischen Pflanzen und Tieren, welche zum Teil

bei uns importiert oder afflimatisiert sind, zum Teil aber auch
bloß in wissenschaftlichen Sammlungen durch einzelne Exemplare
vertreten oder bloß aus Beschreibungen und Abbildungen bekannt.
Daß man diesen Gegenständen, wenn sie an ihrem Fundort bereits
einen Namen hatten, eben diesen fremden läßt, ist natürlich, zumal
da die Wissenschaft durch immer neue Entdeckungen, denen ein
Name noch fehlt, Anlaß genug behält, selbst in Namenschöpfung
sich zu versuchen, welche dann bekanntlich meist auf lateinisch=
griechischen Wortstoff angewiesen ist und nicht immer nach den
Regeln der Sprachwissenschaft verfährt. Es haben aber Pflanzen
und Tiere nicht erst durch menschliches Eingreifen über ihre ur=
sprüngliche Heimat hinaus sich verbreitet, sondern die geographische
Geschichte derselben datiert schon aus einer Zeit, wo die Erde
noch nicht ihre gegenwärtige Gestalt und auch noch keine mensch=
lichen Bewohner hatte. Die bei uns so bekannten und geschätzten
erratischen Blöcke und kleinere durch Gletscherbewegung verbreitete
Gesteine beweisen aber, daß sogar das Steinreich seine Wanderungen
erlebt hat, lange vor denen der Völker.   Dennoch gleichen nun
gerade diese Steinblöcke in ihrer seltsamen Verbreitung manchen
ebenso auffallenden Wortbrocken, welche bei uns abgelagert sind
und deren Herkunft eben auch nur die Wissenschaft zu enträtseln
vermag, und auch jene Pflanzen und Tiere, die durch mancherlei
zufällige Naturbedingungen, durch Luft= und Meeresströmungen,
zwischen Kontinenten und Inseln hin und her geworfen wurden,
als diese noch selbst erst im Werden waren, dann auch innerhalb
der bereits festgestalteten Kontinente ihren Wohnort zwischen Ebene
und Gebirge verschoben, gleichen in ihrer Lebensgeschichte den
Wörtern, die durch wechselnde Geschicke ganzer Völker und einzelner
Menschen herumgetragen wurden, um auf kürzere oder längere
Zeit da und dort sich niederzulassen.
    Die fremden Wörter für fremde Naturgegenstände sind ver= -
hältnismäßig nur ein kleiner Teil der Masse, überdies der un=
schuldigste, unschädlichste und auch am wenigsten angefochtene.
Es ist aber überhaupt von Interesse, in welchen Teilen des
gesamten Vorrates von Begriffen sich am meisten fremde Wörter
eingenistet haben. Die Sprachen sind auch darin von einander
verschieden, und eine vergleichende Untersuchung derselben auf

jenen Punkt hin läßt auf Ereignisse der politischen und Kultur=
geschichte schließen, welche jenen thatsächlichen Bestand der ungleichen
Verteilung der fremden Wörter auf einzelne Lebensgebiete, inner=
halb einer Sprache und zwischen mehrern, zu erklären geeignet
sein mögen, oder sie dient wenigstens zu erwünschter Bestätigung
anderweitig schon gefundener Thatsachen. Wir haben oben bei
der Darstellung der zu verschiedenen Zeiten und von verschiedenen
Seiten ins Deutsche eingedrungenen Lehn= und Fremdwörter
solche Spezialisierung bereits angedeutet und kommen im Folgenden
darauf zurück; so viel ist schon jetzt klar, daß man die fremden
Wörter, um ihnen Interesse abzugewinnen und um sie weder
zu hoch noch zu gering zu schätzen, weder bloß in ihrer Ver=
einzelung noch als wüste, wirre Gesamtmasse nehmen muß, sondern
zusammengestellt und gesondert nach sachlichen Kategorien des
wirklichen Lebens, in welchem sie stehen, und der lebendigen
Geschichte, aus der sie geflossen sind. Es ist einleuchtend, daß
es nicht zufällig und gleichgültig sein kann, ob eine Nation für
ganze Reihen oder Gruppen ihrer Lebensinteressen vorwiegend
selbstgeschaffene oder aber entlehnte Benennungen habe; oder wenn
es auch schließlich praktisch gleichgültig wäre, so bliebe es doch
theoretisch ein anziehender und fruchtbarer Gegenstand geschichtlicher
und psychologischer Forschung. Wir können und wollen aber
diesen Punkt jetzt nur noch an den eigentlichen Fremdwörtern in
Behandlung ziehen und auch hier nur soweit er zusammenhängt
oder sich verbinden läßt mit der praktischen Frage (welche gegen=
über den Lehnwörtern nicht mehr erhoben werden kann, weil
diese im Gebrauche bereits feststehen oder nicht einmal kenntlich
sind), wie wir uns selbst in Absicht auf Duldung und Anwendung
von Fremdwörtern am besten zu verhalten haben. Unser Ver=
halten muß und kann nämlich offenbar nicht gegen alle Arten
von Fremdwörtern ohne weiteres dasselbe sein, weil sie selbst von
verschiedenem Ursprung und Werte sind: es gibt unentbehrliche
und unverfängliche, die auch bereits zu weit verbreitet und zu
tief eingedrungen sind, als daß man sie wieder verbannen könnte;
es gibt aber auch entbehrliche und ihrem Werte nach zweideutige,
die auch noch gar nicht alle fest gewurzelt sind, sondern zum Teil
noch in dem wechselnden Luftzug der Mode schweben.

Zu der erstern Art gehören vor allem die bereits angeführten Namen von ausländischen Natur- und Kulturprodukten, also von Dingen, die auch selbst erst durch den Weltverkehr aus der Fremde eingeführt sind und im Inland nicht ebenso gut oder gar nicht erzeugt werden konnten, benannt am Ende wohl auch, wenn sie es nicht schon wären; hier haben wir also sachlich und sprachlich eine reine Bereicherung empfangen, gegen die sich niemand sträubt. Nun darf man aber nicht etwa umgekehrt schließen, alle Dinge, die fremde Namen tragen, seien auch wirklich aus der Fremde eingeführt und tragen ihren Namen mit unbedingtem Rechte; denn das Wort „schreiben" z. B. ist lateinischen Ursprungs, beweist aber nicht, daß die alten Deutschen die Schrift überhaupt erst von den Römern gelernt haben, sondern höchstens eben die lateinische und deren Verbreitung in weitere Kreise, da die alt einheimische Runenschrift nur zu besondern Zwecken und bei den betreffenden Ständen üblich gewesen war. Eine zweite und weitaus zahlreichere Art von Fremdwörtern sind also Benennungen von (mehr oder weniger) allgemein menschlichen Dingen, welche auch im Inland erzeugt und benannt werden konnten, aber da sie durch irgend eine besondere Fügung nun einmal zuerst durch fremde Hand, samt ihren Namen aus fremdem Mund uns mitgeteilt wurden, und zwar in irgend einer besondern Fassung, die uns vorteilhaft schien, zunächst für diese überlieferte Gestalt, dann wohl auch für einheimische Modifikationen derselben, ihren fremden Namen beibehielten. Hier müssen nun aber wieder mehrere Unterarten gesondert werden, welche nicht dieselbe Behandlung verdienen und ertragen, und mit diesen feinern Unterscheidungen gewinnt die Frage nach der Berechtigung der Fremdwörter ein tieferes Interesse.

Hierher gehören vor allem die Fremdwörter der Wissenschaften und Künste, auch des Handels und der Gewerbe, jene meist aus dem klassischen Altertum überliefert oder überlieferten nachgebildet, diese mehr aus den neuern Sprachen geschöpft. Wir stehen hier auf wesentlich internationalem, kosmopolitischem Gebiete; denn die meisten hierher gehörigen Dinge sind, nachdem sie einmal bei irgend einem Kulturvolk aufgekommen, auch von andern angenommen worden oder fähig, mit einigen Modifikationen angeeignet zu werden. Daher ist denn auch die Masse der betreffenden Fremdwörter sehr groß und wird von der Laienwelt beklagt, weil sie die Zugänglichkeit und Gemeinverständlichkeit der betreffenden Gebiete erschwert; sie kann aber im Interesse der Sache selbst, d. h. der fortschreitenden Bildung nicht ohne weiteres beseitigt, sondern höchstens allmählich durch teilweise Übersetzung in die Landessprachen vermindert werden. Solche Übersetzung ist übrigens viel weniger leicht und unbedingt nützlich, als sich Laien wohl vorstellen; denn es entsteht dadurch die Gefahr, entweder von der nötigen Schärfe der wissenschaftlichen und technischen Bezeichnungen etwas nachzulassen, indem man die spezifischen fremden Ausdrücke durch einheimische von allgemeinerer Bedeutung ersetzt, oder die Reinheit und Deutlichkeit der Landessprache selbst zu verkümmern, indem man einheimischen Wörtern neben ihren oft bereits sehr vielfachen Bedeutungen noch andere aufbürdet, welche sich mit den bisherigen leicht verwirren oder den Gebrauch der Wörter für andere Zwecke, z. B. rhetorische oder poetische, durch die ihnen angehängten Nebenbeziehungen beeinträchtigen: es entsteht also die Gefahr, indem man mit denselben Mitteln zwei Zwecken dienen will, den einen oder alle beide zu schädigen. Wünschbar ist natürlich, daß man die Menge der fremdartigen Kunstausdrücke nicht ohne Not, d. h. aus bloßer Bequemlichkeit oder Gewohnheit vermehre, wenn sich ein passendes einheimisches Wort finden oder schaffen ließe; aber auch dann kann ja der Fall eintreten, daß ein solches Wort, trotz seines einheimischen Klanges und Scheines, für den betreffenden Zweck doch erst wieder einer Erklärung bedarf, so gut wie ein fremdes, also die Schwierigkeit nicht umgangen ist, sondern nur in anderer Gestalt wiederkehrt. Oder es kann das fremde Wort zwar leicht verständlich übersetzt werden, aber nur durch eine schwerfällige weitläufige Umschreibung, unter welcher die ebenso wünschbare Kürze des Ausdrucks leidet. — Wer rechten Eifer hat, sich eine Wissenschaft oder Kunst berufsmäßig anzueignen, darf und wird auch die Schwierigkeiten nicht scheuen, die den Zugang zu derselben von Seite der Sprache umgeben; wer aber bloß als Laie einen Blick in ein solches Gebiet thun will, kann nicht den Anspruch erheben, daß seiner Person zuliebe das Interesse der Sache gefährdet werde.

Natürlich kann von Seite der Fachmänner die Fremdheit der Kunstausdrücke gelegentlich mißbraucht werden, um dem Publikum Dinge geheim zu halten, deren Kenntnis ihm erwünscht und unschädlich wäre, oder durch Umsichwerfen mit hochklingenden Phrasen sich ein falsches Ansehen zu geben; aber von der andern Seite liegt ebenso nahe die Gefahr, ungenügend übersetzte Kunstausdrücke eben auch nur halb zu verstehen und so weiter zu geben. Wer ehrlich Aufklärung sucht, wird sie aus litterarischen Hilfsmitteln oder aus dem lebendigen Munde von Fachmännern immer finden, soweit sie ihm überhaupt gegeben werden kann.

Am ehesten auf dem Gebiete des Rechts= und Staatswesens sollte man von Seite der Fachmänner größere Verständlichkeit, bezw. Übersetzung mancher Ausdrücke anstreben, weil jeder Gebildete als Bürger in den Fall kommt, sich in privaten und öffentlichen Angelegenheiten ein eigenes Urteil in diesen Dingen bilden zu müssen, und weil Gesetze und Verordnungen, die für das ganze Volk bestimmt sind, vor allem müssen verstanden werden, um befolgt werden zu können. Hier berühren wir einen wirklichen Übelstand, über den vielfach mit Recht geklagt wird. Den Fachmännern ist natürlich nicht zuzumuten, daß sie bei Verhandlungen unter sich der hergebrachten, überdies auch hier vielfach vorteilhaften und unvermeidlichen Fremdwörter sich enthalten; aber schon die Praxis der Geschwornengerichte zeigt oft die Notwendigkeit, über wichtige Begriffe des Strafrechts, z. B. „Affekt“, Aufklärung zu erteilen, und wenn das Volk bei uns vollends in Zukunft über alle Gesetze selbst abstimmen soll, wenigstens so, daß ihm neue Hauptgrundsätze derselben zur Annahme vorgelegt werden, so dürfen diese entweder keine fremdartigen Ausdrücke enthalten oder es müssen solche durch beigegebene schriftliche und mündliche Erklärung verständlich gemacht werden. Übrigens wissen wir wohl, daß die Schwierigkeiten solcher Erklärung keineswegs bloß sprachlicher, sondern auch sachlicher Art sind und daß engere Kreise auf diesem Gebiete nicht von sich allein aus mit Verbesserungen und Neuerungen vorgehen können, weil dasselbe, wie die Orthographie, Sache der ganzen Nation ist und nur durch allmähliche Vorbereitung und Einverständnis einer überwiegenden Mehrheit oder tonangebender Autoritäten umgestaltet werden kann. Vor allem wäre es Aufgabe der Publizistik, der periodischen Presse, die Vermittlung der Wissenschaft mit dem Volksleben gerade auf diesem Gebiete zu übernehmen, und zwar dadurch, daß sie einerseits selbst einer möglichst verständlichen Sprache sich beflisse und aller unnötigen Fremdwörter sich enthielte, anderseits dadurch, daß sie darauf ausgienge, bei der Behandlung jeweilen herrschender Tagesfragen die dabei unvermeidlichen Kunstausdrücke vor allem förmlich zu erklären. Nirgends aber wuchert die Fremdwörtersucht stärker und schlimmer als gerade in der politischen Presse, welche dadurch eines guten Teils ihrer sonst möglichen und so sehr nötigen und fruchtbaren Einwirkung auf weitere und weiteste Kreise beraubt wird. Und zwar haben sich gerade hier nicht bloß eigentlich wissenschaftliche, richtig gebildete und scharf bezeichnende Ausdrücke eingeschlichen, die ohne weiteres als bekannt vorausgesetzt und hingenommen werden, sondern auch manche unrichtige, unklare, zwitterhaft gebildete Wörter aus sehr verschiedenen Quellen. Die Mannigfaltigkeit der Gegenstände, welche in den Zeitungen oft nur vorübergehend und möglichst schnell nach den Bedürfnissen des Augenblicks zur Behandlung kommen müssen, auch der zunehmend internationale Charakter eines Teils derselben, überdies die ungleichen Bildungsstufen der Leser entschuldigen zwar jene Übelstände einigermaßen und erschweren jedenfalls das Streben nach Besserung; aber immerhin könnte ohne Zweifel mehr geschehen, als auch nur versucht wird; es ist im allgemeinen ein ansteckender verderblicher Schlendrian eingerissen, von dem sich der einzelne sogar bei gutem Willen schwer losreißt.

Eine andere ebenfalls sehr zahlreiche und wohl am meisten angefochtene Klasse von Fremdwörtern sind diejenigen, welche nicht zunächst nur bei einzelnen Ständen und Berufsarten, sondern ziemlich allgemein im Gebrauche sind, meistens in die Sphäre des häuslichen und geselligen Lebens, jedoch nur der Außenseite desselben, gehören und zu einem großen Teil aus Frankreich stammen*). Aber auch hier müssen Unterschiede gemacht werden. Daß wir

---

*) Dr. Laubert, Die französischen Fremdwörter in unserm heutigen Verkehr. Schulprogramm. Danzig 1866.

eine Menge französischer Namen von Speisen, Kleidungsstücken
und Geräten haben, ist bekannt und begreiflich, aber auch ganz
unverfänglich und gar nicht anders zu beurteilen als die zuerst
angeführten Namen von Natur= und Kulturprodukten aus andern
Ländern. Da die Franzosen einmal anerkanntermaßen auf dem
Gebiete des Luxus erfinderischen Geist und ansprechenden Ge=
schmack haben, warum sollen wir ihnen nicht durch Beibehaltung
auch der ihren Erfindungen gegebenen Namen gebührende Ehre
erweisen und bekennen, daß wir auf diesem Gebiete von ihnen
mancherlei empfangen und gelernt haben, was zu erlaubter Ver=
schönerung des Lebens dient? Dann soll aber auch, was Über=
triebenes, Ausgelassenes, Eitles, Lächerliches, zum Teil erst durch
oberflächliche, leichtfertige oder ungeschickte Nachahmung bei uns,
sich daran gehängt hat, französischen Namen behalten und dadurch
seinen Ursprung verraten; was hingegen durch unser Zuthun an
jenen Dingen etwa verbessert und teilweise in deutschem Geist
umgestaltet worden ist, braucht nicht immer noch französisch be=
nannt zu werden, als ob auch dies nur entlehnt wäre. Vollends
verwerflich ist die Gewohnheit, Dingen, die gar nicht einmal aus
Frankreich gekommen, sondern überhaupt Gemeingut der natür=
lichen oder gebildeten Menschheit sind, nur darum einen französischen
Namen zu lassen, weil ein solcher einmal in der Zeit französischer
Oberherrschaft über Europa auch zu uns gedrungen und hangen
geblieben ist, ganz zufällig, ohne allen tiefern Anspruch auf Bei=
behaltung und nur auf den kindischen Aberglauben gestützt, daß
alles, was man fremd benenne, eben dadurch vornehmer klinge
und auch mehr wert sei oder wenigstens scheine, weil es mit
seiner Herkunft aus der Ferne feinere Gestalt der Sache selbst
und feinere Bildung des Sprechenden verrate. — Im übrigen
muß besonders hier das Prinzip gelten, daß Fremdwörter, so=
lange man sie als solche kennt und kennzeichnet, etwas von der
Gefährlichkeit und Widrigkeit verlieren, die ihnen sonst anhaften
würde; je mehr man sich ihrer bewußt ist und sich innerlich frei
von ihnen weiß, um so ruhiger darf man sich ihren Gebrauch
gelegentlich gestatten. Für bestimmte Zwecke muß er ohnehin
erlaubt oder geradezu geboten sein, nämlich um zur Darstellung
gewisser Charaktere und Sitten, die wirklich zur Fremde neigen,

die natürlichen Farbentöne zu liefern. Der belletristische Schrift=
steller, der nicht französische, aber französierende Elemente in der
deutschen Gesellschaft schildern will, darf sich also dieses Mittels
ohne Scheu bedienen. Dagegen trifft verdienter Tadel manche
Verfasser von Romanen, Novellen und Feuilletonkritiken, welche
ohne besondere Zwecke, nur aus Nachlässigkeit oder Unbequemung an
gewisse Leserkreise durchgängig den Gebrauch zahlreicher, obendrein
oft nur phrasenhafter Fremdwörter sich angewöhnt haben und wohl
gar für ein Kennzeichen oder Ideal eines guten Salonstils halten.

Wenn übrigens die Fremdwörter in der Umgangssprache
und in der leichten Unterhaltungslitteratur unleugbar überhand
genommen haben und nicht mehr leicht zu vertreiben sein werden,
so bleibt dem nationalen und moralischen Gefühle der Trost, daß
die innerste Gemütssphäre des Ernsten und Heiligen von ihnen
frei geblieben ist und der Natur der Sache nach auch frei bleiben
wird. So schließen denn auch die höhern und höchsten Gattungen
der Poesie und Beredsamkeit den Gebrauch von Fremdwörtern
unwillkürlich fast ganz aus, was immerhin für beide Teile
charakteristisch ist. Im ernsten Epos und Drama, sowie im
echten Liede, in der Predigt und andern feierlichen Redeformen
würden Fremdwörter unser Gefühl entweder unmittelbar beleidigen
oder zum Lachen reizen, während sie im niedrigern, komischen
und satirischen Stil ganz am Platze sein und treffliche Wirkung
thun können. Es ist aber überhaupt bemerkenswert, daß Fremd=
wörter auch in der gewöhnlichen Umgangssprache oft entweder
geradezu zweideutige und komische Erscheinungen bezeichnen oder
leicht Nebenbegriffe jener Art annehmen, und zwar nicht bloß
wenn sie falsch gebraucht werden. Es wäre übereilt, dies daraus
erklären zu wollen, daß jede Nation von Natur geneigt sei, an
einer andern vorherrschend Schwächen und Fehler zu finden,
was freilich wahr ist, aber durch die unwillkürliche Achtung auch
manches Guten an ihr ziemlich wieder aufgewogen wird; über=
dies könnte jene Neigung, auch wenn sie noch so stark wäre, ihre
Rechtfertigung nicht gerade aus der an sich indifferenten Sprache
der andern Nation schöpfen; aber daß von zwei sonst synonymen
Ausdrücken der einheimische leichter einen günstigen Begriff behält oder
erhält als der fremde, ist Thatsache, scheint auch nicht unbillig

und bewährt sich sogar an längst aufgenommenen und sonst harm=
losen Lehnwörtern: „Haupt" ist edler als „Kopf", „Roß" edler
als „Pferd", und das Wort „edel" selbst sagt mehr als „nobel",
was nicht viel über „vornehm" hinausreicht. Es liegt wohl
darin ein unbewußtes Gefühl davon, daß jede Sprache imstande
sein muß, alles Wesentliche aus eigenen Mitteln zu benennen, so
daß Entlehnung nur als Ergänzung für Nebenbegriffe Raum und
Recht behält; und in der That gesteht, wer für Benennung von
Wesentlichem in die Fremde betteln geht, dadurch nicht so fast
einen Mangel seiner Sprache, sondern seiner Kenntnis und Be=
herrschung derselben.

Jede bildsame und gebildete Sprache enthält in sich den Keim
unendlicher Ausdrucksfähigkeit, gleichsam einen Keim des ganzen
menschlichen Sprachvermögens; aber keine Sprache hat zu irgend
einer bestimmten Zeit jenes Vermögen in Gestalt ihres wirklichen
Wortvorrates bereits erschöpft, und eben darum war sie darauf
angewiesen, von andern zu borgen, was diese zufällig frühzeitiger
an treffenden Ausdrücken erzeugt hatten. Solche Ausdrücke em=
pfehlen sich oft nicht bloß durch ihre Kürze im Vergleich mit
einheimischen, sondern auch durch einen in derselben gleichsam
verdichtet enthaltenen Reichtum von geschichtlichen und andern Be=
ziehungen, welche nur auf Umwegen aus einander gelegt, aber
durch neue einheimische Wörter nie eigentlich übersetzt oder er=
setzt werden könnten. Die bloße Nennung einiger Beispiele muß
hier genügen; denn die Begründung derselben würde eben schon
zu weitläufig werden. Man prüfe Wörter wie „Instinkt, Krisis,
Konstellation, konfiscieren, fatal, Transport, Maschine" und
„mechanisch", „klassisch" und „romantisch", „naiv" und „senti=
mental, ironisch, blasiert"; von Wörtern wie die oben schon an=
geführten „Natur, Charakter" und solchen wie „Person, Religion"
sehen wir hier ab, da sie bereits mehr Lehnwörter als Fremd=
wörter sein mögen. Aber auch letztere geborgt zu haben und zu
gebrauchen, ist weder Schaden noch Schande, sondern Vorteil und
Ehre, kein eitler Luxus, sondern wirkliches Bedürfnis, keine Ent=
stellung, sondern unter Umständen eine Zierde, nicht ein Zeugnis
von Armut, sondern von Reichtum, nicht barbarische Roheit,
sondern ein Zeichen feinerer Kultur. Fremdwörter beweisen nämlich

nicht nur regen und fruchtbaren Verkehr des betreffenden Volkes mit andern, auch mit bereits ausgestorbenen auf rein geistigem Wege, also überhaupt gesteigertes geistiges Leben, und sie dienen uns auch nicht bloß unmittelbar zu möglichst vielseitigem und gewandtem Ausdruck, sondern es wird durch sie mittelbar auch unsere eigene Sprache in sich selbst bereichert, indem die aufgenommenen Fremdwörter einen Reiz auf die einheimische Sprachthätigkeit üben, der sie durch jene Entlehnung keineswegs erschlaffen läßt: es wird vielmehr in der aufnehmenden Sprache eine wetteifernde, selbstschöpferische Gegenwirkung erzeugt, nicht etwa das Aufgenommene wieder auszustoßen, sondern es zu verdauen und weiter zu ergänzen. Dies geschieht zum Teil durch eine Art von Übersetzung, welche, freilich verschieden von jener früher erwähnten unbewußten Nachbildung ausländischer Redensarten, nur von gelehrten Kreisen ausgehen kann, denen der etymologische Sinn der Fremdwörter bekannt ist, und auch nicht den Zweck hat, dieselben zu ersetzen, sondern nur zu erklären, aber eben dadurch deutsche Synonyme der Fremdwörter in Aufnahme bringt. Ausbildung der Synonymik kann aber auch stattfinden ohne Neubildung deutscher Wörter, nur indem bereits vorhandene zu den fremden in ein Verhältnis synonymer Ergänzung und Abstufung gesetzt und dadurch Paare oder Gruppen von Begriffen als feinere Unterschiede gegen einander abgeklärt und zugeschliffen werden, wodurch die Sprache im ganzen intensiv, qualitativ bereichert wird*). Beispiele können auch hier nur angeführt, nicht ausgeführt werden. „Volksherrschaft" ist offenbar zunächst Übersetzung des fremden Wortes „Demokratie", hat aber dieses nicht verdrängt, sondern neben ihm eine verschiedene, etwas allgemeinere Bedeutung gewonnen; „Freistaat" ist zwar nicht wörtliche, aber freie Übersetzung von „Republik" und kann um so eher von diesem auch wieder unterschieden werden. Im übrigen vergleiche man etwa: Asyl, Zuflucht, Freistatt; perfid, stärker und schlimmer als: treulos; moralisch, sittlich; Skizze, Entwurf; Temperament, Naturell, Gemütsart; Talent, Anlage; Photographie, Lichtbild; Genius, Genie, Geist; Nation, Volk; Kultur, Bildung; magisch,

---

*) vgl. Baemeister, Germanistische Kleinigkeiten. Stuttgart 1870. S. 56.

zauberisch; kompliziert, verwickelt; Ähnliches in andern Sprachen,
z. B. englisch liberty neben freedom; equitable, fair (feinere
„Nuancen" des einfachen deutschen „billig"). *)

Die Vorteile, welche einer Sprache aus mäßiger Aufnahme
und Anwendung von Fremdwörtern erwachsen, springen vielleicht
weniger in die Augen als manche Nachteile, die mit dem Über=
maß derselben verbunden sind; wir werden uns aber schließlich
der Ansicht zuneigen, daß die Fremdwörter an sich indifferent
seien und daß es hier, wie bei so vielen ähnlichen Dingen, eben
nur darauf ankomme, was wir selbst aus ihnen machen. Jeden=
falls darf hier so wenig als anderswo der mögliche Mißbrauch
den Gebrauch überhaupt aufheben, und thöricht wäre blinder Eifer
gegen Aufnahme und Gebrauch von Fremdwörtern auch schon
darum, weil der Versuch einer gänzlichen Ausrottung derselben,
besonders in kürzerer Frist, ohne Erfolg bleiben müßte. Wer
glaubt, dieselben durch irgend welche Vorsätze und Maßregeln
leicht vertreiben zu können, weiß nicht oder vergißt, auf welchen
Wegen sie meistens eingedrungen sind, nämlich nicht bloß durch
Angewöhnung und Nachahmungssucht einzelner Personen im
kleinen, sondern durch großartige geschichtliche Konstellationen und
Berührungen, welchen das ganze Volksleben zu Zeiten unter=
worfen war und sich nicht entziehen konnte. Nur auf eben diesen
Wegen können Übermaß und Mißbrauch der Fremdwörter, wenn
sie sich wirklich eingeschlichen haben, allmählich auch wieder ab=
gestellt werden. Es muß eine tief innerliche Erstarkung des
Nationalgefühls in weitesten Kreisen, es muß vielleicht sogar eine
Umkehrung der politischen Machtverhältnisse stattgefunden haben,
wenn eine Rückwirkung davon auch auf die Sprache in gründlicher
und nachhaltiger Weise erfolgen soll. Denn im Leben der Sprache
geschehen alle Veränderungen höchst langsam, durch allmähliche
Umstimmung; es müssen mittelbare Wege eröffnet werden, auf
denen die Heilkraft der Natur aus eigenem Antrieb wieder aus=
stoßen kann, was der Organismus zu viel aufgenommen hat,
ebenso unbewußt wie es hineingekommen, und erst nachdem oder

---

*) vgl. Dr. C. Abel, Über Sprache als Ausdruck nationaler Denk=
weise. Berlin 1869. S. 9 ff.

wenigstens während zugleich für einen Ersatz des aufgegebenen
Fremden durch vermehrtes Eigenes gesorgt ist. Natürlich ist die
Beteiligung der einzelnen an der Gesamtwirkung durch persönliche
Einsicht und Bemühung und wohl auch durch Verbindungen
unerläßlich, denn die größten Wirkungen vollziehen sich am Ende
doch alle nur im kleinen; aber eben diese Wechselwirkung muß
man stets im Auge behalten, hier wie bei den Bestrebungen für
Reform der Orthographie, welche wir nochmals als gleichzeitige
Parallele anführen.

Im alten Rom eiferten Männer wie der Zensor Cato gegen
das Überhandnehmen des griechischen Einflusses auch in der
Sprache; in neuester Zeit suchen die Griechen die türkischen
Elemente, die Rumänen die slavischen aus ihrer Sprache auszumerzen. Auch in Deutschland sind schon mehrmals Anläufe
gegen die Fremdwörter gemacht worden, natürlich besonders in
Zeiten, wo sie in gefährlichem Maße zugenommen und Herrschaft
gewonnen hatten. Schon im Mittelalter klagten einzelne Dichter
gegen übertriebene Vorliebe für französische oder flämische Rede-
weise, während dagegen der berühmte und volkstümliche Prediger
Berthold (der auch in der Schweiz unter großem Zulauf sich
hören ließ) gelegentlich in sehr bemerkenswerter Weise den Gebrauch lateinischer Wörter wegen ihrer vorteilhaften Kürze gegenüber deutschen Umschreibungen in Schutz nahm*). Im siebzehnten
Jahrhundert, wo die fremden Einflüsse ihren höchsten Grad
erreicht hatten, erhoben sich dagegen die eben damals gestifteten
Gesellschaften deutscher Gelehrten und Dichter, welche ihre Bemühungen um Hebung vaterländischen Wesens und Sinnes
insbesondere auch auf Reinigung der deutschen Sprache richteten**).
Diese Bestrebungen waren gut gemeint und auch nicht ohne allen
Erfolg, wenigstens in der Poesie, wo die fremden Elemente
doppelt störend empfunden werden, weil sie die natürliche Sprache
des Herzens sein soll. Aber im Streben nach Ersatz der Fremd-

---

*) Bertholds Predigten, herausgegeben von F. Kling. Berlin
1824. S. 320: „Wir haben vil wort in der latine, diu wir in diutsche
niemer dz künnen gelegen wan mit gar vil umberede.“ —
**) v. Raumer, Gesch. d. germ. Philologie, S. 71. Gervinus, Gesch. d.
deutschen Dichtung IV, 189 ff.

wörter durch deutsche kamen auch Mißgriffe vor, geschmacklose und schwerfällige Neubildungen, und Opitz, der an der Spitze der damaligen Erneuerung der deutschen Poesie stand und auch selbst zu den Mitgliedern der sogenannten „fruchtbringenden Gesellschaft" (des Palmordens) gehörte, war unbefangen genug, einzusehen, daß die deutsche Sprache der fremden Wörter doch nicht leicht entbehren könnte, weil sie, besonders für gewisse Gattungen der Prosa, wirklich noch arm und unausgebildet war.

Seit dem viel mächtigern Aufblühen der deutschen Litteratur im vorigen Jahrhundert haben sich „puristische" Bestrebungen wohl zeitweise erneuert*); aber daß sie eben bei der glänzend errungenen Selbständigkeit der neuen Litteratur auch weniger mehr notwendig waren, geht daraus hervor, daß gerade die klassischen Schöpfer und Träger derselben, Lessing und Herder, Goethe und Schiller, keineswegs für Sprachreinigung um jeden Preis sich ereiferten und, je mehr sie einerseits die deutsche Sprache in reinstem Glanz erscheinen ließen, sich um so weniger Bedenken machten, in der Prosa besonders und vollends im vertrautern und freiern Stil ihrer Briefe die zahlreichen Fremdwörter zu gebrauchen, die bei den Zeitgenossen eben noch üblich waren. Goethe sagt, die Muttersprache reinigen und bereichern sei das Geschäft der besten Köpfe, Reinigung ohne Bereicherung aber sei oft geistlos wie die Urteile von Halbkennern über Kunstwerke, an denen sie irgend eine kleine Verzeichnung rügen, vom Verdienste des Ganzen aber nichts verstehen.

Die sogenannte romantische Schule war zwar zunächst noch mehr als die klassische auf Wiederherstellung rein deutschen Geistes und Geschmackes gerichtet, und Männer wie Fichte, Arndt, Jahn waren nicht bloß von der Herrlichkeit der deutschen Sprache begeistert, sondern haben auch in ihrer Handhabung derselben das Streben nach rein deutschem Ausdruck gelegentlich mit einiger Kühnheit bis auf die Spitze getrieben; auch ist ja eben damals die Wissenschaft der deutschen Philologie entsprungen, welche am ehesten berufen und fähig war, Maß und Ziel der deutschen Sprachreinheit zu weisen: aber die romantische Schule blieb bei

---

*) v. Raumer a. a. O., S. 487. 489.

ziemlicher Vielseitigkeit ihrer Antriebe und Bestrebungen bekanntlich
nicht ausschließlich national, und J. Grimm, der Gründer der
deutschen Philologie, war zwar in seinem persönlichen Stil wie
in seinen wissenschaftlichen Forschungen auf Reinheit des deutschen
Ausdrucks und Ausbeutung des reichen Schatzes der heimischen
Sprache mit ebenso stetem Eifer wie feinem Sinne bedacht, aber
doch war gerade er bei seiner tiefen Einsicht in das natürliche
Leben der Sprache weit entfernt, einem einseitigen, starren Pu-
rismus zu huldigen, wie er ja auch in der Reform der Orthographie nicht allzu kühn vorgehen wollte, weil wahrhaft geschichtlicher Sinn eben nicht bloß das Ursprüngliche, sondern auch das
Gewordene und immerfort Werdende in seiner relativen Berechtigung anzuerkennen weiß.

In neuester Zeit ist wohl Zunahme der Fremdwörter in der
„schönen" Literatur (soweit sie diesen Namen verdient) nicht zu
bemerken, eher eine allmähliche Abnahme, und auch die Wissenschaft,
je mehr sie überhaupt den Beruf erkennt, möglichst verständlich
auch für weitere Kreise zu reden und auf die Form ihrer Darstellung mehr als früher einige Sorgfalt zu verwenden, bestrebt
sich zusehends, Reinheit des deutschen Ausdrucks zu pflegen, wovon
sogar in der Philosophie, die eine Zeit lang besonders berüchtigt
für das Gegenteil war, Schopenhauer und Lotze ein nachahmungs-
würdiges Beispiel gegeben haben.

Im übrigen geht der Zug unserer Zeit, trotz der starken
Betonung des Nationalitätsprinzips in der großen Politik, nicht
auf eine schroffe Durchführung desselben in der Sprache, und
wir werden uns schließlich für unsern Hausgebrauch mit dem
Grundsatz begnügen dürfen, Fremdwörter auch fernerhin zu gebrauchen, nur nicht ohne Not oder wenigstens nicht ohne bestimmten Grund und Zweck, und wenn wir es thun, sie möglichst
rein und richtig zu gebrauchen, damit sie eben als solche uns
bewußt und dann auch unschädlich bleiben.

Über die Anwendung des Begriffes von Gesetzen auf die Sprache.

Wenn eine Hauptaufgabe wissenschaftlicher Philosophie darin besteht, das Verhältnis der einzelnen Wissenschaften zu einander und zur Philosophie als ihrem Mittelpunkte zu überwachen, die Wechselwirkung zwischen dem Ganzen und den Teilen der Wissenschaft zu regeln und zu fördern, besonders durch beständige Kritik der gemeinsamen Grundbegriffe aller oder mehrerer Disciplinen, so ist es wohl zeitgemäß, unter andern den Begriff des Gesetzes zum Gegenstand einer Untersuchung in der angegebenen Richtung zu machen. Es ist dies auch schon geschehen, zuerst von Rümelin in seiner Abhandlung „Über den Begriff eines socialen Gesetzes" (Zeitschr. f. d. gesamte Staatswissenschaft, 1868, S. 129—150), dann von Eucken in seiner „Geschichte und Kritik der Grundbegriffe der Gegenwart", 1878, S. 115 ff. Beide fanden sich veranlaßt, vor voreiliger Anwendung des Wortes „Gesetz" auf Wissensgebiete zu warnen, welche, wenigstens gegenwärtig noch, die Aufstellung von Gesetzen nicht mit Sicherheit zulassen. Alle Wissenschaften streben wohl nach Auffindung und Darstellung von Gesetzen; aber nicht alle sind darin gleich weit vorgerückt, und die Bedeutung des Wortes ist in den einzelnen Wissenschaften, in welchen es bereits üblich geworden ist, jedenfalls in höherm Maße verschieden, als man gemeinhin zu bedenken scheint. Das die moderne Wissenschaft unverkennbar beseelende Bestreben, die Scheidewand zwischen Natur und Menschenwelt auf möglichst vielen Punkten zu durchbrechen und das gesamte Menschenwesen, also auch die Geschichte als natürliche Entwicklung zu begreifen, hat dazu geführt, daß man Naturgesetze oder ein Analogon derselben auch da suchen will oder bereits gefunden zu haben glaubt, wo man bisher nur sittliche oder staatliche Gesetze gekannt hatte.

Von dieser Sphäre sind ja auch das Wort „Gesetz" und die entsprechenden Wörter der übrigen Kultursprachen ursprünglich ausgegangen, und wenn ein so einsichtiger und eifriger Vertreter der Naturwissenschaften wie Hurley (Reden und Aufsätze, S. 16 der Übersetzung) die Bildung des Wortes „Naturgesetz" „eine unglückliche Metapher" genannt hat, so lohnt es sich wohl der Mühe, zunächst einmal zu untersuchen, wie man überhaupt zu jener Übertragung des Wortes gelangen konnte.

In der That besteht ja zwischen Naturgesetzen und Sitten= oder Staatsgesetzen nicht bloß der Unterschied, der eben in den das Geltungsgebiet bezeichnenden Attributen ausgedrückt ist, sondern durch diese ist auch der Begriff von Gesetz selbst sehr verschieden bestimmt. Zwar sind auch die sogenannten Natur= gesetze, wenn man sie noch so sehr als objektive Mächte hypostasiert, Produkte menschlicher Thätigkeit, aber diese ist hier die rein theoretische Erkenntnis; im Gebiete der Sittlichkeit und Gesell= schaft aber ist es eine praktische Thätigkeit des Willens, von welcher und für welche Gesetze geschaffen sind. Diese Gesetze sind Gegenstände besonderer Wissenschaften, der Ethik, Juris= prudenz u. s. w., aber nicht Produkte wissenschaftlicher Thätigkeit, und erst wenn es jenen Spezialwissenschaften gelänge, die Thätig= keit der sittlichen und staatlichen Gesetzgebung selbst wieder auf Gesetze zurückzuführen, wären diese etwas Naturgesetzen Ent= sprechendes. Wenn Proudhon sagt, Gesetze werden weder von Fürsten noch von Völkern gegeben, sondern von der Wissenschaft gefunden und ausgesprochen, so ist damit freilich der gewöhnliche Begriff von Gesetzen ganz aufgehoben und der von wissenschaft= lichen Naturgesetzen, auch für das menschliche Leben, als allein gültig aufgestellt; es liegt also darin jenes Streben der modernen Wissenschaft nach monistischer Welterklärung ausgesprochen, welches heute noch nicht erfüllt werden kann; aber der für einmal noch bestehende Unterschied zwischen zwei Arten von Gesetzen ist durch den zwischen „geben" und „finden" ganz richtig ausgedrückt, und damit hängt ja auch die verschiedene Art der Geltung zusammen. Die Naturgesetze sprechen ein reales Sein oder Geschehen, eigentlich nicht einmal ein Müssen aus, die ethischen und politischen ein nur ideales Sein, aber umsomehr ein Sein=Sollen, und dieser

Unterschied, so tiefgreifend er ist, bedarf keiner weitern Erörterung.
Aber es muß doch auch etwas Gemeinsames geben, sonst wäre
die Übertragung des Wortes „Gesetz" vom einen Gebiet auf das
andere unbegreiflich, sie müßte denn auf der bloßen Vorstellung
einer gewissen Ähnlichkeit beruhen, welche zwischen beiden Gebieten
besteht, insofern wir sie uns überhaupt von irgend einer Ordnung
beherrscht denken, die im Menschen ein Gefühl von Sicherheit
und auch etwas von ästhetischem Wohlgefallen erweckt. Aber in
der That liegt eine tiefere Übereinstimmung gerade dort, wo der
Unterschied am tiefsten zu gehen scheint. Die Naturgesetze erfahren
keinerlei Widerstand oder Verletzung, sie werden immer erfüllt,
während die menschlichen Gesetze durch den Willen oft genug
durchbrochen oder umgangen werden; aber es ist doch, so wesent=
lich es sonst sein mag, für den Begriff eines menschlichen Gesetzes
selbst etwas Zufälliges, ob es im einzelnen Fall erfüllt werde
oder nicht: seine Gültigkeit oder sein Anspruch auf Geltung bleibt
ebenso ungebrochen, ausnahmslos, absolut wie die eines Natur=
gesetzes. Hier also, in dieser Ausnahmslosigkeit der Forderung,
liegt der springende Punkt der Übereinstimmung, und dieses eine
Merkmal genügte, die Sprache zur Übertragung des Wortes
von dem ursprünglichen Gebiete seiner Bedeutung auf das der
Natur zu veranlassen. Wenn die deutsche Sprache, bei ihrer
nur allzu großen Leichtigkeit in Bildung von zusammengesetzten
Wörtern, das Kompositum „Naturgesetz" zu bilden erlaubte, so
ist der mit der Worteinheit erzeugte Schein einer neuen Begriffs=
einheit hier nicht trügerischer als bei manchen ähnlichen Wort=
bildungen, dergleichen auch im wissenschaftlichen Sprachgebrauch
vorkommen. Eine große Klasse der deutschen Nominalkomposita
ist so beschaffen, daß das ganze Wort eine Spezies des im zweiten
Teil enthaltenen Begriffes bezeichnet. Wo nun das zweite Wort
einen hinlänglich bekannten, meistens einfachen und sinnlichen
Gegenstand bezeichnet, dem durch das erste ein spezielles Merkmal
zugeschrieben wird, ist der Begriff des Ganzen meistens in der
angegebenen Weise richtig gebildet. Wo dagegen das zweite
Wort einen abstrakten oder komplizierten Gegenstand bezeichnet,
dessen Begriff vielleicht selbst noch etwas streitig ist, nimmt der
durch die Komposition entstehende Begriff des Ganzen an der

Unſicherheit des Grundbegriffes teil, und es entſtehen auf dieſem
Wege neue Begriffe, welche oft etwas noch Problematiſches,
gleichſam nur Heuriſtiſches an ſich tragen. Das hindert ſolche
Begriffe nicht, als wirkſame Hebel gerade bei fortſchreitender
wiſſenſchaftlicher Forſchung zu dienen, zu welchem Zwecke Wörter
jener Art oft wirklich erſt geſchaffen werden; aber man darf nie
vergeſſen, daß der ſo erzeugte neue Begriff nur eine vorläufige,
verſuchsweiſe Geltung hat, indem er als Exponent für einen
Inhalt dienen ſoll, der noch nicht empiriſch vollſtändig geſammelt
oder kritiſch bereinigt iſt. Es kann ſogar der Fall ſein, daß die
beiden Teilbegriffe des Kompoſitums einander faſt widerſtreiten
und ausſchließen, ohne daß man darum Anſtand nimmt, den
ſcheinbar ſich ſelbſt widerſprechenden oder den Grundbegriff auf=
hebenden Totalbegriff zu bilden oder zu gebrauchen. Die Apper=
ception, auf der ſolche Wortbildungen beruhen, geſchieht, wie alles
Sprachliche, mehr durch die Phantaſie als durch den logiſchen
Verſtand; ſie haben daher etwas Poetiſches, ohne darum zu
wiſſenſchaftlichem Gebrauch untauglich zu ſein, ſolange denſelben
das Bewußtſein der urſprünglichen Tragweite und Beſtimmung
des Wortes begleitet. Einige Beiſpiele, aus der gemeinen und
aus der wiſſenſchaftlichen Sprache, mögen hier folgen, um die
Möglichkeit und Leiſtungsfähigkeit ſolcher Begriffe ins Licht zu
ſetzen, zu denen eben auch der von Natur= und Sprachgeſetzen
zu gehören ſcheint. Wir wählen daher auch die Beiſpiele zum
Teil aus dem Begriffskreiſe von Staat und Sprache.

Bei Taufe ſcheint uns weſentlich das Element des Waſſers;
aber trotzdem bilden wir das Kompoſitum Feuertaufe, welches
ſeine prägnante Bedeutung gerade aus dem Kontraſte mit der
gewöhnlichen Vorſtellung empfängt. Bei Geld iſt die Vor=
ſtellung von geprägtem Metall zwar nicht urſprünglich gegeben,
da das Wort eigentlich nur „Leiſtung" und dann „Gegenwert",
„Vergeltung" bedeutet; aber wir haben uns doch längſt gewöhnt,
zunächſt an klingende Münze zu denken, und das hält uns nicht
ab, den Gegenſatz dazu ausdrücklich als Papiergeld zu bezeichnen.
Als eine der erſten und zugleich höchſten Kulturſchöpfungen,
die den Menſchen vom Tier unterſcheide, betrachten wir den
Staat; aber wir können nicht umhin, den Bienenſtaat als eine

in seiner Art ebenso vollkommene Einrichtung zu bewundern.
Ganz unverfänglich erscheinen uns die Bezeichnungen Wort= und
Sprachstamm, Sprachbau, Satzglied und ähnliche, weil wir uns
der bloßen Bildlichkeit in der Vergleichung der Sprache mit einer
Pflanze oder einem tierischen Körper deutlich bewußt bleiben;
aber bei Gebärdensprache und Bilderschrift ist wieder ein förm=
licher Gegensatz im Spiele, da wir sonst bei Sprache und Schrift
ohne weiteres an Laute als Elemente beider denken. Offenbar
verfänglich und doch beliebt und geläufig sind Ausdrücke wie Pflanzen=
seele, Natur= und Völkerrecht, Völkerpsychologie. „Pflanzenseele"
klingt allerdings mehr mythologisch und poetisch als wissenschaft=
lich; aber neuestens spricht man ja schon von Zellenseelen, welche
vielleicht jene entbehrlich machen! Vom Rechte wird wohl
heute ziemlich allgemein zugegeben, daß es nur als positives
existiert; aber der alte Name Naturrecht läßt sich doch nicht ver=
drängen. Daß ein Völkerrecht nur als Ideal der Gelehrten
und Menschenfreunde existiert, erfahren wir jeden Tag; aber
eben darum kann der Ruf nach Herstellung einer internationalen
Autorität nicht verstummen. Über den Namen Völkerpsychologie
hat man anfänglich die Achsel gezuckt; er bezeichnet ja auch noch
lange keine zu Recht bestehende Wissenschaft und würde wohl
besser mit Soziologie vertauscht; aber thatsächlich wird er immer
häufiger gebraucht und thut seine Dienste, um eine Wissenschaft
vorzubereiten, ohne welche keine Philosophie der Geschichte möglich
werden wird.

Ähnlich nun wie die letztgenannten Wörter scheint auch
„Naturgesetz" gebildet, und da dieses Wort nun einmal ge=
bräuchlich geworden ist, so wäre es unfruchtbar, dasselbe bekämpfen
oder verdrängen zu wollen. Auch ist ja unsere ganze Abhandlung
nicht direkt auf diesen Begriff gerichtet, sondern wir mußten ihn
nur in Betracht ziehen, weil die Sprachgesetze, um die es sich für
uns hauptsächlich handelt, als Naturgesetze oder als Analoga von
solchen gedacht werden. Bevor wir also jene untersuchen, müssen
wir genauer zusehen, wie der Begriff von Gesetzen, auf die Natur
angewandt, sich gestaltet hat; erst dann können wir die weitere
Übertragung desselben auf die Sprache prüfen. Zum voraus
muß nur noch gesagt werden, daß mit einer allgemeinen Ver=

sicherung, Naturgesetze und Sprachgesetze seien natürlich „etwas ganz anderes" als Gesetze im gewöhnlichen Sinne, d. h. sittliche oder staatliche, und auch in „Sprachgesetz" habe das Wort Gesetz wieder einen andern Sinn als in „Naturgesetz", die Sache nicht erledigt ist. Wer diese Ansicht hegt, der mag alles folgende un= gelesen lassen: wir schreiben unter der Voraussetzung, daß ein leeres Spiel mit Worten in der Wissenschaft nicht vorkomme, daß also eine gewisse Kontinuität des Begriffes in den drei Ge= bieten allerdings zu Grunde liege; nur müssen eben Stufen des= selben unterschieden werden. Endlich wollen wir noch das mögliche Mißverständnis abwehren, als handle es sich um die Frage, ob die ganze Natur und die ganze Sprache irgend welchen Gesetzen gleichmäßig unterworfen sei. Diese Frage kann allerdings nicht ganz unberührt bleiben; aber zunächst fragt es sich weniger, in welchem Umfang der Begriff von Gesetzen auf Natur und Sprache Anwendung finde, als in welchem Sinne.

Man spricht von Gesetzen, die in der Natur walten, zu= weilen in jenem etwas unbestimmten, allgemeinen Sinne, wobei man nur an eine im großen Ganzen herrschende Ordnung denkt, welche sich allerdings der sittlichen und staatlichen vergleichen läßt und etwa in den Goetheschen Versen ausgesprochen ist:

> Das Sein ist ewig, denn Gesetze
> Bewahren die lebend'gen Schätze,
> Aus denen sich das All geschmückt.

Man mag in diesen Versen eine Ahnung des Gesetzes von der Erhaltung der Kraft finden, aber eine Definition des Be= griffes „Gesetz" läßt sich aus denselben gewiß nicht ableiten. Der wissenschaftliche Gebrauch des Wortes ist denn doch etwas bestimmter, wenn auch immer noch schwankend. Nicht selten versteht man unter Naturgesetzen gewisse mit Sicherheit erkannte und für den Bestand des Naturlebens sehr wichtige Thatsachen von allgemeiner Bedeutung, welche eine Menge spezieller sich wiederholender Erscheinungen unter einen Gesichtspunkt zusammen= gefaßt darstellen, aber nicht erklären. Von dieser Art ist etwa die gegenseitige Ernährung der vegetabilischen und animalischen Natur durch den Umsatz von Kohlensäure, aber auch die Bewegung der Planeten um die Sonne, wenn nur die Thatsache, nicht die

Art und Ursache derselben ins Auge gefaßt wird; ferner der Kreislauf des Wassers in seinen Verwandlungen u. dgl. Sätze, wie die in der älteren Naturwissenschaft beliebten, z. B. daß die Natur sparsam sei, daß sie keine Sprünge mache u. dgl., würden, auch wenn sie als durchaus richtig erwiesen wären, keine Gesetze ausmachen, sondern eben höchstens nützliche und interessante Wahrheiten bleiben. Der strengere und engere Sinn des Wortes „Gesetz", auf den die Wissenschaft ihren Gebrauch desselben einschränken sollte, bezieht sich nicht auf fertige allgemeine Thatsachen, die einfach als solche hingestellt werden, sondern auf Erklärung des lebendigen Geschehens aus der bestimmten Wirkungsweise von Kräften. Rümelin erklärt daher Gesetz geradezu als die Definition von Kräften, und scheinbar umgekehrt, sachlich übereinstimmend, erklärt Helmholtz (Vorträge, Heft 2, S. 190) Kräfte als objektivierte Gesetze, wobei der letztere Begriff natürlich auf seine ursprünglich subjektive (erkenntnistheoretische) Bedeutung reduziert ist (vgl. Vierteljahrsschr. f. wiss. Philos. I, S. 565). Für die mehr subjektive Fassung oder Färbung des Begriffs besteht sonst eben ein anderer Ausdruck, nämlich „Regel", und die beiden Wörter dürfen jedenfalls einander nicht leichthin gleichgesetzt oder promiscue gebraucht werden; aber ihr Unterschied ist auch nicht leicht festzustellen, und die Naturforscher selbst scheinen über denselben nicht ganz einig zu sein. Von dem Begriff „Regel" gilt wie von „Gesetz", daß er auf dem Gebiete menschlichen Thuns erwachsen ist; neben dem Sittengesetz gibt es ja Sittenregeln, Regeln des Anstandes, auch der bloßen Klugheit u. s. w., während von Regeln der Natur selbst niemand spricht, sondern nur von Regeln der Beobachtung und Behandlung der Natur. Von Gesetz unterscheidet sich Regel auf dem Gebiete menschlichen Handelns dadurch, daß das Gesetz mehr allgemeine Grundsätze ausspricht, die Regel mehr die Durchführung und Ausführung derselben im einzelnen betrifft. Damit hängt dann die im gemeinen Sprachgebrauch ziemlich herrschende Vorstellung zusammen, daß ein Gesetz keine Ausnahmen erleide und ertrage, während der Satz „keine Regel ohne Ausnahme" wenigstens sprichwörtliche Geltung hat. Auf dem Gebiete der Naturwissenschaft ist der Unterschied zwischen Gesetz und Regel ziemlich entsprechend dem eben angegebenen, nur mit dem Unterschied, daß Regel einen etwas weniger vorgerückten, noch nicht bis zu allgemein gültigen Sätzen durchgedrungenen Stand der Erkenntnis andeutet. Doch wird diese Unterscheidung nicht immer gemacht und Lotze (Logik, S. 382—83) findet, die sogenannten Gesetze seien zuweilen nur die einfachsten Regeln, welche die Vermutung für sich haben, dem objektiven Verhalten am nächsten zu kommen. Noch weiter geht in dieser Richtung Preyer (Über die Aufgabe der Naturwissenschaft, S. 25 ff.), indem er für Gesetze die Erkenntnis der wirkenden Ursache verlangt. Wenn der Begriff des Gesetzes so erhöht wird, rückt die Regel an die Stelle desselben, und so wird denn auch, entgegen dem gemeinen Sprachgebrauch, geradezu gesagt, eine Regel mit Ausnahmen sei keine mehr. Regel und Gesetz sollen sich unterscheiden wie Bedingtsein und Bewirktsein, bloß funktionelle Abhängigkeit und wirkliche Kausalität. Daraus folgt denn freilich, daß Gesetze, welche man sonst gerade als klassische Muster des Begriffs anzuführen geneigt war, wie das Newtonsche, demselben nicht Genüge leisten und daß den (bisher bekannten und so genannten) Gesetzen zwar nicht Ausnahmen, aber Grenzen ihrer Gültigkeit nach oben und unten beigelegt werden. Wir müssen die Erledigung dieser Differenzen den Naturforschern überlassen und können es um so eher, da wir auf den Unterschied zwischen Gesetz und Regel bei der Sprache zurückkommen werden. Hier ist bloß noch die Frage zu erheben, ob der Begriff von Gesetzen, in seiner bei den Naturforschern vorherrschenden bescheidenern Bedeutung, auf dem ganzen Gebiet ihrer Wissenschaft gleichmäßige Anwendung finde. Das kann allerdings nicht verlangt werden und ist auch keineswegs der Fall. Die meisten der hochgepriesenen Naturgesetze betreffen das Gebiet der unorganischen Natur, also hauptsächlich der Physik und Astronomie, zum Teil auch noch der Chemie und Mineralogie; ihre Sicherheit verdanken sie der Mitwirkung der Mathematik, in deren Form sie auch meistens gefaßt sind oder leicht gebracht werden können; je höher man im Reiche des Daseins aufwärts steigt, um so mehr nimmt die Zahl oder die Sicherheit der Gesetze und darum auch schon der Gebrauch dieses Wortes ab und um so weniger kann der aus der anorganischen Natur und dem Makrokosmus gewonnene Begriff von

Gesetzen auf die Gestalten und Lebenserscheinungen der organischen
Wesen ohne Abbruch an Gehalt oder Genauigkeit angewandt
werden. Diese Ansicht kann hier allerdings nicht bewiesen werden,
und der Nachweis ihrer Richtigkeit durch eine Übersicht des
Besitzstandes der einzelnen Wissenschaften würde Spezialkenntnisse
voraussetzen, die wohl niemand umfaßt. Teichmüller („Darwi=
nismus und Philosophie") scheint eine Abstufung ähnlicher Art
anzunehmen, wenn er in der Natur Daseinsformen unterscheidet,
welche von unabänderlichen, ausnahmslosen Gesetzen beherrscht
werden, und solche, wo dies nur teilweise der Fall sei. Aller=
dings sucht die heutige Naturforschung den Unterschied zwischen
unorganisch und organisch, wie den zwischen Natur und Geist,
fortschreitend aufzuheben, also auch den Organismus auf Mecha=
nismus zurückzuführen; aber eben dabei stößt sie ja noch auf
Schranken, welche jenen Unterschied empfinden lassen. Dies ist
natürlich noch mehr der Fall, wo sich zu dem Physischen das
Psychische gesellt, welches wohl für einmal noch, und vielleicht
für immer, als etwas spezifisch Verschiedenes stehen bleiben wird.
Damit ist nicht ausgeschlossen, daß die Berührungen zwischen
beiden Gebieten, welche zunächst nur an der untersten Grenze
des Psychischen, bei den psychischen Elementarprozessen, zu suchen
sind, auf Gesetze und mathematische Formeln gebracht werden
können, und es haben ja auch Versuche auf dem Gebiete der
Psychophysik bereits zu einigen Ergebnissen jener Art geführt.
Sogar wenn wir den Boden des rein Psychischen betreten (immer
unter der Voraussetzung, daß den psychischen Funktionen irgend
welche, heute noch unbekannte, physische zu Grunde liegen oder
entsprechen), brauchen wir nicht auf die Entdeckung von Gesetzen
zu verzichten. Denn wenn auch Herbarts Versuch, solche mathe=
matisch zu formulieren, als verfrüht oder ganz verfehlt zu be=
trachten ist, so läßt sich nicht leugnen, daß das, was Herbart
und seine Schule für die Lehre von der Verschmelzung und
Komplexion, Assoziation und Reproduktion der Vorstellungen,
von der Entstehung herrschender Vorstellungsmassen und von der
Schwelle des Bewußtseins gelehrt haben, an eine psychische Statik
und Mechanik, die sich mit der physischen vergleichen läßt, nahe
heranreicht, und die Auffassung der Vorstellungen als Kräfte,

so gut wie Nervenreize und ihnen entsprechende Elementar-
empfindungen, läßt für Gesetze noch in dieser Sphäre Raum.
Auch die mit Vorstellungen verbundenen Gefühle werden nicht
ganz unberechenbar bleiben und die Anfänge einer induktiven
Begründung der elementaren Ästhetik dürfen nicht gering geschätzt
werden; denn wenn sie auch noch nicht zur Entdeckung eigentlicher Gesetze geführt haben, so ist es doch schon ein bedeutender
Fortschritt, Gesetze der ästhetischen Gefühle auch nur zu suchen,
statt der hergebrachten Phrasen von Gesetzen des Schönen und
der Kunst, wobei das Wort „Gesetz" nur jenen ganz allgemeinen,
unbestimmten Sinn hat, der sich aus der Parallele mit den
moralischen Gesetzen entnehmen läßt.

Hiemit aber haben wir das Gebiet eigentlicher Naturgesetze
bereits ziemlich weit überschritten und dasjenige betreten, dem
jedenfalls auch die Sprache angehört, jenes Übergangsgebiet
zwischen Natur und Geist, wo das Wort „Natur" eine doppelte
Bedeutung hat, indem es einerseits noch die leibliche Natur als
einen Bestandteil des Reiches der Organismen bezeichnet, anderseits den Naturzustand des spezifisch menschlichen Wesens als eine
Vorstufe der Geschichte. Bevor wir nun die Frage der Sprachgesetze in Behandlung ziehen, müssen wir nur noch in Kürze
rückwärts blickend uns klar machen, was wir aus der Betrachtung
des Gebietes der reinen Naturgesetze für Feststellung des Begriffes
„Gesetz" überhaupt und eventuelle Übertragung desselben auf die
Sprache gewonnen haben. Das erste Merkmal war die ausnahmslose Geltung, welche einem Gesetze zukommt und durch
welche es sich von einer Regel unterscheidet. Das zweite war
die Voraussetzung von Kräften, deren Wirkungsweise das Gesetz
angibt. Wir können hier noch hinzufügen, daß die Kräfte, wenn
sie nicht selbst als Wesen gedacht werden, Wesen von mehr oder
weniger Selbständigkeit voraussetzen, in welchen sie ihren Bestand,
ihren Angriffs- oder Ausgangspunkt haben. Ein drittes Merkmal
war oben noch nicht ausdrücklich als solches genannt; es hängt
aber mit dem zweiten zusammen und besteht darin, daß Gesetze
die Form hypothetischer Urteile haben. Daraus folgt, daß allgemeine Sätze, seien sie positiv oder negativ, nicht den Namen
von Gesetzen verdienen, wenn sie nicht bloß sprachliche Ver-

kürzungen hypothetischer Urteilsform sind, deren Konditionalsatz eben das notwendige Moment der Kausalität zur bloßen That= sächlichkeit des Hauptsatzes hinzubringt. (Vgl. Lotze, a. a. S., S. 381).

Indem wir uns endlich der Hauptfrage zuwenden, ob der von Naturgesetzen abstrahierte Begriff von „Gesetz" auf die Sprache anwendbar sei, bedarf es kaum noch einer ausdrücklichen Hinweisung darauf, daß diese Fragestellung wesentlich verschieden ist von der Frage, ob überhaupt auch in der Sprache von Gesetzen in irgend einem Sinne die Rede sei. Es ist bekannt genug, daß gegenwärtig jener Ausdruck beliebt ist; aber es ist auch leicht zu erkennen, daß das Wort „Gesetz" dabei oft nur wieder jene all= gemeine Bedeutung hat, die von sittlichen und staatlichen Gesetzen abstrahiert ist und gerade der Sprachwissenschaft nicht genügen kann. Es werden damit oft nur gewisse im Sprachgebrauch fest= stehende Thatsachen von allgemeiner Bedeutung bezeichnet, ohne Rücksicht auf theoretische und insbesondere historische Ergründung jenes thatsächlichen Bestandes. In diesem Sinne sagt man etwa, eine Wortbildung oder Satzwendung, die ein einzelner sich erlaubt, verstoße gegen die Gesetze der Sprache u. dgl., gerade wie man im Gebiete der Kunst von Verstößen gegen die Gesetze der Schön= heit im allgemeinen oder der Symmetrie etwa im besondern spricht, und wie man im Gebiete der Wissenschaft oder des praktischen Lebens Beobachtung der allgemeinen Gesetze der Logik verlangt, welche zuletzt auf unbeweisbaren Axiomen beruhen. Es handelt sich also dort um den praktischen Gebrauch der Sprache, um die Korrektheit des Stils. Von diesem Sinne des Wortes müssen wir den unsrigen um so sorgfältiger unterscheiden, da der erstere auch in wissenschaftlichen Sprachgebrauch übergehen kann. So sagt Helmholtz (Vorträge 1, S. 17): Die historischen und philo= logischen Wissenschaften bringen es der Regel nach nicht bis zur Formulierung streng gültiger allgemeiner Gesetze, mit Ausnahme der Grammatik, deren Gesetze, durch menschlichen Willen (wenn auch nicht gerade in bewußter Absicht und nach überdachtem Plane) festgestellt, demjenigen, welcher die Sprache erlernt, als Gebote gegenübertreten, d. h. als durch fremde Autorität festgestellte all= gemeine Gesetze, wie die in der Theologie und Jurisprudenz

behandelten. — Diese Darstellung mag im dortigen Zusammen=
hang ihren Sinn haben; aber die dort so genannten „Gesetze
der Grammatik" sind jedenfalls von dem, was die Fachmänner
heutzutage unter Gesetzen der Sprache verstehen, sehr verschieden.
Es ist nämlich gerade ein Hauptunterschied der modernen Linguistik
von der ältern Philologie, daß die Sprache nicht nach Analogie
menschlicher Satzungen, sondern nach Analogie von Naturwesen
betrachtet wird, nicht mit Rücksicht auf ihren litterarischen Gebrauch,
sondern auf ihren Ursprung und Bestand als solchen. Darum
hat auch die Grammatik statt ihres frühern präzeptorischen Charak=
ters, wie er noch in der Auffassung von Helmholtz hervortritt,
den deskriptiven angenommen, wie ihn besonders J. Grimm in
der Vorrede zum ersten Bande seines Hauptwerkes ausspricht; es
gilt, die Gesetze zu finden, denen die Sprache selbst bei ihrer
Bildung folgte, nicht die, welche sie dem Gebrauche vorschreibt
oder welche von eingebildeten Lehrmeistern ihr zeitweise auf=
gezwungen wurden. Daß man bei der neuen Methode historisch
verfährt, steht mit der Betrachtung der Sprache als eines Natur=
wesens nicht in Widerspruch, seit die Naturwissenschaft auch eine
allmähliche Entstehung und Umbildung des Planetensystems, der
Erdrinde und zuletzt der Organismen erkannt hat. Dagegen
steht die neue Ansicht im Gegensatz zu der ältern, welche in der
Sprache nur ein Produkt menschlicher Erfindung und Willkür
sah und freilich aus diesem Gesichtspunkt gerade die der Natur
am meisten zugekehrte Seite der Sprache, d. h. die rein lautliche,
am wenigsten zu begreifen vermochte. Diese bisher vernachlässigte
Aufgabe wurde nun in den Vordergrund gerückt, und da ein
Extrem immer das andere hervorruft, so konnte es nicht aus=
bleiben, daß die Naturseite der Sprache etwas einseitig heraus=
gekehrt und am Ende die Sprachwissenschaft selbst zu den Natur=
wissenschaften gerechnet wurde. Sie ist so wenig eine Natur=
wissenschaft als die Psychologie, mit der sie an bestimmten Stellen
zusammentrifft, aber schon darum nicht vereinigt bleiben kann,
weil der Vielheit und der Geschichte der einzelnen Sprachen
wenigstens im Gebiete der Individual=Psychologie nichts entspricht.
Wie aber die Psychologie ihren Zusammenhang mit der Physio=
logie nicht aufgeben kann, am wenigsten im untern Teil ihres

Gebietes, so muß auch die Sprachwissenschaft, wo es sich um die Laute als solche handelt, an die Physiologie anknüpfen, und da diese ihrerseits die Physik voraussetzt und zum Teil nur auf höherm Boden fortsetzt, so ist die Möglichkeit eröffnet, in der Sprache wirkliche Naturgesetze zu suchen. Doch muß die Erwartung, solche zu finden, zum voraus dadurch etwas herabgestimmt werden, daß wir uns hier im Gebiete des Organischen und zwar der höchsten Stufe desselben befinden, wo zufolge den obigen Bemerkungen die Zahl und Sicherheit der Gesetze am geringsten sein wird. Der Sprachlaut, rein als Laut betrachtet, ist in seiner Erzeugung etwas Physiologisches und als Gegenstand der Gehörwahrnehmung etwas Physikalisches, wie ein beliebiger Naturlaut oder der künstlich hervorgebrachte Ton eines Instrumentes; nur die mit artikulierten Sprachlauten verbundene Bedeutung ist etwas spezifisch Menschliches und Geistiges und die Veränderungen der Laute stehen mit denen der Bedeutung nicht in funktionellem Verhältnis. So bestände freilich innerhalb der Sprache, welche doch ein in sich einstimmiges Ganzes zu sein scheint, ein Dualismus des Wesens ihrer Bestandteile, indem die Laute als solche reinen Naturgesetzen unterworfen wären, die Formen und Bedeutungen aber den Gesetzen, welche das gesamte geistige Leben beherrschen. Wir dürfen uns jedoch von solchen Bedenken nicht präokkupieren lassen: es fragt sich einfach, ob irgend welche Naturgesetze in der Sprache entdeckt worden seien. Darauf ist zu antworten, daß allerdings meistens nur im Gebiet der reinen Laute von Gesetzen die Rede ist, daß aber die sogenannten Lautgesetze von vielen Sprachforschern wirklichen Naturgesetzen gleichgestellt werden. Es ist also nur zu prüfen, ob jene Lautgesetze dem strengern Begriff von Naturgesetzen genügen, den wir oben zu diesem Zweck aufgestellt haben.

Einer der größten Fortschritte, welche durch die historische und vergleichende Sprachforschung erreicht worden sind, besteht unstreitig in der Erkenntnis, daß die Laute, innerhalb einer Sprache und zwischen mehrern verwandten, im Laufe der Zeit nicht nach Willkür oder Zufall wechseln, sondern daß gewisse durchgehende und beharrliche Richtungen und Neigungen den Lautwandel beherrschen. Jede Sprache zeigt im Ganzen ihres Lautbestandes schon in ihrer ältesten Gestalt bestimmte Anlagen, charakteristische Bevorzugung einzelner Laute und Lautverbindungen, und wenn die Geschichte jenen Bestand allmählich verändert, so sind die Übergänge zwischen den einzelnen Lauten durch organische Verwandtschaften und Nachbarschaften derselben bedingt und vermittelt. Einige von jenen Übergängen, welche besonders nahe liegen, sind auch sehr häufig; andere sind selten und weniger leicht zu begreifen, doch nicht unerklärlich; es gibt aber auch Laute, zwischen denen ein Übergang, wenigstens ein unmittelbarer, aus physiologischen Gründen unbegreiflich wäre und faktisch nie vorkommt. Der im letzten Falle vorliegenden Unmöglichkeit entspricht nun aber selbst im ersten Falle keine positive Notwendigkeit des Überganges, und noch weniger gilt dies vom zweiten Falle; beidemal handelt es sich nur um Grade von Möglichkeit und Wahrscheinlichkeit, um größere oder geringere Häufigkeit; man hat daher auch ganz richtig angefangen, die thatsächlichen Lautverhältnisse nach statistischer Methode, d. h. mit Zahlen, anzugeben und zu vergleichen: niemals aber hat ein Sprachforscher einen bestimmten Lautübergang, auch unter bestimmten Bedingungen, im einzelnen Fall als absolut notwendig nachgewiesen oder gar vorhergesagt. Das heißt mit andern Worten: es gibt im Reiche der Laute keine Gesetze im strengern naturwissenschaftlichen Sinne dieses Wortes und es gibt auch keine Regeln, denen nicht Ausnahmen bereits zur Seite ständen oder bei weiterer Forschung an die Seite treten könnten, wobei wir unter Ausnahmen natürlich nur solche Einzelfälle verstehen, welche nicht selbst wieder als Ausflüsse eines untergeordneten Spezialgesetzes zu erkennen sind.

Gegenüber diesem Thatbestand, den wohl kein Sprachforscher unrichtig gezeichnet finden wird, verhalten sich die einzelnen Vertreter des Faches in ihrem persönlichen Sprachgebrauch verschieden. Strenge Rechenschaft davon geben sich wohl wenige; die meisten kommen über dem nächsten Interesse, die Thatsachen festzustellen und zu erklären, nicht dazu, ihre Terminologie zu regulieren; manchen fehlt auch wirklich das allgemeinere wissenschaftliche Interesse für das Verhältnis ihres Faches zur Philosophie und Naturwissenschaft. Einige begnügen sich mit dem Ausdruck „Regel“, andere brauchen abwechselnd und promiscue damit auch „Gesetz“;

am weitesten gehen diejenigen, welche nur von „Gesetzen" sprechen
und ausnahmslose Geltung derselben, innerhalb zeitlich und räum=
lich gleicher Grenzen, behaupten zu dürfen glauben (so z. B.
Osthoff, Jen. Litteraturzeitung 1878, No. 33, S. 485). Am vor=
sichtigsten ist die von so namhaften Vertretern des Faches wie
Ascoli, Benfey und Curtius mehr oder weniger ausdrücklich auf=
gestellte und angewandte Unterscheidung zwischen regelmäßigem
und sporadischem Lautwandel, wobei unter „regelmäßig" doch
auch nur Vorgänge zu verstehen sind, welche eben „in der Regel",
also nicht durchgängig stattfinden.   In der That hindert gar
nichts, mit Ascoli in manchen Fällen mehrere Möglichkeiten als
gleichberechtigt anzunehmen, sei es nun, daß dann von denselben
nur eine verwirklicht wurde, oder daß durch gleichzeitiges Eintreten
derselben aus einer Grundform mehrere sogenannte Scheideformen
entstanden, um deren Verwendung die Sprache nie verlegen war.
Jene Annahme verläßt ja den Boden der Gesetzmäßigkeit nicht,
und die Sprachforschung dürfte wohl froh sein, wenn sie nur in
recht vielen Fällen es dahin brächte, die unbestimmte Möglichkeit
auf ein „entweder — oder, teils — teils, bald — bald" zu
reduzieren.   Daß alle Lauterscheinungen irgend einer Sprache
bereits auf Gesetze zurückgeführt seien, behauptet natürlich niemand,
da die Unvollständigkeit aller empirischen Forschung auch auf
diesem Gebiete sich kundgeben muß; es wird also höchstens fort=
schreitende Annäherung an jenes Ziel gefordert und erwartet;
aber es ist eben die Frage, ob jene Forderung und Erwartung
berechtigt oder gar notwendig sei.   Die sogenannten Lautgesetze
bilden eine heilsame Schranke gegen subjektive Willkür, wie sich
solche besonders früher in zügellosem Etymologisieren äußerte; aber
es ist ebenso wohlthätig, daß auch sie selbst in der Natur der
Sache Schranken finden, und daß dadurch dem übermächtigen
Triebe nach geistloser Mechanisierung auf diesem Gebiete eine
Schranke gesetzt sei.   Die Sprache behält auch so noch natur=
mäßige Gebundenheit genug durch die Unbewußtheit, mit der
ihre Triebe in den Individuen walten, und durch die Macht der
Überlieferung, mit der die Gesellschaft die Individuen beeinflußt.

Wir wollen uns aber nicht zu früh allgemeinen Betrachtungen
überlassen, sondern die Frage nach der Beschaffenheit und Trag=

weite der sogenannten Lautgesetze bestimmter und vollständiger zu
beantworten suchen. Bisher war eigentlich nur davon die Rede,
ob denselben ausnahmslose Geltung zukomme, was wir verneinen
mußten. Es hängt aber dieses Merkmal des strengern Begriffes
von Naturgesetzen mit den zwei andern oben aufgestellten mehr
oder weniger zusammen. Unter den sogenannten Lautgesetzen
sprechen gerade diejenigen, denen am ehesten ausnahmslose Richtig=
keit zuerkannt werden mag, einfache Thatsachen als solche aus,
deren Kenntnis für den Sprachforscher höchst wichtig, ja absolut
notwendig, aber mit keiner Einsicht in den Grund oder auch nur
in die genauere Art und Weise des betreffenden Vorgangs ver=
bunden ist. Es sind Sätze von der oben besprochenen allgemeinen
Bedeutung, denen zur Erfüllung des strengern Begriffes von
Naturgesetzen das Moment der Kausalität, das zweite der wesent=
lichen Merkmale, ganz oder teilweise fehlt. Zwar tragen nicht
wenige Lautgesetze die hypothetische Form, indem sie einen Wandel
der Laute als an bestimmte Bedingungen ihrer Stellung und
Umgebung geknüpft darstellen; aber an „Definition von Kräften",
deren Wirkungsweise in dem gesetzmäßigen Sachverhalt zu Tage
träte, ist dabei nicht zu denken. Die Laute selbst sind offenbar
keine Kräfte, sondern das Produkt von solchen; sie haben ja
überhaupt kein selbständiges Dasein, sondern existieren, wie physi=
kalische Erscheinungen, z. B. des Lichtes, nur im Moment ihrer
jedesmaligen Erzeugung; sie sind auch nicht etwa mit Atomen
oder Molekülen zu vergleichen, deren Annahme den Naturforschern
für die Aufstellung von Gesetzen so wichtige Dienste leistet.
Die Kräfte, durch deren Wirksamkeit Sprachlaute hervorgebracht
werden, haben ihren Sitz teils in den eigentlichen lokalen Sprach=
organen, in deren einzelnen Teilen und ihrer Stellung zu ein=
ander, teils im Zentralorgan, von welchem die Impulse zu den
einzelnen Bewegungen der Sprachorgane ausgehen, zuletzt freilich
in der Seele, deren Empfindungen einen Reiz zu sprachlicher
Äußerung erwecken. Nun hat freilich die neuere Sprachforschung
angefangen, diesen Mechanismus an der Hand der Physiologie
zu studieren; sie weiß bereits ziemlich genau anzugeben, durch
welche Stellungen und Bewegungen einzelner Teile des Sprach=
organs bestimmte Laute erzeugt werden, und die Physik vermag

ja auch Apparate herzustellen, durch welche menschliche Laute
einigermaßen nachgeahmt und reproduziert werden; aber die bei
der originalen und spontanen Erzeugung menschlicher Sprachlaute
wirksamen lebendigen und seelenhaften Antriebe bleiben in Dunkel
gehüllt, auch abgesehen von einer irgendwie symbolischen Bedeut=
samkeit der einzelnen Laute beim Ursprung, d. h. in der Bildungs=
periode der Sprache. Wenn auf diesem Gebiet irgend etwas
durch Vermutung zu erreichen ist, so dürfen wir vielleicht sagen:
die bei der Lauterzeugung bezw. Lautveränderung in letzter Instanz
wirksamen Kräfte beruhen in unbewußten Vorstellungen und
Gefühlen, welche sich auf Bequemlichkeit (bezw. Erleichterung) der
Lautgebung durch fortschreitende Ausgleichung und Verkürzung
der Formen beziehen. Nun haben wir oben auch für Vor=
stellungen und Gefühle die Auffassung als Kräfte zulässig ge=
funden; aber die Kräfte, um die es sich hier handeln kann,
scheinen mehr von passiver als aktiver, mehr von negativer als
positiver Art zu sein, es handelt sich mehr um Zulassung oder
Ablehnung gewisser Laute und Lautverbindungen, als um schöpfe=
rische Hervorbringung derselben; die Lautgebung beruht teils,
von Seite der Gesellschaft, auf vererbten Anlagen und mit der
Zeit zunehmenden Gewohnheiten, teils auf unberechenbaren per=
sönlichen Neigungen und Stimmungen, mit welchen der einzelne
gelegentlich seiner Umgebung und sogar sich selbst, infolge von
Trägheit, Laune oder besondern Antrieben, widerspricht, aber auch
andere anstecken kann. Eine konstante Resultante aus diesen
verwickelten Dispositionen und Motiven zu ziehen, erscheint als
unmöglich, als erreichbar nur ein mittleres Maß von Wahr=
scheinlichkeit mit labilem Gleichgewicht, und damit sehen wir uns
auf das Ergebnis der ersten Betrachtung zurückgeführt.

Was endlich das dritte Merkmal betrifft, so muß erinnert
werden, daß ein beträchtlicher Teil der sogenannten Lautgesetze
wirklich nur aus negativen Sätzen besteht, welche für die nächsten
Zwecke der Wissenschaft vortreffliche Dienste thun und sogar noch
fester stehen können als die einfach positiven, aber eben auch wie
diese, oder noch mehr, der höhern Würde von Gesetzen entbehren
müssen. Dahin gehören z. B. die so wichtigen und verschiedenen
Auslautgesetze der einzelnen Sprachen, welche uns Handhaben zur

Rekonstruktion älterer Formen darbieten, aber an sich selbst eben über den Charakter unbegreiflicher „Verbote" nicht hinausreichen.

Wir wollen zum Schlusse an zwei Beispielen den wirklichen Stand und Wert der angeblichen Lautgesetze zu beleuchten suchen. Eine der großartigsten und merkwürdigsten Erscheinungen in der Geschichte der Sprachen ist die sogenannte Lautverschiebung, durch welche die germanischen Sprachen von ihren Verwandten und ein kleinerer Teil des germanischen Gebietes wieder von dem übrigen sich unterscheidet. Das Thatsächliche muß hier als bekannt vorausgesetzt werden. Wenn irgendwo, so scheint hier der Name „Gesetz" berechtigt zu sein. Doch hat schon J. Grimm, indem er dasselbe entdeckte und aussprach, nicht umhin können, neben der wunderbaren Konsequenz, mit welcher es im großen und ganzen waltet, Abweichungen im einzelnen zu bemerken, indem die Laute am einen Orte hinter der geforderten Verschiebung zurückbleiben, an einem andern eine Stufe derselben überspringen u. s. w. Daß es sich nicht um eine streng kreisförmige Bewegung, eine Wiederkehr genau derselben Laute an anderer Stelle handle, konnte nur übersehen werden, solange man tote Buchstaben mit lebendigen Lauten verwechselte. Sobald man anfing, nach Gründen der Erscheinung zu fragen, mußten für die Übergänge der Laute Mittelstufen angenommen werden, welche in der Schrift keine Bezeichnung finden und doch allein die ganze Erscheinung einigermaßen erklären. Diese verliert dadurch nicht den Charakter einer großen Regelmäßigkeit, da auch die Ausnahmen zum Teil durch neuere Entdeckungen beseitigt, d. h. als Ausflüsse besonderer Bedingungen erkannt worden sind; aber die Einfachheit, welche zur Form eines „Gesetzes" gehört, ist in demselben Maße geschwunden, und es ist fraglich, ob der Sachverhalt, so wie er nunmehr angesehen wird, eine einfache Fassung überhaupt noch zuläßt.

Man dürfte vermuten, daß sprachliche Erscheinungen um so eher sich auf wirkliche Gesetze bringen lassen, je enger ihr Gebiet sei. Wenn also die Lautverschiebung, weil sie das ganze Gebiet der germanischen Sprachen betrifft, jene Bedingung nicht erfüllen kann, so bietet vielleicht ein einzelner Dialekt, ein Komplex von Volksmundarten, die sich so recht naturgemäß entwickelt und er-

halten haben, reichere und reinere Proben von Sprachgesetzen.
Zwar muß man sich in Acht nehmen, jene Erwartung zu einem
Prinzip zu erheben, denn je enger die Kreise werden, um so mehr
nähern sie sich dem Individuellen, welches niemals von Gesetzen
erschöpft werden kann, und eine gewisse Weite der Geltung scheint
zum Begriff eines Gesetzes zu gehören; aber da die Sprache
überhaupt, also auch die einzelnen Sprachen, nur im Schoß einer
engern Gemeinschaft entstanden sein und ihre erste Ausbildung
empfangen haben können und auch heutzutage nur in solchem Kreis
ein natürliches, von den Konventionen der Schriftsprache mehr
oder weniger ungetrübtes Leben führen, so darf man wohl den
Blick auch nach dieser Seite richten. Die „Zeitschrift für deutsche
Mundarten" von Frommann hat in ihrem siebenten Band eine
Abhandlung, betitelt „Ein schweizerisch=alemannisches Lautgesetz",
gebracht, welche in Absicht auf Vollständigkeit und Gründlichkeit
in der Sammlung und Bearbeitung des Materials wohl muster=
haft genannt werden darf.   Die Richtigkeit der Thatsachen steht
außer Zweifel; es kommt uns aber hier nicht darauf an, sondern
einzig auf die Terminologie, in welche der Verfasser die Ergebnisse
seiner trefflichen Forschungen gefaßt, auf welche er aber offenbar
keinen Wert gesetzt hat. Es ist nun bemerkenswert, mit welcher
Abwechslung er sich über eine und dieselbe Sache ausdrückt.
Neben dem Ausdruck „Gesetz", der im Titel und noch mehrfach
erscheint (S. 20. 32. 34. 195. 197. 377. 388), gebraucht er den
bescheidenern „Regel" (31. 193. 375), beides kombiniert „Regel=
und Gesetzmäßigkeit" (38), „regelrechtes Eintreten der Laute"
neben „Concinnität und stramme Gesetzmäßigkeit bis in alle
Spitzen hinaus" (388). Trotzdem ist nicht bloß von scheinbaren
Ausnahmen (S. 349) die Rede, sondern S. 362 wird unter
dem Titel „Schranken des Gesetzes" eine lange Liste von Wörtern
mitgeteilt, welche sich dem betreffenden Lautprozeß (S. 377)
entzogen haben (so daß die „Gesetzmäßigkeit" sich nur auf den
Verlauf der Erscheinung beziehen kann, da, wo sie überhaupt
eintritt), und S. 354 werden als „Schranken des Gesetzes" an=
geführt „teils Geschmack und freie Wahl des Individuums, teils
mundartliche Sitte", und „innerhalb des allgemeinen Brauches
besteht Latitüde für die Bildungsstufe, die Willkür und Laune

des Sprechenden." Endlich wird die ganze Erscheinung gelegentlich (S. 372. 388. 389) als ein bloßes „Spiel" betrachtet. — Der Verfasser hat mit den verschiedenen Wendungen, die er gebraucht, unwillkürlich richtig die Faktoren und Motive bezeichnet, welche in der Geschichte der Laute zusammenwirken, und es bleibt nur die Frage, ob alles dies unter dem Begriff eines „Gesetzes" zusammengefaßt werden oder ob dieser Begriff neben jenen über= haupt noch bestehen könne. Nach unserer Ansicht ist dies nur möglich, wenn derselbe in seiner Anwendung auf sprachliche Dinge so abgeschwächt wird, wie es unstreitig oft geschieht, aber zum Schaden für die Sprachwissenschaft und für den allgemeinen wissenschaftlichen Sprachgebrauch; denn während man sich am einen Ort jene Abschwächung ohne weiteres erlaubt, wird anderswo mit dem Begriffe doch wieder so operiert, als ob er streng genommen wäre, und aus solchem Verfahren entstehen bekanntlich falsche Schlüsse.

Zwischen dem Gebiete der Laute als solcher und dem der Formen besteht keine Kluft, und es ist abermals eine Errungen= schaft der neuern Sprachforschung, daß manche Erscheinungen der Flexion und Wortbildung als Konsequenzen der Lautlehre, mit Inbegriff des Accentes, erkannt werden, ohne Annahme eines spezifischen Bildungsprinzipes. Was aus jener Quelle nicht ab= zuleiten ist, bedarf allerdings besonderer Erklärung; aber die Mannigfaltigkeit, die sich auf diesem höhern Gebiete aufthut, hat noch niemand unter Gesetze zu bringen gesucht, so wenig wie die Formen des Pflanzen= und Tierreiches; es walten hier ideale Grundtypen, welche sich aufsteigend ausgestalten und umformen, geleitet von Trieben der Analogie und Symmetrie, welche fort= wirken, so lange ihnen empfänglicher Bildungsstoff entgegenkommt. Die Paradigmen der Flexionsformen, deren idealem Typus die wirklichen Wörter auch nie ganz entsprechen, hat noch niemand „Gesetze" genannt, sie sind Gegenstände der Anschauung und können weder analytisch noch synthetisch ganz begriffen werden. Von Gesetzen der Syntax vollends kann nur in praktisch schul= mäßigem Sinne gesprochen werden und die Forschung hat kaum erst angefangen, auch dieses Gebiet nach historisch=vergleichender Methode zu bearbeiten. — Über dem Wortlaut der Formen und und auch des Satzes schwebt, mannigfach einwirkend auf die

Formen und ihre Bedeutung, der Accent, etwas durchaus Im-
materielles, Seelenhaftes, wie die Bedeutungskraft, und doch vom
Laute noch weniger trennbar als diese. Die Einwirkung des
Accentes auf Laute und Formen erfolgt nach Gesetzen, deren
Kenntnis so notwendig ist wie die der reinen Lautgesetze, denen
aber auch nur dasselbe Maß von Gültigkeit beiwohnt. Zwar ist
das in einer Sprache einmal herrschend gewordene Accentprinzip
innerhalb kürzerer Perioden konstanter und stabiler als irgend
welche Lautgesetze, weil es ja seiner Natur nach etwas viel Allgemeineres und weit geringerer Variation fähig ist; aber in
größern Zeiträumen kann es geschehen, daß eine Sprache sogar
ihr Accentprinzip verändert, was aus tief liegenden Ursachen erfolgen und von weitgreifenden Folgen begleitet sein muß.

Hiemit nun, mit dem Gedanken an die Änderung von
Gesetzen selbst im Laufe der Zeit, sind wir an der äußersten
Grenze unserer Betrachtungen angelangt und können wir das
Gebiet der Sprache verlassen. Zum Begriffe von Naturgesetzen
scheint allerdings noch ein Merkmal zu gehören, welches wir
bisher unberührt ließen, eben das der Unveränderlichkeit, welche
menschlichen Gesetzen bekanntlich nicht zukommt. Aber in der That
hindert uns nichts, auch Naturgesetze, nur nicht die allgemeinsten
Eigenschaften der Naturkörper, uns als zeitlich entstanden zu denken,
also auch ihre Änderung bezw. Aufhebung, natürlich mit gleich-
zeitiger Änderung des Bestandes und der Bedingungen, auf welche
sie sich bezogen, als Möglichkeit einzuräumen. Lotze (Mikrokosmus
III², 15) nimmt dies von Naturgesetzen ausdrücklich an, während
Lazarus (Leben der Seele II², 110) es nur vom geistigen Leben
zuzugeben scheint. Wie viel uns an der Erkenntnis von Gesetzen
der Geschichte noch fehlt, zeigt das kürzlich erschienene Buch von
Rocholl „Die Philosophie der Geschichte" (in welchem noch die
Schrift von Doergens „Aristoteles oder über das Gesetz der
Geschichte", Leipzig 1872, nachzutragen wäre). Die Sprache,
zwischen Natur und Geschichte gestellt, doch mehr der letztern
zugewandt, wird an dem Lose der beiden Gebiete teilnehmen;
die Sprachwissenschaft kann sich also jedenfalls trösten, wenn sie
nicht lauter unverbrüchliche Gesetze findet, und wird auch die
gefundenen nicht überschätzen.

Verzeichnis der gedruckten Arbeiten Ludwig Toblers.

Die mit * bezeichneten sind in den vorliegenden Band aufgenommen.
Besprechungen sind durch kleinern Druck gekennzeichnet.

1858.

Über den relativen Gebrauch des deutschen „und" mit Vergleichung verwandter Spracherscheinungen: Zeitschrift für vergl. Sprachforschung VII, S. 353—379.

Über die verstärkenden Zusammensetzungen im Deutschen: Frommann, Die deutschen Mundarten V, S. 1—30. 180—201. 302—310.

1859.

Haus, Kleid, Leib: Pfeiffers Germania IV, S. 160—184.

Probe des Saaner Dialekts im Kanton Bern, mit Anmerkungen: Frommann, Die deutschen Mundarten VI, S. 394—415.

1860.

Versuch eines Systems der Etymologie. Mit besonderer Rücksicht auf Völkerpsychologie: Zeitschrift für Völkerpsychologie und Sprachwissenschaft I, S. 349—387.

Die Anomalien der mehrstämmigen Comparation und Tempusbildung: Zeitschrift für vergl. Sprachforschung IX, S. 241—275.

1861.

Über philosophische Propädeutik auf Gymnasien: Neues schweizerisches Museum I, S. 242—252. 290—308.

* Über schweizerische Nationalität: „Die Schweiz" 1861, S. 17—23.

Niklaus Manuel: ebenda, S. 51—56.

Wilhelm Wackernagel, Ἔπεα πτερόεντα: Neues schweiz. Museum I, S. 74—83.

Zeitschrift für Völkerpsychologie und Sprachwissenschaft. Herausgegeben von Dr. M. Lazarus und Dr. H. Steinthal. Erster Jahrgang: Neue Jahrb. für Phil. und Päd., II. Abt. 1861, S. 257—280.

Dasselbe. Zweiter Band. Erstes und zweites Heft: Neues schweiz. Museum I, S. 252—258.

Heinrich Pestalozzi. Der Held als Menschenbildner und Volkserzieher. Ein Haus- und Volksbuch. Von L. Noak: „Die Schweiz" 1861, S. 40.

Wiederklänge aus dem Rhonethal. Gedichte von Leo Lucian von Roten: ebenda, S. 232.

1862.

Übergang zwischen Tempus und Modus. Ein Kapitel ver gleichender Syntax im Zusammenhang mit Formenlehre und Völkerpsychologie: Zeitschr. für Völkerpsych. und Sprachw. II, S. 29—53.

Über die dichterische Behandlung der Tiere: ebenda, S. 211 bis 224.

Einklang. Rätsel (Gedichte): „Die Schweiz" 1862, S. 36.

Kunstbericht über das Jahr 1861: ebenda, S. 191—192.

Mythologische Ausbeute der „Hasenjagd": ebenda, S. 202 bis 206. 218—224.

Aufruf (zur Sammlung für ein schweizerdeutsches Wörterbuch): ebenda, S. 428.

Kriegsthaten schweizerischer Frauen: ebenda, S. 236—239.

Die schweizerische Kunstausstellung des Jahres 1862: ebenda, S. 278—280. 295—296.

Kulturgeschichtliche Bilder aus dem schweizerischen Volks- und Staatsleben zur Blütezeit des französischen Einflusses auf die Aristokratien der Schweiz. Von J. Amiet: „Die Schweiz" 1862, S. 16.

Land, Volk und Staat der schweizerischen Eidgenossenschaft. Von Dr. J. Meyer: ebenda, S. 36.

Neue Bilder aus dem Leben des deutschen Volkes. Von G. Freytag: ebenda, S. 52.

Genf und die Genfer seit zwei Jahrtausenden; historisch-biographisches Lexikalwerk in fünf Büchern. Von K. M. Kertbeny: ebenda, S. 67.

Hundert Jahre einer Familie. Von J. Haaslaub: ebenda, S. 67—68.

Taschenbücher und Neujahrsstücke auf das Jahr 1862: ebenda, S. 87 bis 88. 103—104.

Basler Dichter: ebenda, S. 119—120.

Biographien zur Kulturgeschichte der Schweiz. Von Dr. R. Wolf, Prof. in Zürich: ebenda, S. 139—140.

Schweizerische Sagenforschung: ebenda, S. 155—156.

Arnold Winkelried, seine Zeit und seine That. Von Dr. H. v. Liebenau: ebenda, S. 223—224.

Bildliche Erinnerungen vom eidg. Truppenzusammenzug im August 1861. Nach der Natur gezeichnet und herausgegeben von Eugen Adam in München. Mit Text von Dr. A. Roth: ebenda, S. 240.

Gedenkblätter aus dem Alpenkurort Engelberg. Bearbeitet und geordnet von C. Cattani und A. Feierabend: ebenda, S. 260.

Neuestes Reisehandbuch für die Schweiz. Von H. Berlepsch: ebenda, S. 260.

Geschichte der alten Landschaft Bern. Von J. L. Wurstemberger: ebenda, S. 311.

Die christliche Sagengeschichte der Schweiz. Von E. F. Gelpke, Prof. in Bern: ebenda, S. 312.

Über Ursprung und Geschichte der rhäto-romanischen Sprache. Von P. J. Auder, Pfarrer: ebenda, S. 327.

Lieder für schweizerische Kadetten. Herausgegeben von J. J. Schäublin: ebenda, S. 327.

Taschenbuch der historischen Gesellschaft des Kantons Aargau für 1861 und 1862. Verfaßt von E. L. Rochholz und K. Schröter: ebenda, S. 343—344.

Helvetia. Musenalmanach auf das Jahr 1862. Herausgegeben vom schweiz. litterarischen Verein: ebenda, S. 359—360.

Kulturhistorische Bilder aus der Schweiz. Von Ed. Osenbrüggen, Prof. in Zürich: ebenda, S. 376. 395—396.

Der Veteran von Hofwyl. Von K. R. Pabst, Prof. in Bern: ebenda, S. 427—428. 442—444.

1863.

Ein Kapitel vergleichender Syntax: Neues schweiz. Museum III, S. 255—281.

Rudolf Töpffer. Von Louis Macon (aus der „Suisse" übersetzt von L. T.): „Die Schweiz" 1863, S. 16.

Abergläubische Meinungen und Gebräuche. Gesammelt von der Lehrerkonferenz von Ober- und Neutoggenburg. Mit einem Vorwort und Erklärungen begleitet von L. T.: ebenda, S. 26—28. 55—57.

Kunstbericht über das Jahr 1862: ebenda, S. 122—123.

Jeremias Gotthelf: ebenda, S. 161—162.

Helgi und Kara, altnordische Sage, frei bearbeitet von L. T., in Musik gesetzt von Eduard Munzinger (vielfach aufgeführt: so 1863 in Olten, 1865 in Zürich).

Schweizerische Volksfeste: Schweiz. Volkskalender für 1864, S. 53—58.

Wilhelm Wackernagel, die Umdeutschung fremder Wörter: Neues schweiz. Museum III, S. 109—111.

H. Steinthal, Geschichte der Sprachwissenschaft bei den Griechen und Römern, mit besonderer Rücksicht auf die Logik: ebenda, S. 176—178.

Aus Berg und Thal. Blätter aus dem Volke für das Volk. Von J. Hofstätter. Erstes Bändchen: „Die Schweiz" 1863, S. 30.

Finsteraarhornfahrt, von A. Roth: ebenda, S. 30—31.

Bluten und Knospen, von J. Petit-Senn. Nach der dritten franz. Aufl. frei bearbeitet von Fr. A. Stoder: ebenda, S. 31.

Bibliothek vaterländischer Schauspiele. 1. Die Schlacht bei St. Jakob. Historisch dramatisches Gemälde in 4 Aufzügen, nach einem ältern Stoff frei bearbeitet von Boleslaf Platowitsch: ebenda, S. 31.

Gallerie berühmter Schweizer der Neuzeit. In Bildern von Fr. Hasler, mit biographischem Text von A. Hartmann. Herausgegeben von Fr. Hasler: ebenda, S. 31.

Sebastian Castellio, ein biographischer Versuch nach den Quellen, von Dr. Mahly: ebenda, S. 31.

Reisebilder aus Spanien. Von Dr. J. A. Minnich: ebenda, S. 31—32.

Das Turnen. Von J. Caduff: ebenda, S. 32.

Berna. Eine Weihnachtsgabe zu gunsten der unglücklichen Zwei-simmer. Dargebracht vom Manzenkränzchen in Bern: ebenda, S. 32.

Heinrich Leuthold, fünf Bücher französischer Lyrik vom Zeitalter der Revolution bis auf unsere Tage: ebenda, S. 31.

Die Helvetische Gesellschaft. Aus den Quellen dargestellt von Karl Morell: ebenda, S. 61—62.

Blüten und Früchte. Pädagogische Bilder in Briefen, von Bühler, Prof. in Polleggio: ebenda, S. 94.

Baslerische Stadt- und Landgeschichten aus dem sechzehnten Jahr-hundert. Von Dr. Burdorf-Falleisen. Erstes Heft. 1500 bis 1531: ebenda, S. 94.

Frisch und fromm. Der Jugend gewidmete neue Erzählungen, Lieder, Fabeln, Märchen, Schwänke, Rätsel und Sprüche. Von O. Sutermeister: ebenda, S. 94.

Schwizerdütsch. Bilder aus dem Stillleben unseres Volkes, dargestellt in Sitten und Sagen von Bernhard Wyß (Novellistischer Beitrag zum schweiz. Idiotikon): ebenda, S. 94—95.

Der Dichter Joh. Gaudenz von Salis-Seewis. Ein Lebensbild als Festgabe am Säkulartage seiner Geburt, von W. G. Roeder: ebenda, S. 95.

Über die Vereinigung der militärischen Instruktion mit der Volks-erziehung und insbesondere über militärische Gymnastik. Vier Preisschriften, herausgegeben von der schweiz. Militärgesellschaft: ebenda, S. 95.

Erzählungen aus der Schweiz (der Mittabendgeschichten zweite Folge) von Alfred Hartmann: ebenda, S. 127.

Johann Michael Voltz von Nördlingen. Von Dr. M. Hagen, Prof. in Bern: ebenda, S. 231—232.

Der Tödi-Anstein und die Exkursion nach Oberjandalp. Von Dr. R. Theodor Zimler: ebenda, S. 232.

Spruchreden für Lehrer, Erzieher und Eltern. Von Otto Sutermeister: ebenda, S. 233.

Iwan Tschudis Schweizerführer. 5. Aufl.: ebenda, S. 266—267.

Gedichte von Rob. Weber. 3. Aufl. 1863. Neue Gedichte 1861: ebenda, S. 267.

Blüten und Blätter vom Rhonestrand. Dichtungen von Peter Jof. Kämpfen: ebenda, S. 298—299.

Schweiz. Volkskalender für 1864. Herausgegeben von den Chuzen in Bern: ebenda, S. 299—300.

Das alte Volkstheater der Schweiz. Nach den Quellen der Schweizer Bibliotheken von E. Weller: ebenda, S. 300.

Zwischen Jura und Alpen. Erzählungen und Lebensbilder von J. Frey. Dritter Band. Die Waise von Holligen: ebenda, S. 330.

Der Veteran von Hofwyl. III. Teil. Theodor Müllers Leben und Wirken in der Schweiz, von 1830—1857. Von Dr. K. R. Pabst, Prof. in Bern: ebenda, S. 330—332. 366—368.

Der Großätti aus dem Leberberg. Von Franz Jof. Schild: ebenda, S. 403.

Die Urwelt der Schweiz. Von Oswald Heer. Erste Lieferung: ebenda, S. 403.

Der Unoth. Zeitschrift für Geschichte und Altertum des Standes Schaffhausen. Herausgegeben von J. Meyer. 1. Heft: ebenda, S. 403—404.

1864.

Über Wunn und Weid im altdeutschen Recht, mit besonderer Rücksicht auf die Schweiz: Neues schweiz. Museum IV, S. 185—206.

Festgruß der Berner Liedertafel am eidg. Sängerfest in Bern (16.—18. Juli 1864), gedichtet von L. T.

Der Schwur im Rütli. Kantate von L. T., komponiert von Ed. Munzinger (vom eidg. Sängerverein gekrönt und am eidg. Sängerfest in Bern 1864 aufgeführt).

Der Alpensegen. Originalzeichnung von Balmer: „Die Schweiz" 1864, S. 488.

Geschichte der Gemeinde Oberglatt. Von H. Diener, Pfarrer: „Die Schweiz" 1864, S. 39.

Der neue Schweizerbote. Kalender für das Jahr 1864: ebenda, S. 39—40.

Die Tellsage zu dem Jahre 1230, historisch nach neuesten Quellen beleuchtet von Dr. H. von Liebenau: ebenda, S. 119

Bilder aus dem kirchlichen Leben der Schweiz. Von J. E. Möritofer: ebenda, S. 119—120.

Argovia. Jahresschrift der historischen Gesellschaft des Kantons Aargau. Jahrgang 1862 und 1863: ebenda, S. 155—156.

Appenzellische Jahrbücher. Zweite Folge. 1.—4. Heft: ebenda, S. 156.

Neue kulturhistorische Bilder aus der Schweiz. Von E. Osenbrüggen, Prof. in Zürich: ebenda, S. 244.

Die Gotteshäuser der Schweiz. Historisch-antiquarische Forschungen von A. Nüscheler. Erstes Heft. Bistum Chur: ebenda, S. 244—245.

Die ehemalige Herrschaft Haldenstein. Ein Beitrag zur Geschichte der rhätischen Bünde. Von J. Bott: ebenda, S. 245.

Das bündnerische Münsterthal. Eine historische Skizze, nebst einem Anhang von bezüglichen Urkunden. Von P. Fossa: ebenda, S. 245.

1865.

Über das Verhältnis der Sprachwissenschaft zur Philologie und Naturwissenschaft: Neues schweiz. Museum V, S. 193—214.

Über die Bedeutung des deutschen ge- vor Verben: Zeitschr. für vergl. Sprachforschung XIV, S. 108—138.

Innere Sprachformen des Zeitbegriffs: ebenda, S. 299—330.

Das Wort in der Geschichte der Religion: Zeitschrift für Völkerpsychologie und Sprachwissenschaft III, S. 257—266.

1866.

Über Nomina propria und appellativa: Zeitschr. für Völkerpsychologie und Sprachwissenschaft IV, S. 68—77.

Büchmann, geflügelte Worte: Zeitschr. f. Völkerpsychol. und Sprachw. IV, S. 491—504. S. auch ebenda V, S. 109—111: Replik auf eine Berichtigung Büchmanns.

1867.

Über das Gerundium: Zeitschr. für vergl. Sprachforschung XVI, S. 241—266.

Lauterbrunnenthal (Gedicht): Die poetische Nationallitteratur der deutschen Schweiz III, S. 717.

1868.

Über die psychologische Bedeutung der Wortzusammensetzung, mit Bezug auf nationale Charakteristik der Sprachen: Zeitschr. für Völkerpsychologie und Sprachwissenschaft V, S. 205—232.

Über die Wortzusammensetzung, nebst einem Anhang über die verstärkenden Zusammensetzungen. Ein Beitrag zur philosophischen und vergleichenden Sprachwissenschaft. Berlin 1868. 144 S. 8°.
[Besprochen: Litt. Centralbl. 1868, Nr. 49. — Zeitschr. für deutsche Phil. I, S. 357—364 (Gerland). — Allg. litt. Anz. III, 4.]

Über den relativen Gebrauch des deutschen „und", mit Vergleichung verwandter Spracherscheinungen: Pfeiffers Germania XIII, S. 91—104.

W. Scherer, zur Geschichte der deutschen Sprache: Pfeiffers Germania XIII, S. 480—485.

Schweizerdeutsches Wörterbuch. Das Brot im Spiegel schweizerdeutscher Volkssprache und Sitte. Aus den Papieren des schweiz. Idiotikons: Sonntagspost IV. Jahrgang, S. 842—843.

1869.

Ästhetisches und Ethisches im Sprachgebrauch: Zeitschr. für Völkerpsychologie und Sprachwissenschaft VI, S. 385—428.

Über die historischen Volkslieder der Schweiz: Archiv des histor. Vereins in Bern VII, S. 305—362.

R. Westphal, philosophisch-historische Grammatik der deutschen Sprache: Zeitschr. für Völkerpsychol. und Sprachw. VI, S. 482—488; Pfeiffers Germania XIV, S. 380—383.

Buddha, von J. V. Widmann: Sonntagspost, V. Jahrg., S. 403—404.

Schweizerische Sprichwörter, von Otto Sutermeister: ebenda, S. 468 bis 469.

1870.

Sprache und Litteratur von Graubünden: Sonntagspost, VI. Jahrg., S. 772—774.

1871.

Über die sogenannten Verba intensiva im Deutschen: Pfeiffers Germania XVI, S. 1—37.

———

Gerland, Intensiva und Iterativa: Zeitschr. für Völkerpsychol. und Sprachwissenschaft VII, S. 207—216.

Windisch, Untersuchungen über den Ursprung des Relativpronomens in den indogerm. Sprachen: ebenda, S. 333—344.

G. Gerber, die Sprache als Kunst: ebenda, S. 418—447.

1872.

* Die fremden Wörter in der deutschen Sprache. Vortrag. Basel 1872. 56 Seiten. 8°.

Über Auslassung und Vertretung des Pronomen relativum: Pfeiffers Germania XVII, S. 257—294.

Schweizerische Verfassungszustände: Preußische Jahrb. XXX, S. 117—136.

1873.

Die Aspiraten und Tenues in schweizerischer Mundart: Zeitschrift für vergl. Sprachforschung XXII, S. 112—133.

Die Lautverbindung tsch in schweizerischer Mundart: ebenda. S. 133—141.

Über die scheinbare Verwechslung zwischen Nominativ und Akkusativ: Zeitschr. für deutsche Philol. IV, S. 375—400.

Die Spinnerin Bertha in Sage und Geschichte: Illustrierte Schweiz, III. Jahrg., Nr. 80 (S. 5—9); Nr. 81 (S. 16—18); Nr. 82 (S. 28—30).

Die Sage von den Venedigern: ebenda, Nr. 94 (S. 182 bis 185); Nr. 95 (S. 192—196).

Mythologie und Moral: Im neuen Reich 1873. II, S. 161 bis 173.

Aus der Schweiz: ebenda, S. 33—36. 651—656.

Der Großätti aus dem Leberberg. Von Fr. Jos. Schild. Zweites Bändchen: Bibliogr. der Schweiz. III. Jahrg., Nr. 2.

Deutsche Handschriften aus dem britischen Museum. In Auszügen herausgegeben von Dr. J. Baechtold: ebenda.

Kölbing, Untersuchungen über den Ausfall des Relativpronomens: Pfeiffers Germania XVIII, S. 243—248.

1874.

Die älteste Litteratur der Schweiz: Illustrierte Schweiz, IV. Jahrgang, S. 359—368. 435—444.

Proben aus dem für das schweizerdeutsche Idiotikon gesammelten Materiale (zusammen mit F. Staub). Zürich 1874.

Aus der Schweiz: Im neuen Reich 1874. I, S. 196—201. 556—558 (Bundesreform. Eidgen. Hochschule). 697—702 (die Annahme der revidierten Verfassung). — II, S. 155—158. 830 bis 836 (Reformen auf allen Gebieten).

Litteratur („Das Schweizerhaus", IV. Jahrg.; Schweiz. Miniatur-Almanach): Neue Zürcher Zeitung 1874, Nr. 623.

1875.

Die schweizerdeutsche Sprache und das Idiotikon: Sonntags-blatt des „Bund" 1875, 9. und 16. Mai.

Aus der Schweiz: Im neuen Reich 1875. I, S. 389—394 (von Staat und Kirche). 948—953 (Volksabstimmung über Bundes-gesetze. Internationales. Innerer Konflikt). — II, S. 305—311 (der bernische Kirchenstreit und die Bundesversammlung. Schul-fragen). 748—749 (allerlei Herbsteindrücke). 904—908 (Rückblick und Ausschau).

O. Erdmann, Untersuchungen über die Syntax Otfrids: Zeitschrift für deutsche Philol. VI, S. 243—248.

Wilhelm Wackernagel, kleinere Schriften, I.—III. Band. — Derselbe, Poetik, Rhetorik und Stylistik: ebenda, S. 367—375.

G. Gerber, die Sprache als Kunst. Zweiter Band: Zeitschr. für Völkerpsychol. und Sprachw. VIII, S. 372—377.

Jahresbericht der Lehr- und Erziehungsanstalt des Stiftes Maria-Einsiedeln im Studienjahre 1873/74. Mit einem Programme: Die ideelle und ästhetische Bedeutung der mhd. Poesie. Von P. Alb. Kuhn: Bibliogr. der Schweiz, V. Jahrg., Nr. 1.

Johann Peter Hebel. Ein Lebensbild von G. Längin: ebenda, Nr. 2.

Kleinere Schriften von Wilhelm Wackernagel, III. Band: ebenda.

Rudolf Milchspergers sämtliche Dichtungen. Mit der Biographie und dem Porträt des Dichters. Herausgegeben von U. Jarner: ebenda.

Der Hausfreund. Schweizerblätter zur Unterhaltung und Belehrung für das Volk. Herausgeg. v. einer Anzahl schweiz. Schriftsteller: ebenda, Nr. 4.

Die Raeteïs von Simon Lemnius. Schweizerisch-deutscher Krieg von 1499. Epos in zehn Gesängen. Unter Veranstaltung der historisch-antiquarischen Gesellschaft Graubündens herausgegeben mit Vorwort und Kommentar von Placidus von Plattner: ebenda, Nr. 6.

Die Grundzüge der französischen Litteratur- und Sprachgeschichte. Mit Anmerkungen zum Übersetzen ins Französische, von H. Breitinger. — Die französischen Klassiker, Charakteristiken und Inhaltsangaben, mit Anmerkungen zur freien Übertragung aus dem Deutschen ins Französische, von demselben: ebenda, Nr. 6.

Das Röschen vom Kochersberg. Elsässisches Lebensbild in 5 Auf-zügen von A. Calmberg. Zweite veränderte Aufl.: ebenda.

Ad majorem Dei gloriam. Erzählung aus der Gegenwart, von M. Delcuwa: ebenda.

Liederbuch von Friedrich Oser. 1843—74: ebenda, Nr. 7.

Carmen de Beowulfi rebus praeclare gestis atque interitu, quale fuerit antequam in manus interpolatoris inciderit. Auctore Chl. Ett-müllero: ebenda, Nr. 8.

Joachim von Watt, deutsche historische Schriften. 1. Band: ebenda.

Althochdeutsches Lesebuch von Wilhelm Wackernagel: ebenda, Nr. 10.

Die deutschen Rechtssprichwörter. Von E. Osenbrüggen: ebenda.

Zur Geschichte des Volksaberglaubens im Anfang des XVI. Jahrh. Aus der Emeis des Dr. Joh. Geiler von Kaisersberg herausgegeben von A. Stöber: ebenda.

1876.

Aus der Schweiz: Im neuen Reich 1876. I, S. 569—570 (Kirchliches und Politisches). — II, S. 190—196 (von der Gesetz-gebung. Kirchliche Fragen. Murtenfeier). 626—631 (Gesetzentwürfe. Schulfragen. Altkatholizismus).

Hans Salat, ein schweizerischer Chronist und Dichter aus der ersten Hälfte des XVI. Jahrhunderts. Sein Leben und seine Schriften. Herausgegeben von Dr. J. Baechtold: Bibliogr. der Schweiz, VI. Jahrg., Nr. 6/7.

Aus dem Volk und für das Volk. Zwei Erzählungen in Solothurner Mundart nebst einem Anhang von Gedichten von Fr. Jos. Schild: ebenda.

Die Geschwister. Eine Tragödie von Max Wolff: ebenda.

Neue Mitteilungen aus Konrads von Ammenhausen Schachzabelbuch. Von Dr. F. Vetter: ebenda, Nr. 8/9.

1877.

Ludwig Ettmüller: Allg. deutsche Biogr. VI, S. 398 ff.

Deutschlands Verhältnis zur Schweiz: Im neuen Reich 1877. I, S. 309–316.

Aus der Schweiz: ebenda II, S. 746–751 (unser staatliches Leben). 1013–1014.

Geschichte der deutschen Litteratur, ein Handbuch von W. Wackernagel. 2. vermehrte und verbesserte Aufl.: Bibliogr. der Schweiz, VII. Jahrg., Nr. 2.

Dritter Jahresbericht über das schweizerdeutsche Idiotikon, umfassend den Zeitraum vom 1. Weinmonat 1875 bis zum 30. Herbstmonat 1876: ebenda.

Jeremias Gotthelf, der Volksschriftsteller. Von Dr. Clemens Brockhaus, Prof.: ebenda, Nr. 3.

Marty, über den Ursprung der Sprache: Zeitschr. für Völkerpsychol. und Sprachw. IX, S. 172—184.

J. Baechtold und F. Vetter, Bibliothek ält. Schriftwerke der deutschen Schweiz und ihres Grenzgebietes: Pfeiffers Germania XXII, S. 373—375.

H. Steinthal, der Ursprung der Sprache: Vierteljahrsschrift für wissensch. Philos. I, S. 450—455.

1878.

* Salomon Tobler von Zürich, sein Leben und Dichten, nebst einigen Mitteilungen aus seinem Nachlaß: Zürcher Taschenbuch 1878, S. 87–119.

On Swiss-German Dialects: Seventh Annual Address of the President to the Philological Society, delivered at the Anniversary Meeting Friday 17th May 1878, S. 47–52.

Konjunktionen in mehrfacher Bedeutung. Ein Beitrag zur Lehre vom Satzgefüge: Paul und Braunes Beitr. V, S. 358–388.

Aus der Schweiz: Im neuen Reich 1878. I, S. 955–960 (unsere innere Lage).   II, S. 443–447 (die Frage der Gotthardbahn in der Bundesversammlung).

Bitte, alte schweizerische Volkslieder betreffend: Anzeiger für schweiz. Geschichte 1878, Nr. 5.

1879.

*Über die Anwendung des Begriffs von Gesetzen auf die Sprache: Vierteljahrsschr. für wissensch. Philos. III, S. 30—52.

Aus der Schweiz: Im neuen Reich 1879. I, S. 225—228 (Gotthardbahn. Todesstrafe. Internationale. Kulturkampf). 627 bis 632 (die Frage der Todesstrafe). 854—858 (die Volksabstimmung über die Todesstrafe). 926—927 (die Wiedereinführung der Todesstrafe in der Schweiz).

O. Behaghel, die Zeitfolge der abhängigen Rede im Deutschen: Pfeiffers Germania XXIV, S. 83—88.

Zur rätoromanischen Litteratur: Neue Zürcher Ztg. 1879, Nr. 457.

Davos in seinem Walserdialekt. Ein Beitrag zur Kenntnis dieses Hochthals und zum schweiz. Idiotikon, von Valentin Bühler. III. Teil ebenda, Nr. 465.

1880.

Heinrich Hattemer: Allg. deutsche Biogr. XI, S. 24—25.

Biblische und vaterländische Sage: Reform, Zeitstimmen aus der schweiz. Kirche IX, S. 33—40.

Zur Philosophie der Geschichte: Zeitschrift für Völkerpsychologie und Sprachwissenschaft XII, S. 191—203.

Morgenstunde hat Gold im Munde: Pfeiffers Germania XXV, S. 80—81.

Aus der Schweiz: Im neuen Reich 1880. II, S. 109—113 (Parteiverhältnisse in der Bundesversammlung. Fortschritte der Gesetzgebung. Kirchenpolitisches. Landesbefestigung. Gotthard. Feste). 527—530 (die Frage einer Revision der Bundesverfassung).

K. Tomanetz, Relativsätze bei den althochdeutschen Übersetzern: Litbl. für germ. und rom. Phil. I, S. 127—130.

Joh. Meyer, die drei Zelgen: ebenda, S. 409.

1881.

Aus der Schweiz: Im neuen Reich 1881. I, S. 732—736 (Banknotengesetz. Obligationenrecht. Lehrschwestern. Landesbefestigung. Asylrecht. Sozialistenkongreß. Stöcker und Bebel). — II, S. 684—691 (Sozialistenkongreß. Der Bergsturz in Elm. Erinnerung an Niklaus von der Flüh. Konfessionelle Verhältnisse. Neuwahl der Bundesversammlung. Landesbefestigung).

H. Paul, Prinzipien der Sprachgeschichte: Litbl. für germ. und rom. Phil. II, S. 121—126.

A. Marty, die Frage nach der geschichtlichen Entwicklung des Farbensinnes: Vierteljahrsschrift für wissensch. Philosophie V, S. 123—126.

1882.

Schweizerische Volkslieder. Mit Einleitung und Anmerkungen herausgegeben von L. T. CLI und 235 Seiten. Frauenfeld, J. Huber. (Bibliothek älterer Schriftwerke der deutschen Schweiz, herausgegeben von J. Baechtold und F. Vetter, IV. Band.) [Besprochen: Beilage zur Münchner Allg. Zeitung 1882, Nr. 353 (H. Fischer). — Gegenwart 1883, 3. — Deutsche Revue 1883, April. — Deutsche Litt.-Zeitung 1883, S. 372 f. (M. Henne). — Revue crit. 1883, Nr. 37. — Centralorgan für die Int. des Realschulw. 11, S. 685—687 (L. Freytag). — Blätter für litt. Unterh. 1884, 572 f. (Schlossar)].

Rhätoromanische Chrestomathie II. Teil: Engadinisch. Texte, Glossar, Anmerkungen. Herausgegeben von Dr. J. Ulrich: Neue Zürcher Zeitung 1882, Nr. 216, 1. Blatt.

1883.

* Die Mordnächte und ihre Gedenktage: Zürcher Taschenbuch 1883, S. 160—188.

* Die alten Jungfern im Glauben und Brauch des deutschen Volkes: Zeitschr. f. Völkerpsychol. und Sprachw. XIV, S. 64—90.

Über den Begriff und die besondere Bedeutung des Plurals bei Substantiven: ebenda, S. 410—434.

Rhätoromanische Chrestomathie I. Teil: Oberländisch. Herausgeg. von Dr. J. Ulrich: Neue Zürcher Zeitung 1883, Nr. 40, 2. Blatt.

Die Zischlaute der Mundart von Beromünster. Von Renward Brandstetter: ebenda, Nr. 269, 2. Blatt.

1884.

Schweizerische Volkslieder II. Band (XVIII und 264 Seiten). Frauenfeld, J. Huber. (Bibliothek ä. Schriftw. der deutschen Schweiz, herausgeg. von J. Baechtold und F. Vetter, V. Band.) [Besprochen: Litbl. für germ. und rom. Phil. 1884, S. 265 f. (Boos). — Beilage zur Münchner Allg. Zeitung 1884, Nr. 333 (H. Fischer). — Blätter für litt. Unterh. 1884, S. 829 f. (Schlossar). — Deutsche Revue 1885, Januar. — Deutsche Litt.-Zeitung 1885, S. 648 f. (M. Henne). — Anzeiger f. d. Altert. XI, S. 76—84 (R. Möhler). — Centralorgan für die Int. des Realschulw. 13, S. 52 (L. Freytag). — Academy, Nr. 653, 305.]

Zu den Gesprächen zwischen Faust und Mephistopheles: Goethe Jahrbuch V, S. 313—319.

H. Paul, mittelhochdeutsche Grammatik: Litbl. für germ. und rom. Phil. V, S. 169—172.

Der zusammengesetzte Satz bei Berthold von Regensburg. Ein Beitrag zur mhd. Syntax von Hubert Röttelen: Göttinger gel. Anz. 1884, S. 885—888.

Internationale Zeitschrift für allgemeine Sprachwissenschaft, herausgegeben von F. Techmer: Vierteljahrsschrift für wissensch. Philos. VIII, S. 498—499.

1885.

Kuniowidi im Merseburger Spruch: Pfeiffers Germania XXX, S. 63—65.

*Das germanische Heidentum und das Christentum: Theol. Zeitschrift aus der Schweiz II, S. 233—261.

Nachtrag zu den Volksliedern: Anzeiger für schweiz. Geschichte 1885, S. 381—385.

Wilhelm v. Humboldt, sprachphilosophische Werke, herausgegeben und erklärt von Dr. H. Steinthal: Vierteljahrsschrift für wissensch. Philos. IX, S. 112—116.

Abel, der Gegensinn der Urworte: ebenda, S. 116—123.

Erwiderung: ebenda, S. 235—236.

Der Jenner-Joggeli. Erzählung in Solothurner Mundart von Franz Jos. Schild: Neue Zürcher Zeitung 1885, Nr. 338, 1. Blatt.

1886.

Über die Volkslieder der romanischen Schweiz: Sonntagsblatt des „Bund" 1886, Nr. 9—11.

O. Böckel, deutsche Volkslieder aus Oberhessen: Litbl. für germ. und rom. Phil. VII, S. 51—54.

Kembe, die Grafen von Mansfeld in den Liedern ihrer Zeit: ebenda, S. 98—99.

G. Gerber, die Sprache und das Erkennen: Zeitschrift für Völkerpsychol. und Sprachw. XVI, S. 336—339.

1887.

* Ethnographische Gesichtspunkte der schweizerdeutschen Dialektforschung: Jahrbuch für schweiz. Geschichte XII, S. 183—210.

Die lexikalischen Unterschiede der deutschen Dialekte, mit besonderer Rücksicht auf die Schweiz: Festschrift zur Begrüßung der 39. Versammlung deutscher Philologen und Schulmänner, dargeboten von der Universität Zürich, S. 91—109.

Homunculus: Goethe-Jahrbuch VII, S. 287—288.

K. Bartsch, die Schweizer Minnesänger: Litbl. für germ. und rom. Phil. VIII, S. 207—210.

Neubauer, altdeutsche Idiotismen der Egerländer Mundart: ebenda, S. 296—297.

Zur Namen= und Landeskunde der deutschen Alpen. Von Dr. Ludwig Steub: Zeitschrift für deutsche Phil. XIX, S. 252—254.

H. Schuchardt, über die Lautgesetze. Gegen die Junggrammatiker: Zeitschrift für Völkerpsychol. und Sprachw. XVII, S. 96—100.

Dr. J. J. Egli, Geschichte der geographischen Namenkunde: ebenda, S. 100—103.

A. F. Pott, Einzelbeiträge zur allgemeinen und vergleichenden Sprach= wissenschaft. Erstes Heft: Allgemeine Sprachwissenschaft und Karl Abels ägyptische Sprachstudien: Vierteljahrsschr. f. wiss. Philos. XI, S. 503—505.

1888.

*Über sagenhafte Völker des Altertums und Mittelalters: Zeitschrift für Völkerpsychol. und Sprachw. XVIII, S. 225—254.

Sigwart, die Impersonalien: Litbl. für germ. und rom. Phil. IX, S. 386—389.

Dr. Kurt Bruchmann, psychologische Studien zur Sprachgeschichte: Vierteljahrsschrift für wissensch. Philos. XII, S. 503—509.

Susanna. Ein oberengadinisches Drama des 16. Jahrh. Mit An= merkungen, Grammatik und Glossar herausgegeben von J. Ulrich: Neue Zürcher Zeitung 1888, Nr. 32, 1. Blatt.

Die Natur, ihre Auffassung und poetische Verwendung in der alt= germanischen und mittelhochdeutschen Epik. Von Otto Lüning: ebenda, Nr. 326, 1. Blatt.

1889.

Ein Kind des Volkes. Schweizerisches Lebensbild von Jakob Senn. Aus dem Nachlaß herausgegeben von O. Sutermeister: Neue Zürcher Zeitung 1889, Nr. 11, 1. Blatt.

Andreas Heusler, der alemannische Konsonantismus in der Mundart von Baselstadt. — Gustav Binz, zur Syntax der baselstädtischen Mundart: Deutsche Litteraturzeitung X, S. 199—200.

Max Müller, das Denken im Lichte der Sprache. Aus dem Eng= lischen übersetzt von Engelbert Schneider: ebenda, S. 419—422.

G. Runze, Sprache und Religion: ebenda, S. 1377—1380.

F. Polle, wie denkt das Volk über die Sprache?: ebenda, S. 1501—1502.

1890.

Ein Fall von partieller Aphasie: Zeitschrift für Völkerpsycho= logie und Sprachwissenschaft XX, S. 200—211.

Nachträge zu den schweizerischen Volksliedern: Anzeiger für schweiz. Geschichte 1890, S. 90—99.

* Über die geschichtliche Gestaltung des Verhältnisses zwischen Schriftsprache und Mundart. Mit besonderer Rücksicht auf die Schweiz und die litterarische Verwendung der Mundart in neuerer Zeit: Sonntagsblatt des „Bund" 1890, S. 259. 268. 275.

H. Paul, Grundriß der germanischen Philologie: Litbl. für germ. und rom. Phil. XI, S. 133—135.

1891.

* Mythologie und Religion: Zeitschrift des Vereins für Volkskunde I, S. 369—377.

Nachträgliche Bemerkungen über mhd. ein: Paul und Braunes Beitr. XV, S. 380—386.

Über das s in mhd. Zusammensetzungen: Wissensch. Beihefte zur Zeitschrift des allg. deutschen Sprachvereins, Nr. 2, S. 87—89.

Theodor Curti, die Sprachschöpfung: Deutsche Litteraturzeitung XII, S. 268—269.

H. Steinthal, Geschichte der Sprachwissenschaft bei den Griechen und Römern, mit besonderer Rücksicht auf die Logik: ebenda, S. 814.

H. Blattner, über die Mundarten des Kantons Aargau (Grenzen. Einteilung. Phonetik). Vokalismus der Schinznacher Mundart: ebenda, S. 1376—1377.

Flurnamen aus dem Schenkenberger Amt. Von Dr. J. J. Bäbler: Zeitschrift für deutsche Phil. XXIII, S. 371—372.

H. Paul, Grundriß der germanischen Philologie: Litbl. für germ. und rom. Phil. XII, S. 41—44.

Deutsches Lesebuch von H. Lüning und J. Sartori. I. Teil. 3. Aufl., neu bearbeitet von Dr. K. Schnorf: Neue Zürcher Zeitung 1891, Beilage zu Nr. 91.

Benedikt Gletting. Ein Berner Volksdichter des XVI. Jahrh. Herausgegeben von Theodor Odinga: ebenda, Beilage zu Nr. 244.

Glarner Namenbüchlein. Unsere Taufnamen, nach ihrer Herkunft und Bedeutung erläutert von Paul Kind, Pfarrer in Schwanden: ebenda, Beilage zu Nr. 364.

1892.

Verkürzte Artikelformen nach Präpositionen im ältern Neuhochdeutschen: Anzeiger für deutsches Altert. XVIII, S. 146—148.

Hans Reis, Beiträge zur Syntax der Mainzer Mundart: Deutsche Litteraturzeitung XIII, S. 154—155.

H. Steinthal, Geschichte der Sprachwissenschaft bei den Griechen und Römern, mit besonderer Rücksicht auf die Logik. 2. verbesserte und vermehrte Aufl.: ebenda, S. 432—433.

Karl Borinski, Grundzüge des Systems der artikulierten Phonetik. Zur Revision der Prinzipien der Sprachwissenschaft: ebenda, S. 622—624.

Prolegomena zu einer urkundlichen Geschichte der Luzerner Mundart. Von Dr. R. Brandstetter: Zeitschrift für deutsche Phil. XXIV, S. 231—233.

H. Paul, Grundriß der germanischen Philologie: Litbl. für germ. und rom. Phil. XIII, S. 41—44.

Schwizer Dorfbilder (Solothurner Mundart) von Eduard Hänggi: Neue Zürcher Zeitung 1892, Beilage zu Nr. 325.

1893.

F. J. Stalder: Allg. deutsche Biogr. XXXV, S. 416—417.

Das neu entdeckte Lied von der Schlacht bei Murten: Anzeiger für schweiz. Geschichte 1893, S. 497—499.

H. Paul, Grundriß der germanischen Philologie: Litbl. für germ. und rom. Phil. XIV, S. 345—349.

1894.

* Altschweizerische Gemeindefeste: Jahrb. für schweiz. Geschichte XIX, S. 1—40.

Die Rezeption der nhd. Schriftsprache in Stadt und Landschaft Luzern (1600—1830). Von Dr. R. Brandstetter: Zeitschrift für deutsche Phil. XXVI, S. 137.

Den Anteil Ludwig Toblers an den (bis zu seinem Tod erschienenen) drei ersten Bänden des Idiotikons zu bestimmen, ist unmöglich. Den größern Teil des ersten Bandes bearbeiteten Staub und Tobler gemeinschaftlich in der Weise, daß einer von ihnen den ersten Entwurf eines Artikels lieferte, worauf in gemeinsamer Besprechung der endgültige Text festgestellt wurde. Auch als die Vermehrung der Redaktoren zu stärkerer Teilung der Arbeit nötigte, blieb dem Manuskript des einzelnen Redaktors der Charakter eines Entwurfes, an dem Staub bei der Schlußredaktion — unter Mitwirkung der übrigen Redaktoren — mehr oder weniger einschneidende Änderungen vorzunehmen pflegte. So ist an eine Ausscheidung dessen, was der einzelne Redaktor beigetragen hat, nicht zu denken.

Verlag von J. Huber in Frauenfeld.

SCHWEIZERISCHE

VOLKSLIEDER.

Mit Einleitung und Anmerkungen
herausgegeben

von

Dr. Ludwig Tobler

Professor der deutschen Sprache an der Universität Zürich.

Zwei Bände.

Preis brosch. Fr. 10. —, fein gebunden mit Goldschnitt Fr. 14. —